"考古中国"重大项目 甲编第 001 号

# 金沙遗址

## ——祭祀区发掘报告

成都文物考古研究院
成都金沙遗址博物馆　编著

文物出版社

# Excavation Report on the Sacrifice Zone of the Jinsha Site

## (IV)

*By*

Chengdu Institute of Cultural Relics and Archaeology

Chengdu Jinsha Museum

Cultural Relics Press

# 第五章　分期与年代

## 第一节　分期

金沙遗址祭祀区堆积深厚，时间延续绵久，遗迹现象复杂，文化内涵丰富，具有鲜明的时代与文化特征，为了认识该地点堆积的文化与时代特质，有必要将该地点先秦以前的堆积进行系统的分期[①]。结合上述各区的分期讨论和陶器组合及发展演变关系[②]，可将该地点先秦时期的堆积统一分为六期 15 段（表七九）。

表七九　各发掘区分期对应表

| 期段 | | 发掘区 | | | 推测年代 | 文化属性 |
|---|---|---|---|---|---|---|
| | | 西区 | 中区 | 东区 | | |
| 一期 | 早段 | 41 ~ 44 层 | | | 略早于距今 4000 年 | 宝墩文化第三期中段遗存 |
| | 中段 | 39、40 层 | | | 距今 4000 ~ 3900 年 | 宝墩文化第三期中段遗存 |
| | 晚段 | 35 ~ 38 层 | | | 不晚于距今 3900 年 | 宝墩文化第三期中段遗存 |
| 二期 | 一段 | 32 ~ 34 层、H2313、H2320、H2336 | | | 不晚于距今 3600 年 | 与三星堆文化第一、二期关系紧密 |
| | 二段 | | 29 层 | | 不晚于距今 3520 年 | 三星堆文化第二期遗存 |
| | 三段 | 21 ~ 31 层，L32 ~ L50、L52 ~ L59 | 23、24 层，L26 | | 距今 3520 ~ 3450 年 | 介于三星堆文化第二、三期之间 |
| | 四段 | 19、20 层，L31 | 19 ~ 22 层，L24 | 11 ~ 13 层，L11、L15 ~ L17、L19 | 距今 3450 ~ 3400 年 | 三星堆文化第三期遗存 |

---

① 介于该地点堆积复杂，发掘进度和认识不一，目前只是依据当前资料进行的尝试，期待今后随着资料与研究推进予以逐步完善。

② 本分期主要以西区分期为指标，结合东区、中区的材料进行比对。这是因为相对而言，西区资料最为完整，西区地层堆积相对完整，器物组合与器形演变特征突出；中区资料受制于发掘面积和保存因素，缺环较多，但资料相对完备；东区资料缺环最为严重，这是因为由于保护展示的需要，导致发掘进度不一，资料显得凌乱破碎等因素。

| 期段 | | 发掘区 | | | 推测年代 | 文化属性 |
|---|---|---|---|---|---|---|
| | | 西区 | 中区 | 东区 | | |
| 三期 | 早段 | 18a、18b 层，H2307、H2310 ~ H2312、H2337 | 18 层 | 9b、10 层 | 距今 3400 ~ 3300 年 | 十二桥文化类型中商晚段时期遗存 |
| | 中段 | 16、17 层，H2299、H2306、H2318、H2301、L51、L61 | 10 ~ 17 层，L25、H7041 ~ H7045 | 8b、8c、8d、9a 层、L3、L13、L14、L21 ~ L23、L65 | 距今 3300 ~ 3200 年 | 十二桥文化类型晚商时期遗存（殷墟一期至二期） |
| | 晚段 | | | 8a 层、L20、L63 | 距今 3200 ~ 3100 年 | 十二桥文化类型晚商时期遗存（殷墟三期至四期） |
| 四期 | 早段 | 14、15 层，H2302、H2303、H2304、H2314、H2315、H2316、H2317、L29、L60 | 9 层 | L7、L8、L12、L18 | 距今 3100 ~ 3000 年 | 十二桥文化类型晚期遗存（商末至周初） |
| | 晚段 | 13 层，L27 | | 7 层，L1、L2、L4 ~ L6、L9、L10、L62、G1 | 距今 3000 ~ 2900 年 | 十二桥文化类型晚期遗存（西周早期至西周中期） |
| 五期 | 早段 | 10 ~ 12 层，H2297、H2298、H2309、H2319、L28、L30 | | 6 层 | 距今 2900 ~ 2800 年 | 新一村类型早段遗存（西周中期至西周晚期） |
| | 中段 | 6 ~ 9 层，H2300、L64 | 6 ~ 8 层 | | 距今 2800 ~ 2700 年 | 新一村类型中段遗存（西周晚期至春秋早期） |
| | 晚段 I | | | 5 层 | 距今 2700 ~ 2600 年 | 新一村类型晚段遗存（春秋早期至中期） |
| | 晚段 II | 5 层，H2296、H2308 | | | 距今 2600 ~ 2550 年 | 新一村类型晚段遗存（春秋中期至晚期偏早） |
| 六期 | | | | 4 层下古河道 | 距今 2500 年前后 | 新一村类型最晚阶段遗存（春秋晚期至战国早期） |

　　第一期遗存目前仅分布于祭祀区发掘区的西区，多为新石器时期的次生堆积，即包括地层堆积中的第 35 ~ 44 层，该期出土遗物以陶器为主，另见少量的玉、石器，数量和种类非常少，器类

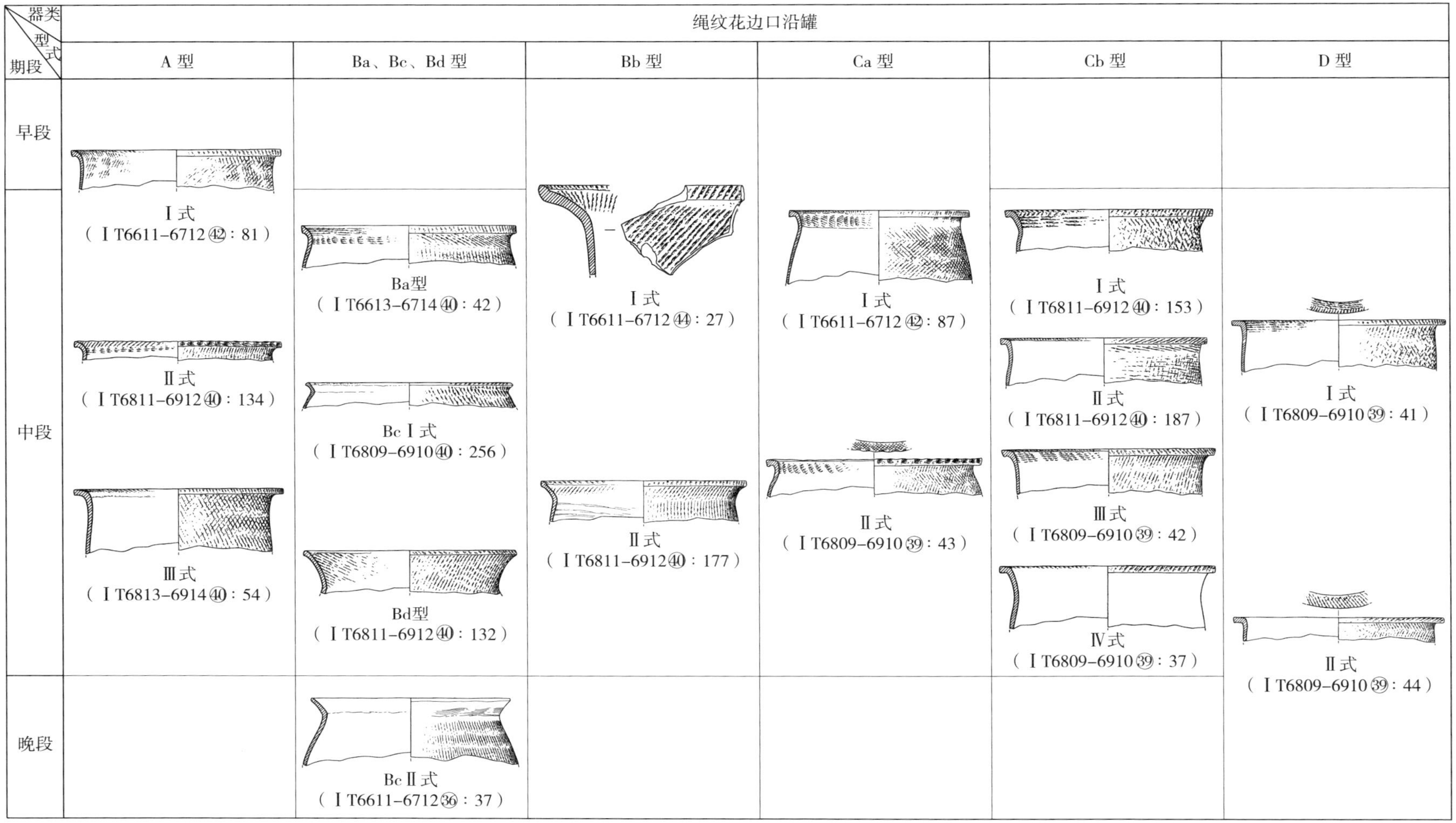

| 器类 型式 期段 | A 型 | Ba、Bc、Bd 型 | Bb 型 | Ca 型 | Cb 型 | D 型 |
|---|---|---|---|---|---|---|
| | 绳纹花边口沿罐 | | | | | |
| 早段 | | | | | | |
| 中段 | Ⅰ式<br>（ⅠT6611-6712⑫：81）<br><br>Ⅱ式<br>（ⅠT6811-6912⑪：134）<br><br>Ⅲ式<br>（ⅠT6813-6914⑪：54） | Ba型<br>（ⅠT6613-6714⑪：42）<br><br>Bc Ⅰ式<br>（ⅠT6809-6910⑪：256）<br><br>Bd型<br>（ⅠT6811-6912⑪：132）<br><br>Bc Ⅱ式<br>（ⅠT6611-6712㊱：37） | Ⅰ式<br>（ⅠT6611-6712㊹：27）<br><br>Ⅱ式<br>（ⅠT6811-6912⑪：177） | Ⅰ式<br>（ⅠT6611-6712㊷：87）<br><br>Ⅱ式<br>（ⅠT6809-6910㊴：43） | Ⅰ式<br>（ⅠT6811-6912㊵：153）<br><br>Ⅱ式<br>（ⅠT6811-6912㊵：187）<br><br>Ⅲ式<br>（ⅠT6809-6910㊴：42）<br><br>Ⅳ式<br>（ⅠT6809-6910㊴：37） | Ⅰ式<br>（ⅠT6809-6910㊴：41）<br><br>Ⅱ式<br>（ⅠT6809-6910㊴：44） |
| 晚段 | | | | | | |

图九〇七 新石器时代典型器物分期图（一）

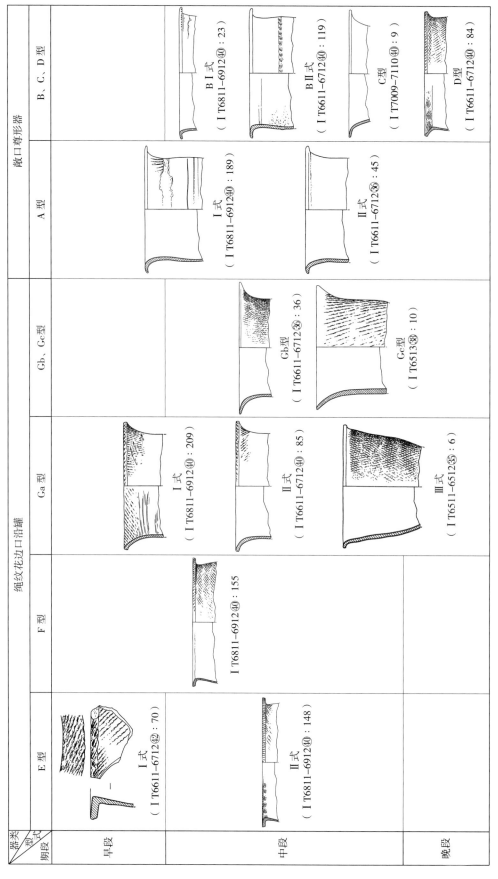

图九〇七　新石器时代典型器物型器物分期图（二）

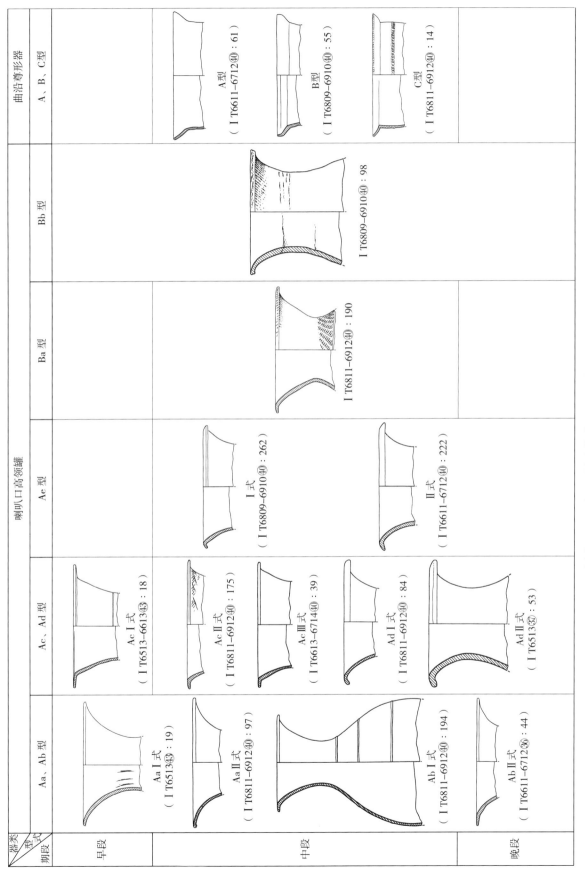

图九〇七　新石器时代典型器物分期图（三）

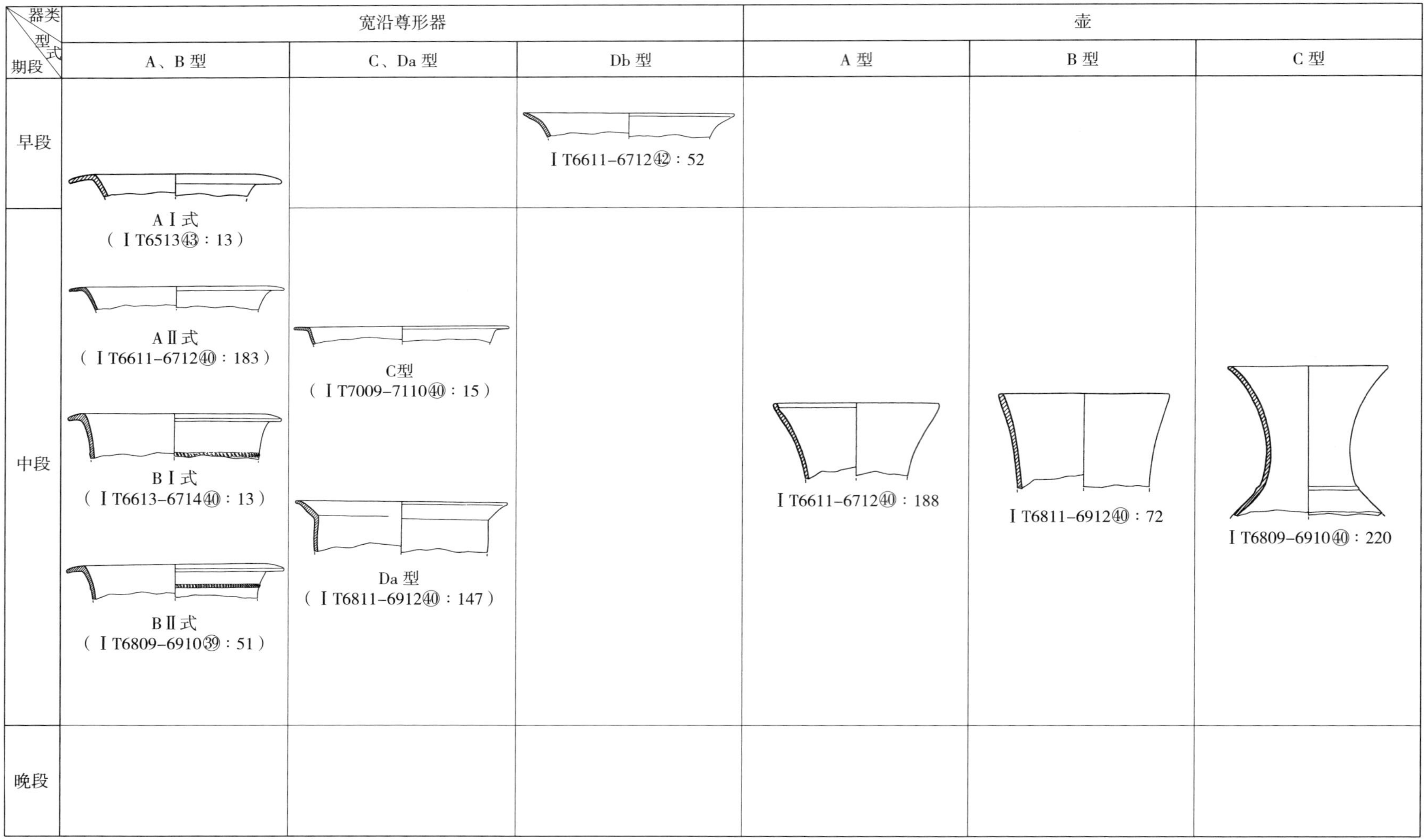

| 器类 | | 宽沿尊形器 | | | | 壶 | | |
|---|---|---|---|---|---|---|---|---|
| 型式 期段 | A、B 型 | C、Da 型 | Db 型 | A 型 | B 型 | C 型 |
| 早段 | AⅠ式<br>(ⅠT6513㊸：13)<br>AⅡ式<br>(ⅠT6611-6712㊵：183) | | | | | |
| 中段 | BⅠ式<br>(ⅠT6613-6714㊵：13)<br>BⅡ式<br>(ⅠT6809-6910㊴：51) | C型<br>(ⅠT7009-7110㊵：15)<br>Da型<br>(ⅠT6811-6912㊵：147) | ⅠT6611-6712㊷：52 | ⅠT6611-6712㊵：188 | ⅠT6811-6912㊵：72 | ⅠT6809-6910㊵：220 |
| 晚段 | | | | | | |

图九〇七 新石器时代典型器物分期图（四）

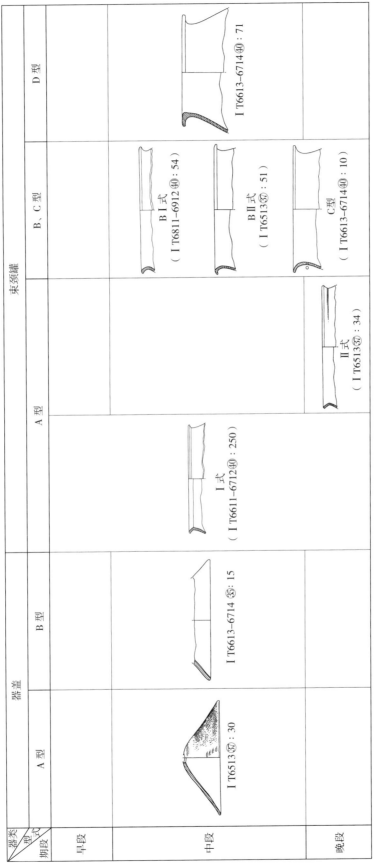

图九〇七　新石器时代典型器物器型分期图（五）

主要为工具类，仅有斧、锛两种。该期遗存出土器物的器形与组合是一个连续发展的过程，依据层位和器物组合及器物发展演变关系，可将该期遗存分为早、中、晚三段（图九○七）。

第一期早段遗存包括西区第 41～44 层。该段出土的陶器无论是数量抑或是器形均较少，常见陶器组合有 A 型 I 式、Bb 型 I 式、Ca 型 I 式、Cb 型 I 式、D 型 I 式、E 型 I 式、F 型、Ga 型 I 式、Ga 型 II 式、Gb 型、Gc 型绳纹花边口沿罐，Aa 型 I 式、Aa 型 II 式、Ab 型 I 式、Ac 型 I 式喇叭口高领罐，A 型 I 式、B 型 I 式、Da 型、Db 型宽沿尊形器，A 型 I 式、B 型 II 式敞口尊形器，A 型 I 式束颈罐等。该段仅见个别石器和奇石，石器仅见锛类。

第一期中段遗存是第 39、40 层，该段出土陶器数量和器形较为丰富，常见陶器组合有 A 型 I 式、A 型 II 式、A 型 III 式、Ba 型、Bb 型 I 式、Bb 型 II 式、Bc 型 I 式、Bd 型、Ca 型 I 式、Ca 型 II 式、Cb 型 I 式、Cb 型 II 式、Cb 型 III 式、Cb 型 IV 式、D 型 I 式、D 型 II 式、E 型 II 式、F 型、Ga 型 I 式、Ga 型 II 式、Ga 型 III 式、Gb 型、Gc 型绳纹花边口沿罐，Aa 型 I 式、Aa 型 II 式、Ab 型 I 式、Ab 型 II 式、Ac 型 II 式、Ac 型 III 式、Ad 型 I 式、Ad 型 II 式、Ae 型 I 式、Ae 型 II 式、Ba 型、Bb 型喇叭口高领罐，A 型 I 式、B 型 I 式、B 型 II 式、C 型、D 型敞口尊形器，A 型 I 式、A 型 II 式、B 型 I 式、B 型 II 式、C 型、Da 型宽沿尊形器，A、B、C 型曲沿尊形器，A、B、C 型壶，Aa、Ab、B、C 型盆形器，A 型 I 式、B 型 I 式、C 型、D 型束颈罐，C 型钵，B 型器盖。另有少量玉、石器，石器有锛、斧、石璧坯料和柱形石器，玉器仅见锛类。

第一期晚段遗存包括第 35～38 层，出土陶器相对较少，常见陶器组合有 Bb 型 II 式、Bc 型 II 式、D 型 II 式、E 型 II 式、Ga 型 II 式、Ga 型 III 式、Gb 型、Gc 型绳纹花边口沿罐，Aa 型 I 式、Aa 型 II 式、Ab 型 II 式、Ac 型 III 式、Ad 型 II 式、Ae 型 I 式、Ae 型 II 式喇叭口高领罐，A 型 I 式、A 型 II 式、B 型 I 式、B 型 II 式、C 型束颈罐，A 型 II 式、B 型 II 式、C 型、D 型敞口尊形器，A、B 型器盖，A、B、C 型钵，A、B 型臼形器，新出现臼形器，不见 A 型绳纹花边口沿罐、曲沿尊形器、宽沿尊形器等。玉器仅有 D 型玉斧，石器仅见 C 型石斧，制作粗糙。

第二至六期为商周时期遗存（图九○八）。

第二期遗存依据层位和器物组合及器物发展演变关系，可将该期遗存分为四段。

第二期第一段遗存包括西区商周时期第一期早段遗存（包括西区第 32～34 层及 H2313、H2320、H2336）。该段遗存不见礼仪性遗迹或遗物，仅见少量灰坑。灰坑平面形状以椭圆形为主，形制不太规整，包含物主要为零星灰烬和陶片，灰坑中不见玉、石器。

该段出土遗物较少，陶器仅见 Ab 型 I 式、Ac 型小平底罐，Aa 型 I 式高领罐，Aa 型壶，Aa、Ab、Ac 型瓮，Ac、Ae、Ba 型盆，A、Ba、Ca 型桶形器等。地层堆积中玉、石器种类和数量非常少，仅见少量的地层堆积中的礼仪性遗物相对较少，仅有 A、B 型石璧坯料，A、B 型石璧半成品，Aa 型 I 式石琮半成品及石芯、柱形石器等少量的玉石器，数量和种类较少。

第二期第二段遗存包括中区第一期早段遗存（第 29 层）。该段仍然不见礼仪性遗迹或遗物。地层堆积出土遗物仅见陶器，不见玉石器。陶片数量和种类均较少，可辨识器形也更少，常见

Da、Ea 型瓮形器，Cd 型盆，Cc 型豆盘，Aa 型豆柄。不见尖底器，绳纹器和粗柄豆形器发达。

第二期第三段遗存包括西区商周第一期中段遗存（包括第 21 ~ 31 层及 L32 ~ L50、L52 ~ L59）、中区第一期晚段遗存（第 23、24 层及 L26）。

该段遗存开始出现大量礼仪性遗迹和遗物，西区礼仪性遗迹较多，而中区则显得相对较少，礼仪性遗存平面形状多无一定之形状，堆积物相对单纯。这些礼仪性遗存偏早阶段祭祀方式既有"浮沉"，亦有"瘞埋"，"浮沉"可能是将礼仪性遗物随意丢掷至当时低洼的湖泽，堆积平面并无一定的形状，遗物堆放亦无规律，遗物质地、种类均显得杂乱无章，如 L58 内以石璧、石璧半成品、石璧坯料为主，另有少量石斧及石琮、璋等半成品，但也杂有竹器、漆木器、木构件等，陶器除了有商周时期陶片外，还杂有不少宝墩文化时期的陶片，一切都显得随意，但木雕人像和镶嵌蚌片漆器及大量炭化物的出土，则显示其特殊性。而同时段其他遗存同 L58 相比，堆积形状相近，但堆积物相对单纯，主要是以石璧、石璧半成品、石璧坯料为主，少见其他遗物，堆积方式以斜坡堆置或平置，摆放并无一定之规律。稍晚阶段礼仪性堆积不见或少见"浮沉"方式的埋藏形式，多为"瘞埋"堆置的埋藏方式。

该段的礼仪性堆积主要表现为以下三组情况：A 组以石璧半成品、石璧坯料为主，另有少量的石璋半成品；B 组是仅有石璧半成品和石璧坯料；C 组是以石璧半成品和石璧坯料为主，另有石璋半成品和石琮半成品。其中以 A 组最为多见，其组合相对固定，其次为 B 组，C 组最少。三组中仅个别堆积中发现有少量玉器和象牙，但数量极少，仅有 1 件，另外，还杂有少量石器、竹木器伴出。石器器形有 Aa、Ab、Ba、Bb 型石璧，A、B 型石璧坯料，A、B、C 型石璧半成品，B 型石璋，A、Ba、Bb、C 型石璋半成品，Aa 型Ⅱ式、Ab 型Ⅰ式、Ab 型Ⅱ式、C 型Ⅰ式石琮半成品，Ab 型石矛，Bb 型石锛，Aa 型石斧，柱形石器，石芯，石研磨器及多璜联璧；另有个别玉璧。

礼仪性遗存中的遗物有石器、玉器、象牙，以石器为主，石器以石璧半成品和石璧坯料、残石璧占据绝对优势，另有少量璋、琮半成品和柱形、斧、芯、矛等；玉器和象牙非常少见。该段最大的一个特点是几乎都是半成品或坯料，纵使有成型之器也均为残件，器物制作粗糙，许多仅勾勒出雏形，磨制或打制痕迹清晰，少见大型石璧半成品或坯料。

地层堆积中礼仪性遗物按质地分有石器和铜器，石器器形有 Aa、Ab、Ba 型石璧，A、B、C 型石璧坯料，A、B、C 型石璧半成品，C 型Ⅱ式石琮半成品，A、Ba、C 型石璋半成品，Ba 型石斧，Aa 型石锛，柱形石器，以石璧半成品、石璧坯料占据主要位置，石璧、石璋半成品数量较之前段有所增加，玉器仅有 B 型玉斧，另外，在该时段最晚地层堆积中新出现残铜器。

陶器组合除了延续早段同类器外，新出现 Aa 型Ⅰ式、Ad 型Ⅰ式、Ad 型Ⅱ式、Be 型Ⅰ式小平底罐，Aa 型、Ab 型Ⅰ式、Ac 型Ⅰ式、Ac 型Ⅱ式、Ad 型Ⅰ式、Ad 型Ⅱ式、Bb、Ca 型Ⅱ式束颈罐，Aa 型Ⅰ式敛口罐，Aa、Ab、Ad、Ea 型Ⅰ式盆，Cb、Cc 型桶形器，Aa 型Ⅰ式、Aa 型Ⅱ式、Ab、B 型缸，Aa、Ab、B、Db、Eb 型瓮形器，Ba、Da、Db 型豆盘，Ac、Ad、Ba、Bc 型豆柄等，陶器上纹饰绳纹常见，瓮形器、桶形器、D 型豆盘、A 型豆柄发达，A 型小平底罐数量和种类

| 期段 | 器类 / 型式 | 矮领罐 A型 | B型 | C型 |
|---|---|---|---|---|
| 二期 | 一段 | | | |
| | 二段 | | | |
| | 三段 | | | |
| | 四段 | | | |
| 三期 | 早段 | 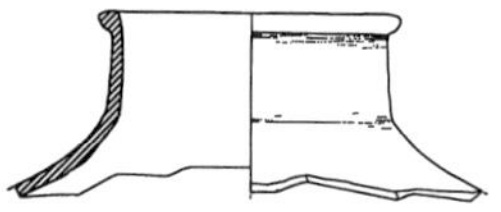 I式（ⅠT6809-6910⑱a：323） | 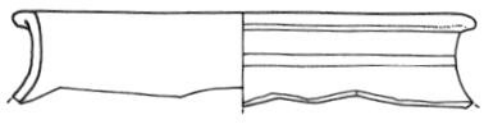 I式（ⅠT6809-6910⑱a：311） | |
| | 中段 | 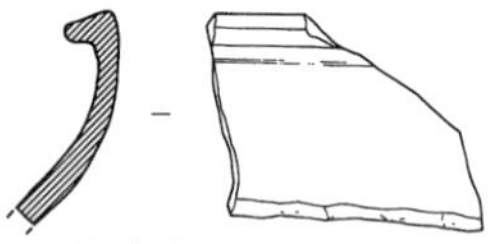 II式（H2318：79） | 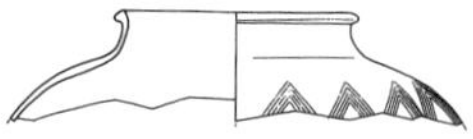 II式（ⅠT7309⑰：31） | 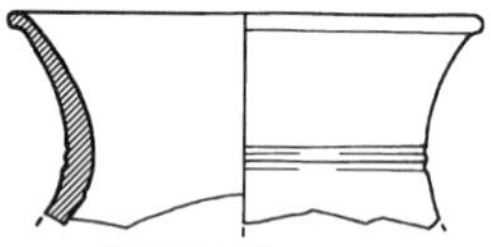 I T7309⑪：1599 |
| | 晚段 | | | |
| 四期 | 早段 | 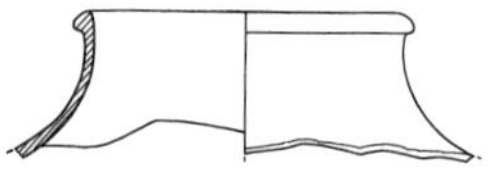 I式（ⅠT7215-7216⑮：135） | 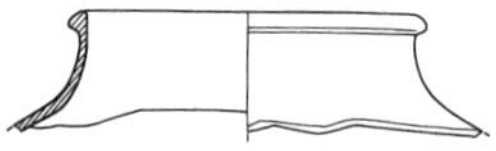 I式（ⅠT6813-6914⑮：66） | 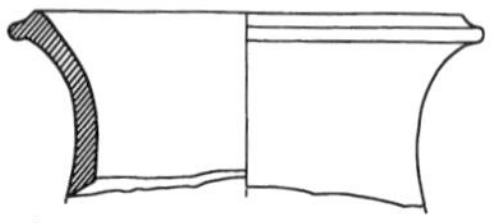 I式（ⅠT7211-7212⑮：152） 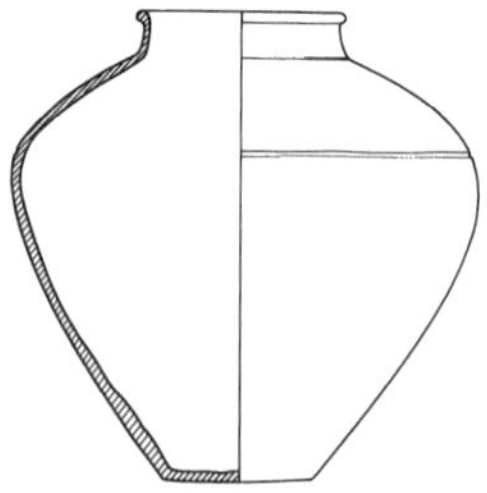 |
| | 晚段 | 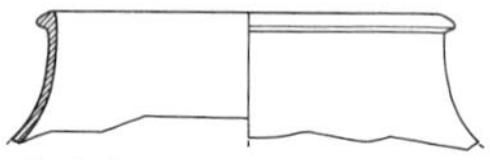 II式（ⅠT7213-7214⑮：577） | 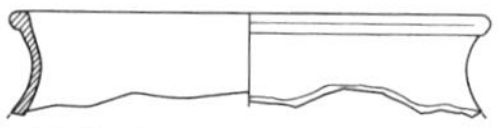 II式（ⅠT6414⑮：14） | II式（L60：6） |
| 五期 | 早段 | 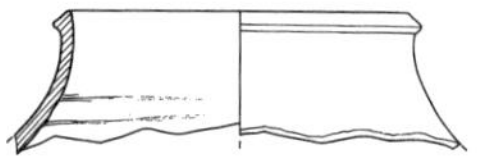 II式（ⅠT6811-6912⑩：478） | 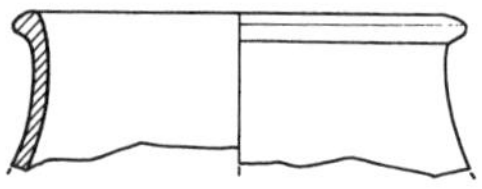 II式（ⅠT6412⑩：253） | 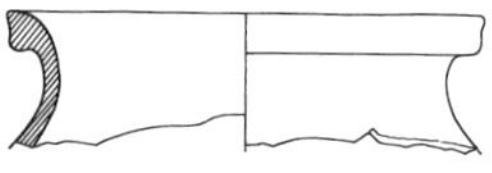 II式（ⅠT6513⑩：1582） |
| | 中段 | | | |
| | 晚段 | | | |
| 六期 | | | 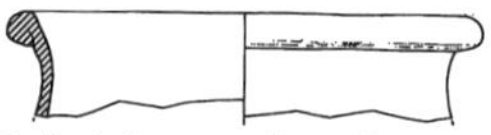 II式（ⅠT8404古河道：3） | |

图九〇八　商周时期

| 矮领罐 | | | |
|---|---|---|---|
| D 型 | E 型 | F 型 | G 型 |
| | | | |
| | | | |
| | | | |
| | | | |
| I 式（I T7211-7212⑱a：243） | | | |
| II 式（I T7307⑮：587） | | I T8106⑩：2 | |
| I 式（I T7009-7110⑮：210） | | | I T7011-7112⑮：240 |
| II 式（I T6809-6910⑮：96） | | I T6811-6912⑬：159 | |
| II 式（I T7213-7214⑩：220） | I T6613-6714⑩：47 | I T6813-6914⑪：237 | |
| | | | |
| | | | |

典型器物分期图（一）

| 期段 | | 高领罐 Aa型 | 高领罐 Ab型 | 高领罐 B型 | 高领罐 C型 |
|---|---|---|---|---|---|
| 二期 | 一段 | 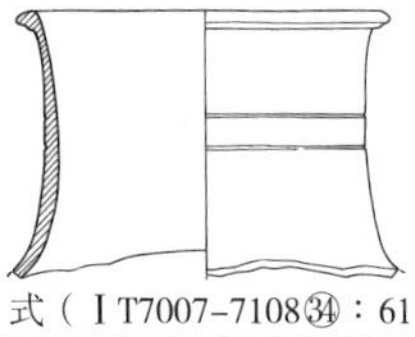 Ⅰ式（ⅠT7007-7108㉞：61） | | | |
| 二期 | 二段 | | | | |
| 二期 | 三段 | 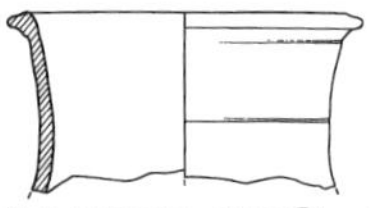 Ⅱ式（ⅠT6611-6712㉛：67） | | | |
| 二期 | 四段 | | | | 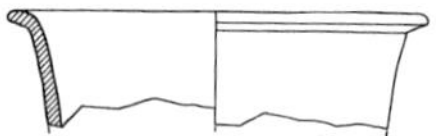 Ⅱ式（ⅠT7009-7110⑲：148） |
| 三期 | 早段 | 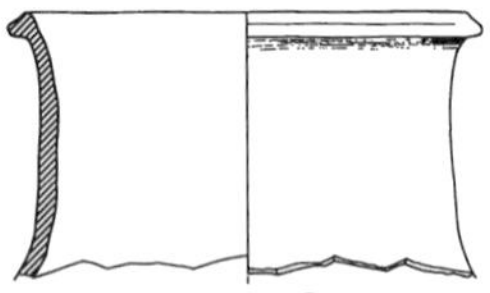 Ⅰ式（ⅠT7309⑱：24） | | | 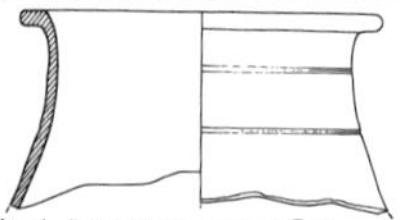 Ⅰ式（ⅠT6815-6916⑱b：62） |
| 三期 | 中段 | 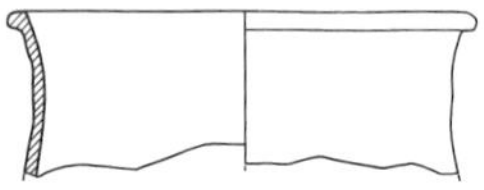 Ⅱ式（ⅠT6813-6914⑱b：37） | 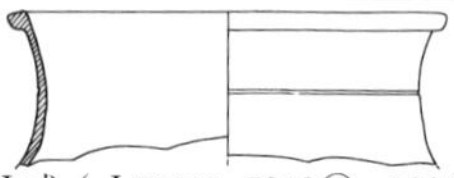 Ⅰ式（ⅠT7211-7212⑰：192） | 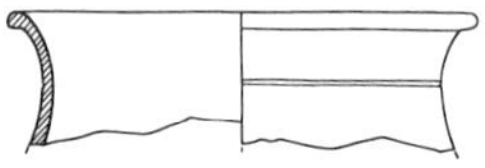 ⅠT7209-7210⑰：901 | 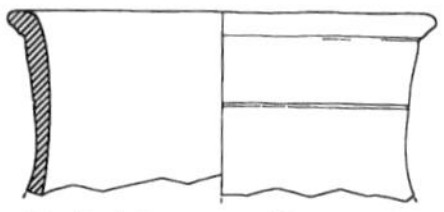 Ⅱ式（ⅠT7309⑪：778） |
| 三期 | 晚段 | 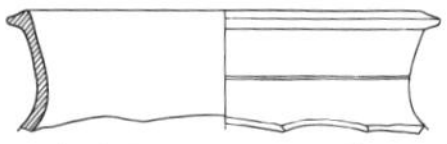 Ⅲ式（ⅠT7011-7112⑰：36） | 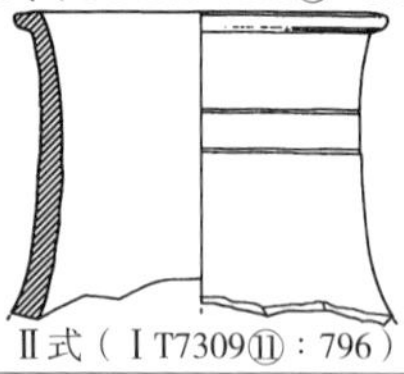 Ⅱ式（ⅠT7309⑪：796） | | |
| 四期 | 早段 | 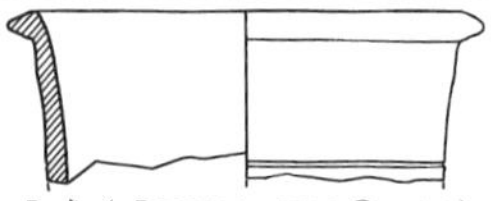 Ⅰ式（ⅠT6511-6512⑮：94）<br>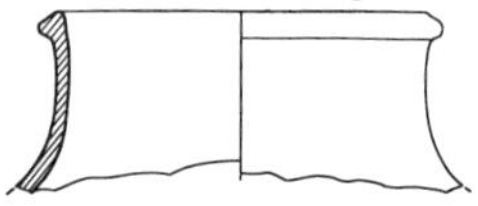 Ⅱ式（ⅠT7215-7216⑮：123） | 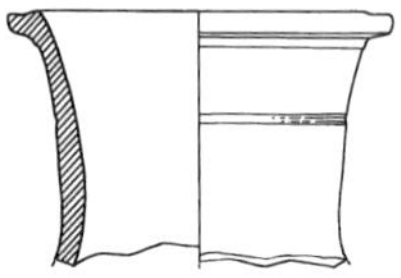 Ⅱ式（ⅠT7209-7210⑮：777） | 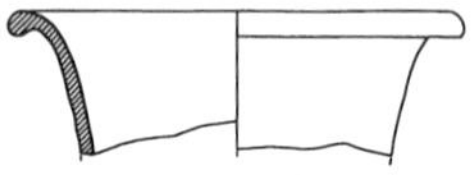 ⅠT7213-7214⑮：351 | 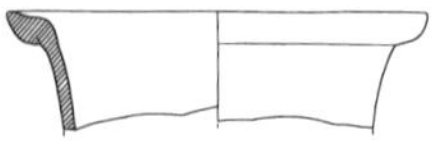 Ⅰ式（ⅠT7009-7110⑬：720）<br>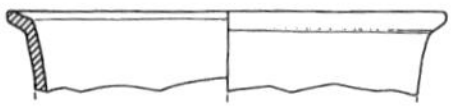 Ⅱ式（ⅠT8105⑦：233） |
| 四期 | 晚段 | 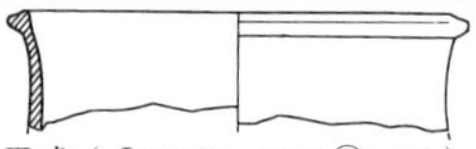 Ⅲ式（ⅠT6511-6512⑬：72） | | | |
| 五期 | 早段 | 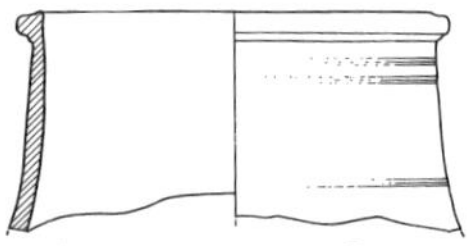 Ⅱ式（ⅠT6811-1912⑧：98） | | 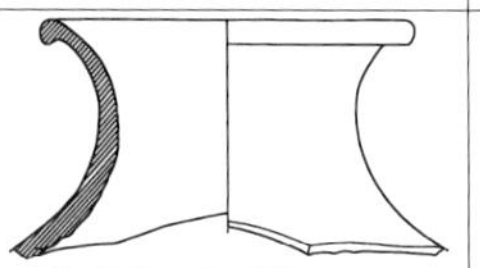 ⅠT6611-6712⑩：199 | 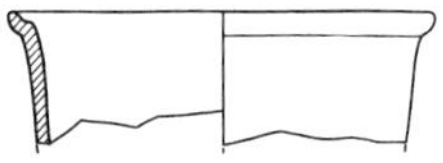 Ⅱ式（ⅠT7013-7114⑩：43） |
| 五期 | 中段 | 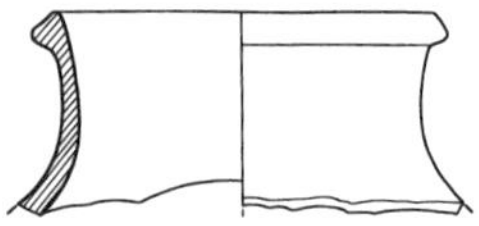 Ⅲ式（ⅠT6815-6916⑩：137） | | | |
| 五期 | 晚段 | | | | |
| 六期 | | | | | |

图九〇八　商周时期

| 高领罐 | | | | |
| --- | --- | --- | --- | --- |
| D 型 | E 型 | Fa 型 | Fb 型 | Fc 型 |
| | | Ⅰ式<br>（ⅠT7009-7110⑲：263） | | |
| ⅠT6611-6712㉛：44 | | | | |
| ⅠT7009-7110⑱a：322 | ⅠT7309⑰：97 | Ⅰ式<br>（ⅠT6815-6916⑱b：88）<br><br>Ⅱ式<br>（ⅠT7009-7110⑱a：515） | Ⅰ式<br>（ⅠT7209-7210⑱a：427）<br><br>Ⅱ式<br>（ⅠT6809-6910⑱a：312） | ⅠT7009-7110⑱a：317 |
| T7013-7114⑭：128 | H2302：44 | Ⅰ式<br>（ⅠT7009-7110⑮：285）<br><br>Ⅱ式<br>（ⅠT7215-7216⑮：392）<br><br>Ⅱ式<br>（ⅠT6611-6712⑩：116） | Ⅱ式（ⅠT6613-6714⑮：44）<br><br>Ⅱ式（ⅠT6809-6910⑨：130） | H2316：60 |

典型器物分期图（二）

| 器类 | 簋形器 | | |
|---|---|---|---|
| 型式<br>期段 | Aa 型 | Ab 型 | Ac 型 |
| 二期 一段 | | | |
| 二期 二段 | | | |
| 二期 三段 | | | |
| 二期 四段 | | | |
| 三期 早段 | | | |
| 三期 中段 | | | |
| 三期 晚段 | | | |
| 四期 早段 | 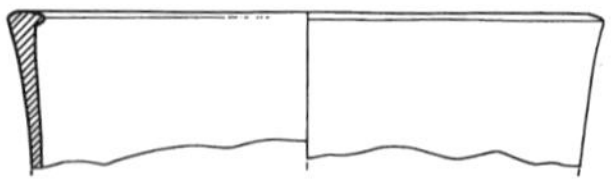 Ⅰ式（ⅠT6811-6912⑬：160） | 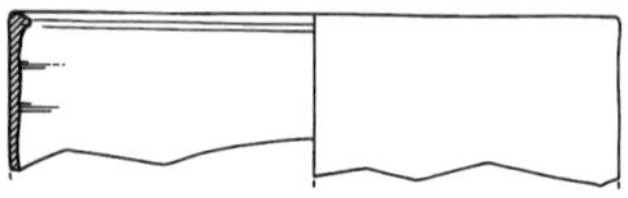 Ⅰ式（ⅠT8103⑦：71） | 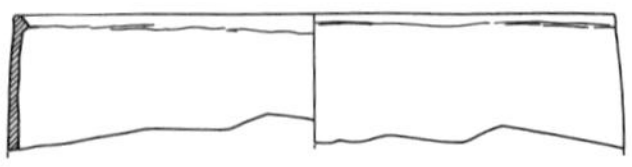 Ⅰ式（ⅠT7013-7114⑭：126） |
| 四期 晚段 | 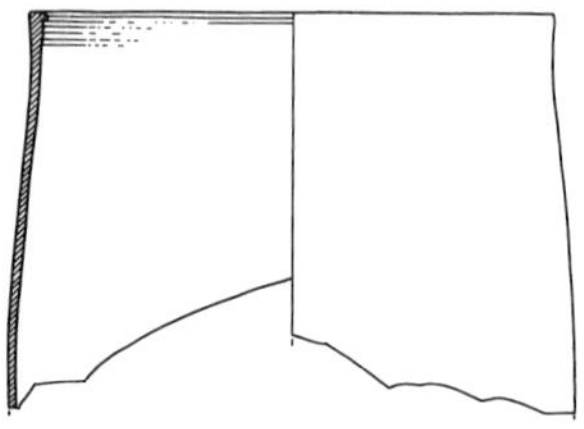 Ⅱ式（H2315：59） | 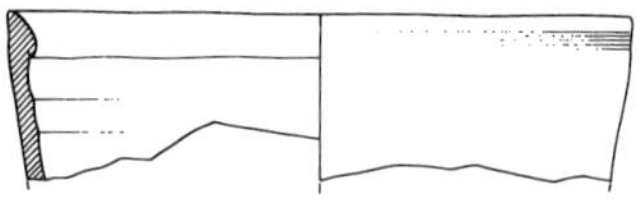 Ⅱ式（ⅠT7810⑦：241） |  Ⅱ式（ⅠT6811-6912⑬：180） |
| 五期 早段 | 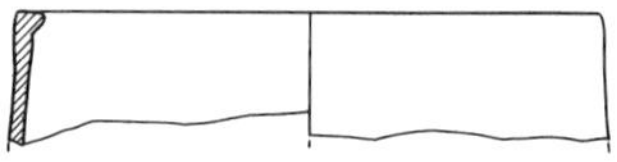 Ⅰ式（ⅠT6813-6914⑩：63） | 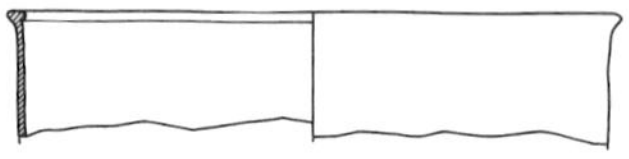 Ⅰ式（ⅠT6513⑩：598） | 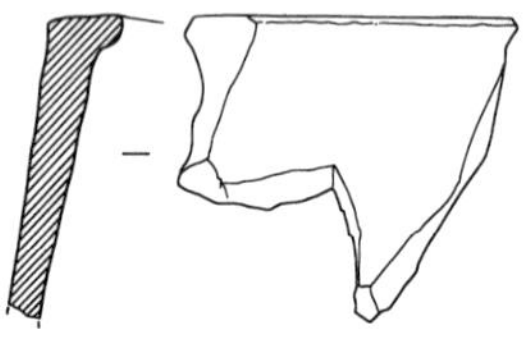 Ⅰ式（ⅠT6813-6914⑫：47） |
| 五期 中段 | 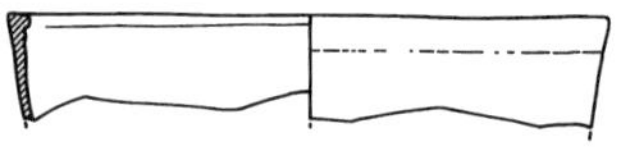 Ⅱ式（ⅠT7007-7108⑨：193） | 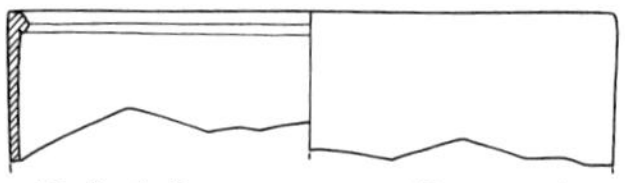 Ⅱ式（ⅠT7011-7112⑨：187） | 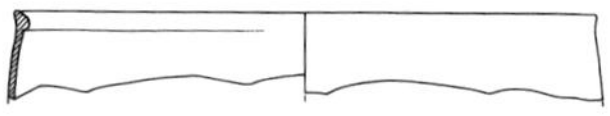 Ⅱ式（ⅠT6613-6714⑪：57） |
| 五期 晚段 | | | |
| 六期 | | | |

图九〇八　商周时期

| 簋形器 | | |
|---|---|---|
| Ba 型 | Bb 型 | C 型 |
| | | |
| I 式（ I T6809-6910⑭：163） | I 式（ I T7810⑦：393） | |
| II 式（ I T7811⑦：127） | II 式（ I T8105⑦：244） | I 式（ I T8009⑦：181） |
| I 式（ I T7013-7114⑫：10） | I 式（ I T6613-6714⑪：349） | |
| II 式（ I T6613-6714⑪：84） | II 式（ I T6613-6714⑥：8） | I 式（ I T7009-7110⑫：101） |
| | | II 式（ I T6611-6712⑧：5） |
| | | II 式（ I T8302古河道：8） |

典型器物分期图（三）

| 期段 | | 尖底杯 Aa 型 | 尖底杯 Ab 型 | 尖底杯 Ac 型 | 尖底杯 Ad 型 |
|---|---|---|---|---|---|
| 二期 | 一段 | | | | |
| | 二段 | | | | |
| | 三段 | | | | |
| | 四段 | | | | |
| 三期 | 早段 | 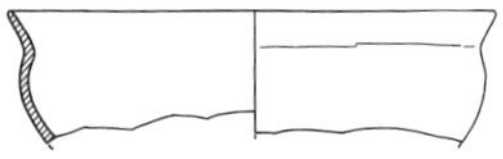 Ⅰ式（ⅠT7209-7210⑱a：354） | | | |
| | 中段 | 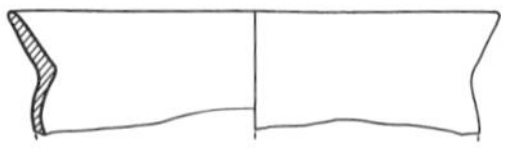 Ⅱ式（ⅠT6809-6910⑱a：90） | 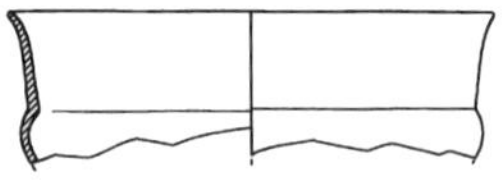 ⅠT7309⑱：48 | 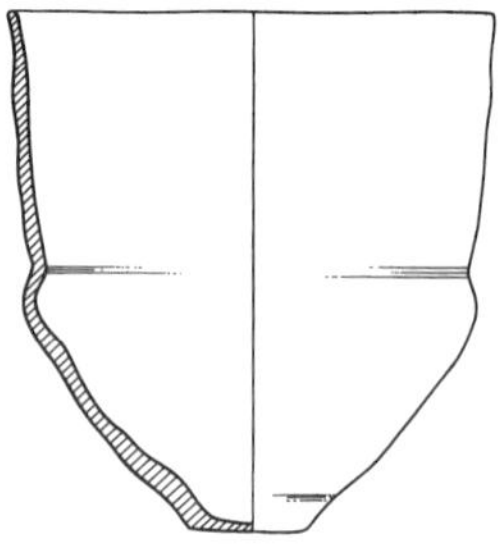 ⅠT7211-7212⑯：292 | 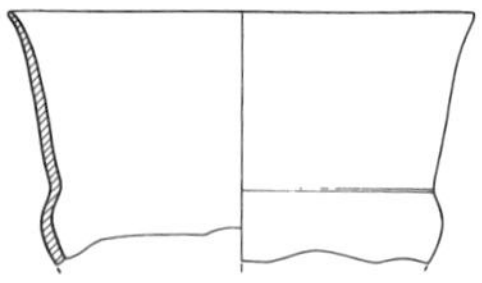 ⅠT7209-7210⑰：710 |
| | 晚段 | | | | |
| 四期 | 早段 | 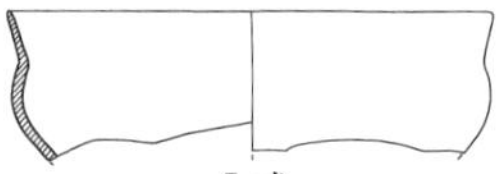 Ⅰ式（ⅠT7209-7210⑮：553）<br>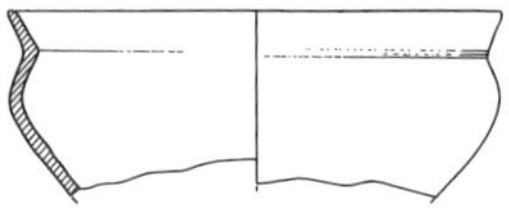 Ⅱ式（ⅠT8304⑦：8） | 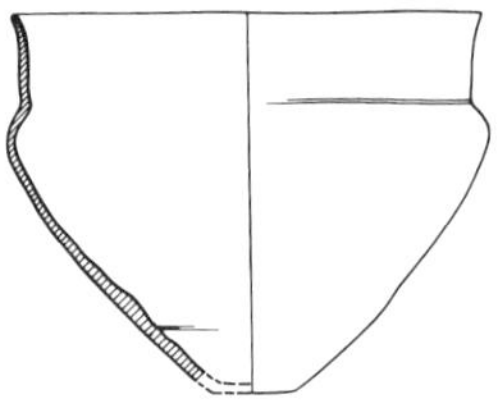 ⅠT7009-7110⑮：41 | 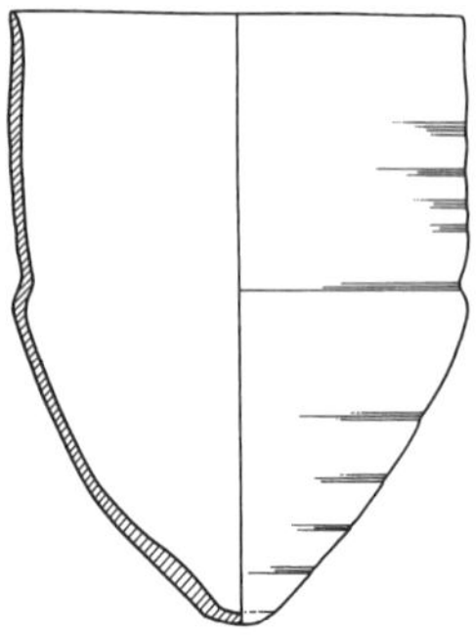 ⅠT7009-7110⑮：42 | 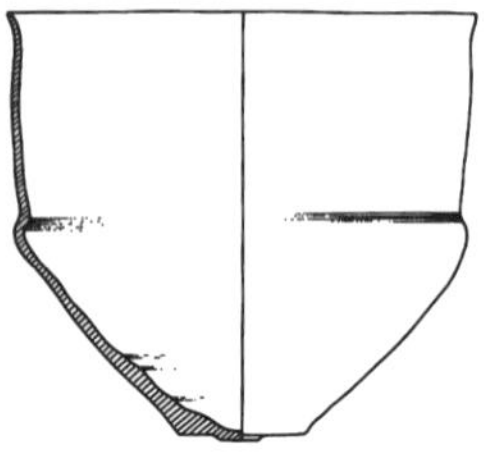 ⅠT7009-7110⑮：366 |
| | 晚段 | | | | |
| 五期 | 早段 | | | | 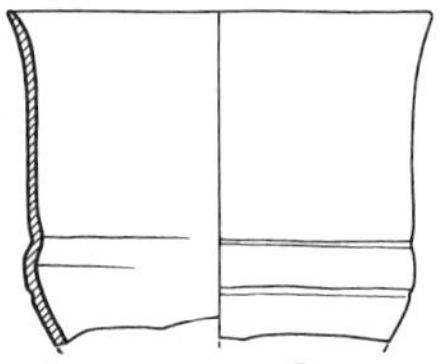 ⅠT6613-6714⑩：649 |
| | 中段 | | | | |
| | 晚段 | | | | |
| 六期 | | | | | |

图九〇八　商周时期

| 尖底杯 | |
|---|---|
| Ba 型 | Bb 型 |

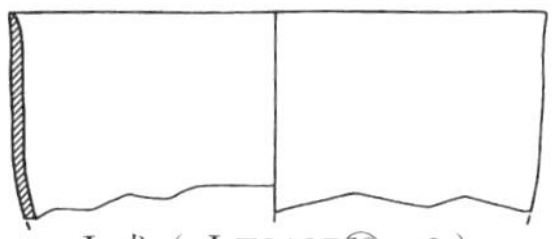

I式（ⅠT8107⑩：3）

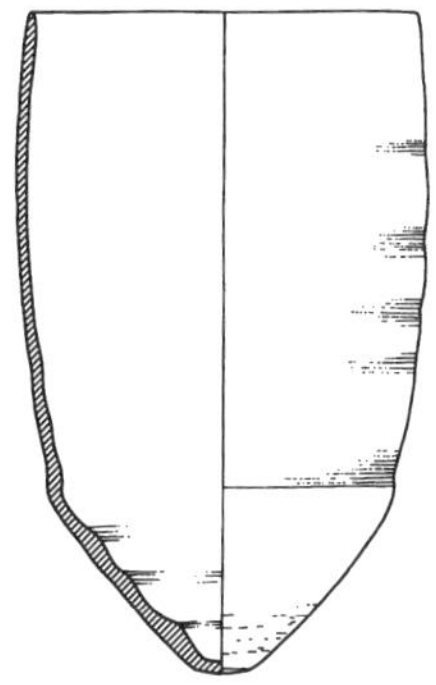

Ⅱ式（ⅠT8105⑨a：26）

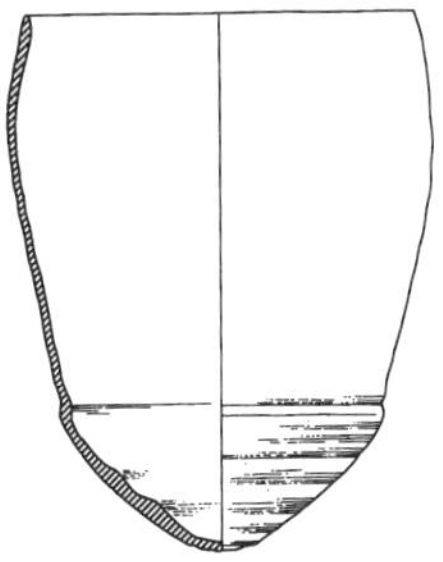

I式（ⅠT8105⑨a：36）

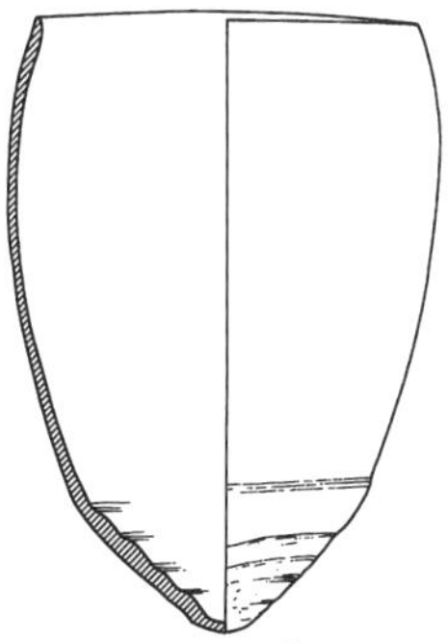

Ⅱ式（ⅠT8106⑨a：76）

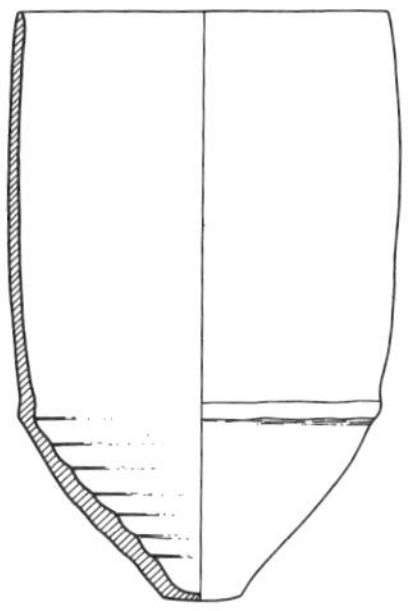

I式<br>（ⅠT7009-7110⑮：223）

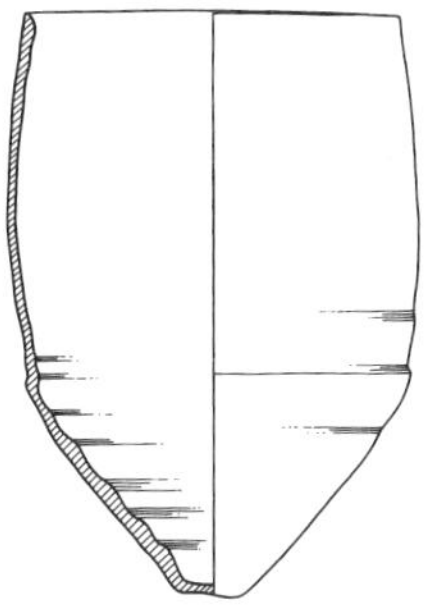

Ⅱ式<br>（ⅠT7009-7110⑮：44）

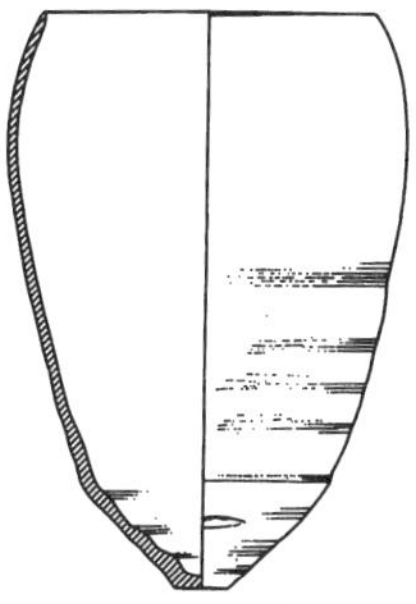

Ⅲ式（ⅠT8106⑦：77）

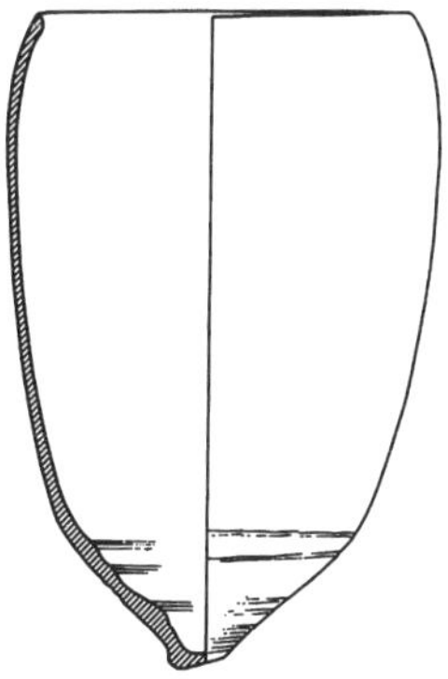

Ⅱ式（ⅠT8106⑦：449）

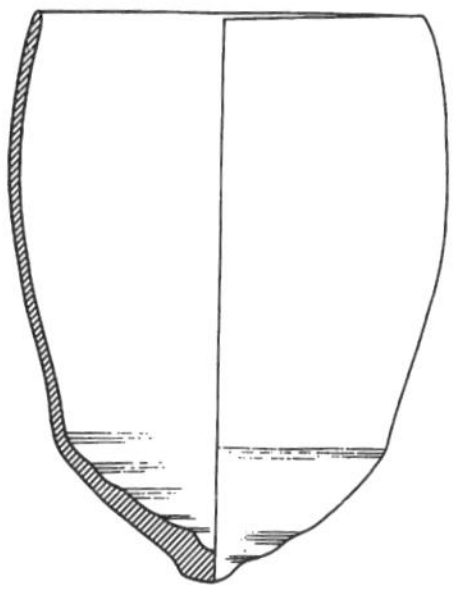

I式（ⅠT8206⑦：80）

Ⅱ式（ⅠT7209-7210⑨：29）

典型器物分期图（四）

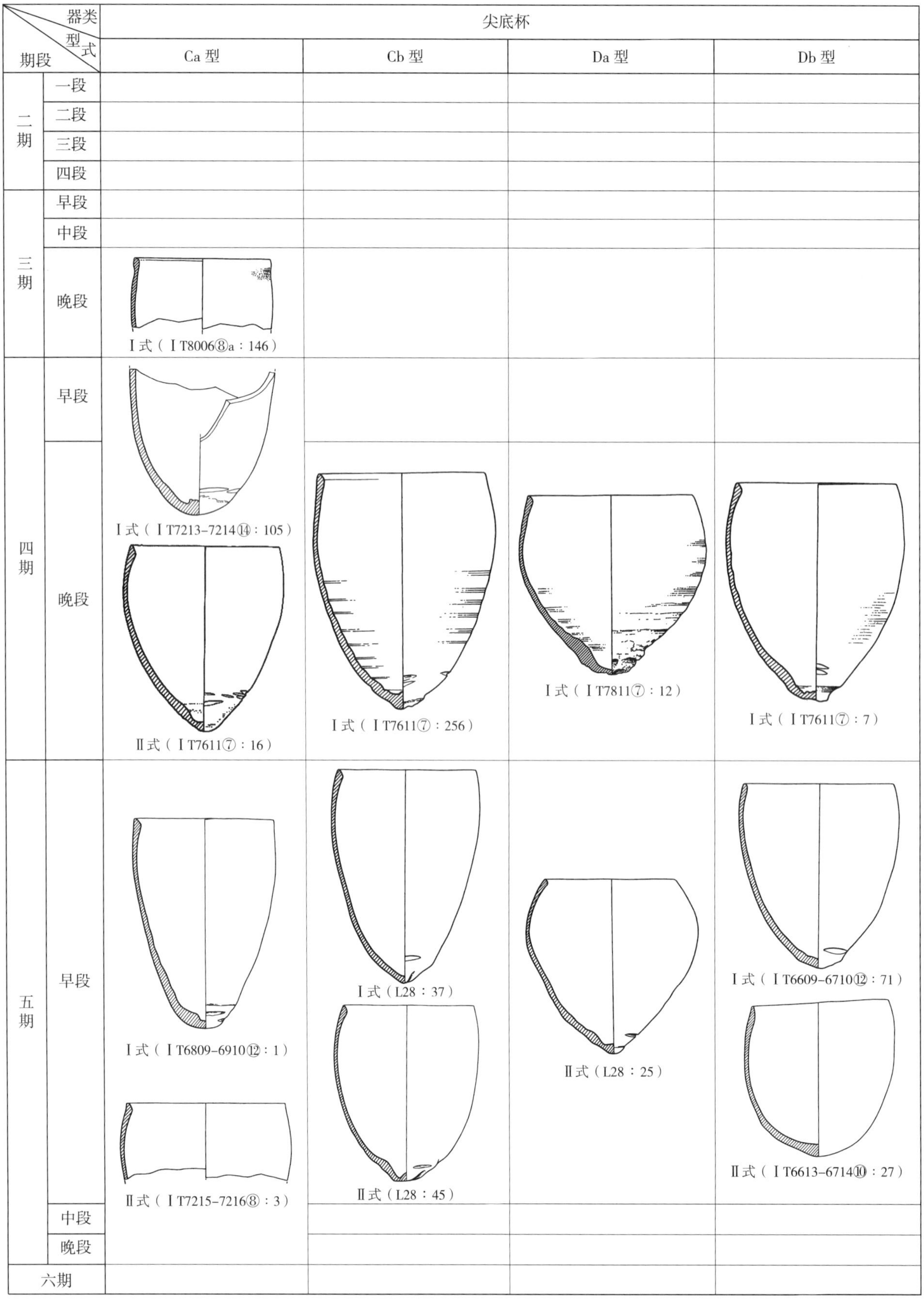

| 期段 | 型式 | 尖底杯 | | | |
|---|---|---|---|---|---|
| | | Ca 型 | Cb 型 | Da 型 | Db 型 |
| 二期 | 一段 | | | | |
| | 二段 | | | | |
| | 三段 | | | | |
| | 四段 | | | | |
| 三期 | 早段 | | | | |
| | 中段 | | | | |
| | 晚段 | I 式（ I T8006⑧a：146） | | | |
| 四期 | 早段 | I 式（ I T7213-7214⑭：105） | | | |
| | 晚段 | II 式（ I T7611⑦：16） | I 式（ I T7611⑦：256） | I 式（ I T7811⑦：12） | I 式（ I T7611⑦：7） |
| 五期 | 早段 | I 式（ I T6809-6910⑫：1）<br>II 式（ I T7215-7216⑧：3） | I 式（L28：37）<br>II 式（L28：45） | II 式（L28：25） | I 式（ I T6609-6710⑫：71）<br>II 式（ I T6613-6714⑩：27） |
| | 中段 | | | | |
| | 晚段 | | | | |
| 六期 | | | | | |

图九〇八　商周时期

| 尖底杯 | | | |
|---|---|---|---|
| Dc 型 | Dd 型 | Ea 型 | Eb 型 |

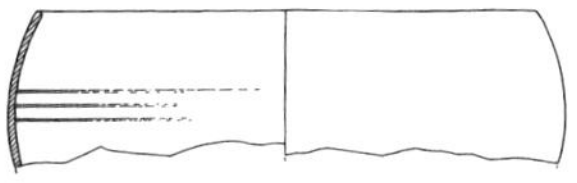

Ⅰ式（ⅠT7011-7112⑬：252）

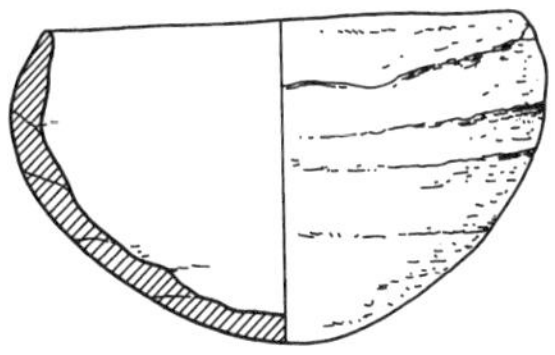

Ⅱ式（ⅠT6511-6512⑩：7）

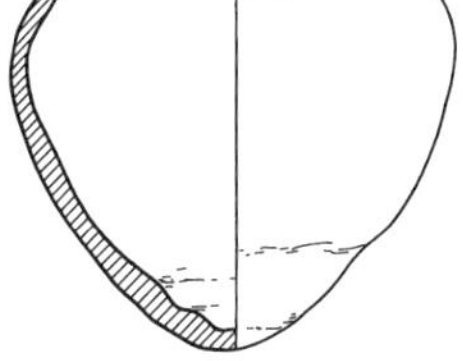

ⅠT7213-7214⑩：1

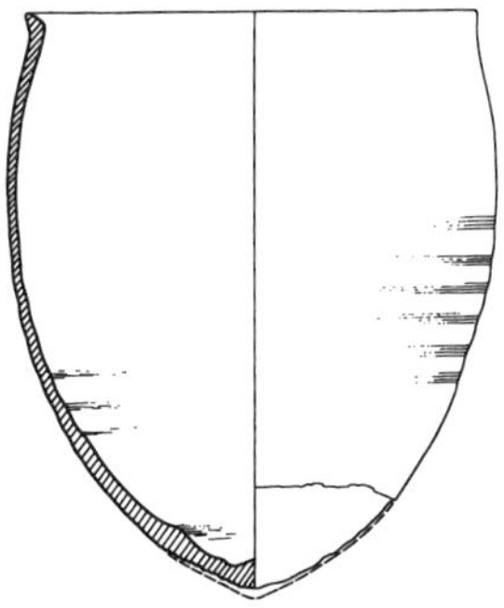

L28：96

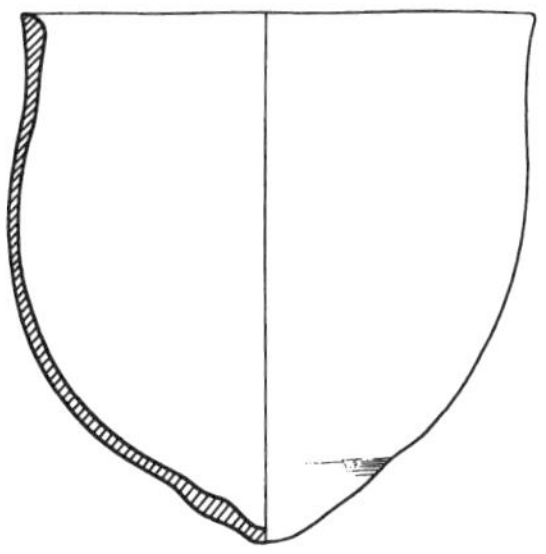

L28：9

典型器物分期图（五）

| 器类<br>型式<br>期段 | 尖底盏 | | | |
| --- | --- | --- | --- | --- |
| | Aa 型 | Ab 型 | Ac 型 | Ad 型 |
| 二期 一段 | | | | |
| 二段 | | | | |
| 三段 | | | | |
| 四段 | | | | |
| 三期 早段 | 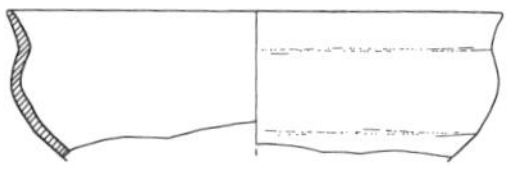 I式（I T7007-7108⑱a：326） 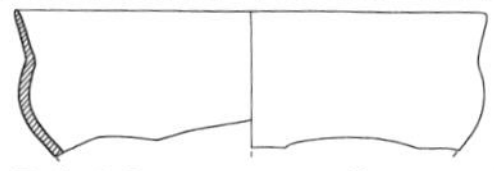<br>II式（I T7009-7110⑱a：565） | 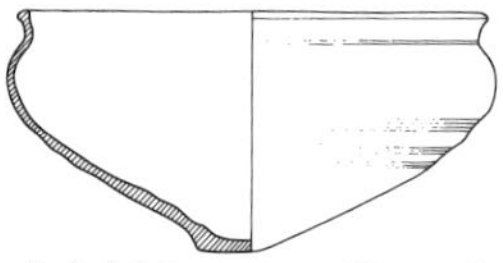 I式（I T7007-7108⑱a：6） | | |
| 中段 | 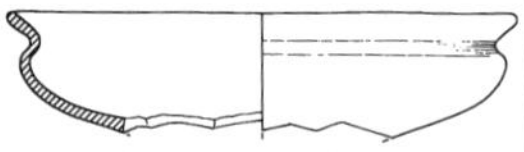 III式（I T7309⑰：114） | 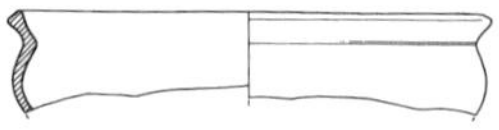 II式（I T7009-7110⑯：164） | 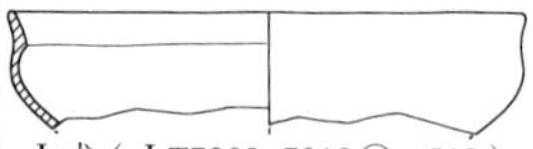 I式（I T7209-7210⑯：513）<br>II式（I T7211-7212⑯：91） | I T8105⑨a：40 |
| 晚段 | | | | |
| 四期 早段 | 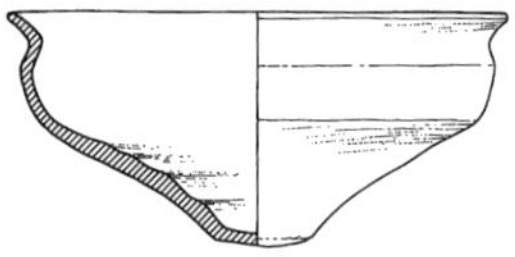 I式（I T7009-7110⑮：43）<br>II式（I T7810⑦：476） | 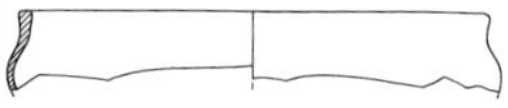 I式（I T7213-7214⑮：488） 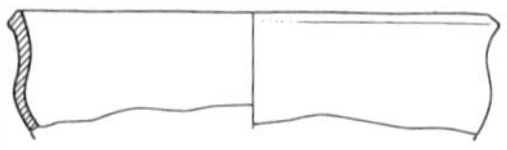<br>II式（I T7215-7216⑮：306） | 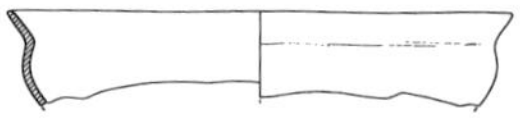 I式（I T6815-6916⑮：155）<br>II式（I T7211-7212⑮：108） | I T7215-7216⑮：654 |
| 晚段 | | | | |
| 五期 早段 | | | | |
| 中段 | | | | |
| 晚段 | | | | |
| 六期 | | | | |

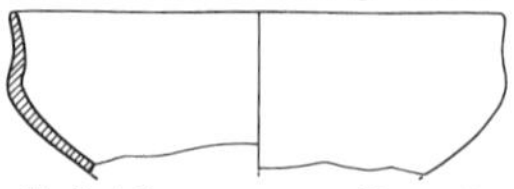

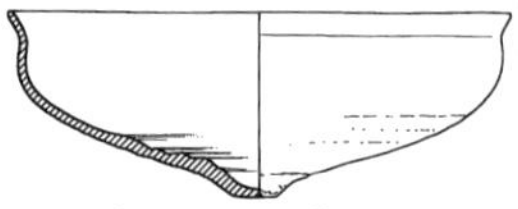

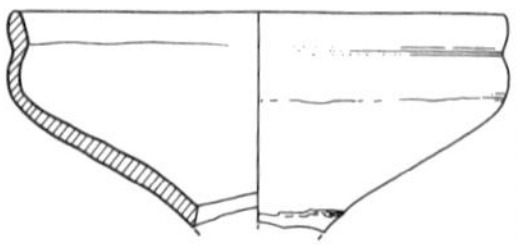

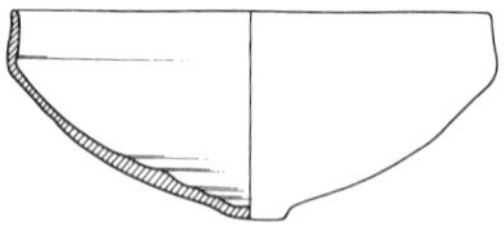

图九〇八　商周时期

| 尖底盏 | | | |
|---|---|---|---|
| Ba 型 | Bb 型 | Bc 型 | Bd 型 |
| | Ⅰ式（ⅠT8206⑩：58） | | |
| Ⅰ式（H2299：197）<br>Ⅱ式（ⅠT8007⑧b：16） | Ⅱ式（ⅠT7309⑯：27） | | |
| Ⅰ式（ⅠT7215-7216⑮：259）<br>Ⅱ式（ⅠT7013-7114⑭：5）<br>Ⅲ式（ⅠT7611⑦：15） | Ⅰ式（ⅠT6815-6916⑮：3）<br>Ⅱ式（ⅠT8105⑦：162）<br>Ⅲ式（ⅠT8011⑦：103） | Ⅰ式（ⅠT6611-6712⑬：76） | Ⅰ式（ⅠT7213-7214⑭：351）<br>Ⅱ式（ⅠT8009⑦：142） |
| Ⅰ式（ⅠT7215-7216⑩：5）<br>Ⅱ式（ⅠT7215-7216⑩：1）<br>Ⅲ式（ⅠT7207-7208⑨：13） | Ⅱ式（ⅠT6611-6712⑩：753）<br>Ⅲ式（ⅠT6613-6714⑩：532） | Ⅰ式（ⅠT6613-6714⑩：527）<br>Ⅱ式（ⅠT6513⑩：1520） | Ⅰ式（ⅠT6611-6712⑪：149）<br>Ⅱ型（ⅠT7007-7108⑧：69） |
| | | | ⅠT8302古河道：1 |

典型器物分期图（六）

| 期段 | 型式 | 尖底盏 | | | |
|---|---|---|---|---|---|
| | | Be 型 | Ca 型 | Cb 型 | Cc 型 |
| 二期 | 一段 | | | | |
| | 二段 | | | | |
| | 三段 | | | | |
| | 四段 | | | | |
| 三期 | 早段 | | | | |
| | 中段 | | | | |
| | 晚段 | | | | |
| 四期 | 早段 | | | | 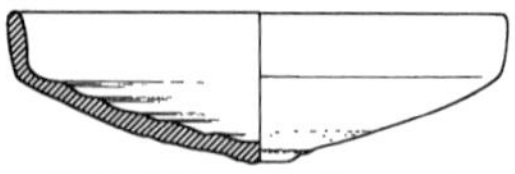 Ⅰ式（Ⅰ T7610⑦：66）<br> Ⅱ式（Ⅰ T7811⑦：100） |
| | 晚段 | | | 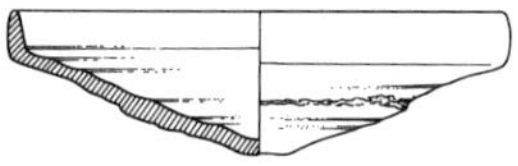 Ⅰ式（Ⅰ T6414⑬：1） | |
| 五期 | 早段 | 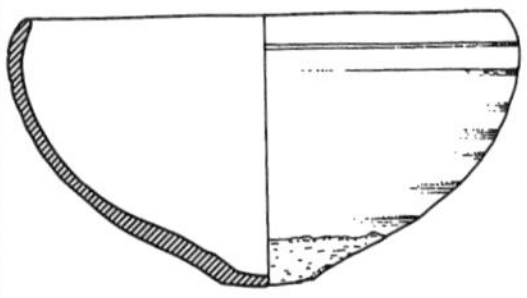 Ⅰ T6613-6714⑫：154 | 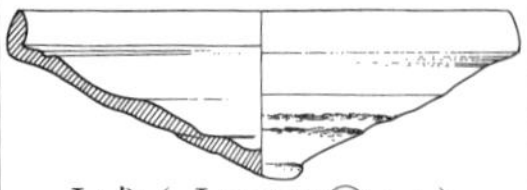 Ⅰ式（Ⅰ T6412⑩：4）<br> 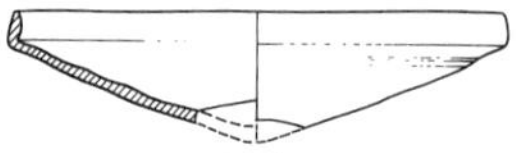Ⅱ式（Ⅰ T6611-6712⑩：557） | 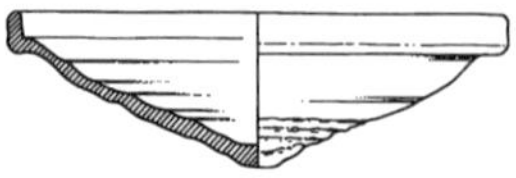 Ⅰ式（Ⅰ T6511-6512⑩：50） | 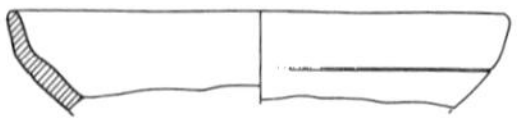 Ⅰ式（Ⅰ T6613-6714⑩：525） |
| | 中段 | | | 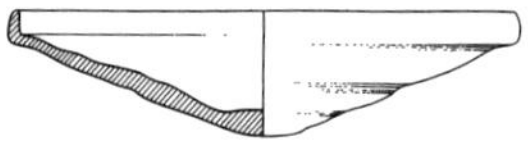 Ⅱ式（Ⅰ T6611-6712⑩：559） | |
| | 晚段 | | | | 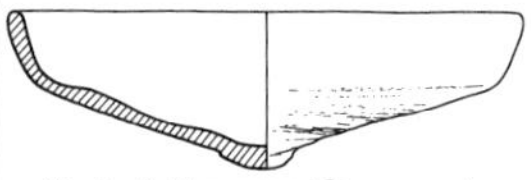 Ⅱ式（Ⅰ T7609⑤：4-2） |
| 六期 | | | | 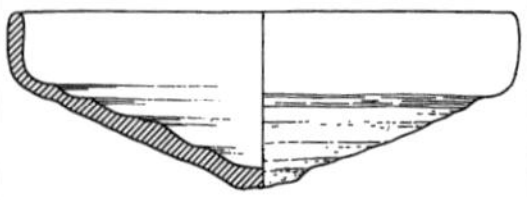 Ⅰ式（Ⅰ T8301古河道：14） | 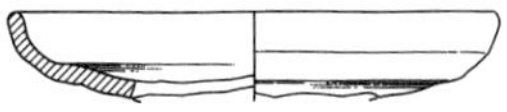 Ⅱ式（Ⅰ T8404古河道：14） |

图九〇八　商周时期典型器物分期图（七）

| 器类 型式 期段 | 敛口罐 | | | |
|---|---|---|---|---|
| | Aa 型 | Ab 型 | Ac 型 | Ad 型 |
| 二期 一段 | | | | |
| 二期 二段 | | | | |
| 二期 三段 | 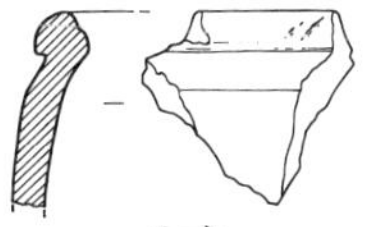 I 式<br>（ I T6809-6910㉓：6） | | | |
| 二期 四段 | | | | |
| 三期 早段 | | | | |
| 三期 中段 | 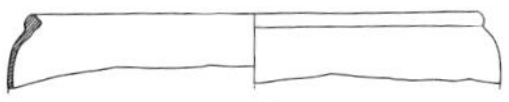 I 式<br>（ I T6611-6712⑰：79）<br>II 式<br>（ I T7011 7112⑯：253） | I T8404⑩：9 | I T6813-6914⑰：69 | I T7209-7210⑯：117 |
| 三期 晚段 | | | | |
| 四期 早段 | 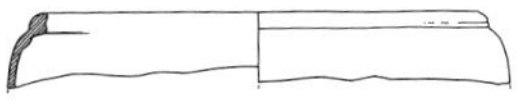 I 式<br>（ I T7009-7110⑮：248） | I T7211-7212⑮：175 | I T7213-7214⑭：171 | I T7811⑦：78 |
| 四期 晚段 | 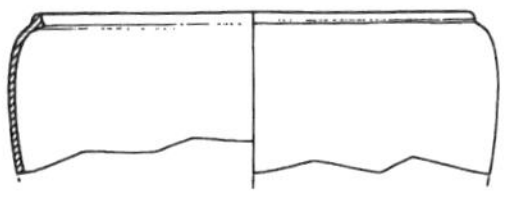 II 式（ I T8007⑦：13） | | | |
| 五期 早段 | 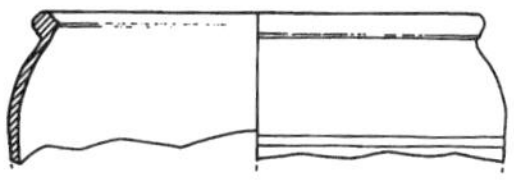 I 式（ I T8102⑥：8） | I T6609-6710⑫：9 | I T6611-6712⑩：795 | 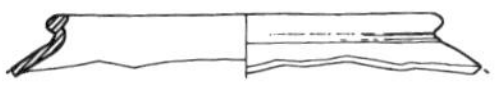 H2319：4 |
| 五期 中段 | | | | |
| 五期 晚段 |  II 式<br>（ I T7009-7110⑨：211） | | | |
| 六期 | | | | |

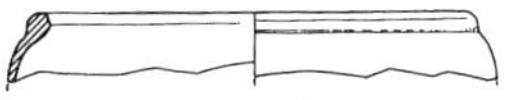

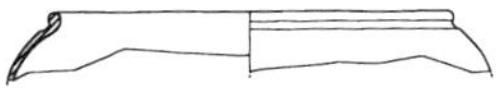

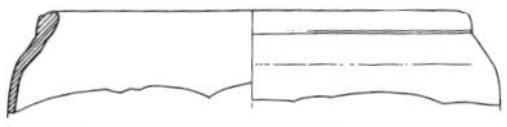

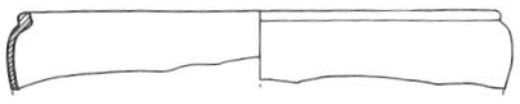

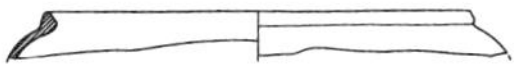

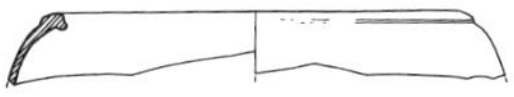

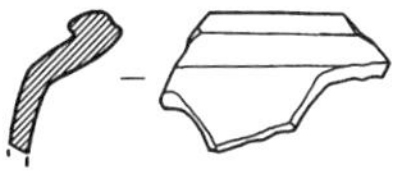

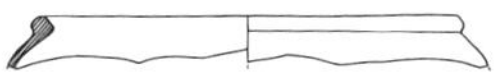

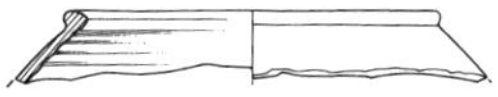

图九〇八 商周时期典型器物分期图（八）

| 期段 | 型式 器类 | 敛口罐 | | | |
|---|---|---|---|---|---|
| | | Ae 型 | Ba 型 | Bb 型 | Bc 型 |
| 二期 | 一段 | | | | |
| | 二段 | | | | |
| | 三段 | | | | |
| | 四段 | | | | |
| 三期 | 早段 | H2337：11 | | ⅠT7209-7210⑱a：131 | ⅠT6809-6910⑱a：54 |
| | 中段 | | ⅠT7011-7112⑯：355 | | |
| | 晚段 | | | | |
| 四期 | 早段 | L60：40 | ⅠT7211-7212⑮：150 | ⅠT7209-7210⑮：315 | ⅠT7215-7216⑭：13 |
| | 晚段 | | | | |
| 五期 | 早段 | L28：116 | ⅠT6613-6714⑫：122 | ⅠT6813-6914⑩：102 | ⅠT6811-6912⑩：189 |
| | 中段 | | | | |
| | 晚段 | | | | |
| 六期 | | | | | |

| 敛口罐 | | | |
|---|---|---|---|
| Bd 型 | Ca 型 | Cb 型 | Cc 型 |
| | | | |
| | | | |
| | | | |
| | | | |
| | Ⅰ式（ⅠT6809-6910⑱a：297） | | |
| | Ⅱ式（ⅠT8405⑩：12） | | |
| ⅠT6811-6912⑰：41 | | Ⅰ式（ⅠT6815-6916⑰：132） | |
| ⅠT6613-6714⑮：249 | Ⅰ式（ⅠT6613-6714⑮：68）<br>Ⅱ式（ⅠT8206⑦：229） | Ⅰ式（ⅠT7013-7114⑮：14）<br>Ⅱ式（ⅠT6813-6914⑬：73） | Ⅰ式（ⅠT7213-7214⑭：181）<br>Ⅱ式（L27：852） |
| ⅠT6813-6914⑫：29 | Ⅰ式（ⅠT6611-6712⑩：490）<br>Ⅱ式（ⅠT7009-7110⑨：200） | Ⅰ式（ⅠT7215-7216⑩：89）<br>Ⅱ式（ⅠT6609-6710⑨：53） | Ⅰ式（ⅠT6613-6714⑪：116）<br>Ⅱ式（ⅠT7306⑥：67） |
| | | | |

典型器物分期图（九）

| 器类<br>型式<br>期段 | | 敛口罐 | | |
|---|---|---|---|---|
| | | Cd 型 | Da 型 | Db 型 |
| 二期 | 一段 | | | |
| | 二段 | | | |
| | 三段 | | | |
| | 四段 | | | |
| 三期 | 早段 | | | |
| | 中段 | | | 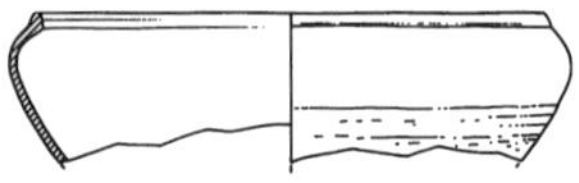 I T7309⑱：78 |
| | 晚段 | | | |
| 四期 | 早段 | 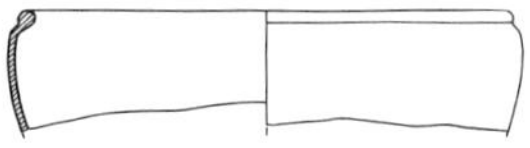 I T7213–7214⑮：391 | 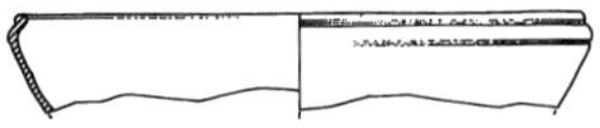 I T7811⑦：119 | 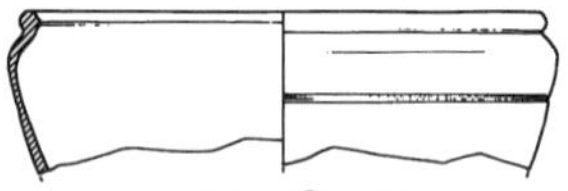 I T8007⑦：106 |
| | 晚段 | | | |
| 五期 | 早段 | 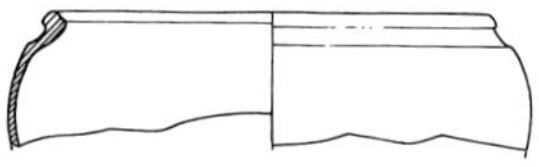 I T6513⑩：1542 | 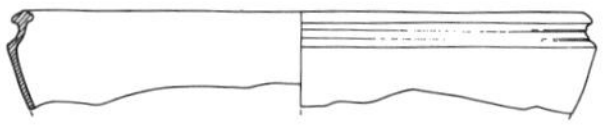 I T6813–6914⑪：83 | 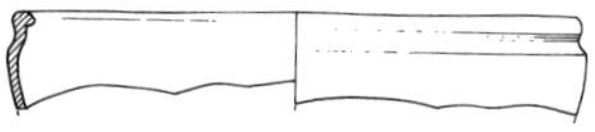 I T7015–7116⑩：174 |
| | 中段 | | | |
| | 晚段 | | | |
| 六期 | | | | |

图九〇八　商周时期典型器物分期图（一〇）

| 器类<br>型式<br>期段 | | 束颈罐 | | | |
| --- | --- | --- | --- | --- | --- |
| | | Aa 型 | Ab 型 | Ac 型 | Ad 型 |
| 二期 | 一段 | | | | |
| | 二段 | | | | |
| | 三段 | | 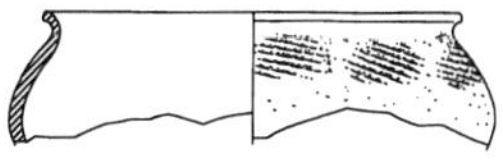 I 式（Ⅰ T7307㉔：105） | 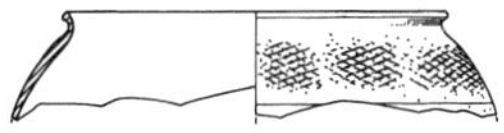 I 式<br>（Ⅰ T6807-6908㉑：5） | I 式<br>（Ⅰ T7009-7110⑲：39） |
| | 四段 | 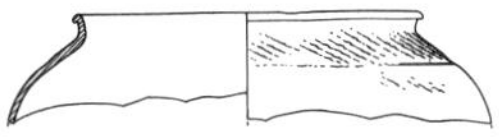 L58①：296 | 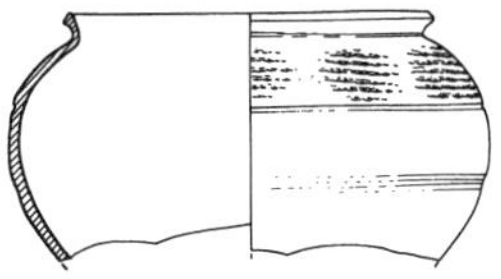 Ⅱ式<br>（Ⅰ T7009-7110⑲：299） | 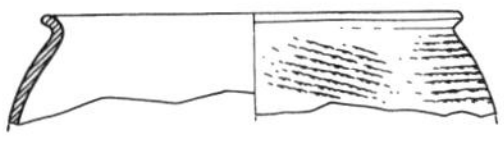 Ⅱ式<br>（Ⅰ T7005-7106㉓：74） |  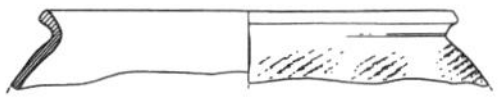 Ⅱ式<br>（Ⅰ T7009-7110⑲：145） |
| 三期 | 早段 | | 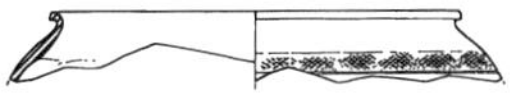 I 式（H2307：3） | 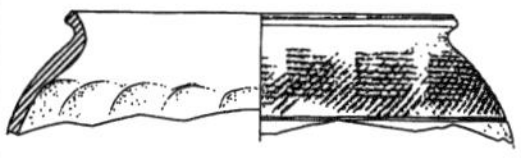 I 式（Ⅰ T7306⑱：29） | 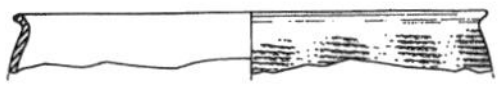 I 式（Ⅰ T8106⑩：26） |
| | 中段 | 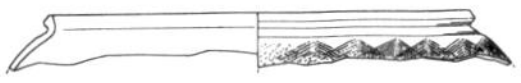 Ⅰ T6815-6916⑱b：160 | 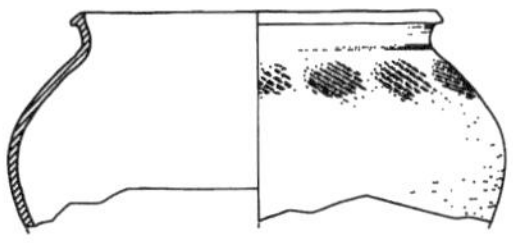 Ⅱ式<br>（Ⅰ T6809-6910⑱a：296） | 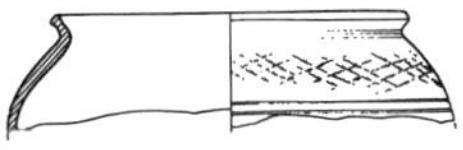 Ⅱ式（H2311：53） | 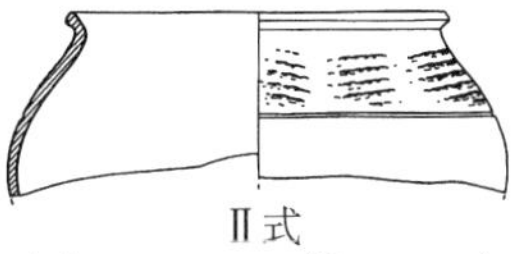 Ⅱ式<br>（Ⅰ T7007-7108⑱a：330） |
| | 晚段 | | | | |
| 四期 | 早段 | 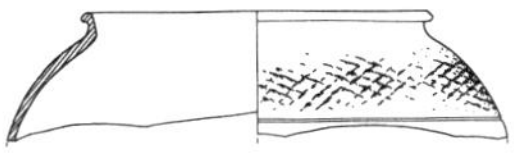 Ⅰ T6511-6512⑮：96 | 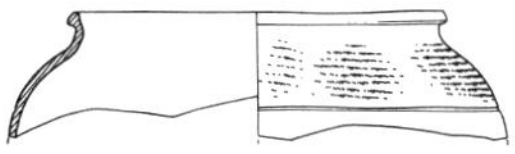 I 式<br>（Ⅰ T7209-7210⑮：683） | 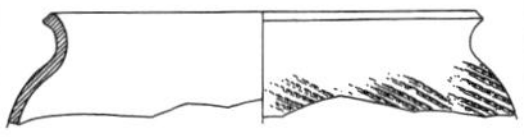 Ⅱ式<br>（Ⅰ T6613-6714⑮：115） | |
| | 晚段 | | 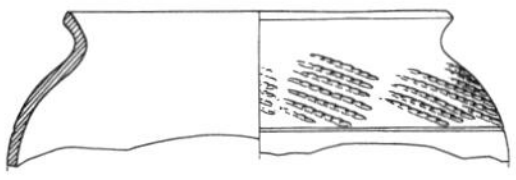 Ⅱ式<br>（Ⅰ T6615-6716⑬：83） | | |
| 五期 | 早段 | | | | |
| | 中段 | | | | |
| | 晚段 | | | | |
| 六期 | | | | | |

图九〇八　商周时期典型器物分期图（一一）

| 期段 | 型式 | 束颈罐 | | | | |
|---|---|---|---|---|---|---|
| | | Ae 型 | Af 型 | Ba 型 | Bb 型 | Bc 型 |
| 二期 | 一段 | | | | | |
| | 二段 | | | | | |
| | 三段 | | | | | |
| | 四段 | | | | | |
| 三期 | 早段 | | 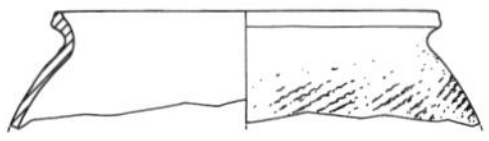 H2311：51 | 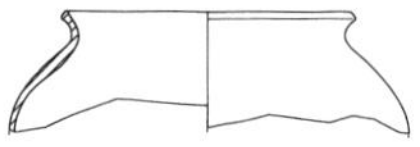 ⅠT7007-7108⑱a：345 | | |
| | 中段 | 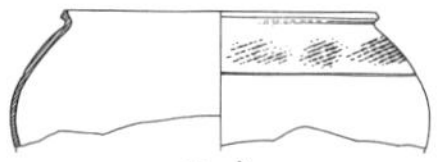 Ⅰ式（ⅠT7209-7210⑰：569） 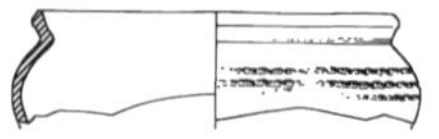 Ⅱ式（ⅠT7309⑩：157） | | | 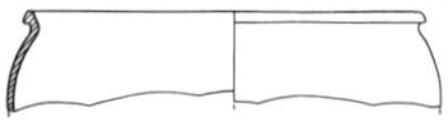 ⅠT7209-7210⑱a：382 | 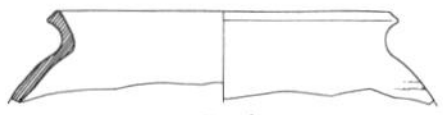 Ⅰ式（ⅠT6813-6914⑰：60） 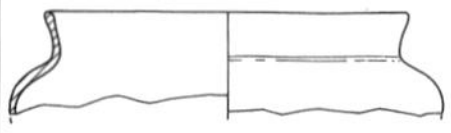 Ⅱ式（ⅠT7407⑮：418） |
| | 晚段 | | | | | |
| 四期 | 早段 | 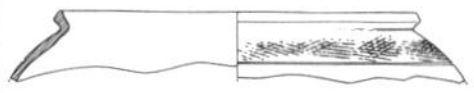 Ⅰ式（ⅠT7209-7210⑮：674） | | 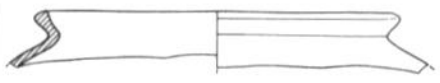 ⅠT6511-6512⑮：102 | 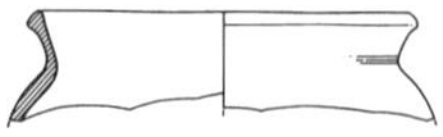 ⅠT7211-7212⑮：171 | 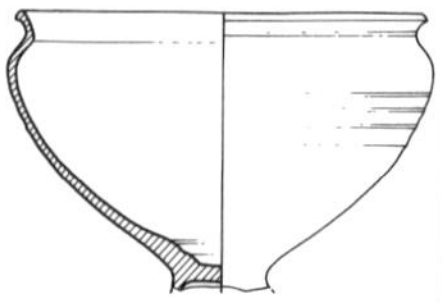 Ⅱ式（ⅠT7009-7110⑬：9） |
| | 晚段 | | | | | |
| 五期 | 早段 | | | | 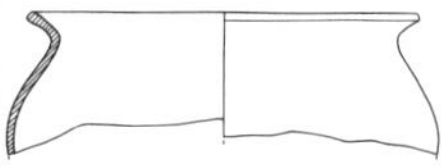 ⅠT6613-6714⑫：108 | 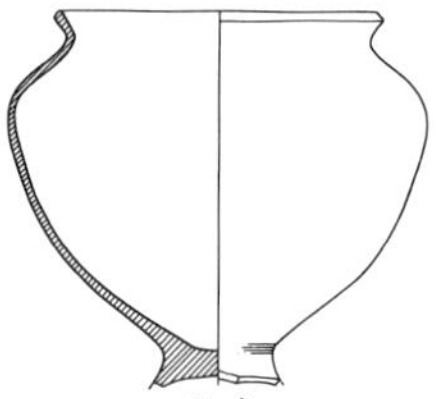 Ⅰ式（ⅠT7015-7116⑩：4） |
| | 中段 | | | | | 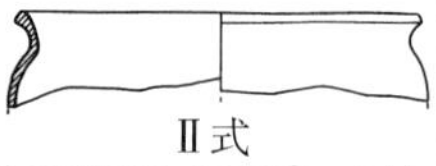 Ⅱ式（ⅠT7207-7208⑨：51） |
| | 晚段 | | | | | |
| 六期 | | | | | 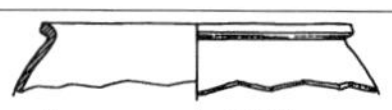 ⅠT8404古河道：5 | |

图九〇八　商周时期

| 束颈罐 | | | | |
|---|---|---|---|---|
| Bd 型 | Be 型 | Ca 型 | Cb 型 | Cc 型 |
| | | II式（L26：126） | | |
| I式<br>（I T7209-7210⑱a：362） | I T7309⑱：81 | | | |
| II式<br>（I T7009-7110⑯：654） | | I式<br>（I T7209-7210⑰：43）<br>II式<br>（I T7307⑮：588） | I T6513⑰：86 | I T6809-6910⑯：118 |
| | | I式<br>（I T7213-7214⑮：332）<br>II式（H2315：26） | I T7011-7112⑮：209 | I T6511-6512⑮：29 |
| | | I式<br>（I T6611-6712⑪：31）<br>II式<br>（I T6613-6714⑫：66） | I T6611-6712⑫：136 | |
| | | | | I T8404⑤：7 |

典型器物分期图（一二）

| 期段 | 型式 | 束颈罐 | | | | |
|---|---|---|---|---|---|---|
| | | Cd 型 | Ce 型 | Da 型 | Db 型 | E、F 型 |
| 二期 | 一段 | | | | | |
| | 二段 | | | | | |
| | 三段 | | | | | |
| | 四段 | | | | | |
| 三期 | 早段 | | | 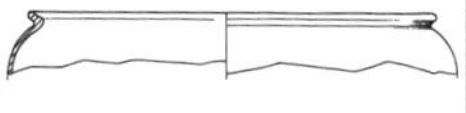 Ⅰ T7209-7210⑱ a : 459 | | 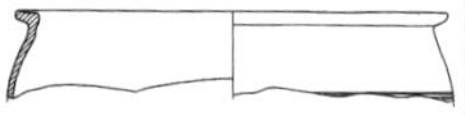 E 型（Ⅰ T6815-6916⑱ b : 90） |
| | 中段 | 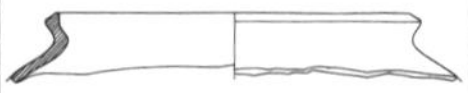 Ⅰ T7215-7216⑯ : 81 | | | | 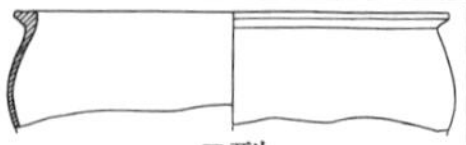 E 型（Ⅰ T6815-6916⑰ : 91） 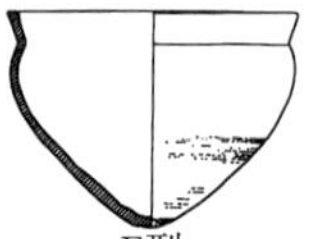　F 型（Ⅰ T6809-6910⑰ : 19） |
| | 晚段 | | | | | |
| 四期 | 早段 | 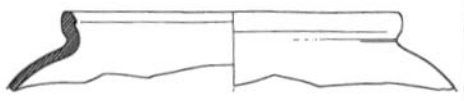 Ⅰ T7011-7112⑭ : 40 | 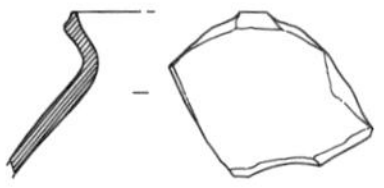 Ⅰ T6811-6912⑮ : 136 | | 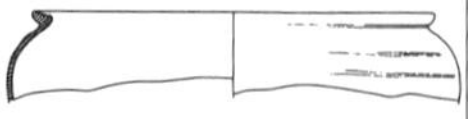 Ⅰ T7209-7210⑮ : 501 | 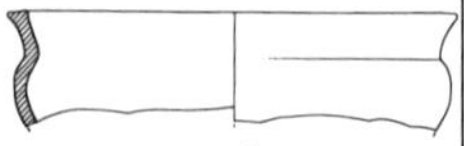 F 型（Ⅰ T7211-7212⑮ : 17） |
| | 晚段 | | | | | |
| 五期 | 早段 | 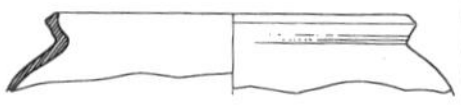 Ⅰ T7213-7214⑨ : 61 | | | | |
| | 中段 | | | | | |
| | 晚段 | | | | | |
| 六期 | | | | | | |

图九〇八　商周时期典型器物分期图（一三）

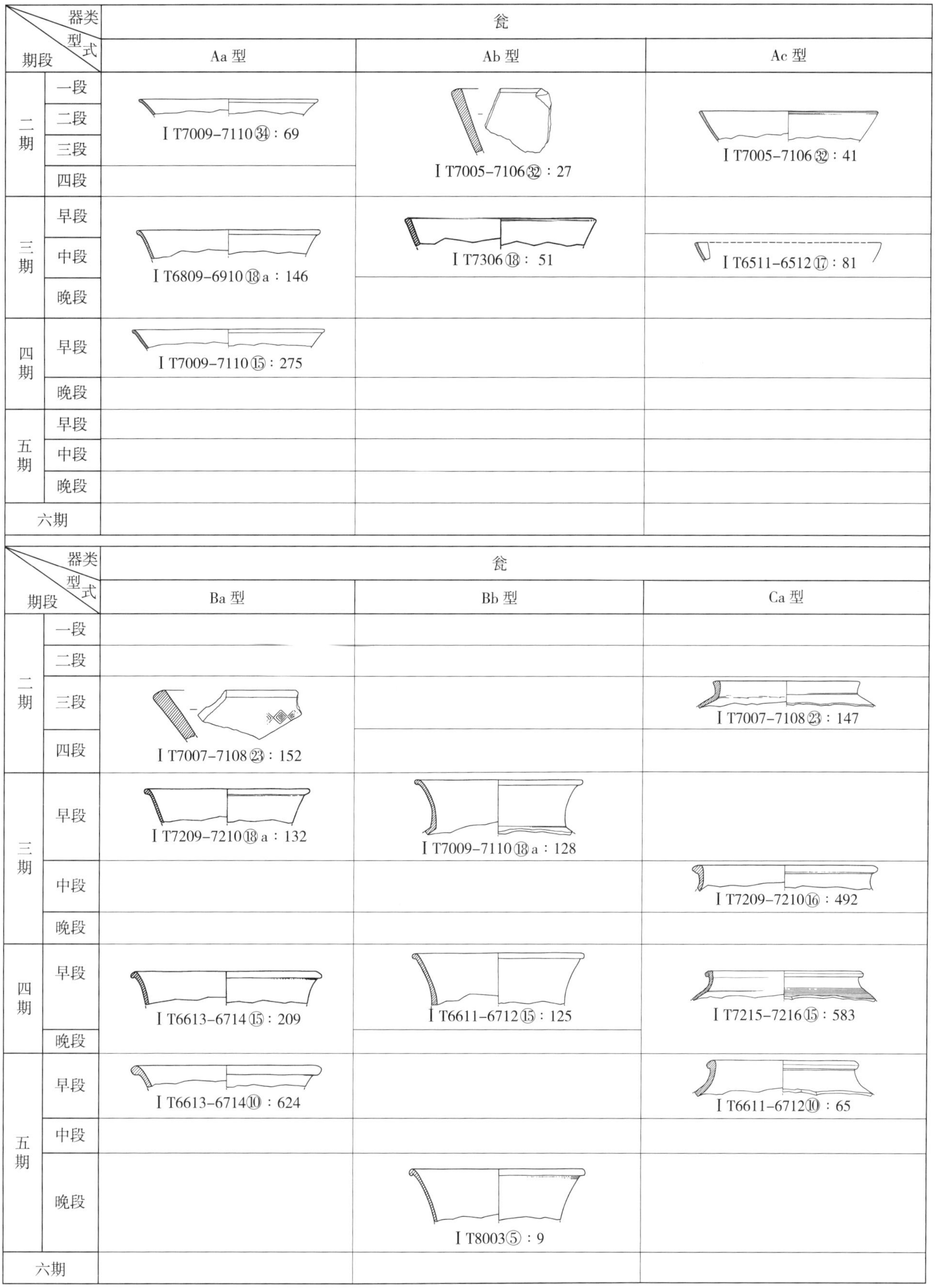

| 器类 型式 期段 | | 瓮 | | |
|---|---|---|---|---|
| | | Aa 型 | Ab 型 | Ac 型 |
| 二期 | 一段 | | | |
| | 二段 | Ⅰ T7009–7110㉞：69 | | |
| | 三段 | | Ⅰ T7005–7106㉜：27 | Ⅰ T7005–7106㉜：41 |
| | 四段 | | | |
| 三期 | 早段 | | Ⅰ T7306⑱：51 | |
| | 中段 | Ⅰ T6809–6910⑱a：146 | | Ⅰ T6511–6512⑰：81 |
| | 晚段 | | | |
| 四期 | 早段 | Ⅰ T7009–7110⑮：275 | | |
| | 晚段 | | | |
| 五期 | 早段 | | | |
| | 中段 | | | |
| | 晚段 | | | |
| 六期 | | | | |

| 器类 型式 期段 | | 瓮 | | |
|---|---|---|---|---|
| | | Ba 型 | Bb 型 | Ca 型 |
| 二期 | 一段 | | | |
| | 二段 | | | |
| | 三段 | | | Ⅰ T7007–7108㉓：147 |
| | 四段 | Ⅰ T7007–7108㉓：152 | | |
| 三期 | 早段 | Ⅰ T7209–7210⑱a：132 | Ⅰ T7009–7110⑱a：128 | |
| | 中段 | | | Ⅰ T7209–7210⑯：492 |
| | 晚段 | | | |
| 四期 | 早段 | Ⅰ T6613–6714⑮：209 | Ⅰ T6611–6712⑮：125 | Ⅰ T7215–7216⑮：583 |
| | 晚段 | | | |
| 五期 | 早段 | Ⅰ T6613–6714⑩：624 | | Ⅰ T6611–6712⑩：65 |
| | 中段 | | | |
| | 晚段 | | Ⅰ T8003⑤：9 | |
| 六期 | | | | |

图九〇八　商周时期典型器物分期图（一四）

| 期段 | | 器类 型式 瓮 | | | |
|---|---|---|---|---|---|
| | | Cb 型 | Cc 型 | Cd 型 | Ce 型 |
| 二期 | 一段 | | | | |
| | 二段 | | | | |
| | 三段 | | | | |
| | 四段 | I 式<br>（I T7007–7108⑲：167） | | | |
| 三期 | 早段 | I 式（H2311：76） | | | |
| | 中段 | II 式<br>（I T6609–6710⑰：40） | I 式<br>（I T7015–7116⑯：39） | I 式<br>（I T6609–6710⑯：20） | I T7209–7210⑰：902 |
| | 晚段 | | | II 式（I T7308⑬：120） | |
| 四期 | 早段 | | | | |
| | 晚段 | I 式<br>（I T7013–7114⑮：21）<br><br>II 式<br>（I T7213–7214⑮：370） | | I 式<br>（I T7009–7110⑮：38）<br><br>I T8105⑦：249 | |
| 五期 | 早段 | | | I 式（I T8008⑥：16） | |
| | 中段 | | | II 式（I T6511–6512⑥：6） | |
| | 晚段 | | | | |
| 六期 | | | | | |

| 瓮 | | | | |
|---|---|---|---|---|
| Da 型 | Db 型 | Dc 型 | Dd 型 | De 型 |
| | | | | |
| | | | | |
| | | | | |
| | | | | |
| | | | | |
| | | | | |
| | | | | |
| | Ⅱ式（Ⅰ T7910⑦：311） | | ⅣT8005⑦：3 | |
| Ⅰ式<br>（Ⅰ T7011-7112⑬：191）<br><br>Ⅱ式<br>（Ⅰ T6811-6912⑬：127）<br><br>Ⅲ式<br>（Ⅰ T7013-7114⑬：30） | | | | Ⅱ式（L27：60） |
| Ⅰ式<br>（Ⅰ T6611-6712⑪：161）<br><br>Ⅱ式<br>（Ⅰ T6511-6512⑥：8）<br><br>Ⅲ式<br>（Ⅰ T7607⑤：19） | Ⅰ式<br>（Ⅰ T6813-6914⑪：306）<br><br>Ⅱ式<br>（Ⅰ T6611-6712⑩：735） | Ⅰ式<br>（Ⅰ T6511-6512⑩：344）<br><br>Ⅱ式<br>（Ⅰ T6811-6912⑨：198） | Ⅰ T7207-7208⑧：48 | Ⅰ式<br>（Ⅰ T6613-6714⑩：626）<br><br>Ⅱ式<br>（Ⅰ T6813-6914⑩：417） |

典型器物分期图（一五）

| 期段 | 型式 | 器类 瓮形器 | | |
|---|---|---|---|---|
| | | Aa 型 | Ab 型 | Ac 型 |
| 二期 | 一段 | | | |
| | 二段 | | | |
| | 三段 | 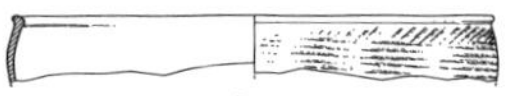 L58①：219 |  L58①：227 | |
| | 四段 | | | |
| 三期 | 早段 | 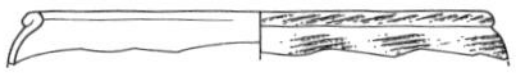 ⅠT7307⑱：24 | | 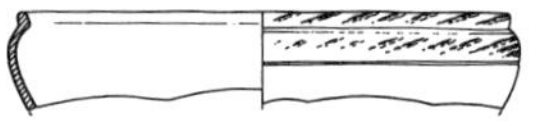 ⅠT6809-6910⑱a：324 |
| | 中段 | | | |
| | 晚段 | | 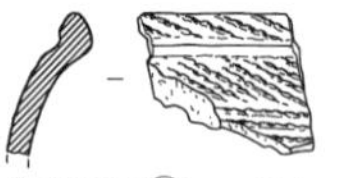 ⅠT8007⑧a：404 | |
| 四期 | 早段 | | | 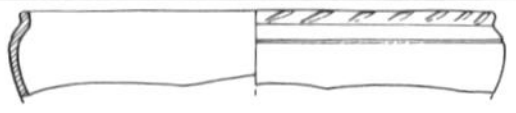 ⅠT6815-6916⑮：154 |
| | 晚段 | | | |
| 五期 | 早段 | | | |
| | 中段 | | | |
| | 晚段 | | | |
| 六期 | | | | |

| 期段 | 型式 | 器类 瓮形器 | | |
|---|---|---|---|---|
| | | Cb 型 | Da 型 | Db 型 |
| 二期 | 一段 | | | |
| | 二段 | | 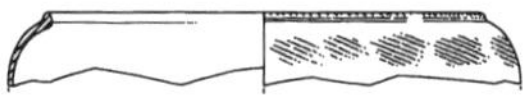 ⅠT7307㉙：17 | |
| | 三段 | | | 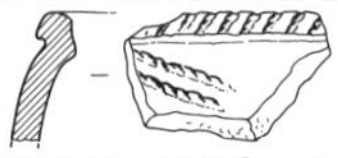 ⅠT7007-7108㉓：46 |
| | 四段 | | | |
| 三期 | 早段 | 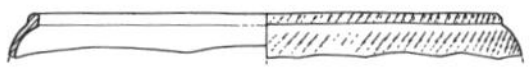 ⅠT7007-7108⑱a：165 | 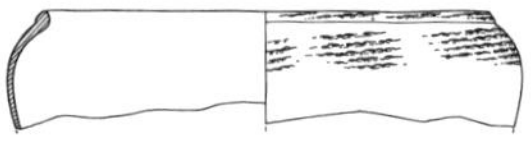 ⅠT7007-7108⑱a：346 |  ⅠT7007-7108⑱a：117 |
| | 中段 | | | |
| | 晚段 | | | |
| 四期 | 早段 | 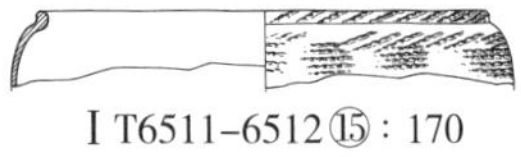 ⅠT6511-6512⑮：170 | 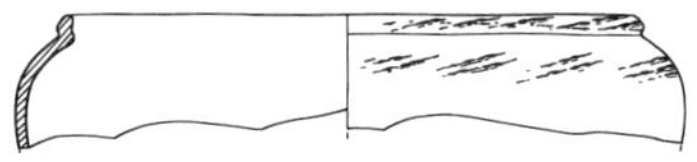 ⅠT6511-6512⑮：166 | 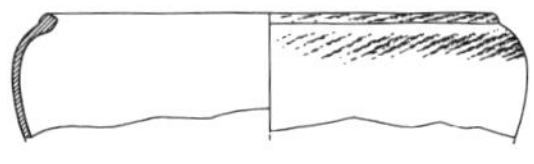 ⅠT6511-6512⑮：167 |
| | 晚段 | | | |
| 五期 | 早段 | | | |
| | 中段 | | | |
| | 晚段 | | | |
| 六期 | | | | |

图九〇八 商周时期

| 瓮形器 | | |
|---|---|---|
| Ad 型 | B 型 | Ca 型 |
| | | |
| | | |
| | Ⅰ T7007-7108㉓：52 | |
| Ⅰ T7009-7110⑲：233 | | Ⅰ T7009-7110⑲：229 |
| | H2311：62 | Ⅰ T6809-6910⑱a：318 |
| | | |
| | Ⅰ T6811-6912⑮：27 | Ⅰ T6513⑮：14 |
| | | |
| | | |
| | | |
| | | |
| | | |

| 瓮形器 | |
|---|---|
| Ea 型 | Eb 型 |
| | |
| Ⅰ T7307㉙：22 | Ⅰ T6809-6910⑲：33 |
| Ⅰ T7007-7108⑱a：23 | Ⅰ T7007-7108⑱a：361 |
| | Ⅰ T6511-6512⑮：72 |
| | |
| | |
| | |
| | |

典型器物分期图（一六）

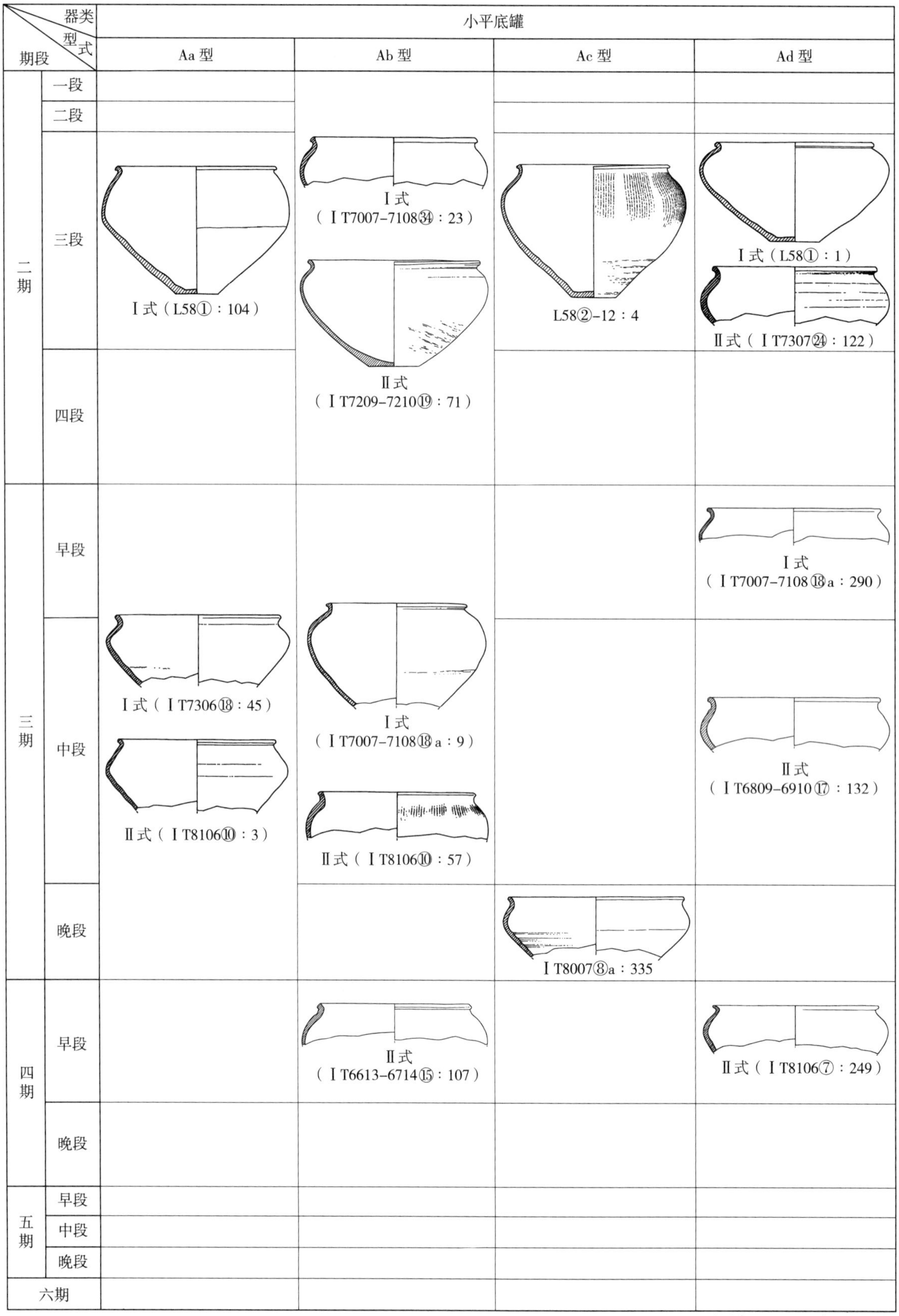

| 期段 | 型式 | 小平底罐 | | | |
|---|---|---|---|---|---|
| | | Aa 型 | Ab 型 | Ac 型 | Ad 型 |
| 二期 | 一段 | | | | |
| | 二段 | | | | |
| | 三段 | I 式（L58①：104） | I 式（I T7007-7108㉞：23）<br><br>II 式（I T7209-7210⑲：71） | L58②-12：4 | I 式（L58①：1）<br><br>II 式（I T7307㉔：122） |
| | 四段 | | | | |
| 三期 | 早段 | | | | I 式（I T7007-7108⑱a：290） |
| | 中段 | I 式（I T7306⑱：45）<br><br>II 式（I T8106⑩：3） | I 式（I T7007-7108⑱a：9）<br><br>II 式（I T8106⑩：57） | | II 式（I T6809-6910⑰：132） |
| | 晚段 | | | I T8007⑧a：335 | |
| 四期 | 早段 | | II 式（I T6613-6714⑮：107） | | II 式（I T8106⑦：249） |
| | 晚段 | | | | |
| 五期 | 早段 | | | | |
| | 中段 | | | | |
| | 晚段 | | | | |
| 六期 | | | | | |

图九〇八　商周时期

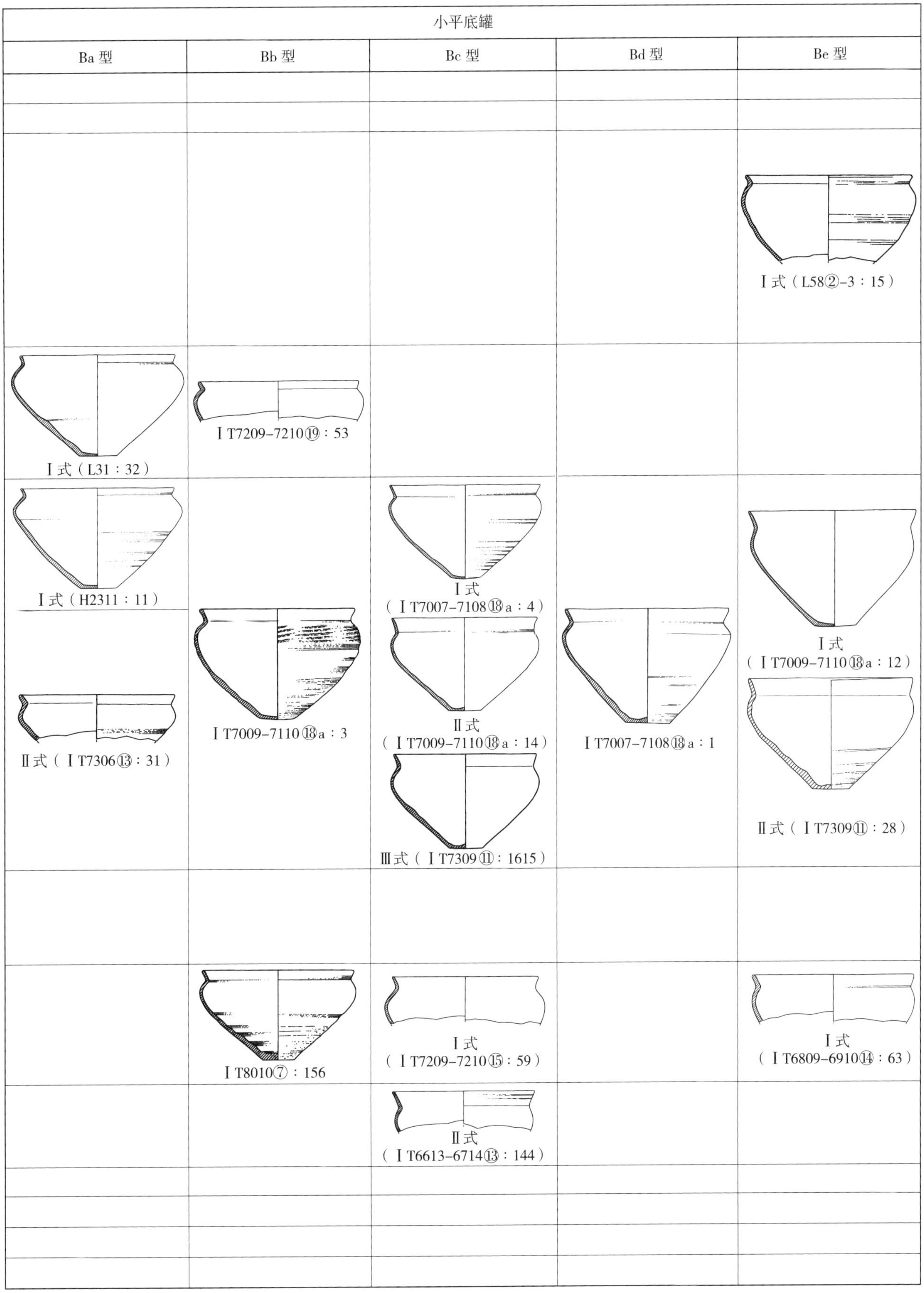

| 小平底罐 | | | | |
|---|---|---|---|---|
| Ba 型 | Bb 型 | Bc 型 | Bd 型 | Be 型 |

Ⅰ式（L58②-3：15）

Ⅰ式（L31：32）

Ⅰ T7209-7210⑲：53

Ⅰ式（H2311：11）

Ⅱ式（Ⅰ T7306⑬：31）

Ⅰ T7009-7110⑱a：3

Ⅰ式（Ⅰ T7007-7108⑱a：4）

Ⅱ式（Ⅰ T7009-7110⑱a：14）

Ⅲ式（Ⅰ T7309⑪：1615）

Ⅰ T7007-7108⑱a：1

Ⅰ式（Ⅰ T7009-7110⑱a：12）

Ⅱ式（Ⅰ T7309⑪：28）

Ⅰ T8010⑦：156

Ⅰ式（Ⅰ T7209-7210⑮：59）

Ⅱ式（Ⅰ T6613-6714⑬：144）

Ⅰ式（Ⅰ T6809-6910⑭：63）

典型器物分期图（一七）

| 期段 | 型式 | 器类 小平底罐 | | | |
|---|---|---|---|---|---|
| | | Ca 型 | Cb 型 | Da 型 | Db 型 |
| 二期 | 一段 | | | | |
| | 二段 | | | | |
| | 三段 | | | | |
| | 四段 | | | | |
| 三期 | 早段 | | | | |
| | 中段 | 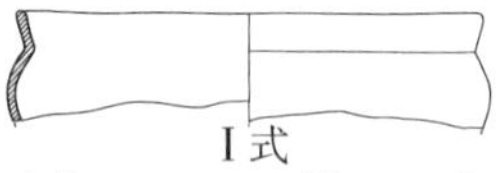 I式（ⅠT6815-6916⑱b：16） 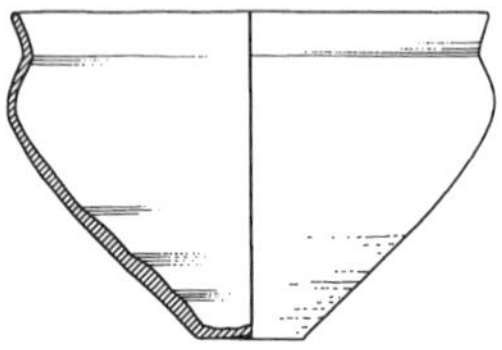<br>Ⅱ式（ⅠT8107⑩：13） | 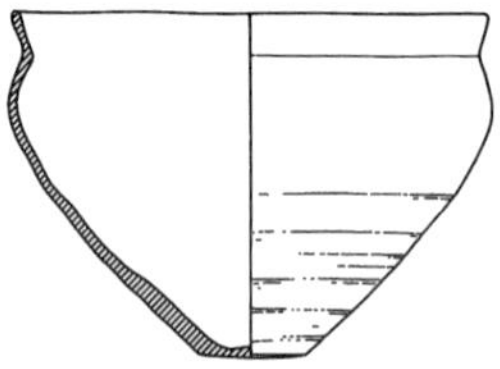 I式（ⅠT7309⑪：1617） 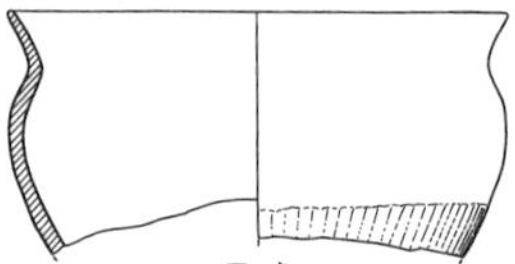<br>Ⅱ式（ⅠT6811-6912⑰：28） | 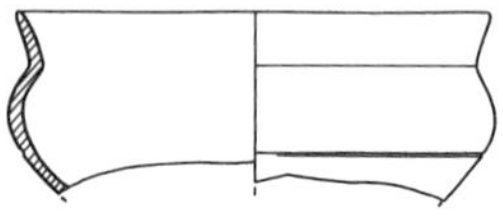 ⅠT7209-7210⑰：721 | 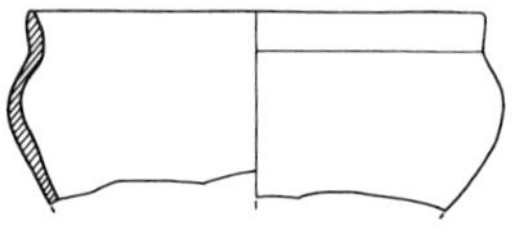 ⅠT7011-7112⑰：58 |
| | 晚段 | | | | |
| 四期 | 早段 | 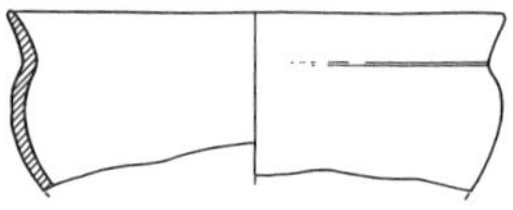 Ⅱ式（ⅠT7213-7214⑮：303） | | | |
| | 晚段 | | | | |
| 五期 | 早段 | | | | |
| | 中段 | | | | |
| | 晚段 | | | | |
| 六期 | | | | | |

图九〇八　商周时期典型器物分期图（一八）

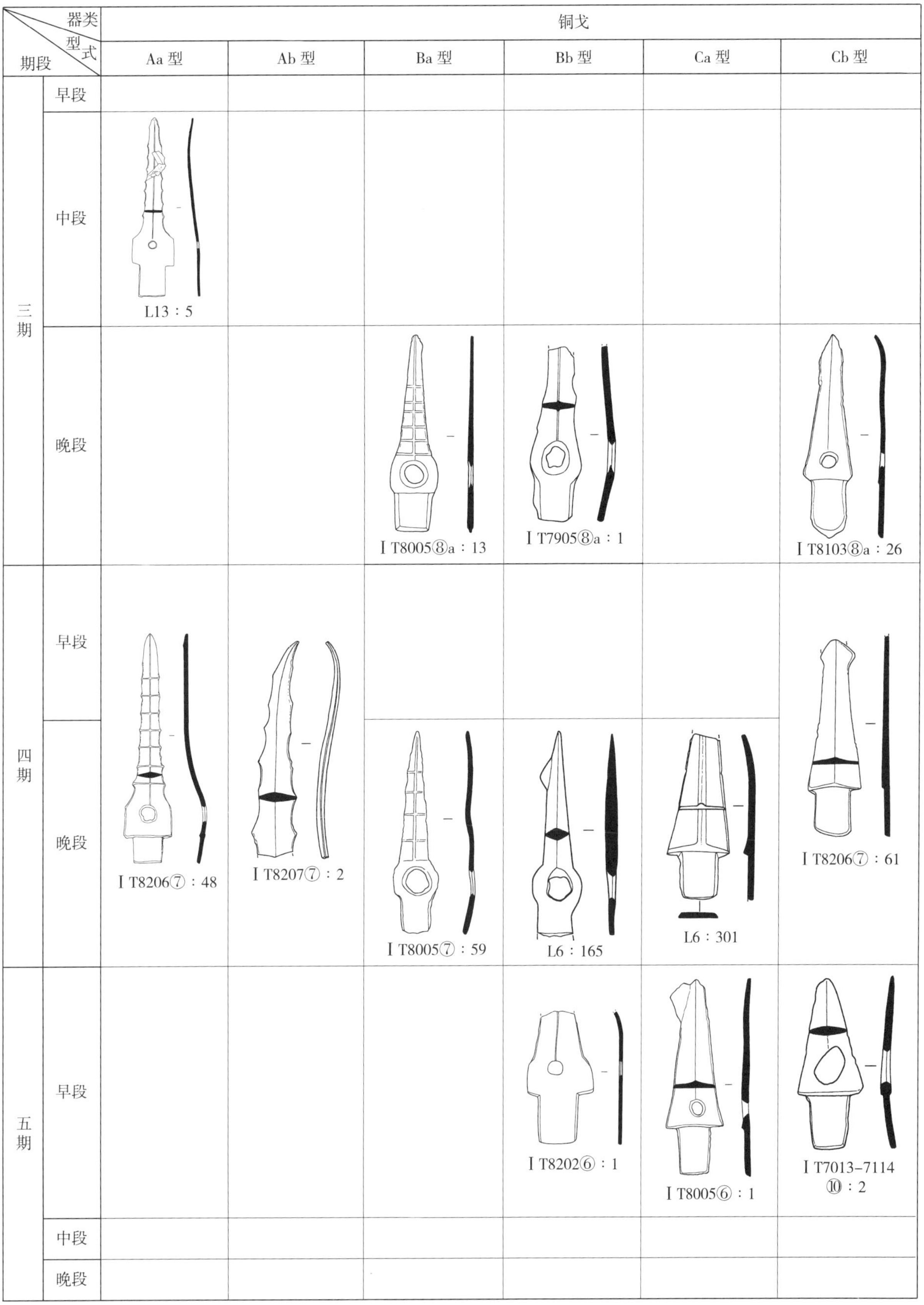

| 器类<br>型式<br>期段 | | 铜戈 | | | | | |
|---|---|---|---|---|---|---|---|
| | | Aa 型 | Ab 型 | Ba 型 | Bb 型 | Ca 型 | Cb 型 |
| 三期 | 早段 | | | | | | |
| | 中段 | L13:5 | | | | | |
| | 晚段 | | | I T8005⑧a:13 | I T7905⑧a:1 | | I T8103⑧a:26 |
| 四期 | 早段 | | | | | | |
| | 晚段 | I T8206⑦:48 | I T8207⑦:2 | I T8005⑦:59 | L6:165 | L6:301 | I T8206⑦:61 |
| 五期 | 早段 | | | | I T8202⑥:1 | I T8005⑥:1 | I T7013-7114<br>⑩:2 |
| | 中段 | | | | | | |
| | 晚段 | | | | | | |

图九〇八 商周时期典型器物分期图（一九）

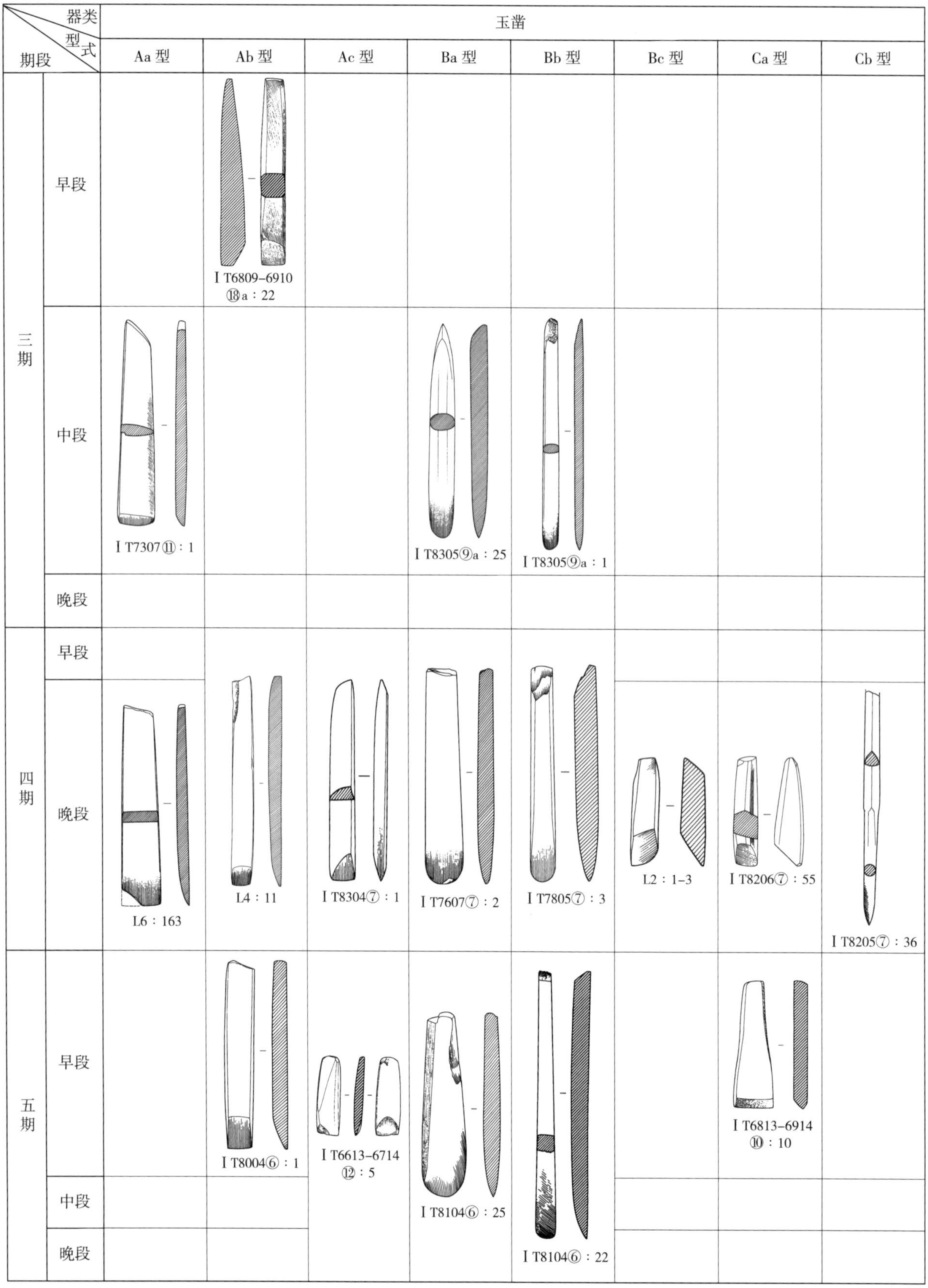

| 期段 | 器类 型式 | 玉凿 | | | | | | | |
|---|---|---|---|---|---|---|---|---|---|
| | | Aa 型 | Ab 型 | Ac 型 | Ba 型 | Bb 型 | Bc 型 | Ca 型 | Cb 型 |
| 三期 | 早段 | | I T6809-6910 ⑱a：22 | | | | | | |
| | 中段 | I T7307⑪：1 | | | I T8305⑨a：25 | I T8305⑨a：1 | | | |
| | 晚段 | | | | | | | | |
| 四期 | 早段 | | | | | | | | |
| | 晚段 | L6：163 | L4：11 | I T8304⑦：1 | I T7607⑦：2 | I T7805⑦：3 | L2：1-3 | I T8206⑦：55 | I T8205⑦：36 |
| 五期 | 早段 | I T8004⑥：1 | | I T6613-6714 ⑫：5 | I T8104⑥：25 | I T8104⑥：22 | | I T6813-6914 ⑩：10 | |
| | 中段 | | | | | | | | |
| | 晚段 | | | | | | | | |

图九〇八　商周时期典型器物分期图（二〇）

| 器类<br>期段 \ 型式 | 玉璋 | | | | | |
|---|---|---|---|---|---|---|
| | Aa 型 | Ac 型 | Cc 型 | D 型 | Ea 型 | Eb 型 |
| 三期 早段 | | | | | 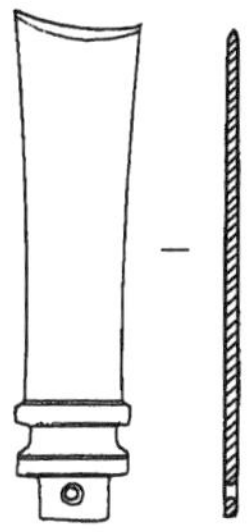 L14：51 | |
| 三期 中段 | | | | | | 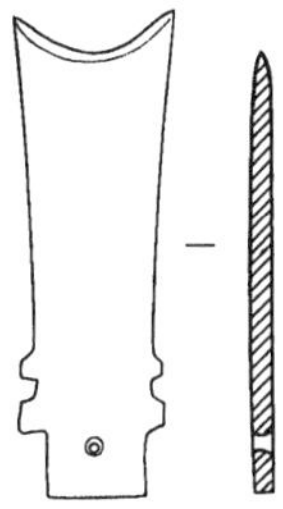 L14：175 |
| 三期 晚段 | | | | | | |
| 四期 早段 | | | | | 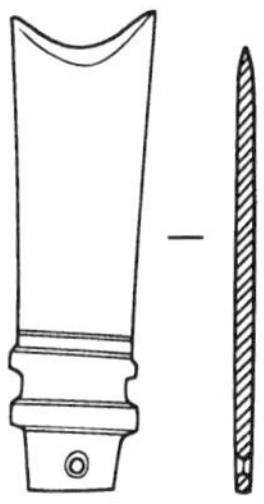 L8②：66 | |
| 四期 晚段 | 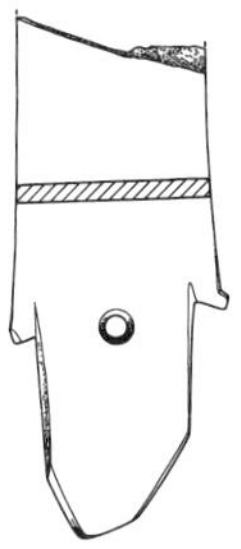 I T6811-6912<br>⑬：318 | 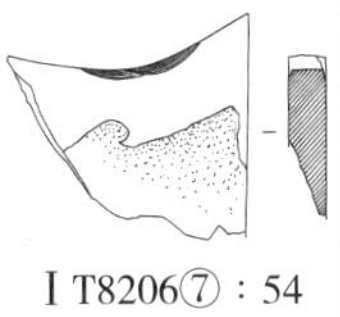 I T8206⑦：54 | 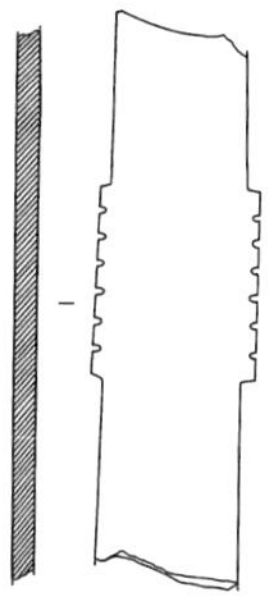 I T8004⑦：2 | | | 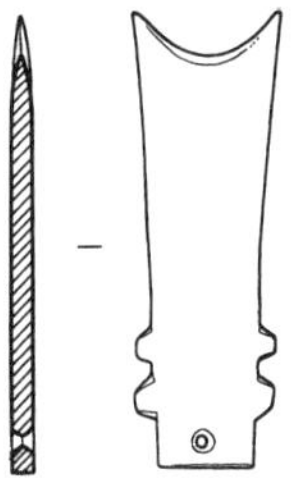 I T8105⑦：2 |
| 五期 早段 | | | | 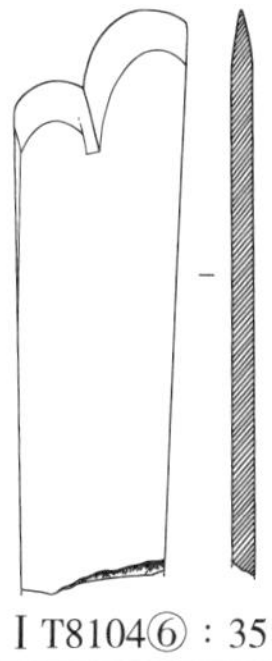 I T8104⑥：35 | | |
| 五期 中段 | | | | | | |
| 五期 晚段 | | | | | | |

图九〇八 商周时期典型器物分期图（二一）

多见，A 型瓮多见。不见尖底器。

第二期第四段遗存包括西区第一期晚段遗存（包括第 19、20 层及开口于 19 层下的 L31、东区第一期遗存（包括第 11～13 层及开口于 12 层下 L11，开口于 10 层下 L15、L16 和开口于 13 层下 L17 及叠压于 L17 之下的 L19）、中区第二期一段遗存（第 19～22 层及 L24）。

礼仪性遗迹堆积和埋藏方式同第三段相近，但也出现了一些新的变化。祭祀方式和祭祀内容几乎相同，礼仪性遗存相对少见，祭祀方式仍然既有"浮沉"，也有"瘗埋"，以"瘗埋"的埋藏方式多见，不见坑状堆积，平面形状仍然无一定之形状。从这个阶段开始西区的祭祀活动进入一个低谷期，祭祀活动发生地仍然集中于发掘区西区东南部，只是范围明显萎缩；祭祀方式西区已经不见"浮沉"方式，仅见"瘗埋"。相反，这个时期的祭祀活动在东区却是呈现另一番景象，大量礼仪性遗存出现于发掘区东区的中部，尽管二者同属于一个时期，但东区同段遗存与西区同期遗存可能存在着时间差，如 L19 的祭祀方式介于两者之间，既保留了西区以石璧半成品为主要内容的祭祀品，祭祀方式仍然为早期"浮沉"的方式，但同时也发生了一些变化，如同时伴出了大量的仿生式动物、人物圆雕及一定数量的象牙器。东区这个时期的祭祀堆积以象牙器和象牙为主，另有少量的漆木器、石器，祭祀方式仍然以"浮沉"为主；而从第 13 层开始，出现少量铜器、玉器、金器，而开口于第 10 层下、堆积于第 11 层的 L15、L16，这个阶段的祭祀方式已经发生改变，变为"瘗埋"，礼仪性遗存中的祭祀遗物较为单纯，几乎全部为象牙器和象牙，不见其他遗物伴出。东区可明显分为两个阶段，早段以开口于 12 层下的 L11 和开口于 13 层下的 L17 及被 L17 叠压的 L19 为代表，晚段以第 11、12、13 层及开口于 10 层下的 L15、L16 为代表，二者间无论是祭祀方式，还是礼仪性遗物组合都有明显的差异。

礼仪性遗存中遗物组合主要分三组：A 组以石璋半成品、石璧坯料、石璧半成品为主；B 组以象牙和象牙器为主，另有少量的石璧坯料、石璧和石璋半成品；C 组以象牙器和象牙为主，另有少量动物、人物石质圆雕及少量漆木器。中区、西区礼仪性遗存组合有 A、B 组，如 L24 为 C 型石璋半成品、Aa 型石璧、A 和 B 型石璧坯料及象牙、大象臼齿、木构件及陶器；L31 为 A 型石璧坯料、Bb 型石璋半成品及陶器。而东区均为 C 组，出现动物圆雕和漆木器，如 L11 的遗物堆积较为集中，绝大部分叠压摆放，大致分为上下两层，上层以象牙为主，下层多为其他器物。包括象牙、镶嵌玉片漆器 1 件、木胎虎头漆器 1 件、大象臼齿、大象骨头、象牙器、Aa 型玉矛、陶片；L19 则为 Ab、Bb、C 型石璧及 C 型石跪坐人像、A 型石虎、A 型石蛇、条形骨器。而该时段最晚的堆积中仅见象牙器和骨头，不见其他，如 L15、L16。这个时期礼仪性遗存中遗物最突出的一个特点是出现大量象牙和象牙器。

地层堆积中礼仪性遗物有石器、铜器、玉器、象牙、金器等，石器器形有 Aa 型石璧，A、B 型石璧坯料，A、B、C 型石璧半成品，Ba 型石璋半成品，Aa 型 III 式石琮半成品，多璜联璧，以石璧坯料居多。东区的有玉珠、玉琮、玉片；石锛残片，Aa 型石璧、石器残片、磨石；还有铜器残片、金箔残片、象牙。相对而言该时段地层堆积中的礼仪性遗物中石器数量较少，铜器、玉器、石器较前增加，但数量和种类仍然较少，玉器有琮、珠、玉片，石器有锛、璧等，另有少量象牙，新出现金箔、磨石、骨凿等。

该段陶器流行 Ab 型 I 式、Ab 型 II 式、Ad 型 I 式、Ad 型 II 式、Ba 型 I 式、Ba 型 II 式、Bb、Bc 型 I 式小平底罐，Aa 型 I 式、C 型 II 式、Fa 型 I 式高领罐，Aa、Ab、Ac、Ba、Cb 型 I 式瓮，Ac、Ca、Cc、Ec、F 型盆，A、Ba、Bb 型桶形器，Aa 型 I 式、Aa 型 II 式、Ea 型缸，Ad、B、Ca、Da、Db、Ea、Eb 型瓮形器，Aa、Ab 型 II 式、Ac 型 I 式、Ac 型 II 式、Ad 型 I 式、Ad 型 II 式束颈罐，Bb 型敛口罐，Ba、Bb、Cc、Da、Db 型豆盘，A 型豆柄依然较多。该段新出现 Ab 型 II 式、Ba 型 I 式、Bb、Bc 型 I 式小平底罐，Ab 型 II 式束颈罐，C 型 II 式、Fa 型 II 式高领罐，Ab 型壶（不见 Aa 型壶），Cb 型 I 式瓮，Ca、Cc、F 型盆，Ad、Ca 型瓮形器，Bb、Bd 型敛口罐等，瓮形器、桶形器仍然较多，但较之第一期有所下降；A 型缸、敛口罐较少发现，桶形器数量剧减，不见尖底器（如尖底杯、尖底盏等）和圜底器。

第三期遗存依据层位和器物组合及器物发展演变关系，可分早、中、晚三段。

第三期早段遗存包括西区第二期早段遗存（第 18a、18b 层及 H2307、H2310、H2311、H2312、H2337）、东区第二期早段遗存（包括第 9b、10 层），中区第二期二段遗存（第 18 层）。

祭祀区地点第三期早段整个发掘区基本不见礼仪性遗存，仅在西区发现有少量坑状堆积，这些坑状堆积中礼仪性遗物少见，包含物多为碎陶片、灰烬及红砂石，另有少量的玉、石器，玉器主要为工具类，器形有锛、E 型凿；石器有 Ba 型石璋半成品、A 型石璧坯料，以石璧坯料多见；另有少量陶器。

西区和中区地层堆积中仅见少量玉器、铜器、石器，器物数量和种类均较少。玉器有 Ab 型玉凿、B 型玉斧、D 型玉锛；石器有 B 型 I 式石琮半成品，Ba、C 型石璋半成品，A、B、C 型石璧半成品，A、B 型石璧坯料，长条形器，特殊石器（表面遗留有明显的切割痕迹）；铜器有镞、斧、锥形器。

东区虽然仅见少量的礼仪性遗存，但地层堆积中却呈现另外一番景象，大量的玉器、铜器、金器堆置于地层中，其中玉器有剑、Ea 型璋、Ba 型凿、璧、A 型环、箍形器、Aa 型镯、矛等，以兵器和装饰类器多，一改此前多工具类形制的特点，其中璋、剑、箍形器等为新出现器物；石器较为少见，仅有 Ba 型斧，B 型 III 式石琮半成品，Aa、Ba、C 型璧，A 型石璧坯料等；铜器有 Aa 型锥形器，D 型挂饰，璧，Aa 型 I 式、Aa 型 II 式、Ac 型铜圆角方孔形器，镶嵌绿松石的铜虎尾，铜人像，铜器圈足残片；金器仅见 Aa 型 I 式、B 型鱼形金箔饰及金器残片等，金器尽管数量不多，但较之前还是有很大增加。另有大量绿松石珠，新出现美石，这个阶段地层堆积基本不见象牙或象牙制品。由此该时段，祭祀行为尽管在西区难以寻觅，但在东区仍然是祭祀活动的中心。本时段礼仪性遗物特征是玉器和铜器无论是数量还是种类均有了长足的发展，玉器出现许多新器形，如璋、剑、箍形器等；铜器出现成型器物，既有兵器亦有装饰器物，以装饰器物多见；金器较之早段有一定增加；石制品则有明显减少，几乎不见象牙器。

陶器有 Aa 型 I 式、Aa 型 II 式、Ab 型 I 式、Ab 型 II 式、Ad 型 I 式、Ba 型 I 式、Bb、Bc 型 I 式、Bc 型 II 式、Bd、Be 型 I 式、Ca 型 I 式、Ca 型 II 式小平底罐，Aa 型 I 式、Aa 型 II 式、Ab 型 I 式、C 型 I 式、D、Fa 型 I 式、Fa 型 II 式、Fb 型 I 式、Fb 型 II 式、Fc 型高领罐，Aa、Ab 型 I 式、Ab 型 II 式、Ac 型 I 式、Ac 型 II 式、Ad 型 I 式、Ad 型 II 式、Ae 型 I 式、Af、Ba、Bb、Bd 型 I 式、Be、Da、E 型束颈罐，Aa 型 I 式、Ab、Ac、Ae、Bb、Bc、Ca 型 I 式、Ca 型 II 式、Db 型敛口罐，A 型 I 式、B 型 I 式、D 型 I 式、E、F 型矮领罐，Ab、Ad、Af、Bc 型壶，Aa、Ab、Ba、Bb、Cb 型 I 式瓮，Ab、Ac、Ae、Bb、Ca、Cb、Cc、Cd、Ea 型 I 式、Ec、F 型盆，A、Ba 型桶形器，Ca、Ea、Ec 型缸，Aa、Ac、B、Ca、Cb、Da、Db、Ea、Eb 型瓮形器，Ba、Cc、Da、Db 型豆盘，Aa、Ab、Ac、Ad 型豆柄，Aa 型 I 式、Aa 型 II 式、Ab 型 I 式、Bb 型 I 式尖底盏，Aa 型 I 式、Aa 型 II 式、Ab、Ba 型 I 式尖底杯，Aa 型 I 式、C 型瓶，A、B 型瓠形器等。该段陶器中 C 型盆多见，瓮形器依然发达，桶形器和 D 型豆盘少见；新出现 Aa 型 II 式、Bc 型 II 式、Bd、Ca 型 I 式、Ca 型 II 式小平底罐，A 型 I 式、B 型 I 式、D 型 I 式、F 型矮领罐，Aa 型 I 式、C 型瓶，Af、Ba、Bd 型 I 式、Be、Da、E 型束颈罐，A、B 型瓠形器，敛口罐数量和种类增多；开始出现 A 型尖底盏、尖底杯。

第三期中段遗存包括西区第二期中段遗存（包括第 16、17 层及 H2306、H2318、H2299、H2301、L51、L61）、东区第二期中、晚段遗存（第 8b、8c、8d、9a 层及 L65、L3、L13、L14 及 L21～L23），中区第二期第三、四段遗存（第 10～17 层和 L25 及开口于第 9 层下的 H7041、H7042、H7043、H7044、H7045）。

西区和中区少见祭祀遗存，同中段相近，仅见少量坑状堆积，以中区较多见。这些坑状堆积中礼仪性遗物少见，包含物常见草木灰和炭屑及陶片，以陶片居多，另外还见少量石器和兽骨、卵石。

西区地层堆积中出土有玉、石、铜器，玉器有璧、A 型玉锛、珠、美石；石器有 A、Ba、Bb 型石璋半成品，Aa 型石璧，C 型石璧半成品，A、B 型石璧坯料，石挂饰，Ba 型石斧等，以 A 型石璧坯料居多；铜器有残铜器、镞等。该区域整体而言礼仪性遗物中玉器、铜器少见，不见金器，石器数量和种类亦不多见，其以石璧半成品、石璧坯料居多。

中区地层堆积中伴出有少量的玉、石、铜、金器，石器相对略多，器类有 A、Ba 型石璋半成品，A、B、D 型石璧坯料，A 型石璧半成品，Ba 型石璧，Aa、Bb 型锛，Ab、C 型斧，以石璋半成品、石璧坯料和石璧半成品多见；玉器仅见少量璋、Cb 型凿、珠、珠饰及残片，金器和铜器极少见。该区域仅见 1 处礼仪性遗存，即 L25，该堆积为坑状，填土类似于五花土，内含灰烬和零星烧土颗粒，包含大量陶片和石器。底部较为板硬，形成一个坑底踩踏面，为人工加工形成。坑内出土遗物以石器为主，以 A 型石璧坯料为主，另有 Ba、C 型石璋半成品及陶罐等。

东区礼仪性遗存较多见，如开口于第 9a 层下的，打破或堆积于第 10 层的 L14 以及 L21～L23，均为坡地"瘗埋"的堆积形式，遗物叠置分层明显；另有少量的坑状堆积，如 L65 和 L13。礼仪性遗物组合主要分为三组：第一组为金器、玉器、铜器，以第一组常见，小牙璋多见，如 L13。L13 为坑状堆积，似置于一木胎漆器内，遗物有金器、玉器、铜器。第二组为象牙器和石器，象牙器上有涂朱现象，遗物单一，主要为象牙器，少见其他，如 L65。L65 有大量的象牙交错叠置于坑中，少量玉石器间杂于象牙缝中，象牙全部为原生形制，不见象牙制品。象牙在这个阶段出土最多。第三组为石璧、石璧坯料及少量玉、陶器，如 L3。位于东区东南部 L3，堆积平面形状呈不规则形，遗物堆积呈坡状，器物的朝向主要为西北方向，这在石璧坯料上表现得尤为明显，石璧坯料均倾斜放置，西北高，东南低，层层叠压。包含物有玉器、石器、陶器，以石器为主，玉器有玉串珠及残片；陶器可辨器形有小平底罐及尖底盏；石器包括大型石璧、大型石璧坯料以及大量小型石璧，有 A 和 B 型石璧坯料、石璋半成品和少量石琮半成品、石圭。东区地层堆积中（以 9a 层出土最集中，8d、8b、8c 层非常少见）则有大量的玉、石、铜、金、骨、角器出土，玉器种类丰富，有 Aa 型矛、Ea 型玉璋、玉璋残件、Aa、Ab、Ba、Bb 型玉凿、Aa 型 I 式、Ab、Ac、Af 型玉璧、Aa、B 型玉环、Ab、Ba 型玉镯、Ab 型箍形器、B 型玉镞、玉掏雕环链、玉海贝佩饰、穿孔玉器及绿松石珠、美石等；石器有 Ba 型石璋半成品、Aa、Ab、Ba 型石斧、Aa 型石锛、石球、Aa 型石璧、纺轮及石戈残片等；铜器有 Aa 型铜戈、Bb 型铜镞、D 型锥形器、Ac 型 I 式璧、Aa 型 I 式、Aa 型 II 式、Ab 型圆角方孔形器、B 型桃形板、铜人头、铜眼睛形器、铜牛角、铜兽面镂孔饰品、铜铃及铜器残片；金器有 Aa 型 I 式、Aa 型 II 式、Ab 型鱼形金箔饰、金器残片、A 型条形金饰、B 型圆形金箔饰、B 型三角形金器等；骨器有饰品、珠等。相较而言，该段出土的金器和铜器及玉器有大量的增加，尤其是金器和铜器，器类和器形同前段既有继承，也有变化，玉器中的小牙璋传统仍然在继续，但有所式微；铜器中的桃形板、人头、眼睛形器、牛角、兽面镂孔饰品等为新出现之物，其中已经不见象牙器，新出现骨制品。

从各区堆积中伴出器物观察，祭祀活动位置逐渐往东移，同时祭祀遗物也呈现多元化趋势，金器、铜器的出现以及玉器种类和数量增加，而以石璧半成品或石璧坯料占有绝对优势的祭祀遗物已经式微，这在东区 9a 层有集中体现，反映该时段东区可能有一次大规模的"瘗埋"活动。而西区包含有大量灰烬、兽骨、卵石的坑可能代表了新的祭祀方式——"燎祭"，西、中区无论是祭祀遗物还是祭祀仪式明显被边缘化。从地层堆积埋藏情况看，该时段东区的祭祀活动较之早段频繁。总体而言，该时段的祭祀活动呈现东移态势，祭祀内容和方式也逐渐发生改变，除了传统的坡地或平地"瘗埋"的埋藏形式，挖坑"瘗埋"或"燎祭"的埋藏或祭祀形式出现，礼仪性遗物中除了传统的玉、石器外，金、铜等贵金属资源开始占据祭祀舞台的中央。

陶器有 Aa 型 I 式、Aa 型 II 式、Ab 型 I 式、Ab 型 II 式、Ad 型 I 式、Ad 型 II 式、Ba 型 II 式、Bb、Bc 型 I 式、Bc 型 II 式、Bc 型 III 式、Bd、Be 型 I 式、Be 型 II 式、Ca 型 I 式、Ca 型 II 式、Cb 型 I 式、Cb 型 II 式、Da、Db 型小平底罐、Aa 型 I 式、Aa 型 II 式、Aa 型 III 式、Ab 型 I 式、Ab 型 II 式、B、C 型 I 式、C 型 II 式、D、E、Fa 型 I 式、Fa 型 II 式、Fb 型 I 式、Fb 型 II 式、Fc 型高领罐、Aa、Ab 型 I 式、Ab 型 II 式、Ac 型 I 式、Ac 型 II 式、Ad 型 I 式、Ad 型 II 式、Ae 型 I

式、Ae 型 Ⅱ 式、Af、Ba、Bb、Bc 型 Ⅰ 式、Bc 型 Ⅱ 式、Bd 型 Ⅱ 式、Be 型、Ca 型 Ⅰ 式、Ca 型 Ⅱ 式、Cb、Cc、Cd、Ce、Db、E、F 型束颈罐，Aa 型 Ⅰ 式、Aa 型 Ⅱ 式、Ab、Ac、Ad、Ba、Bb、Bc、Bd、Ca 型 Ⅰ 式、Cb 型 Ⅰ 式、Db 型敛口罐，Aa、Ab、B 型 Ⅰ 式、E 型尖底罐，A 型 Ⅰ 式、A 型 Ⅱ 式、B 型 Ⅰ 式、B 型 Ⅱ 式、C 型 Ⅰ 式、D 型 Ⅰ 式、D 型 Ⅱ 式、F 型矮领罐，Aa、Ab、Ac、Ad、Ba、Bb 型壶，Aa、Ab、Ac、Ba、Bb、Ca、Cb 型 Ⅰ 式、Cb 型 Ⅱ 式、Cd 型 Ⅰ 式、Cd 型 Ⅱ 式、Ce 型瓮，Ab、Ac、Ae、Af、Ba、Bb、Ca、Cb、Cc、Cd、D、Ea 型 Ⅱ 式、Eb、Ec、F 型盆，A、Ba、Bb、Cb 型桶形器，Aa 型 Ⅰ 式、B、Ca、Cb、Cc、Ea 型缸，Ab、Ac、Ca、Cb、Da、Db、Ea、Eb 型瓮形器，A、Ba、Bb、Bc、Ca、Cb、Da、Db、E 型豆盘，Aa、Ab、Ac、Ad、Ba 型豆柄，Aa 型 Ⅰ 式、Aa 型 Ⅱ 式、Aa 型 Ⅲ 式、Ab 型 Ⅰ 式、Ab 型 Ⅱ 式、Ac 型 Ⅰ 式、Ac 型 Ⅱ 式、Ad、Ba 型 Ⅰ 式、Ba 型 Ⅱ 式、Bb 型 Ⅰ 式、Bb 型 Ⅱ 式尖底盏，Aa 型 Ⅰ 式、Aa 型 Ⅱ 式、Ab、Ac、Ad、Ba 型 Ⅰ 式、Ba 型 Ⅱ 式、Bb 型 Ⅰ 式、Bb 型 Ⅱ 式尖底杯，C 型瓶，A、C 型觚形器等。该段出现大量标准尖底盏和不带凸棱的标准尖底杯，从 17 层开始几乎不见 A 型小平底罐，新见 D 型小平底罐、C 型束颈罐，开始出现尖底罐。B 型器座从 17 层开始出现，从 16 层出现压印网格纹瓮，大量典型尖底杯出现，仅有少量小平底罐可见。

第三期晚段遗存包括东区第三期早段遗存（第 8a 层及开口于该层下遗迹 L20、L63）。

东区仅见少量坑状堆积，坑为直壁，平底，出土器物有 Aa、Ba 型石斧、肩扛象牙玉璋、象牙及少量陶器。地层堆积中则包含有大量玉、石、铜、金器，玉器数量和形制相对丰富，器形有 Aa 型矛、Eb 型璋、A 型锛、Aa、Ab 型箍形器，Ac、Ba 型璧、Ab 型玉环及美石、绿松石珠等；石器数量和种类较少，仅见有 Ba 型石璋半成品、Bb 型斧、柱形器、A 型石璧坯料；铜器有 Ba、Bb、Cb 型戈、C 型镞，Aa、Ab、Ac 型锥形器，B 型铜铃，Ab、Ac 型 Ⅰ 式、Ac 型 Ⅱ 式璧，B 型环，B、C、D 型挂饰，Aa 型 Ⅱ 式、Ab、B 型圆角方孔形器，铜鸟，人耳，椭圆形器及大量的铜器残片，以铜戈、璧、圆角方孔形器多见；金器有 Aa 型 Ⅰ 式鱼形金箔饰、B 型圆形金箔饰及大量金器残片。玉器、铜器和金器相较此前数量剧增，戈类器较多见，残留少量 E 型玉璋，美石大量出现；石器剧减。该段祭祀方式和祭祀遗物同第三期中段相近，新出现了以完整陶器为主要堆积的坑，这与第三期中段仅出土陶片、兽骨和石块的坑形成明显的对比。

陶器有 Aa 型 Ⅰ 式、Ac、Ca 型 Ⅰ 式、Db 型小平底罐，Aa 型 Ⅰ 式、Aa 型 Ⅱ 式、Db 型敛口罐，Ab 型 Ⅰ 式、C 型 Ⅰ 式、Fa 型 Ⅰ 式、Fb 型 Ⅰ 式高领罐，A 型 Ⅱ 式、D 型 Ⅱ 式矮领罐，Aa、Bb、Bd 型 Ⅱ 式、Ca 型 Ⅱ 式束颈罐，Aa 型 Ⅱ 式、Ca 型 Ⅰ 式尖底杯，Ab 型 Ⅰ 式、Ba 型 Ⅱ 式、Bb 型 Ⅱ 式尖底盏，Ab、Da 型瓮形器，Ad、Cb 型盆，Aa、Cb 型 Ⅱ 式、Cd 型 Ⅱ 式瓮，Cc、Ea、Ec 型缸，Ba、Bb、E 型器盖，帽形器，Cb、E 型器座，Ab 型袋足，Ba 型豆盘，Aa、Ab 型豆柄。小平底罐急剧减少，绳纹装饰传统式微，不见圜底器。

第四期遗存依据层位关系和器物组合及器物发展演变关系可分早、晚两段。

第四期早段遗存包括西区第三期早段遗存（包括第 14、15 层和 H2302、H2303、H2304、

H2314、H2315、H2316、H2317、L29、L60）、中区第三期遗存（第9层）及东区开口于第7层下的礼仪性遗存（L7、L8、L12、L18）。

西区依然延续衰微之势，仅见少量礼仪性遗存。遗存的堆积物组合除了传统的玉、石、铜、金器外，完整相对单一的陶器集中放置是一大变化，如L29。该遗存堆置陶器20件，其中陶瓶7件，另有少量石器、玉器（镯）、金片、铜器。大量陶器的出土是该段灰坑的堆积特征之一。地层堆积中出土玉、石、铜、金器，以石器为主，石器有Ba型石璋半成品、C型石斧、柱形石器、A型石璧坯料，以石璧坯料多见，但相对而言，该段西区石器明显减少；铜器有铜器残件、铜钩、A型挂饰、B型长条形器、矛等；玉器更少，计有斧、锛、环，小玉璋传统逐渐消失；金器只有残片。

中区不见礼仪性遗存和灰坑堆积，地层堆积中除了少量陶片外，仅见极少量的A型石璧坯料和金箔残片。

东区在这个阶段却有着繁多的礼仪活动，这个时段的祭祀堆积有斜坡堆置和坑状堆积两种，坑状堆积多见，平面形状相对规整，以椭圆形居多；斜坡堆置遗存地面形状多为不规则状。该段坑状堆积填土中的一大特点是包含有大量的象牙骨渣和铜渣。该段以遗物和堆积形式差异，可分二组：A组堆积中礼仪性遗物以玉器、铜器、骨器为主，玉器、铜器形制相对单一且数量明显减少，少见石器，磨石、美石及骨角器数量少见，如L12。L12出土遗物以玉器、铜器、骨器为主，出土遗物相对丰富。B组以玉、铜、金器为主，另有少量的石、骨器，遗物垒层叠放，施有大量朱砂，如L8。L8坑状堆积，坑壁略微倾斜，圜底，遗物分层叠放，各层遗物上撒有大量朱砂。该段出土遗物有大量玉、石、铜、金器，玉器有B型玉矛，Ea型玉璋，Ab型玉戈，D型玉钺，玉琮，D型玉锛，Ab、Ac、Ba、Bb、Bc、Cb型玉凿，B型镞形器，Aa、Ab、B型玉环，Aa型I式、Aa型II式、Ab、Ac、Ba型玉璧，Aa、Ab、Ba、Bb、C、D型玉镯，玉珠，玉玦，玉器坯料等，另有少量的磨石、美石及绿松石珠；石器数量少，有石璋，Aa、Ab、D型石斧，Aa型石锛等；铜器有Aa、Cb型铜戈，Aa型I式、Aa型II式、Ab型、Ac型I式、Ac型II式、Ad、Bb型璧，Ba、Bb型镞，Aa型I式、Aa型II式、Ab、Ac、B型圆角方孔形器，Aa、D型锥形器，A型长条形器，不规则形板，铜人头，立人像，人面形器，A、C、E、H型挂饰，铜鸟残件，铜眼泡，Ba、Bb型眼睛形器，菱形器，B型铜铃，铃形饰，铜冠饰，铜鸟等；金器有素面环形金饰，金面具，人面形器，Aa型I式、Aa型II式、Ab型鱼形金箔饰，A、B型条形金饰，锥形金饰，B、C型圆形金箔饰，喇叭形金饰，金器残片等。此外，还有少量骨角器，计有大象臼齿，獠牙、象牙片及象牙骨渣。

陶器有Ab型II式、Bb、Bc型I式、Be型I式、Ca型II式小平底罐，Aa、Ab、B型II式、Ca型II式尖底罐，Aa型I式、Aa型II式、Ab、Ac、Ae、Ba、Bb、Bc、Bd、Ca型I式、Ca型II式、Cb型I式、Cb型II式、Cc型I式、Cd、Da、Db型敛口罐，Aa型I式、Aa型II式、Aa型III式、Ab型II式、B、D、E、Fa型I式、Fa型II式、Fb型I式、Fb型II式高领罐，Ac、B、Ca、Cb、Da、Db、Eb型瓮形器，A型I式、A型II式、B型I式、B型II式、C型I式、C型II式、

D 型 I 式、D 型 II 式、G 型矮领罐，Aa、Ab 型 I 式、Ab 型 II 式、Ac 型 I 式、Ac 型 II 式、Ae 型 I 式、Af、Ba、Bb、Bc 型 I 式、Bc 型 II 式、Ca 型 I 式、Ca 型 II 式、Cb、Cc、Cd、Ce、Db、F 型束颈罐，Aa 型 I 式、Aa 型 II 式、Ab、Ac、Ad、Ba 型 I 式、Ba 型 II 式、Ba 型 III 式、Bb 型 I 式、Bb 型 II 式、Ca 型 I 式尖底杯，Aa 型 I 式、Aa 型 II 式、Ab 型 I 式、Ab 型 II 式、Ac 型 I 式、Ac 型 II 式、Ad、Ba 型 I 式、Ba 型 II 式、Bb 型 I 式、Bb 型 II 式、Bb 型 III 式、Bd 型 I 式、Bd 型 II 式尖底盏，Aa 型 I 式、Aa 型 II 式、Ab 型 I 式、Ab 型 II 式瓶，Ac、Bb、Ca、Cb、Cc、Cd、D、Ea 型 I 式、Ea 型 II 式、Eb、Ec、Ed、F 型盆，B、Ca、Ea、Eb、Ec 型缸，Aa、Ab、Ba、Bb、Ca、Cc 型 I 式、Cc 型 II 式、Cd 型 I 式、Cd 型 II 式瓮，Aa 型 I 式、Aa 型 II 式、Ac 型 I 式、Ba 型 I 式、C 型 I 式簋形器，Ba 型杯，Ab、Ac、Ad、Ae、Ba、Bc、Bd、Be、Ca、Cb 型壶，A、B、Ca 型盆形器，圈足豆，A、B 型瓠形器，帽形器，Aa 型 I 式、Ab 型 II 式、B、Ca、Cb、Cc 型器座，Ba、Da、Db 型豆盘等。新出现簋形器，但数量相对较少。小平底罐、缸、绳纹瓮形器、罐形尖底盏、A 型束颈罐、D 型豆盘少见，高柄豆逐渐消失。

第四期晚段遗存包括西区第三期晚段遗存（包括第 13 层、L27）、东区第 7 层及开口于第 6 层下的部分礼仪性遗存（L1、L2、L4～L6、L9、L10、L62 及 G1）。

该段遗存在发掘区西区少见，礼仪性遗存只有 L27。该遗存最大的堆积特征是以大量废弃陶片和少量玉、石器以及一定数量的动物牙齿堆置一起，玉器有 C 型斧、A 型锛、Ab 型环、磨石等；动物牙齿以野猪獠牙为主，另有少量的鹿角、象牙。同时期地层堆积中也仅见少量石器，器形单一，仅见少量的 A 型璋、A 型石璧坯料等。纵观该段礼仪性遗物发现，铜器和金器几乎不见，堆积物组合发生巨大变化，以陶片为主要遗物的组合出现，动物牙齿开始扮演重要角色，磨石或美石也呈现井喷之态势。

东区的情况却截然相反，该时段仍有频繁的祭祀活动发生，但较前段明显减少。这个时段的祭祀堆积有斜坡堆置和坑状堆积两种，斜坡堆置遗存地面形状多为不规则状，坑状堆积的平面形状相对规整，以椭圆形居多。这些礼仪性遗存在空间分布和祭祀内容上有所差异，祭祀的礼仪性遗物大致可分四组，A 组以獠牙、鹿角、陶片等为主，另有少量的玉石器，如 L2，其以獠牙、鹿角为主，间杂有玉、石、陶器等；B 组以玉石器、铜器为主，偶见陶器，如 L10 或 G1；C 组发现极少，礼仪性遗物分层堆置，除了玉器较多外，铜器、金器、石器少见，该堆积除了少量成型铜器，大量铜器残件共存是其特征，如 L6；D 组仅见石磬，如 L62。A 组主要集中分布于东区的东北部，B 组主要分布于东区的中部，C 组位于东区西北部 L2 的南侧。遗物有大量的玉、石、铜、金器，石器相对较少，玉器有 B 型玉矛，Aa、Ab 型玉戈，A 型玉钺，Ab、Cc 型玉璋，肩抗象牙玉璋，C、D 型玉锛，Aa、Ab、Ac、Ba、Bb、Bc、Ca、Cb 型玉凿，Bb、Bc 型凹刃凿形器，B 型玉斧，D 型琮，B 型玉环，Aa 型 I 式、Aa 型 II 式、Ab、Ac、Ad、Af、Ba 型玉璧，Aa、Ab、Ba、Bb、C 型玉镯，蝉纹玉片，磨石，美石，玉料等；石器数量少，有 Bb、C 型锛，Ca 型凿，A 型石璧坯料，Bb 型石璋，石磬，石矛，多璜联璧；铜器有 Aa、Ba、Bb、Ca、Cb 型铜戈，Ab、Bc 型璧，Aa 型 I 式、Aa 型 II 式、Ab、B 型圆角方孔形器，Aa、Ab 型锥形器，Ab、B 型铜铃，B 型环形器，A、B、C、D、H 型挂饰等；金器有残金饰、Ab 型鱼形金箔饰、A 型条形金饰等，另有少量的玉料、绿松石、美石、象牙、象牙臼齿、鹿角等。其以鹿角、獠牙、玉石器为代表礼仪性堆积是较为显著的特质。

东区地层堆积中放置有大量礼仪性遗物，计有玉器、铜器、石器、金器等，其中玉器有 Ab、Eb 型玉戈，B、Ca 型玉矛，玉剑，E、F 型玉钺，Ac、Cc、Eb 型玉璋，A、C、D 型玉斧，A、B、C、D 型锛，A、B、C 型锛形器，Aa、Ab、Ac、Ba、Bb、Ca、Cb 型玉凿，Aa、Ba、Bc、Ca、Cb 型凹刃凿形器，玉凿半成品，Bb 型玉琮，Aa、Ab、B 型箍形器，Aa 型 I 式、Ac、Af、Ba、Bb、Bc 型玉璧，Aa、Ab、B 型玉环，Aa、Ab、Ba、Bb 型玉镯，玉玦，绿松石珠，梭子形器，椭圆形器，玉海贝佩饰，玉坠饰，瓶形器，菱形器；石器有 Ba、C 型石璋半成品，Bb、D 型石斧，Aa、Ba、C 型石锛，B、Ca、Cb 型石凿，多璜联璧，Ab 型石璧，C 型石璧半成品，A 型石璧坯料，纺轮，石球，B 型石虎，石蛇，C 型石跪坐人像；铜器有 Aa、Ab、Ba、Bb、Cb 型铜戈，Aa、Ab、Ba 型镞，Aa、Ab、Ac 型锥形器，A 型长条形器，Aa、Ab、B、C 型铜铃，箍形器，Ac 型 I 式、Ac 型 II 式、Ba、Bb 型璧，B 型环形器，A、B、C、E、F、G、H、J 型挂饰，Aa 型 I 式、Aa 型 II 式、Ac、B 型圆角方孔形器，铜方形器，铜牌饰，铜鸟，铜虎尾，铜蛇，铜蝉，铜牛，铜怪兽，铜罍，灵猫，铜尊，铜扉棱，铜器残片等；金器有蛙形饰，B 型鱼形金箔饰，圭形饰，菱形金箔饰，金器残片；另有一定数量的美石、磨石和少量的玛瑙珠、鹿角。玉、石器和铜器不仅器形丰富，而且数量众多，其器形和形制同第 8a 层非常接近，石璧半成品和石璧坯料仍然可寻，但数量非常少见。美石和磨石延续上期晚段传统，数量和形制更为多见，玉、石、铜器的形制和数量虽然较多，但同前期相比，明显残碎，金器相对少见。

陶器有 Ad 型 II 式、Bb、Bc 型 II 式小平底罐，Aa、Ab、B 型 II 式、Ca 型 II 式、Cb 型 I 式、Cb 型 II 式尖底罐，Aa 型 II 式、Aa 型 III 式、Ab 型 II 式、B、C 型 I 式、C 型 II 式、D、Fa 型 I 式、Fa 型 II 式、Fb 型 II 式高领罐，A 型 I 式、A 型 II 式、B 型 I 式、B 型 II 式、C 型 I 式、D 型 II 式、F 型矮领罐，Da、Db 型瓮形器，Aa 型 I 式、Aa 型 II 式、Ab、Ad、Ba、Bb、Bc、Bd、Ca 型 I 式、Ca 型 II 式、Cb 型 I 式、Cb 型 II 式、Cc 型 II 式、Cd、Da、Db 型敛口罐，Aa、Ab 型 II 式、Ba、Bb、Bc 型 II 式、Ca 型 I 式、Ca 型 II 式、Cb、Cd、E 型束颈罐，Aa、Ab、B、Ca、Cb 型绳纹圜底罐，A 型 I 式、D 型 I 式、D 型 II 式长颈罐，Aa 型 II 式、Ab、Ba 型 II 式、Ba 型 III 式、Bb 型 I 式、Bb 型 II 式、Ca 型 II 式、Cb 型 I 式、Da 型 I 式、Dc 型 I 式尖底杯，Aa 型 II 式、Ab 型 I 式、Ba 型 II 式、Ba 型 III 式、Bb 型 I 式、Bb 型 II 式、Bb 型 III 式、Bc 型 I 式、Bd 型 I 式、Bd 型 II 式、Cb 型 I 式、Cc 型 I 式、Cc 型 II 式尖底盏，Ab、Ad、Bd 型壶，D 型瓶，Ac、Bb、Cb、Cc、Cd、D、Ea 型 II 式、Eb、Ec、F 型盆，Ca、Cb、Da、Db、Dc、Ea、Eb、Ec 型缸，Aa、Ac、Ba、Ca、Cc 型 II 式、Cd 型 I 式、Cd 型 II 式、Da 型 I 式、Da 型 II 式、Da 型 III 式、Db 型 II 式、Dd、De 型 II 式瓮，A 型釜，Aa 型 I 式、Aa 型 II 式、Ab 型 I 式、Ab 型 II 式、Ac 型 I 式、Ac 型 II 式、Ba 型

Ⅰ式、Ba 型Ⅱ式、Bb 型Ⅰ式、Bb 型Ⅱ式、C 型Ⅰ式簋形器，A、B、C 型盘，Aa 型Ⅰ式、Ab 型Ⅰ式、Ab 型Ⅱ式、Ca、D、E 型器座，A、B、Cb 型盆形器，帽形器，Aa、Ab、Ac、Da、Db、Dc、Dd、Ec、Ed 型Ⅱ式、Ed 型Ⅲ式器底，Db 型豆盘，Aa、Ad 型豆柄；A 型小平底罐、A 型尖底盏几乎不见，仅见个别 B 型小平底罐；从 13 层开始平底的 A 型尖底杯不见或少见，簋形器相对增加，绳纹缸不见，绳纹束颈罐少见，不见陶盉，B 型尖底盏发达，新出现 Bc、Cb 型尖底盏；Ab 型尖底杯少见，B、C 型尖底杯发达，新出现 D 型尖底杯；瓠形器不见，D 型瓮发达；尖底罐不仅数量多，器形也多样；D 型豆盘急剧较少，新出现厚唇瓮、盘口罐、圆腹罐、长颈罐及釜，但数量和形制非常少。

第五期遗存依据层位关系和器物组合和发展演变关系，可将其分为早、中、晚三段。

第五期早段遗存包括西区第四期早段（第 10～12 层和 H2297、H2298、H2309、H2319、L28、L30）及东区第 6 层。

该段遗存在发掘区的西区发现少量明显的礼仪性遗存和灰坑堆积。礼仪性遗存平面形状呈椭圆形或不规则状，特征是以大量废弃陶片和少量玉石器以及一定数量的动物牙齿堆置一起，其中 L28 出土大量尖底杯。地层堆积中仅见少量的玉、石、铜器，依然不见金器，铜器更是减少明显，纵使是玉、石器也是数量非常少见。玉器器形有 Aa 型残玉戈，Ac、Ca 型玉凿，Ab 型玉环，Ac、Af 型玉璧，A、B、C 型玉斧，A 型锛形器等；石器有 A 型石璧坯料，Ba 型石斧，Ba 型石锛，Ca 型石凿，Ba 型石璋半成品等；铜器仅有少量残件，有 A 型铜挂饰，Bb、Cb 型铜戈，B 型环形器，刻刀，铜削形器，铜龙形器纽，Ba、C 型铜镞及 Aa 型Ⅰ式圆角方孔形器等。相较而言，地层堆积中的玉器和石器种类略多，但数量几乎多为 1 件。铜器中动物和人物型器物不见踪影。两类堆积形式呈现出不同的组合特征，坑状或礼仪性堆积以大量陶片和动物牙齿及磨石为主，而地层堆积则为相对较少的玉、石、铜器，但其数量和种类均呈现明显的下降之势。

东区地层堆积中计有玉、石、铜、金器，其中玉器有 D 型玉璋，C、D 型玉锛，Ab、Ba、Bb、Ca 型玉凿，Bb、Bc 型凹刃凿形器，玉角形器，Ba、C、D 型玉琮，B、C 型玉箍，Aa 型Ⅰ式、Aa 型Ⅱ式、Ac、Af、Ba 型玉璧，Aa、Ab 型玉环，Aa、Ab、Ba、Bb 型玉镯，绿松石珠，剑璏形器等；石器有 Ab、C 型石矛，Aa、C 型石斧，Ab、Ba、Bb 型石锛，石环；铜器有 Bb、Ca 型铜戈，Ba 型镞，Aa、B 型锥形器，A 型长条形器，Ac 型Ⅱ式璧，A 型环形器，A、C、D、H 型挂饰，Aa 型Ⅱ式圆角方孔形器，B 型眼泡，铜虎，铜鸟残件，B 型鱼形器，铜貘首，蝉等；金器有 Aa 型Ⅱ式鱼形金箔饰、金器残件等。美石和磨石延续上期晚段传统，数量和形制更为多见，玉、石、铜器的形制和数量虽然较多，但同前期相比，明显萎缩，金器更是少见。

陶器有 Aa 型Ⅱ式、Aa 型Ⅲ式、B、C 型Ⅱ式、Fa 型Ⅰ式、Fa 型Ⅱ式高领罐，Bb、Bc 型Ⅰ式、Ca 型Ⅰ式、Ca 型Ⅱ式、Cb、Cd、Da 型束颈罐，Aa 型Ⅰ式、Aa 型Ⅱ式、Ab、Ac、Ad、Ae、Ba、Bb、Bc、Bd、Ca 型Ⅰ式、Ca 型Ⅱ式、Cb 型Ⅰ式、Cb 型Ⅱ式、Cc 型Ⅰ式、Cc 型Ⅱ式、Cd、Da、Db 型敛口罐，A 型Ⅱ式、B 型Ⅱ式、C 型Ⅰ式、C 型Ⅱ式、D 型Ⅱ式、E、F 型矮领罐，B 型Ⅱ式、Ca 型Ⅰ式、Ca 型Ⅱ式、Cb 型Ⅰ式、D 型尖底罐，A 型Ⅰ式、A 型Ⅱ式、B、Ca、Cb、Cc、

D 型 I 式、D 型 II 式、D 型 III 式长颈罐，Aa、Ab、B、Ca、Cb 型绳纹圜底罐，A 型 I 式、A 型 II 式、B 型盘口罐，Ad、Af、Bb、Cb 型壶，Aa、Ba、Ca、Cd 型 I 式、Cd 型 II 式、Da 型 I 式、Da 型 II 式、Da 型 III 式、Db 型 I 式、Db 型 II 式、Dc 型 I 式、Dd、De 型 I 式、De 型 II 式瓮，Ac、Bb、Ca、Cb、Cc、Cd、Ea 型 I 式、Ea 型 II 式、Eb、Ec、F 型盆，Cb、Cc、Ea 型缸，Cb 型豆盘，Aa、Ab、Ac 型豆柄，Ba 型 I 式、Ba 型 II 式、Ba 型 III 式、Bb 型 II 式、Bb 型 III 式、Bc 型 I 式、Bc 型 II 式、Bd 型 I 式、Bd 型 II 式、Be、Ca 型 I 式、Ca 型 II 式、Cb 型 I 式、Cb 型 II 式、Cc 型 I 式、Cc 型 II 式尖底盏，Ad、Ca 型 I 式、Ca 型 II 式、Cb 型 I 式、Cb 型 II 式、Da 型 II 式、Db 型 I 式、Db 型 II 式、Dc 型 II 式、Dd、Ea、Eb 型尖底杯，Aa 型 I 式、Aa 型 II 式、Ab 型 I 式、Ab 型 II 式、Ac 型 I 式、Ac 型 II 式、Ba 型 I 式、Ba 型 II 式、Bb 型 I 式、Bb 型 II 式、C 型 I 式、C 型 II 式簋形器，A 型盘，A、B、C 型釜等。该段最大特征是出现大量盘口罐、绳纹圜底罐及釜，不见或少见瓮形器、小平底罐、D 型豆盘、E 型器底、帽形器等，偶见瓮形器或小平底罐可能系晚期活动扰动早期堆积所致；高领罐数量和器形均减少，尤其是 A 型最为突出；敛口罐发达，特别是 C、D 型敛口罐数量和种类非常丰富，尤其以 C 型最为突出；尖底盏数量较多，A 型尖底盏不见，B、C 型尖底盏非常盛行，尖底盏腹部普遍变浅；尖底杯 C、D 型发达，新出现 E 型尖底杯，A 型尖底杯几乎不见；从 10 层开始不见 E 型器底，簋形器依然发达；瓮均为厚唇高领宽沿瓮，A、B 型瓮急剧衰减，特别是 A 型瓮完全不见，D 型瓮更为发达，无论是数量抑或是种类均非常发达；A 型盆不见，E 型盆发达；陶缸数量较少，尤其是不见 A、B 型缸；束颈罐数量呈现剧减趋势，A、B 型少见，C 型相对多见。

第五期中段遗存包括西区第四期晚段（包括第 6、7、8、9 层）及 H2300、L64、中区第四期遗存（包括第 6、7、8 层）。

西区礼仪性遗存只有 L64，卜甲堆积的出现是该遗存的特点。地层堆积中仍然还有少量的礼仪性遗物可见，计有玉器、铜器和石器，不见金器和骨角器，即使是玉、石、铜器，其种类和形制及数量也是非常稀少。玉器有 Bb 型玉凿，玉锥形器，B 型玉环，Af、Ba、Bb 型玉璧，玉石料，磨石，美石等；石器有 Ba 型石璋半成品，Aa、C 型石璧，A 型石璧坯料，Ba、D 型石斧，D 型石凿等；铜器有 Aa、Ab、Ac、Ba、Bb 型镞，Aa、C 型锥形器，Aa 型铜铃，铜容器残件等，以镞形制和数量最为丰富，其他非常少见。

中区不见礼仪性遗存，仅见地层堆积，堆积中出土有玉器、铜器和石器，玉器有玉璜、A 型玉斧、C 型玉圭、玉玦、绿松石珠、美石等，美石居多；石器有 Aa 型石锛、A 型石璧坯料；铜器有 Bc 型镞、铜削形器、铜器残片等。玉石器种类更是少见，美石呈现突出地位。

总体而言，这个阶段明显的礼仪性遗存已经不见，玉器器形相对单一，主要为装饰类，计有璧、璜、珠等，其他形制的礼仪性遗物少见，仅见圭类；美石和磨石仍然占有相当比重；石器多为石璧坯料和石璧，以及斧、锛、凿等工具类器物；铜器器形相对单一，以镞居多，镞尽管在前期已经出现，但未如此集中且大量地出现。作为远射兵器铜镞大量出现于祭祀区，反映战争的激烈，也反映当时古蜀人已经能够获得稳定的铜矿资源，其对铜器冶铸与流通控制能力得到了进一步的强化。

陶器有 Aa 型 II 式、C 型 II 式、Fa 型 II 式、Fb 型 II 式高领罐，Ba、Bc 型 II 式、Cd、Ce、Db 型束颈罐，Aa 型 II 式、Ab、Ac、Bb、Bc、Bd、Ca 型 II 式、Cb 型 II 式、Cc 型 II 式、Cd、Da 型敛口罐，A 型 II 式、B 型 II 式、D 型 II 式、F 型矮领罐，D 型 I 式长颈罐，Aa、Ab、Cc 型绳纹圜底罐，Aa、Ab、B 型 II 式、Ca 型 I 式、Ca 型 II 式尖底罐，Ae 型壶、Cd 型 II 式、Da 型 I 式、Da 型 II 式、Db 型 II 式、Dc 型 II 式、Dd 型瓮，Ac、Cc、D、Ea 型 II 式、Eb 型盆，Cb 型缸，Ba 型豆盘，Aa、Ab、Ac 型豆柄，Ba 型 III 式、Bb 型 II 式、Bb 型 III 式、Bc 型 II 式、Bd 型 I 式、Bd 型 II 式、Cb 型 II 式、Cc 型 II 式尖底盏，Bb 型 II 式、Ca 型 II 式尖底杯，Aa 型 II 式、Ab 型 II 式、Ac 型 II 式、Ba 型 II 式、Bb 型 II 式、C 型 I 式、C 型 II 式箅形器，A、B 型釜等。小平底罐为最晚型式，可能为扰动所致，壶和高领罐少见；瓮仅见 C、D 型，以 D 型居多；盆也不见 B 型，仅见少量 D、E 型盆；缸几乎不见，仅见少量 C 型缸；束颈罐骤减，仅有少量 B、C 型；敛口罐依然盛行，以 C、D 型居多；箅形器数量和器形呈减少之趋势。尖底盏仅见 B、C 型，C 型较为多见；尖底杯数量和器形更少见，仅见少量 B、C 型尖底杯。

第五期晚段遗存包括西区第五期遗存（包括第 5 层及 H2296、H2308）、东区第三期晚段遗存（包括第 5 层），依据器物组合差异和变化，该段可分两段，I 段以东区第三期晚段遗存（包括第 5 层）为代表；II 段以西区第五期遗存（包括第 5 层及 H2296、H2308）为代表。

第 I 段完全不见明显的礼仪性遗迹，以獠牙和鹿角为主的堆积已经消失；礼仪性遗物仅见于地层堆积中。本段遗存出土的遗物按质地区分有玉、石、铜、陶等。典型陶器 Ba 型 I 式、Ba 型 II 式、Bd 型 I 式、Bd 型 II 式、Cc 型 I 式、Cc 型 II 式尖底盏，Aa 型 II 式、Ba、Bb、Bd、Ca 型 II 式敛口罐，B 型高领罐，B 型 II 式矮领罐，Cc 型束颈罐，Ab、B、Cc 型绳纹圜底罐，A 型 I 式、A 型 II 式盘口罐，B、Ca 型长颈罐，Ad 型盆，Ec 型缸，Bb、Cd 型 II 式、Da 型 II 式、Da 型 III 式瓮，Aa 型 II 式、Ab 型 II 式、Ba 型 II 式、C 型 II 式箅形器，A 型盘，甑，Ba 型纺轮等。该段陶器以绳纹圜底罐、盘口罐、箅形器仍然发达，长颈罐和尖底杯虽然少见，但仍然还残留有一定数量，高领罐、束颈罐、缸则极少见。玉器有 Ab 型戈，A、B 型锛，Ac、Ba、Bb 型凿，玉凿半成品，Aa 型 II 式、Ac、Af 型璧，玉珠，美石，磨石，刀形器，玉器残片等，美石和磨石极少；石器有 Ba、Bb 型石璋半成品，Ba、C 型石斧，Aa、Ba 型锛，A 型凿，石簪，B 型虎等；铜器有 Ab 型镞、环形器、B 型挂饰、圆角方孔形器、虎、"工"字形铜器残件、弧形饰等。该段陶器既有前段特征，亦有变化，C 型尖底盏、圜底罐、盘口罐较为盛行，玉、铜、石器虽然减少，但仍然占有一定数量，这些玉、石、铜器几乎多为残件，出土位置分布相对零散不集中，遗物杂乱无章地放置。

第 II 段仅见极少量的坑状堆积，灰坑平面形状不一，既有椭圆形，亦有不规整形状，填土中包含有灰烬，出土较多残陶片，不见完整陶器，另有少许兽骨和极少的石器或玉器残片。该段除个别探方地层堆积中还残留有少量的石璧坯料和石璧残件外，其他遗迹或遗物难觅其祭祀遗存的特征。本段遗存出土遗物的质地剧减，仅见石、玉、陶等，其中成型玉器在地层堆积中完全不见，铜器完全消失。陶器有 Ca 型 II 式尖底杯，Cc 型 II 式尖底盏，Bb、Bc、Bd、Ca 型 II 式敛口罐，B 型 II 式、D 型 II 式矮领罐，Aa、Cc 型绳纹圜底罐，A 型 I 式、A 型 II 式盘口罐，Ba、Cc、Ea 型 II 式盆，Cd 型 II 式、Da 型 II 式、Dd 型瓮，A 型釜等。该段陶器的数量和类型均呈锐减之势，已经不见第五期前几段中常见的簋形器、长颈罐、尖底罐等，绳纹圜底罐、尖底盏、尖底杯等不仅形制单一，而且数量极少，瓮、敛口罐、矮领罐、盘口罐等相较前段数量也明显减少。石器无论数量，还是形制均较少，器形计有 Aa、Bb 型石璧及 A 型石璧坯料等，数量以石璧坯料多见，其他均为 1 件左右；另外，还出有个别玉琮残片和磨石等。该段铜器、美石已经不见，磨石仅见个别遗留，玉器仅见残片，不见其他成型之物。该段遗存不见高领罐、壶、缸、束颈罐、豆盘、尖底罐、长颈罐、簋形器，瓮和盆少见，仅见 C、D 型瓮和 B、C、E 型盆；敛口罐数量也急剧减少，不见 A 型，仅见少量 B 和 C 型敛口罐；尖底盏不论数量还是器形均明显减少，仅见 Cc 型尖底盏，而 Ca 型 II 式尖底杯可能为晚期活动扰动所致，该时段尖底杯应当消失。

总体而言第五期晚段遗存中尖底器的数量骤减，B 型尖底盏少见，多为 C 型，D 型瓮和 C 型敛口罐较少；瓮多为厚唇、矮领，其形制同绳纹圜底罐口非常相近，大口高领瓮可能已经消失，此类器物极大可能为绳纹圜底罐。该期最大特征是不见尖底杯，少见簋形器，绳纹圜底罐发达，釜多见，长颈罐、盘口罐亦相对少见。

第六期遗存以东区开口于第 4 层下的古河道为代表。该期陶器以 Bd 型 I 式、Bd 型 II 式、Cb 型 I 式、Cc 型 I 式、Cc 型 II 式尖底盏，Aa、Ac、Ad 型盆，Ae、Ba 型壶，B 型 II 式矮领罐，Cb 型 II 式尖底罐，C 型 II 式簋形器等。此外，还有少量玉石器出土，如玉器有 Aa 型 II 式、Ab、Ba 型玉璧及玉镯、绿松石珠、美石等；极少见铜器和金器，铜器有 Bb 型镞、铜器残片；金器仅见个别残片。

# 第二节 年代

截至目前，祭祀区发表的材料中对于其年代的认识主要有以下几种情况。

一是认为金沙村遗址与三星堆遗址第三阶段及十二桥文化最为近似。该遗址出土的尖底杯、尖底盏、圈足罐、高颈罐、瓮、高柄杯形器座、喇叭口罐等是十二桥文化的典型器，其时代应在商代晚期至春秋前期。理由有二：（1）"梅苑"东北部发掘区的第 7 层出土的尖底杯、圈足罐、高颈罐等与十二桥文化一期晚段的相同或相近，其时代当在西周早期；第 6 层出土遗物较少，总体风格和第 7 层接近，时代不会相差太远；第 5 层出土的喇叭口罐、直口尖底盏等为十二桥文化二期晚段的典型器物，时代约为春秋前期。该区域文化堆积延续时间较长，约从商代晚期至春秋前期。而该区域的金器、铜器、玉石器的时代为商代晚期至西周早期，依据一为该区域的金器、铜器、玉石器在西周早期的地层中才开始出现；二是这些器物与三星堆一、二号坑的同类器物相同或相似，其时代与一、二号坑的时代接近，至少不会相差太远。（2）"兰苑"地点文化堆积的时代较"梅苑"文化堆积时代略早，其出土器物同十二桥文化一期早段和晚段偏早的陶器群相类似，由此推测金沙遗址的年代上限当在商代晚期，下限可至春秋时期，主体文化遗存的时代当在商代晚期至西周早期，属于十二桥文化偏早阶段①。

二是认为"梅苑"东北部发掘区的第5层出土的喇叭口平底罐、直口尖底盏等器物同新一村遗址第8层同类器物基本相同，时代约在春秋前期②，目前出土此类器物的文化层仅在"梅苑"东北部局部分布；第6层出土遗物较少。以敞口平底罐、夹砂陶和泥质陶的尖底杯为主，与十二桥二期文化出土的同类器物相似，其时代当在西周后期至春秋前期。第7层出土的陶器以夹砂陶为主，也有少量的泥质陶，器类有敛口尖底杯、敛口尖底盏、圈足罐、高领罐等，这类器物与十二桥文化一期晚段的同类器物相同或相近，其时代当在西周时期③。该层下的遗迹单位中出土了大量的金器、铜器、玉器、石器和象牙器，地层中亦有少量的玉器和铜器。已发掘探方的第8～12层中出土陶器极少，以夹砂陶为主，泥质陶尖底杯数量极少，与十二桥文化一期的器物组合及器物特征相似，时代约当商代晚期至西周初年。其下遗迹单位中出土了大量的玉器、金器、铜器、石器和象牙。尚未发掘的地层及其下的遗迹单位中出土了大量的玉器、铜器、象牙，时代当早于第12文化层。"梅苑"东北部地点的时代上限应与三星堆一号坑的时代接近，约当商代晚期。第5文化层堆积出土十二桥文化二期晚段的典型器物，当为"梅苑"东北部地点的时代下限。"梅苑"东北部区域的时代当在商代晚期至春秋前期④。

三是在《神秘世界——对三星堆文明的初步理解和解释》一书中，孙华和苏荣誉先生认为金沙村遗址（即指金沙遗址祭祀区）的"年代从商代后期偏晚阶段一直延续到了春秋晚期，经历了十二桥文化、新一村文化，其最晚的遗存已经跨入了青羊宫文化，其年代延续近700年（公元前1200～前500年），主要遗存的年代集中在商代末期至西周前期的十二桥文化阶段"⑤。

四是在《金沙玉器》中对"梅苑"地点东北部商周遗存的时代基本结论同《简报》相近，对一些层位时代判定更细化，如将第7层时代明确定为西周早期，第8～12层的时代判断为商代晚期，而尚未发掘的地层及其下的遗迹单位的时代当略早于第12层，但早不过商代晚期⑥。对出土玉器年代的认识是"从目前玉器的出土情况看，其埋藏年代集中于商代晚期至西周早期，少量玉器埋藏的下限约当西周晚期至春秋早期"，进而推测机挖沟中清理的玉器也应在此时间范围内。本文中还将"梅苑"地点东北部60余处与祭祀有关遗迹分为三个不同的阶段，认为每个阶段甚至同一个阶段里使用的祭祀用品还有较大的差异。"第一阶段的祭祀用品以象牙、石器为主，此外还有一些漆器、陶器、石器和极少量的玉器，时代约当殷墟二、三期（公元前1200年前后）。第二阶

① 朱章义、张擎、王方：《金沙村遗址概述》，《金沙淘珍——成都市金沙村遗址出土文物》，文物出版社，2002年，第12～14页。

② 参考依据江章华、李明斌：《古国寻踪——三星堆文化的兴起及其影响》，巴蜀书社，2002年，第183页。

③ 参考依据江章华、王毅、张擎：《成都平原先秦文化初论》，《考古学报》2002年第1期。

④ 成都市文物考古研究所：《成都金沙遗址Ⅰ区"梅苑"东北部地点发掘一期简报》，《成都考古发现（2002）》，科学出版社，2003年，第167～168页。

⑤ 孙华、苏荣誉：《神秘的世界——对三星堆文物的初步理解和解释》，巴蜀书社，2003年，第177页。

⑥ 成都文物考古研究所：《金沙玉器》，科学出版社，2006年，第12、13页。

段的最大特点就是大量使用玉器、铜器、金器作为祭品，第一阶段使用的象牙仍大量使用，但石器和漆木器则很少使用，时代约当殷墟三、四期之际至西周中期（约公元前 1100 ~ 前 850 年）。这一阶段按祭品的不同，又可分为几种类型。第三阶段的特点是大量使用野猪獠牙、鹿角、美石和陶器作为祭品，还流行用龟甲占卜，以测吉凶。前一阶段大量使用的玉器、铜器、金器、象牙的数量骤减，时代约为西周晚期至春秋早期（约公元前 850 ~ 前 650 年）。玉器主要集中埋藏于第二阶段。"① 该文中没有列出各个阶段不论是时代抑或是祭祀分段推测的依据，而且该讨论尽管涵盖了整个发掘区，但仅以东区的材料为标准进行探讨，难免挂一漏万。

介于以往的分析与研究及认识全部集中为 2001 年东区的发掘材料，该区域由于保护与展示的原因，大部分探方均未完整揭露，故资料刊布不系统和完整，给后期的认识与研究带来诸多困难与不便。总而言之，目前对金沙遗址"梅苑"东北部商周时期遗存的时代推断上限约不早于商代晚期，下限至春秋前期。金沙遗址"梅苑"地点东北部即后来俗称的"祭祀区"通过前后数次的发掘，可以发现该区域的堆积有着特定的时空范围，地层堆积深厚而特别，遗迹现象复杂，堆积物内容丰富，时代延续绵长。对其时代和隐藏于遗存背后的复杂而丰富的信息解读，需要更为精细的年代和空间分析，方可将不同时期祭祀活动置于其特定的时空坐标中予以复原，进而阐释。

金沙遗址祭祀区新石器时代遗存出土陶器以绳纹花边口沿罐的数量和器形最为丰富，其既有宝墩文化第一、二期遗存陶器的特点，同时亦有第三期遗存的特征，其中以第三期遗存的特征最为突出；另外陶钵的出土较具特质，该类器从祭祀区第一期遗存中段开始出现，晚段发现较多，研究认为宝墩文化陶钵出现于第三期晚段②；此外，祭祀区第一期遗存中尊类器相对不发达，尤其宽沿尊形器、曲沿尊形器亦少见；喇叭口高领罐不见水波纹装饰，唇部也不见饰有花边；不见宝墩文化第四期遗存中常见的敛口罐、曲沿罐、窄沿罐等器物，但出现了折腹钵，原来研究认为此类钵出现于宝墩文化第四期③。宝墩文化第四期遗存中的钵为侈口、折腹，而祭祀区的则为敛口折腹，二者间形制相差甚大，宝墩文化第四期遗存中的折腹钵（鱼凫村遗址 T9⑤:78）与三星堆文化第一期遗存中的高柄豆盘（80ⅢDcT1③:36）相近，如果此类折腹钵属于宝墩文化第四期遗存的典型器物，结合共出器物群组合分析，那么祭祀区出土的折腹钵同此类钵当分属于不同时期的器形，二者当有着时段上的差异。

第一期早段遗存中有少量泥质敛口束颈罐，但较之宝墩文化第一、二期遗存差别明显；不见宝墩文化第三期早段遗存中常见饰有月牙纹的圈足，多为饼足；A 型Ⅰ式绳纹花边口沿罐同宝墩文化第三期遗存中段的绳纹花边口沿罐（鱼凫村 T5⑤:174），Ac 型Ⅰ式喇叭口高领罐（ⅠT6513㊸:18）同鱼凫村第一期的 B 型Ⅲ式敞口尊形器（H28①:29）相同，祭祀区第一期早段遗存的时代推测其上限晚于宝墩文化第三期早段遗存的年代，略早于宝墩文化第三期中段遗存的年代。

---

① 成都文物考古研究所：《金沙玉器》，科学出版社，2006 年，第 14 页。
② 江章华、王毅、张擎：《成都平原先秦文化初论》，《考古学报》2002 年第 1 期。
③ 江章华、王毅、张擎：《成都平原先秦文化初论》，《考古学报》2002 年第 1 期。

　　祭祀区第一期中段遗存仍然有少量泥质敛口束颈罐，新出现了一些侈口束颈罐和 C 型鼓腹钵，圈足略矮，足外壁不见宝墩文化第三期常见的月牙纹装饰；Aa 型圈足同宝墩文化第三期中段的圈足（鱼凫村 H15②：47）相似；A、Bb、Ca 型绳纹花边口沿罐是祭祀区出土最具特质的绳纹花边口沿罐，形制和数量非常丰富，其不见于目前宝墩文化分期中的第三期早段，亦不见于第三期晚段和第四期遗存中，此类器物在祭祀区第一期中段表现最为突出。目前与此类器物最为接近的只在温江鱼凫村一、二期遗存中有发现，如 Ab 型Ⅱ式（H15②：111）、B 型Ⅰ式（H43⑤：105）、B 型侈口罐（H10①：17）。E 型Ⅱ式花边口沿罐同鱼凫村 A 型Ⅱ、Ⅲ式侈口罐（H15①：151、H10①：11）相近，Ba 型绳纹花边口沿罐同鱼凫村二期的深腹罐（H15②：86）相似[1]；此类器物较为集中发现于鱼凫村第二期遗存中，其他地区不见。纵观祭祀区目前发现的圈足均不见月牙纹装饰和瓦棱纹宽沿尊等宝墩文化第三期早、晚段典型器物，结合中海国际 1 号地点 H30 的器物组合和测年，推测中段的时代上限为宝墩文化第三期中段，下限为宝墩文化第三期晚段。

　　第一期晚段遗存中绳纹花边口沿罐急剧萎缩，花边口装饰传统渐微，敛口钵形制丰富，除了 C 型钵外，新出现 A、B 型钵；尊类器少见，敞口尊形器多见，流行素面束颈罐和高圈足，推测该段时代上限为第三期晚段，下限早于第四期的年代，下限通过三星堆文化年代上限可知，一般认为三星堆文化的上限为距今 3700 年左右。

　　从陶器的总体特征而言，目前祭祀区第一期遗存中所出土的陶器特征不见宝墩文化第一、二期遗存中的典型遗物，亦不见第四期遗存中的典型遗物，其器类和形制特征更为接近现宝墩文化第三期遗存的陶器组合和器形特征，推测其时代可能与现宝墩文化第三期的时代相近。

　　祭祀区第一期遗存出土的陶器具有鲜明的文化与时代特征，该期早段出土的遗物较少，仅见少量陶器，其时代只可依据中、晚段予以推测。目前该期遗存中段的测年数据较多，晚段次之，共计 12 个数据，其中第 40 层有 6 个，第 39 层有 2 个；晚段第 38 层有 2 个数据，第 36 层有 2 个数据，但其测年数据超过距今 5000 年，其应系晚期活动扰动早期堆积所致（表八〇）。第一期中段遗存的测年数据以 2200BC～2100BC 概率最大，其中第 39 层的木炭测年可晚至距今 4000 年，如 BA05411，初步推测第一期中段的年代可能为距今 4200～4100 年；而第一期早段遗存不见宝墩一期[2]和高山二期常见的陶器组合或器形[3]，其时代当晚于高山二期，高山遗址第二期的测年集中于 4200 年，则金沙遗址祭祀区第一期早段的时代当不早于距今 4200 年；第一期晚段遗存并未见宝墩四期遗物，该段遗存仅有 1 个碳 - 14 数据，测年概率以距今 4800～4600 年最大，该年度数据偏差明显较大，可能属于后期活动扰动早期堆积所致。第 40 层有一碳 - 14 数据为（68.2%）2203BC～

① 蒋成、李明斌：《四川温江县鱼凫村遗址分析》，《成都考古研究（一）》，科学出版社，2009 年，第 111～113 页。
② 江章华、王毅、张擎：《成都平原早期城址及其考古学文化初论》，《宝墩遗址——新津宝墩遗址发掘与研究》，有限会社阿普（ARP），2000 年。
③ 该资料现存成都文物考古研究院。

## 表八〇　金沙遗址及相关遗址测年数据

（一）Beta 实验室测年数据

| 序号 | 实验室编号 | 样品 | 出土单位 | 出土地点 | 碳-14年代（BP） | 树轮校正后年代（BC） | |
|------|------------|------|----------|----------|----------------|----------------------|---|
| | | | | | | 1σ（68.2%） | 2σ（95.4%） |
| 1 | Beta - 619892 | 木炭 | ⅠT6612⑥ | | 2480±30 | （21.4%）596~543<br>（18%）653~607<br>（14.5%）756~719<br>（11.3%）709~680<br>（3%）670~662 | （95.4%）772~478 |
| 2 | Beta - 611232 | 种子 | L58②-4 | | 3820±30 | （64.1%）2299~2202<br>（4.1%）2337~2327 | （82%）2351~2194<br>（7%）2177~2143<br>（4.3%）2405~2378<br>（2.1%）2447~2422 |
| 3 | Beta - 611233 | 种子 | L58① | 金沙遗址<br>祭祀区 | 3320±30 | （68.2%）1617~1540 | （90.6%）1642~1509<br>（4.8%）1680~1654 |
| 4 | Beta - 611234 | 种子 | ⅠT7209⑧ | | 2450±30 | （31.8%）551~465<br>（23.4%）747~690<br>（8.3%）665~644<br>（4.7%）436~421 | （54.2%）595~412<br>（26%）754~681<br>（15.2%）670~609 |
| 5 | Beta - 611235 | 种子 | ⅠT7213⑩ | | 2990±30 | （52.9%）1270~1194<br>（8.1%）1144~1129<br>（7.2%）1175~1161 | （90.3%）1302~1121<br>（5.1%）1377~1350 |
| 6 | Beta - 511502 | 象牙 | L24-1 | | 3440±30 | （62.2%）1772~1691<br>（6%）1862~1851 | （71.1%）1785~1664<br>（15.4%）1878~1838<br>（8.9%）1829~1792 |
| 7 | Beta - 511500 | 种子 | CJYVH1362M | 金沙遗址<br>阳光地带<br>二期地点 | 3040±30 | （36.1%）1307~1258<br>（25.1%）1381~1342<br>（7%）1246~1233 | （95.4%）1397~1216 |
| 8 | Beta - 511501 | 种子 | CJYVH1362R | | 3110±30 | （39%）1425~1381<br>（29.2%）1342~1307 | （95.4%）1437~1288 |
| 9 | Beta - 608379 | 种子 | 2004CJGH26 | 成都中海国<br>际社区遗址 | 3130±30 | （53.8%）1441~1388<br>（14.4%）1338~1320 | （64.7%）1460~1370<br>（25.7%）1355~1298<br>（5%）1496~1474 |
| 10 | Beta - 608378 | 种子 | 2018CCHG1 | 成都红花堰<br>遗址 | 2760±30 | （36.5%）882~834<br>（31.7%）929~891 | （95.4%）991~826 |

| 序号 | 实验室编号 | 样品 | 出土单位 | 出土地点 | 碳-14年代（BP） | 树轮校正后年代（BC） | |
|---|---|---|---|---|---|---|---|
| | | | | | | 1σ（68.2%） | 2σ（95.4%） |
| 11 | Beta-612016 | 种子 | 2021CPXXY1 | 成都犀园村遗址 | 2950±30 | （68.2%）1219~1116 | （95.4%）1260~1051 |
| 12 | Beta-612017 | 种子 | 2021CPXXT6④ | | 2780±30 | （62.1%）984~898<br>（6.1%）864~851 | （75.8%）1007~891<br>（19.6%）882~835 |
| 13 | Beta-509013 | 骨骼 | TN02E03⑥：164 | 成都新一村遗址 | 2450±30 | | （53.2%）595~411<br>（26.7%）754~681<br>（15.5%）670~609 |
| 14 | Beta-509014 | 稻谷 | TN03W04-04W03⑨ | | 2560±30 | | （66.3%）805~746<br>（21.6%）643~553<br>（7.5%）686~666 |
| 15 | Beta-599317 | 人头骨 | TN07W02-N08W01⑨ | | 3090±30 | （39.2%）1351~1302<br>（29%）1413~1375 | （95.4%）1426~1269 |

注：所用碳-14半衰期为5568年，BP为距1950年的年代。

1~5、9~12、15树轮校正所用曲线为IntCal20；6~8、13~14树轮校正所用曲线为IntCal13.

1~6、9~12号样品送样人为闫雪，6~8、13~14号样品送样人为林圭侦，15号样品送样人为原海兵；1号送样时间为2022年，2~5、9~12、15号送样时间为2021年，6~8、13~14号送样时间为2018年。

**（二）北京大学加速器质谱实验室测年数据之一**

| 序号 | 实验室编号 | 样品 | 出土单位 | 出土地点 | 碳-14年代（BP） | 树轮校正后年代（BC） | |
|---|---|---|---|---|---|---|---|
| | | | | | | 1σ（68.2%） | 2σ（95.4%） |
| 1 | BA160397 | 木炭 | ⅠT7213⑩ | 金沙遗址祭祀区 | 2850±25 | （63.8%）1049~975<br>（4.4%）952~945 | （2.3%）1109~1098<br>（93.1%）1091~928 |
| 2 | BA160400 | 木炭 | ⅠT7213⑩ | | 2870±25 | （3.5%）1107~1101<br>（64.7%）1086~1004 | （92.3%）1121~973<br>（3.1%）958~940 |
| 3 | BA160393 | 稻谷 | ⅠT7209㉑ | | 2905±25 | （68.2%）1127~1038 | （15.5%）1195~1142<br>（79.9%）1133~1011 |
| 4 | BA160399 | 木炭 | ⅠT7213⑩ | | 2915±25 | （3.0%）1188~1182<br>（6.4%）1157~1146<br>（58.8%）1129~1051 | （26.7%）1207~1141<br>（68.7%）1134~1021 |
| 5 | BA160392 | 木炭 | ⅠT6815⑨ | | 2975±25 | （3.6%）1257~1251<br>（36.8%）1231~1190<br>（14.6%）1179~1159<br>（13.2%）1145~1130 | （95.4%）1276~1116 |

| 序号 | 实验室编号 | 样品 | 出土单位 | 出土地点 | 碳-14年代（BP） | 树轮校正后年代（BC） | |
|---|---|---|---|---|---|---|---|
| | | | | | | 1σ（68.2%） | 2σ（95.4%） |
| 6 | BA160391 | 木炭 | ⅠT6815⑮ | 金沙遗址祭祀区 | 3010±25 | （68.2%）1287～1212 | （9.3%）1381～1344<br>（80.8%）1305～1190<br>（2.4%）1179～1161<br>（2.9%）1144～1131 |
| 7 | BA160395 | 木炭 | ⅠT7208⑳ | | 3040±45 | （23.3%）1385～1340<br>（44.9%）1316～1229 | （92.2%）1415～1191<br>（1.4%）1177～1163<br>（1.7%）1144～1131 |
| 8 | BA160403 | 稻谷 | H7043 | | 3080±30 | （22.5%）1403～1372<br>（45.7%）1359～1298 | （95.4%）1418～1264 |
| 9 | BA160537 | 未知种子 | L58②下 | | 3225±30 | （68.2%）1520～1449 | （6.1%）1607～1582<br>（1.1%）1560～1553<br>（88.2%）1547～1429 |
| 10 | BA160536 | 未知种子 | L58② | | 3295±25 | （14.0%）1612～1598<br>（54.2%）1587～1534 | （95.4%）1626～1508 |
| 11 | BA160401 | 木炭 | ⅠT7108㉔ | | 3330±30 | （45.9%）1661～1607<br>（22.3%）1583～1546 | （95.4%）1689～1528 |
| 12 | BA160394 | 木炭 | L24 | | 3335±25 | （55.9%）1664～1608<br>（12.3%）1581～1561 | （69.9%）1688～1597<br>（25.5%）1588～1532 |
| 13 | BA160538 | 未知种子 | L58②-4 | | 3510±25 | （12.6%）1886～1869<br>（55.6%）1846～1775 | （95.4%）1906～1751 |
| 14 | BA160544 | 葡萄属种子 | H2313② | | 3705±30 | （18.9%）2139～2112<br>（49.3%）2102～2036 | （11.5%）2200～2161<br>（83.1%）2153～2022<br>（0.8%）1991～1985 |
| 15 | BA160539 | 稻谷 | ⅠT6909㊵:9 | | 3740±25 | （36.9%）2199～2159<br>（17.7%）2154～2133<br>（13.6%）2081～2061 | （1.5%）2271～2260<br>（65.2%）2206～2115<br>（28.6%）2100～2038 |
| 16 | BA160398 | 木炭 | ⅠT6909㊵ | | 3750±25 | （68.2%）2203～2135 | （5.5%）2278～2252<br>（0.7%）2229～2223<br>（71.6%）2211～2120<br>（17.6%）2095～2041 |
| 17 | BA160404 | 木炭 | ⅠT7213⑯ | | 3760±25 | （2.4%）2266～2261<br>（65.8%）2206～2137 | （11.1%）2282～2248<br>（75.5%）2232～2129<br>（8.7%）2087～2049 |

| 序号 | 实验室编号 | 样品 | 出土单位 | 出土地点 | 碳-14年代（BP） | 树轮校正后年代（BC） | |
|---|---|---|---|---|---|---|---|
| | | | | | | 1σ（68.2%） | 2σ（95.4%） |
| 18 | BA160543 | 葡萄属种子 | ⅠT6909㉟c | | 3760±30 | （7.4%）2273~2258<br>（60.8%）2208~2136 | （83.2%）2287~2125<br>（12.2%）2091~2044 |
| 19 | BA160546 | 稻谷 | ⅠT7009㊵：3 | | 3775±25 | （15.5%）2276~2254<br>（1.4%）2227~2225<br>（15.7%）2210~2191<br>（35.6%）2181~2142 | （95.4%）2289~2135 |
| 20 | BA160396 | 木炭 | ⅠT6909㊴ | | 3790±25 | （29.3%）2282~2249<br>（25.6%）2232~2198<br>（13.3%）2167~2150 | （95.4%）2291~2141 |
| 21 | BA160545 | 葡萄属种子 | ⅠT7009㊵：47 | 金沙遗址祭祀区 | 3815±30 | （68.2%）2296~2201 | （0.7%）2432~2423<br>（2.4%）2403~2380<br>（84.8%）2349~2191<br>（7.5%）2180~2142 |
| 22 | BA160390 | 木炭 | ⅠT6612㊱ | | 4125±25 | （13.8%）2856~2831<br>（5.1%）2821~2812<br>（12.0%）2747~2725<br>（37.2%）2698~2631 | （26.5%）2866~2803<br>（63.9%）2777~2617<br>（5.0%）2611~2582 |
| 23 | BA161103 | 炭屑 | ⅠT7209⑲ | | 3065±25 | （40.0%）1389~1338<br>（28.2%）1321~1285 | （95.4%）1410~1261 |
| 24 | BA161106 | 炭屑 | ⅠT7211⑰ | | 2925±25 | （9.5%）1192~1176<br>（12.8%）1163~1144<br>（45.9%）1131~1056 | （95.4%）1214~1037 |
| 25 | BA161110 | 炭屑 | D6（L8D6） | | 2910±25 | （2.3%）1188~1183<br>（4.5%）1156~1147<br>（61.4%）1128~1046 | （21.4%）1207~1141<br>（74.0%）1134~1014 |
| 26 | BA161100 | 炭屑 | H7043 | | 2935±35 | （59.8%）1210~1107<br>（7.1%）1102~1086<br>（1.3%）1063~1060 | （0.7%）1257~1251<br>（94.7%）1231~1019 |
| 27 | BA161101 | 炭屑 | ⅠT6612⑥ | | 2635±25 | （68.2%）817~796 | （95.4%）833~791 |
| 28 | BA161102 | 炭屑 | ⅠT6616⑫ | | 3925±45 | （68.2%）2476~2341 | （7.6%）2568~2519<br>（87.8%）2500~2287 |
| 29 | BA161104 | 炭屑 | ⅠT7111⑬ | | 2380±20 | （25.5%）475~444<br>（42.7%）431~400 | （95.4%）512~397 |

| 序号 | 实验室编号 | 样品 | 出土单位 | 出土地点 | 碳-14年代（BP） | 树轮校正后年代（BC） | |
|---|---|---|---|---|---|---|---|
| | | | | | | 1σ（68.2%） | 2σ（95.4%） |
| 30 | BA161105 | 炭屑 | ⅠT7209⑧ | 金沙遗址阳光地带二期地点 | 3225±25 | （29.0%）1515~1490<br>（39.2%）1485~1451 | （3.2%）1601~1585<br>（92.2%）1535~1431 |
| 31 | BA161107 | 炭屑 | ⅠT8007⑧B | | 3325±25 | （37.1%）1642~1604<br>（29.5%）1584~1545<br>（1.5%）1538~1535 | （2.1%）1683~1673<br>（93.3%）1666~1529 |
| 32 | BA161108 | 炭屑 | ⅠT8003⑳A | | 3245±30 | （10.9%）1601~1585<br>（1.6%）1543~1540<br>（41.3%）1535~1494<br>（14.4%）1479~1456 | （95.4%）1611~1447 |
| 33 | BA161109 | 炭屑 | ⅠT8003⑳C | | 3470±30 | （25.1%）1877~1841<br>（15.8%）1821~1796<br>（27.3%）1782~1744 | （87.5%）1884~1736<br>（7.9%）1716~1695 |
| 34 | BA132132 | 稻谷 | 2004CJYVH1169 | | 3195±30 | （68.2%）1495~1435 | （95.4%）1520~1410 |
| 35 | BA132133 | 木炭 | 2004CJYVH1384 | | 3105±20 | （50.3%）1420~1380<br>（11.9%）1335~1320 | （95.4%）1430~1310 |
| 36 | BA132134 | 木炭 | 2004CJYVH1364 | | 3105±25 | （53.4%）1420~1375<br>（14.8%）1340~1320 | （95.4%）1440~1310 |
| 37 | BA132135 | 木炭 | 2004CJYVH1372 | | 3130±25 | （68.2%）1435~1390 | （1.5%）1490~1470<br>（85.7%）1460~1370<br>（8.1%）1350~1310 |
| 38 | BA132136 | 木炭 | 2004CJYVY29 | | 3160±25 | （5.9%）1490~1480<br>（62.3%）1455~1410 | （95.4%）1495~1395 |
| 39 | BA132137 | 稻谷 | 2004CJYVH1362 | | 3140±25 | （68.2%）1445~1395 | （92.3%）1500~1370<br>（3.1%）1340~1320 |
| 40 | BA111223 | 稻谷 | 2004CJGH30 | 成都中海国际社区遗址 | 3740±25 | （53.9%）2200~2130<br>（14.3%）2080~2050 | （1.9%）2280~2250<br>（64.3%）2210~2110<br>（29.1%）2100~2030 |
| 41 | BA111224 | 稻谷 | 2004CJGH30 | | 3665±30 | （30.2%）2130~2080<br>（25.0%）2050~2010<br>（12.9%）2000~1970 | （95.4%）2140~1950 |
| 42 | BA171403 | 木炭 | TN01W02-N02W01③ | | 2145±25 | （15.2%）346~321<br>（45.8%）206~160<br>（7.2%）132~118 | （23.1%）353~296<br>（1.4%）230~220<br>（70.9%）213~93 |

续表八〇

| 序号 | 实验室编号 | 样品 | 出土单位 | 出土地点 | 碳－14年代（BP） | 树轮校正后年代（BC） | |
|---|---|---|---|---|---|---|---|
| | | | | | | 1σ（68.2%） | 2σ（95.4%） |
| 43 | BA171404 | 稻谷 | TN01W02 － N02W01④ | | 2120±25 | （68.2%）193～111 | （0.5%）334～331 （94.9%）204～53 |
| 44 | BA171405 | 稻谷 | TN01W02 － N02W01⑤ | | 2125±25 | （68.2%）198～112 | （4.0%）344～324 （85.3%）205～86 （6.1%）80～55 |
| 45 | BA171406 | 木炭 | TN03W04 － N04W03⑩ | | 3730±25 | （23.4%）2196～2171 （14.3%）2147～2131 （30.5%）2086～2050 | （55.3%）2203～2111 （40.1%）2104～2036 |
| 46 | BA171407 | 木炭 | TN03W04 － N04W03⑪ | 成都新一村遗址 | 4165±25 | （11.6%）2873～2853 （38.6%）2812～2744 （18.0%）2726～2696 | （19.4%）2879～2834 （74.8%）2818～2664 （1.2%）2646～2639 |
| 47 | BA121193 | 漆皮 | TN07W03⑨ | | 2455±45 | （19.7%）750～680 （7.3%）670～640 （27.9%）590～480 （13.3%）470～410 | （23.7%）760～680 （71.7%）670～400 |
| 48 | BA121196 | 漆皮 | TN05W04⑨ | | 2700±40 | （24.2%）895～865 （44.0%）860～810 | （95.4%）920～790 |
| 49 | BA121198 | 稻谷 | TN07W03⑨ | | 2560±35 | （46.8%）800～750 （12.9%）690～660 （8.5%）640～590 | （52.3%）810～730 （15.3%）690～660 （27.8%）650～540 |

注：所用碳－14半衰期为5568年，BP为距1950年的年代。

1～33、42～46树轮校正所用曲线为IntCal13 atmospheric curve（Reimer et al 2013），所用程序为OxCal v4.2.4 Bronk Ramsey（2013）；r：5；34～41、47～49树轮校正所用曲线为IntCal04（1），所用程序为OxCal v3.10（2）。

1～33号送样时间为2016年，34～39号送样时间为2013年，40、41号送样时间为2011年、42～46号送样时间为2017年，47～49号送样时间为2012年；1～46号送样人为姜铭，47～49号送样人为周志清。

（三）北京大学加速器质谱实验室测年数据之二

续表八〇

| 序号 | 实验室编号 | 样品 | 出土单位 | 出土地点 | 碳-14年代（BP） | 树轮校正后年代（BC） | |
|------|------------|------|----------|----------|------------------|---------------------|---|
| | | | | | | 1σ（68.2%） | 2σ（95.4%） |
| 1 | BA05388 | 木炭 | ⅠT8007⑧b | | 3000±40 | （68.2%）1370～1130 | |
| 2 | BA05389 | 木炭 | ⅠT8007⑧b | | 3030±40 | （68.2%）1380～1210 | |
| 3 | BA05390 | 木炭 | ⅠT7309⑩ | | 3220±40 | （68.2%）1520～1440 | |
| 4 | BA05391 | 竹炭 | H7041 | | 3070±40 | 1380～1210 | |
| 5 | BA05392 | 烧竹 | H7044 | | 3030±40 | 1290～1120 | |
| 6 | BA05393 | 烧竹 | L24 | | 3280±40 | （68.2%）1610～1510 | |
| 7 | BA05394 | 木炭 | ⅠT7214⑨ | 金沙遗址祭祀区 | 2910±40 | （68.2%）1200～1020 | |
| 8 | BA05395 | 木炭 | L27：51 | | 2685±40 | （68.2%）895～800 | （95.4%）920～790 |
| 9 | BA05396 | 木炭 | ⅠT6611⑩ | | 2580±40 | （68.2%）810～660 | |
| 10 | BA05398 | 木炭 | ⅠT6611⑪ | | 2500±40 | （68.2%）770～540 | |
| 11 | BA05400 | 竹炭 | ⅠT7212⑪ | | 3030±40 | （68.2%）1380～1210 | （95.4%）1410～1130 |
| 12 | BA05401 | 骨 | H2318 | | 3305±40 | （68.2%）1625～1520 | （95.4%）1690～1490 |
| 13 | BA05402 | 木炭 | ⅠT7211⑰ | | 3385±40 | （68.2%）1740～1620 | |
| 14 | BA05405 | 竹 | L58② | | 3395±40 | （68.2%）1750～1630 | |
| 15 | BA05406 | 木头 | L58④ | | 3390±40 | （68.2%）1740～1630 | （95.4%）1870～1530 |
| 16 | BA05409 | 木炭 | ⅠT6612㊱ | | 4505±40 | （68.2%）3340～3100 | |
| 17 | BA05410 | 木头 | ⅠT6812㊳ | | 3665±40 | （68.2%）2140～1970 | |
| 18 | BA05411 | 木炭 | ⅠT7108㊴ | | 3715±40 | （68.2%）2200～2030 | （95.4%）2280～1970 |
| 19 | BA05412 | 木头 | ⅠT6811㊵ | | 3830±40 | （68.2%）2400～2200 | （95.4%）2460～2170 |
| 20 | BA05413 | 葫芦 | ⅠT6811㊵ | | 3820±40 | （68.2%）2340～2150 | |

续表八〇

| 序号 | 实验室编号 | 样品 | 出土单位 | 出土地点 | 碳－14年代（BP） | 树轮校正后年代（BC） | |
|---|---|---|---|---|---|---|---|
| | | | | | | 1σ（68.2%） | 2σ（95.4%） |
| 21 | ZK－3254 | 木头 | L58 | 金沙遗址祭祀区 | 3504±33 | （68.2%）1890~1750 | |
| 22 | ZK－3255 | 木头 | ⅠT6711－6712⑮ | | 4641±32 | （68.2%）3500~3360 | |
| 23 | ZK－3256 | 木头 | ⅠT7211⑰ | | 3448±31 | （68.2%）1870~1680 | |
| 24 | ZK－3257 | 木头 | ⅠT7016－7116⑱ | | 4169±30 | （68.2%）1495~1450 | |
| 25 | ZK－3258 | 木头 | ⅠT6612㊱ | | 4352±32 | （68.2%）3020~2900 | |
| 26 | ZK－3254 | 木头 | ⅠT6812㊳ | | 3623±32 | （68.2%）2030~1920 | |

注：所用碳－14半衰期为5568年，BP为距1950年的年代。树轮校正所用曲线为IntCal04（1），所用程序为OxCal v3.10（2）。

2135BC（木炭），第39层有一碳－14数据为（95.4%）2291BC~2141BC（木炭），其他测年如中海国际1号地点的H30①，测年数据年代概率最大可能在距今4100~4000年。H30出土的A型罐同祭祀区第一期中段的A型Ⅰ式束颈罐相近；A型尊同郫县古城侈口圈足尊（H9：45）、宽沿平底尊（H9：33）相近；A、B型绳纹花边口沿罐同古城鱼凫村绳纹花边口沿罐（H9：3）相近，该坑的喇叭口高领罐唇部也不见花边装饰。H30可能同宝墩文化第三期早段相近，由此推测宝墩文化第三期早段的时代大约在距今4100~4000年。祭祀区第一期遗存中段出土器物风格、组合与宝墩文化第三期中段相近，由此推测中段遗存的时代当晚于宝墩文化第三期早段的年代。结合L58开口于第29层下，打破第34层，直接叠压或打破湖相沉积，而L58第2层作为该堆积最下层堆积，极有可能扰动第一期堆积，该堆积的测年数据约在距今3900~3750年；L11附近的古树测年数据为距今3852~3647年②。上述两个测年数据可能代表古河道废弃时最晚的沉积年代，介于该阶段没有发现明显宝墩文化第四期遗存的遗物，结合晚段的测年数据已经进入距今3900年，因此推测距今3900年可能是第一期遗存晚段的年代下限，该段遗存的湖相沉积形成年代不晚于距今3900年。由此推测祭祀区第一期中段的时代上限为距今4000年，下限为距今3900年。虽然第一期遗存早、晚两段介于材料限制，分析与研究尚有待于进一步讨论的空间，但该期遗存各段是一个连续发展的过程，各段之间延续紧密，故该期早段时代可能仅略早于距今4000年左右，而晚段时代则可能不晚于距今3900年左右，由此推测祭祀区第一期的年代距今约4000~3900年。

---

① 成都文物考古研究所：《成都市中海国际社区古遗址发掘简报》，《成都考古发现（2005）》，科学出版社，2007年，第148~151页。

② 朱诚、郑朝贵、吴立等：《长江上游新石器时代以来考古遗址时空分布与环境的关系》，《长江流域新石器时代以来环境考古》，科学出版社，2015年，第90、91页。

第二期遗存不见尖底器，小平底罐仅见 A 型，不见 B、C 型。陶器上绳纹发达，束颈罐类少见，盆、缸多见，豆柄有细、粗之分，粗柄多见，桶形器众多是这个时期一大特征。

祭祀区第二期第三段同高新西区中海国际 H26 出土同类器相近，如 Aa 型束颈罐同中海国际 H26 中 Ab 型绳纹罐、Da 型瓮形器同中海国际 H26 中 B 型瓮形器、Ca 型瓮同中海国际 H26 中 Bc 型瓮（H26∶185）等相似，这些共性显示中海国际 H26 的时代同祭祀区第二期晚段的年代较为接近，当不晚于中海国际 H26 的年代下限即距今 3425 年。但相较而言，中海国际 H26 出土陶器组合和形制更接近三星堆文化第三期遗存，祭祀区第二期第三段遗存出土的陶器同中海国际 H26 的同类器在形制、组合上存在明显差异，未出现三星堆文化自第三期常见的 B 型小平底罐、觚形器、瓶、圈足贯耳壶、敛口筒形器等①。祭祀区第二期出土陶器的组合与形制同三星堆文化第二期最为接近，如小平底罐形制同三星堆第一、二期同类器更为接近，如 H2313 中的 Ac 型小平底罐同三星堆遗址第二期出土的小平底罐（86Ⅲ T1516⑨∶61）相近，L58 中的 Ab 型Ⅰ式、Ac 型小平底罐同三星堆遗址第一期中的小平底罐（86Ⅲ T1415⑨∶104、80Ⅲ DaT2④∶15）相近，瓮形器同三星堆第一期的绳纹罐（80CaT1③∶55）相近，Ab 型器底同三星堆第一期喇叭形器（亦称之为敞口深腹器 80DaT2④∶44）相近。综上所言，祭祀区第二期遗存与三星堆文化第一、二期遗存有着更多的相似性，二者之间时代可能相近。介于中海国际 H26 的水稻测年为（95.4%）1510BC ～ 1425BC，（95.4%）1520BC ～ 1425BC②，即置信度在 95.4% 为距今 3520 ～ 3425 年。结合 L58 最晚的测年数据为（68.2%）1520BC ～ 1449BC、（95.4%）1626BC ～ 1508BC，这些数据均早于中海国际 H26 的年代下限，推测祭祀区第三段遗存的年代略早于中海国际 H26，可能在距今 3520 ～ 3450 年。

第四段遗存同中海国际以 H26 为代表遗存和三星堆遗址第三期遗存有着密切的关系，如中海国际 Ba 型（H26∶293）、Bc 型（H25∶191）绳纹罐同祭祀区第三期早段 Ad 型Ⅱ式（ⅠT6807 - 6908⑳∶2）、Ab 型Ⅱ式（ⅠT7009 - 7110⑲∶299）束颈罐相近，中海国际 Aa 型（H26∶14）、Ba 型（H25∶6）、Cb 型（H26∶95）小平底罐同祭祀区 Ba 型Ⅰ式（L31∶32）、Ad 型Ⅰ式（ⅠT6809 - 6810⑳∶13）小平底罐相近。而中海国际以 H26 为代表的遗存同三星堆遗址第三期遗存非常相近，二者时代应当相近，其年代当晚于第三段的下限年代，其年代上限推测为距今 3450 年。目前第四段遗存仅有一个木炭测年数据（2004CQJⅠT7208⑳），数据较为分散、跨度

---

① 江章华、王毅、张擎：《成都平原先秦文化初论》，《考古学报》2002 年第 1 期。
② 中海国际地点 H26 原报告作时代推测时，虽测年数据靠前，但介于当时受制于传统学界既有认识的桎梏，未进行大胆推测。为使其与传统认识相近，将时代推测为商代晚期（报告），随着近年在成都市周边地区同类商周遗存的大量发现，有必要重新认识和思考该时段遗存的时代和文化属性，结合近年周边商周遗存的测年和器物组合，我们过去基于十二桥遗址建立的十二桥文化的文化内涵，已经不能代表十二桥文化的早期遗存的面貌，而需重新认识，这个问题在当下讨论，尚需时间和另文阐述，笔者只是抛砖引玉，且作一家之言。成都文物考古研究所：《成都中海国际社区 2 号地点商周遗址发掘报告》，《成都考古发现（2010）》，科学出版社，2012 年，第 254 页。

加大，如（23.3%）1385BC～1340BC、（44.9%）1316BC～1229BC；（92.2%）1415BC～1191BC、（1.4%）1177BC～1163BC、（1.7%）1144BC～1131BC，其以1400BC～1300BC概率最高。另有L24的象牙和竹炭测年数据，其年代上限为距今3800年左右，下限为距今3510年，置信度较高集中于距今3600～3500年，该测年数据明显偏早，需要引起注意。第四段遗存和中海国际H26均未出现尖底器，推测二者年代下限较近，距今3400年左右，故此，第四段的年代推测为距今约3450～3400年。

　　介于L58②层的测年数据大都集中于3900～3750年，个别数据校正后进入3650年，其下限可至1530年，而L11附近的古树测年数据为距今3852～3647年[①]，说明祭祀区淤积层形成时期的下限不晚于距今3750～3650年，它间接支持该地点商周时期的堆积形成上限不早于该时段，而十二桥遗址早期早段的木炭测年数据也间接支持该认识[②]，报告撰写者认为这个测年数据与三星堆文化第一期的年代相近，与出土遗物明显不符，因此靠不住。笔者认为结合祭祀区第二期遗存测年数据比较讨论，它与淤积层的测年下限是接近的，参考中海国际H26水稻测年数据[③]，它应代表了该文化商周时期遗存的上限，同时也可能反映出当时成都平原发生了气候与环境变迁的重要信息。由此推测距今3750～3650年为祭祀区商周时期堆积的上限。第二期遗存中的第一、二段由于缺乏相关的测年数据，其年代推测只有依赖其他间接证据进行相关的研究来讨论，如L58第②层的种子测年置信度为95.4%的是1626BC～1508BC，该测年数据可能代表该期遗存的年代上限，该上限晚于祭祀区淤积层形成的最晚阶段，故推测距今3600年为祭祀区第二期遗存第一段的年代上限应当是合理的，结合第三段的年代上限，距今3520年可能代表该期第二段的上限，由此推测第二期遗存第一段的年代上限可能在距今3600年，第二段的年代下限可能为距今3520年，综上所述，第二期遗存年代推测当在距今3600～3400年。

　　第三期遗存，该期早段遗存开始出现标准尖底杯，以A型多见，另有少量的B型；小平底罐以B型多见，新出现C型；尖底盏仅见A型，不见B型。该段还保留有明显的第二期三、四段的文化因素，如祭祀区Ba型Ⅰ式小平底罐（H2311∶11）同三星堆遗址第三期的小平底罐（86ⅢT1416⑧b∶12）相似。另外，祭祀区Af型壶（H2311∶6）同中海国际H25的F型壶（H25∶187）相似，祭祀区Aa型Ⅰ式瓶（H2311∶198）同三星堆遗址第三期壶（86ⅢT1415⑧a∶157）相似，祭祀区A型器纽（H2311∶81）同中海国际D型器纽（H25∶95）相似。而中海国际以H26为代表的遗存同三星堆遗址第三期遗存非常相近，二者时代相近，中海国际H26最新测年数据年代下限已经进入距今3400～3300年区间，置信度以距今3400年最高（见表八〇），因此该段遗存的

① 朱诚、郑朝贵、吴立等：《长江上游新石器时代以来考古遗址时空分布与环境的关系》，《长江流域新石器时代以来环境考古》，科学出版社，2015年，第90、91页。

② 十二桥遗址早期早段即第13层有两个碳-14测年数据，分别为距今3520±80年和距今3680±80年。见中国社会科学院考古研究所实验室：《放射性碳素测定年代报告（一四）》，《考古》1987年第7期。

③ 成都文物考古研究所：《成都中海国际社区2号地点商周遗址发掘报告》，《成都考古发现（2010）》，科学出版社，2012年。

年代上限推测为不早于距今 3400 年。该时段器物组合和形制均发生了重大变化。该段遗存目前仅有 1 个测年数据，木炭测年（ⅠT7209⑲）为 3065±25（BP），树轮校正后置信度 40.0% 的为 1389BC～1338BC，置信度 28.2% 的为 1321BC～1285BC；而置信度 95.4% 的为 1410BC～1261BC，该测年数据上限在距今 3400 年左右，而下限年度不晚于距今 3260 年，故推测早段年代上限为距今 3400 年，下限为距今 3300 年。

中段有 11 个木炭测年数据，其中有 2 个测年数据为新石器时代，ⅠT7213⑯为（2.4%）2266BC～2261BC、（65.8%）2206BC～2137BC；（11.1%）2282BC～2248BC、（75.5%）2232BC～2129BC、（8.7%）2087BC～2049BC，该数据的发生极有可能为晚期活动扰动早期遗存所致；3 个为夏商时期，ⅠT7211⑰为 3385±40（BP），（68.2%）1740BC～1620BC。H2318 为 3305±40（BP），（68.2%）1625BC～1520BC，（95.4%）1690BC～1490BC；ⅠT7309⑩为 3220±40（BP），（68.2%）1520BC～1440BC，该数据偏早，可能为晚期活动扰动所致。仅有 6 个数据坐落于商周时期，一个（ⅠT7211⑰）为 2925±25（BP），树轮校正后（9.5%）1192BC～1176BC，（12.8%）1163BC～1144BC，（45.9%）1131BC～1056BC，（95.4%）1214BC～1037BC；另一个（H7043）为 3080±30（BP），（22.5%）1403BC～1372BC，（45.7%）1359BC～1298BC，（95.4%）1418BC～1264BC；H7041 为 3020±40（BP），（68.2%）1380BC～1210BC；H7044 为 2980±40（BP），（68.2%）1290BC～1120BC；ⅠT8007⑧b 为 3000±40（BP），（68.2%）1370BC～1130BC；ⅠT8007⑧B 为 3030±40（BP），（68.2%）1380BC～1210BC。尽管 H7044 和 ⅠT8007⑧B 的下限已经进入公元前 1210 和公元前 1130 年，但从整体测年数据观察，我们认为该段下限为距今 3200 年置信度较高。该数据同该期早段遗存的时代相近，经一步夯实了第三期早段的年代推测，数据可能系晚期活动扰乱所致。该段遗存出土 A、B 型尖底盏、尖底杯器底同金沙遗址阳光地带二期地点 H1362 的同类器接近，该坑目前有两个测年数据，其上限均为距今 3400 年左右，下限均不晚于距今 3200 年，由此推测该段遗存的年代下限为距今 3200 年左右。结合第三期早段年代下限不晚于距今 3260 年，中段年代下限略晚于该年代数据，可能为距今 3200 年左右，由此推测该段年代范围为距今 3300～3200 年。

晚段遗存中出土的 Db 型（ⅠT8006⑧a：31）、Ca 型Ⅰ式（ⅠT8007⑧a：59）小平底罐同波罗村 Eb 型（KH68：21）、Ed 型（KH68：43）小平底罐相近，Ba 型Ⅱ式（ⅠT8006⑧a：38）尖底盏同波罗村尖底盏（YH6：1）相近，盉耳（ⅠT8206⑧a：9-2）、Bd 型Ⅱ式束颈罐（ⅠT8007⑧a：417）同波罗村 H68 陶盉（KH68：2、15、16）和 H27 出土曲腹罐（KH27：24）相近，推测二者时代相近。参考波罗村 KH68 炭化稻谷测年数据为（93.3%）1130BC～970BC[①]、KH27 炭化稻谷测年数据为（95.4%）1210BC～1000BC，其年代概率以距今 3200～3000 年最高。结合下文第四

---

① 成都文物考古研究所、郫县望丛祠博物馆：《成都郫县波罗村商周遗址发掘报告》，《考古学报》2016 年第 1 期。

期测年数据（第四期早段年代为距今 3100～3000 年）和器物组合综合分析，第三期晚段出土的尖底杯和尖底盏同波罗村同类器有时间上的缺环，二者之间存在时段上差异，第三期晚段的组合可能略早于波罗村同类遗存的下限，该段遗存的年代下限可能为距今 3100 年，第三期中段的下限为距今 3200 年，第三期晚段的年代上限为距今 3200 年，由此推测该段遗存的年代以距今 3200～3100 年可能性最大。

由于第三期遗存中陶器的组合与形制断裂严重，同时缺乏相应测年数据，目前的年代讨论显得粗糙，问题诸多。考虑到目前出土的该期陶器形制既不能代表该期最晚和最早遗存的特征，故只能结合各期段的上下限予以粗略讨论，其认识尚有待于今后进一步发掘与测年分析工作。由此推测，第三期的年代上限为距今 3400 年，下限为距今 3100 年，第三期的年代推测为距今 3400～3100 年。

第四期遗存，目前该期有两个木炭测年数据，其中ⅠT6815⑮，经树轮校正后，数据为（68.2%）1287BC～1212BC，（9.3%）1381BC～1344BC，（80.8%）1305BC～1190BC、（2.4%）1179BC～1161BC，（2.9%）1144BC～1131BC；L18D6 的木炭测年数据，（2.3%）1188BC～1183BC，（4.5%）1156BC～1147BC，（61.4%）1128BC～1046BC，（21.4%）1207BC～1141BC，（74.0%）1134BC～1014BC。第一个其年代概率集中于公元前 1300～前 1200 年，该测年数据明显偏早，年代区间处于第三期中段，可能系晚期活动扰动早期遗存所致；第二个数据年代概率以公元前 1100～前 1000 年置信度高，早段的年代可能同该数据接近。该期早、晚段陶器的发展与变化未有出现明显的缺环，两段当为一个紧密连续的过程。本期早段新出现簋形器，但尚未出现新一村遗址常见的盘口罐、釜及圜底罐等器物[1]，簋形器同金沙遗址阳光地带二期地点第二期早段同类器相近[2]，阳光地带二期地点第二期早段的年代推测为距今 3100～3000 年，新一村出现此类器物测年最早的数据为西周中晚期[3]，由此推测第四期早段的时代为距今 3100～3000 年。第四期晚段出现 D 型瓮、C 型敛口罐等西周中晚期常见的典型器物，而该段开始少量出现新一村遗址西周晚期后常见的盘口罐、釜、圜底罐等器形，故推测晚段遗存的时代为距今 3000～2900 年，即西周中期，由此推测第四期遗存的时代可能为距今 3100～2900 年。

第五期遗存，该期早段仅有 4 个木炭测年数据，其中ⅠT7213⑩为（3.5%）1107BC～1101BC、（64.7%）1086BC～1004BC，（92.3%）1121BC～973BC，（3.1%）958BC～940BC；ⅠT6611⑩为 2580±40（BP），（68.2%）810BC～660BC；ⅠT6611⑪为 2500±40（BP），（68.2%）770BC～540BC，尽管ⅠT6611 这两个木炭测年数据上、限相近，但存在同一探方早期地层木炭样

---

① 成都市文物考古研究所：《成都十二桥遗址新一村发掘简报》，《成都考古发现（2002）》，科学出版社，2003 年。

② 成都文物考古研究所、成都金沙遗址博物馆：《金沙遗址——阳光地带二期地点发掘报告》，文物出版社，2017 年。

③ 杨颖东、何秋菊、周志清等：《成都十二桥遗址新一村一期出土漆彩绘陶的分析研究》，《文物保护与科技》2014 年第 2 期。

品晚于晚期地层样品现象，基于此，我们认为这个单位测年样品有可能被晚期活动扰动或被污染。结合新一村遗址的测年数据，我们认为其上限置信度较高，下限当是被晚期活动污染所致，置信度较低。另一个数据（L27∶51）树轮校正后为距今2805年，年代上限为920BC，下限为790BC。2003CQJⅠT7213⑩还有一个种子测年数据，（95.4%）1377 BC～1121BC，（68.2%）1270 BC～1161BC（见表八〇），该数据可能系晚期扰动早期堆积所致。年代集中于1100BC～1000BC年间。结合第四期年代分析，该段开始出现新一村典型器物，如盘口罐、圜底罐、釜等，器物组合、形制同金沙遗址阳光地带二期第二期晚段的同类器相近①，阳光地带二期地点第二期晚段年代推测为距今3000～2900年，而该段已经出现了新一村遗址第8层的典型器物，该层的时代为西周晚期②。该段出土 A 型环形器（ⅠT8003⑥∶4）重环纹装饰同陕西岐山孔头沟遗址 M10 出土的 B、C 型游环（M10∶403、M10∶483）上装饰如出一辙，该墓时代推测为西周晚期偏早阶段③。结合 L27 测年上、下限和ⅠT6611⑩、ⅠT6611⑪的测年上限，推测第五期早段遗存的时代为距今2900～2800年。

中段遗存有 2 个木炭测年数据，ⅠT6815⑨（3.6%）1257BC～1251BC、（36.8%）1231BC～1190BC、（14.6%）1179BC～1159BC、（13.2%）1145BC～1130BC；（95.4%）1276BC～1116BC；ⅠT7214⑨为2910±40（BP），（68.2%）1200BC～1020BC，数据明显偏早，可能为晚期活动扰动早期遗存所致。该段还有两个种子测年数据分别为：ⅠT7209⑧，（95.4%）754 BC～412BC，（68.2%）747 BC～421BC；ⅠT6612⑥，（95.4%）772BC～478BC，（68.2%）756 BC～453BC（见表八〇）。推测晚段遗存的年代上限为距今2800年左右。结合2011年新一村遗址第9层的木炭测年数据，其测年数据为西周晚期至春秋早期概率最为集中④，因此第五期中段遗存的年代下限当不晚于春秋早期，推测为距今2800～2700年。

晚段第Ⅰ、Ⅱ段没有碳-14测年数据，有关该段年代的讨论，只能依靠周边相关的材料。晚段遗存出土的 C 型敛口罐、C 和 D 型瓮、Cc 型尖底盏、簋形器、绳纹圜底罐、A 型釜、盘口罐、长颈罐同新一村遗址第6层出土同类器相近，如 Da 型Ⅱ、Ⅲ式瓮同新一村遗址瓮（T404⑥∶68、T404⑥∶61）相近，A 型Ⅰ式盘口罐、B 型长颈罐同新一村遗址盘口罐（T404⑥∶41、T404⑥∶14）相近，Ab 型Ⅱ式、C 型Ⅱ式簋形器同新一村遗址簋形器（T104⑥∶13、T104⑥∶14）相近，Bd 型Ⅱ式、Cc 型Ⅱ式尖底盏同新一村遗址同类器（T404⑥∶48、T104⑥∶15）相近，A 型

---

① 成都文物考古研究所、成都金沙遗址博物馆：《金沙遗址——阳光地带二期地点发掘报告》，文物出版社，2017年。

② 成都市文物考古研究所：《成都十二桥遗址新一村发掘简报》，《成都考古发现（2002）》，科学出版社，2003年，208页。

③ 陕西省考古研究院、北京大学考古文博学院：《陕西岐山县孔头沟遗址西周墓葬 M10 的发掘》，《考古》2021年第9期。

④ 杨颖东、何秋菊、周志清等：《成都十二桥遗址新一村一期出土漆彩绘陶的分析研究》，《文物保护与科技》2014年第2期。

釜同新一村遗址同类器（T104⑥∶56）相近，Ab、Cc 型绳纹圜底罐同新一村遗址圜底罐（T404⑥∶55、T404⑥∶63）相近[1]；A 型 I 式盘口罐（I T7611⑤∶11）同金沙遗址星河路西延线出土的喇叭口罐（M2727∶9）相近[2]，尖底盏同金沙遗址黄河地点同类器（M535∶21）相近，出土此类陶器墓葬的上限推测为春秋中晚期，下限为战国早期[3]。晚段遗存既不见商业街战国早期船棺的簋形矮圈足豆、A 型釜及尖底盏等器物[4]，与什邡 M25[5]、成都中医学院土坑墓[6]有着明显的差异，也不见战国中期以后常见的矮圈足碗形豆和浅盘豆[7]，由此推测，祭祀区第五期晚段遗存同新一村遗址第 6 层有着相近的文化因素，时代相近，下限当早于战国早期，不晚于春秋晚期。另外，晚段遗存出土的 Cc 型绳纹圜底罐、尖底盏形制不同于新一村遗址 H7[8]同类器，二者间有着明显的差异，H7 出土的陶釜形制同战国早期流行的大口浅腹釜相近，但二者之间仍有缺环。新一村第 6 层的时代为春秋中期，H7 为春秋晚期偏早[9]，参考新一村遗址第 9 层偏晚的测年数据为春秋中晚期[10]，因此，结合中段下限年代分析，晚段第 I 段遗存的年代上限可至春秋早期偏晚，下限不晚于春秋中期，推测第 I 段遗存年代为距今 2700～2600 年；第 II 段因为已经不见簋形器、长颈罐、束颈罐等器物，且盘口罐、圜底罐、尖底盏、尖底杯同 I 段相比均明显数量减少、形制单一，但与第 I 段同类器仍然有较多联系，不见春秋晚期至战国早期常见的大口浅腹釜、矮圈足簋式豆等器物[11]，因此，略晚于第 I 段年代，其下限当不晚于春秋晚期，结合新一村遗址第 9 层一个测年

---

① 成都市文物考古研究所：《成都十二桥遗址新一村发掘简报》，《成都考古发现（2002）》，科学出版社，2003年，第 189～199 页。

② 王林、周志清：《金沙遗址星河路西延线地点发掘简报》，《成都考古发现（2008）》，科学出版社，2010 年。该墓出土的有领铜璧（M2727∶3）同祭祀区出土同类器相近，此类器是目前金沙遗址除祭祀区外正式发掘出土的随葬器物，有着特殊意义。此外，二者出土尖底盏也有着诸多相近因素，墓葬的时代发掘者推测上限为春秋晚期，下限为战国早期，结合下文分析，此类器物的流行时代当不晚于春秋晚期，因此该墓的时代不晚于春秋晚期。

③ 成都文物考古研究所：《成都市金沙遗址"黄河"地点墓葬发掘简报》，《成都考古发现（2012）》，科学出版社，2014 年。

④ 成都文物考古研究所：《成都商业街船棺葬》，文物出版社，2009 年，第 130 页。

⑤ 四川省文物考古研究所、什邡市文物保护管理所：《什邡市城关战国秦汉墓葬发掘》，《四川省考古报告集》，文物出版社，1998 年。

⑥ 成都市博物馆考古队：《成都中医学院战国土坑墓》，《文物》1992 年第 1 期。

⑦ 江章华、张擎：《巴蜀墓葬的分区与分期初论》，《四川文物》1999 年第 3 期。

⑧ 成都市文物考古研究所：《成都十二桥遗址新一村发掘简报》，《成都考古发现（2002）》，科学出版社，2003年，第 204～208 页。

⑨ 成都市文物考古研究所：《成都十二桥遗址新一村发掘简报》，《成都考古发现（2002）》，科学出版社，2003年，第 208 页。

⑩ 杨颖东、何秋菊、周志清等：《成都十二桥遗址新一村一期出土漆彩绘陶的分析研究》，《文物保护与科技》2014 年第 2 期。

⑪ 目前成都平原出春秋晚期文化特征尚未发现明晰的材料，但新一村 H7 可为讨论提供想象的空间，H7 年代推测为春秋晚期偏早。成都市文物考古研究所：《成都十二桥遗址新一村发掘简报》，《成都考古发现（2002）》，科学出版社，2003 年，第 208 页。该认识虽然立论突兀，但其明显早于战国早期是可信的，如果以 H7 为代表的遗存代表春秋晚期陶器特征的话，那么祭祀区目前晚段遗存的时代则可能应早于春秋晚期，祭祀区第五期晚段遗存目前没有发现大口浅腹釜此类春秋晚期战国早期常见的遗物。

数据的下限为距今 2540 年①，推测第 Ⅱ 段遗存的年代为距今 2600～2550 年。综上所述，第五期遗存的年代推测为距今 2900～2550 年。

第六期遗存古河道内出土的 Cc 型尖底盏、簋形器同新一村遗址第 6 层出土同类器相近，如 C 型 Ⅱ 式簋形器同新一村遗址簋形器（T104⑥∶13、T104⑥∶14）相近，Bd 型 Ⅱ 式、Cc 型 Ⅱ 式尖底盏同新一村遗址同类器（T04⑥∶48、T104⑥∶15）相近，考虑到 2011 年新一村第 9 层最晚的测年数据为距今 2455±45 年，树轮校正后年代数据最晚早于公元前 400 年②；该期出土的尖底盏同金沙遗址黄河地点同类器（M535∶21）相近，出土此类陶器墓葬的上限为春秋中晚期，下限为战国早期③。另外，2011 年新一村战国堆积层下与新一村文化层之间洪积层的存在，间接表明新一村文化的下限当早于战国时期，新一村文化不见战国早期以后常见的矮圈足豆、大口浅腹釜等遗物，也就是说新一村文化的下限早于战国早期。因此推测第六期遗存的年代为距今 2500 年前后。

第六期遗存的古河道内砂砾堆积中出土大量第五期晚期的典型遗物，该河道叠压于第 5 层之上，开口于第 4 层（汉代堆积）之下，这表明古河道南侵的上限为第五期晚段，即在春秋中期古河道发生向南侵蚀的事件，而古河道淤埋的下限当早于汉代，汉代堆积形成之前古河道已经再次向北改道，即至迟在祭祀区地点汉代堆积形成之前古河道已经向北改道。祭祀区北侧古河道在长时段的发展过程中多次改道，并非一直是呈东北向改道，也曾经向南改道，古河道的改道既催生了祭祀区形成的自然地理条件，同时也可能是导致祭祀区衰落或消失的外部因素之一。

①　杨颖东、何秋菊、周志清等：《成都十二桥遗址新一村一期出土漆彩绘陶的分析研究》，《文物保护与科技》2014 年第 2 期。

②　杨颖东、何秋菊、周志清等：《成都十二桥遗址新一村一期出土漆彩绘陶的分析研究》，《文物保护与科技》2014 年第 2 期。

③　成都文物考古研究所：《成都市金沙遗址"黄河"地点墓葬发掘简报》，《成都考古发现（2012）》，科学出版社，2014 年。

# 第六章　祭祀区的文化面貌与特征

金沙遗址祭祀区出土大量玉器、青铜器、金器、象牙、卜甲、石器等特殊质料的遗物，这些遗物集中出土，埋藏形式特殊，埋藏环境、器物类别及组合等明显不同于金沙遗址其他地点，且部分质料的器物根本不见于其他区域，如象牙、漆器、金器等。祭祀区出土的遗物当为礼仪用器而非实用器，同三星堆祭祀坑出土的同类器非常相近。这些遗物的出土背景具有浓厚的祭祀特质，多数学者认为将集中出土此类遗物的地点作为祭祀区来认识是具有合理性的①。

## 第一节　礼仪性遗迹

金沙遗址祭祀区第一期遗存中未发现建筑、灰坑、陶窑等居住遗址常见的遗迹现象，从埋藏环境看，早、中段遗存并非原生堆积，具有明显的洪积特征，可能为洪水冲积形成；晚段遗存属于原生堆积，除了地层堆积外，也不见其他人工遗迹（如灰坑、墓葬、沟渠等人工遗迹）。该期堆积中包含物有少量木炭和人工遗物，出土遗物以陶器为主，另有少量的玉器、石器，数量和种类非常少。

第二期第一段遗存目前仅发现于西区，不见礼仪性遗迹或遗物，仅见少量灰坑。灰坑平面形状以椭圆形为主，形制不太规整，包含物主要为零星灰烬和陶片，灰坑中不见玉器、石器。

第二期第二段遗存目前仅发现于中区，该段依然不见礼仪性遗迹或遗物。地层堆积出土遗物仅见少量陶器，不见玉器、石器。

第三段遗存开始出现大量礼仪性遗迹和遗物，集中发现于西区、中区，礼仪性堆积平面形状多无一定之形状，堆积物相对单纯，堆放无一定规律。祭祀方式既有"浮沉"，也有"瘗埋"，以"瘗埋"为主，"浮沉"主要见于偏早阶段。礼仪性堆积中的遗物有石器、玉器、象牙、漆木器等，以石器为主，石器以石璧半成品、石璧坯料、残石璧占据绝对优势，另有少量石璋、石琮半成品和柱形石器、斧、芯、矛等；玉器和象牙非常少见。该段最大的一个特点是石器几乎是半成品或坯料，纵使有成型之器也均为残件，器物制作粗糙，许多仅勾勒出大致形状、稍加磨制或打制痕迹清晰，少见大型石璧半成品或坯料。

---

① 施劲松：《金沙遗址祭祀区出土遗物研究》，《考古学报》2011 年第 2 期。

　　第四段礼仪性遗存相对少见，西区已经不见"浮沉"方式，"瘗埋"是该时段多见的埋藏形式。礼仪性遗存平面形状仍然无一定之形状。祭祀堆积组合以象牙器和象牙为主，另有少量的漆木器、石器；偏晚阶段堆积中开始出现少量铜器、玉器、金器等，数量和种类相对较少，石器有Ba、Bb、C型石璋半成品，Aa、Bb、C型石璧，A、B型石璧坯料，石琮半成品、多璜联璧等，以石璧坯料居多，A型石璧坯料多见；玉器有琮、串珠、玉片等，玉器数量和形制见长；铜器多为残件，器形多不可辨，只是数量较之前段略多；新出现磨石、金箔残片、三角形骨镯等。这个时期礼仪性遗迹中遗物最突出一个特点是出现大量的象牙和象牙器，这些遗物较为单纯，几乎全部为象牙器和象牙，少见其他遗物伴出。

　　祭祀区第三期早段整个发掘区基本不见礼仪性遗存，仅有少量坑状堆积，这些坑状堆积中礼仪性遗物少见。出土遗物质地有玉、石、铜、金等，其中西区和中区遗物的数量和种类均较少，而东区则与之相反。

　　第三期中段西区和中区少见祭祀遗存，仅见少量坑状堆积，这些坑状堆积中礼仪性遗物少见，包含物常见草木灰、炭屑及陶片，以陶片居多，另外还见少量石器和兽骨、卵石。祭祀方式除了"瘗埋"外，新出现了"燎祭"。东区礼仪性遗存较多见，遗物丰富，遗物叠置分层明显。遗物有玉器、石器、铜器、金器、骨器、角器等，玉器种类和器形均较为丰富，遗物组合较具特质，分为三组：第一组以金器、玉器、铜器为主，小牙璋多见，象牙器上有涂朱现象；第二组为象牙器和石器，遗物单一，象牙器为主，少见其他；第三组为石璧、石璧半成品及少量玉器、陶器。祭祀活动中心呈现东移态势，祭祀内容和方式也逐渐发生改变，除了坡地或平地"瘗埋"的埋藏形式外，挖坑"瘗埋"或"燎祭"的埋藏或祭祀形式出现，礼仪性遗物中除了传统的玉器、石器外，金器、铜器等贵金属开始占据祭祀舞台的中央位置。

　　第三期晚段东区出土遗物有大量玉器、石器、铜器、金器，该段铜器和金器相较此前数量剧增，新出现铜铃，铜戈较多见，仍然残留少量E型玉璋，美石大量出现；石器巨减。祭祀方式和祭祀遗物同第三期中段相近，新出现以完整陶器为主要堆积的坑，与第三期中段遗存中仅出土陶片和兽骨、石块的坑有明显不同。

　　第四期早段遗存中，西区礼仪性堆积平面形状相对规整，有长方形、椭圆形等，包含物有大量陶片、卵石、石料和大量陶器，大量陶器的出土是该段灰坑特征之一。器物组合除了传统的玉器、石器、铜器、金器外，完整相对单一的陶器集中放置是一大变化，另外伴出少量的石器、玉器（镯）、金片、铜器。东区礼仪性遗存多为坑状堆积，该段坑状堆积填土中一大特点是包含有大量的象牙骨渣和铜渣。该段以遗物和堆积形式差异，分两组，一组礼仪性遗物以玉器、铜器和骨器为主，玉器和铜器器形同早段相近，但形制相对单一，且数量明显减少，其中几乎不见石器，磨石、美石及骨角器少见。第二组以玉器、铜器、金器为主，另有少量的石器、骨器，遗物垒层叠放，施有大量朱砂。此外，骨角器有少量大象臼齿、獠牙、象牙片及大量象牙骨渣。玉器、石器和铜器不仅器形丰富，而且数量众多，石璧半成品和石璧坯料仍然可寻，数量非常少，仿生式动物较前期多见，尤其以铜器表现最为丰富。

第四期晚段西区礼仪性遗存明显减少，斜坡堆积的平面形状多为不规则状；坑状堆积的平面形状多规整，坑壁略微倾斜、坑底呈锅底状，遗物分层叠放，各层遗物上撒有大量朱砂。包含物出现了变化，出现大量废弃陶片和少量玉、石器以及一定数量的动物牙齿堆置一起的情况，动物牙齿以野猪獠牙为主，另有少量的鹿角、象牙。遗物组合可分六组，第一组以獠牙、鹿角、陶片等为主，另有少量的玉、石器；第二组以集中堆置的陶器为主，夹杂少量玉、石器；第三组发现极少，礼仪性遗物分层堆置，除了玉器较多外，铜器、金器、石器少见，该堆积除了少量成型铜器外，大量铜器残件共存是其特征；第四组仅见卜甲；第五组以玉、石器和铜器为主，偶见陶器；第六组仅见石磬。堆积物发生巨大变化，以陶片为主要遗物的组合出现，动物牙齿开始扮演重要角色，卜甲堆积的出现也是该段遗存的特点，磨石或美石也呈现井喷之态势，而铜器和金器少见。玉、石器和铜器不仅器形丰富，而且数量众多，其器形和形制同第 8a 层非常接近，石璧半成品和石璧坯料仍然可寻，但数量非常少见。

第五期早段遗存仅见少量的灰坑堆积，平面形状呈椭圆形或不规则状，包含物有石锛、美石以及大量陶片及动物牙齿、兽骨，大量动物牙齿和兽骨以及陶片是这段遗存最典型的堆积和组合形式，具有明显的时代特征。地层堆积中则只发现相对较少的玉器、石器、铜器、金器。整个发掘区出土的玉器、石器、铜器在数量、种类上均呈现明显的衰落之势，但在祭祀区不同区域其表现形式有差异。此时，西区已经不见金器，铜器明显减少，纵使是玉、石器数量也非常少见，铜器中仿生式器物不见踪影；东区尽管出土的玉器、石器、铜器、金器的形制和数量虽然较多，但同前期相比，明显萎缩，金器仍然可寻，但明显少见，美石和磨石延续第四期晚段遗存的传统，数量和形制更加丰富。

第五期中段整个发掘区已经难觅明显的礼仪性遗存，坑状堆积填土中一般夹杂有灰烬，少见礼仪性遗物，仅见少量的陶片和卵石；但个别灰坑中出土有大量陶片，少量 A 型石璧坯料、磨石以及极少的 A 型玉锛。地层堆积中有少量的礼仪性遗物，有玉器、铜器和石器，不见金器和骨角器，即使是玉器、石器、铜器，其种类和形制及数量也是非常稀少。

第五期晚段遗存第 I 段完全不见明显的礼仪性遗迹，以獠牙和鹿角为主的堆积已经消失；礼仪性遗物仅见于地层堆积中。该段玉器、铜器、石器数量和种类虽有所减少，但还占有一定比例，说明祭祀活动可能仍在进行。第 II 段仅见极少量的坑状堆积，灰坑平面形状不一，既有椭圆形，亦有不规则状，填土中包含有灰烬，出土较多残陶片，不见完整陶器，另有少许兽骨和极少的石器或玉器残片。遗物仅见石器、玉器、陶器等，铜器、美石已经不可见，磨石仅见个别遗留，玉器仅见残片。该段遗存呈现出明显的衰败之象，已无祭祀遗迹，典型礼仪性遗物也几乎难以辨识，表明祭祀区可能被废弃。

第六期的古河道遗存中仍然可寻一些礼仪性遗物，但全然不见礼仪性遗迹，而且古河道曾经对祭祀区发生过大规模的侵蚀事件。由于古河道内未见战国早期以后和汉代遗物，说明春秋晚期以后古河道可能向北改道，至少在战国早期前祭祀区已被废弃。

# 第二节　陶器特征

第一期陶器以泥质陶居多，夹砂陶略少。泥质陶中以灰白陶多见，其次为灰黄陶、褐陶、灰黑陶、青灰陶。夹砂陶中灰黑陶最多，其次为灰褐陶、褐陶、黑褐陶，灰白陶最少。纹饰较发达，泥质陶以附加堆压印纹、粗绳纹、细绳纹为多，少量凸棱纹和刻划纹，极少量戳印纹、凹弦纹、压印纹、镂孔、刻划纹、瓦棱纹。夹砂陶中纹饰以粗绳纹、细绳纹多见，少量压印纹及附加堆压印纹，极少量附加堆纹、戳印纹、凹弦纹、镂孔、凸棱纹、刻划纹、网格纹。陶器可辨器形有绳纹花边口沿罐、宽或窄沿尊形器、盆形器、高领罐、束颈罐等。典型陶器有 A、B、C 型绳纹花边口沿罐，Aa、Ac、Ba 型喇叭口高领罐，C、D 型束颈罐，宽沿尊形器，B、C 型曲沿尊形器，A 型 Ⅰ 式、B 型 Ⅱ 式敞口尊形器，盆形器，A 型钵，A 型器盖，A 型臼形器及 Aa 型圈足等。

第二期第一段出土陶片较少，陶器陶片以夹砂灰黑陶、灰黄陶为主，素面居多，纹饰以细线纹、粗绳纹为主，另有少量凹弦纹、压印纹、戳印纹、凸棱纹等。可辨器形有小平底罐、高领罐、壶、瓮、盆、桶形器等。陶器仅见 Ab 型 Ⅰ 式、Ac 型小平底罐，Aa 型 Ⅰ 式高领罐，Aa 型壶，Aa、Ab、Ac 型瓮，Ac、Ae、Ba 型盆，A、Ba、Ca 型桶形器等，不见束颈罐、敛口罐、缸、瓮形器、豆形器（豆柄和豆盘）等。

第二段出土的陶器数量和种类更少，陶器除 1 件为泥质陶外，均为夹砂陶。夹砂陶中灰黑陶最多，次为灰陶、灰黄陶、灰褐陶等。夹砂陶中纹饰陶片少见，以细线纹、粗绳纹为多，另有极少量凹弦纹和镂孔。可辨器形有瓮形器、盆、器底、豆盘、豆柄等。典型陶器有 Da、Ea 型瓮形器，Cd 型盆，Cc 型豆盘，Aa 型豆柄等。

第三段陶器以夹砂陶居多，夹砂陶以灰黑陶为主，灰黄陶次之，灰褐陶再次之。纹饰以粗绳纹为主，其次为细线纹，另有极少量凹弦纹、凸棱纹、压印纹、戳印纹等。泥质陶以灰黑陶多见，次为灰陶、灰黄陶、灰褐陶，黄褐陶最少见；纹饰以细线纹为主，粗绳纹次之，另有极少量刻划纹、凹弦纹、凸棱纹、细线纹、压印纹、云雷纹等。可辨器形主要有小平底罐、敛口罐、壶、盆、瓮形器、缸、桶形器、豆盘、豆柄等。典型陶器除了第一、二段同类器外，新出现 Aa 型 Ⅰ 式、Ad 型 Ⅰ 式、Ad 型 Ⅱ 式、Be 型 Ⅰ 式小平底罐，Aa 型、Ab 型 Ⅰ 式、Ac 型 Ⅰ 式、Ac 型 Ⅱ 式、Ad 型 Ⅰ 式、Ad 型 Ⅱ 式、Bb 型、Ca 型 Ⅱ 式束颈罐，Aa 型 Ⅰ 式敛口罐，Aa 型、Ab 型、Ad 型、Ea 型 Ⅰ 式盆，Cb、Cc 型桶形器，Aa 型 Ⅰ 式、Aa 型 Ⅱ 式、Ab 型、B 型缸，Aa、Ab、B、Db、Eb 型瓮形器，Ba、Da、Db 型豆盘，Ac、Ad、Ba、Bc 型豆柄等。陶器上纹饰常见绳纹，瓮形器、桶形器、D 型豆盘、A 型豆柄异常发达，A 型小平底罐数量和种类多见，A 型瓮多见。

第四段陶器数量较为丰富，以夹砂陶为主。夹砂灰黑陶最多，其次为灰黄陶、灰褐陶、灰陶、黄褐陶等。泥质陶中灰黑陶多，其次为灰黄陶、灰褐陶、灰陶等。纹饰较少，夹砂陶中纹饰以细线纹多见，其次为粗绳纹、压印纹、凹弦纹、云雷纹，云雷纹较前段多见，另有少量网格纹、细绳纹、镂孔，极少量凸棱纹、戳印纹、乳丁纹等。泥质陶中纹饰以细线纹多见，次为凹弦纹、凸棱纹、镂孔等。可辨器形有小平底罐、瓮形器、高领罐、束颈罐、壶、盆、瓮、缸、豆柄等。

典型陶器有 Ba 型Ⅰ式、Bb 型、Bc 型Ⅰ式小平底罐，Aa 型Ⅰ式、C 型Ⅱ式、Fa 型Ⅰ式高领罐，Ab 型壶，A 型、Ba 型、Cb 型Ⅰ式瓮，Ac、Cc 型盆，B 型桶形器，Aa 型Ⅰ式缸，B、Ca、E 型瓮形器，Ab 型Ⅱ式、Ac 型Ⅱ式、Ad 型Ⅱ式束颈罐，Ba、D 型豆盘，A 型豆柄依然较多。该段新出现 B 型小平底罐，Ab 型Ⅱ式束颈罐，C 型Ⅱ式、Fa 型Ⅱ式高领罐，Ab 型壶，Cb 型Ⅰ式瓮，Ca、Cc、F 型盆，Ad、Ca 型瓮形器等，瓮形器、豆形器仍然较多，但较之第三段有所下降；A 型缸、敛口罐较少发现，桶形器数量剧减，不见典型尖底器。

第三期早段出土陶片较为丰富。陶片以夹砂陶为主，夹砂陶中灰黑陶最多，次为灰黄陶、灰褐陶、黄褐陶等；泥质陶以灰黑陶多见，其次为灰黄陶、灰褐陶、灰陶等。纹饰较发达，夹砂陶纹饰以细线纹多见，其次为粗绳纹、凹弦纹、戳印纹、细绳纹，另有少量凸棱纹、网格纹、云雷纹、乳丁纹等。泥质陶纹饰以细线纹为主，次为凹弦纹、凸棱纹，少量圆圈纹、粗绳纹、网格纹和附加堆纹等。可辨器形有尖底杯、尖底盏、小平底罐、瓮形器、敛口罐、高领罐、矮领罐、束颈罐、壶、瓶、盆、瓮、瓠形器、器盖、器纽、纺轮、豆柄等。典型陶器有 Ba 型Ⅱ式、Bc 型、Be 型Ⅰ式、Ca 型Ⅰ式小平底罐，Aa 型Ⅱ式、Fa 型Ⅱ式、Fb 型Ⅰ式、Fb 型Ⅱ式、Fc 型高领罐，Ad、Bc 型壶，Bb 型瓮，Ab、Ae、Cc 型盆，A 型桶形器，Ca 型缸，Ac、B、C、D、E 型瓮形器，Aa 型、Ad 型Ⅱ式、Ac 型Ⅰ式、Ba 型、Bb 型、Bd 型Ⅰ式、Da 型、E 型束颈罐，Cc 型豆盘，A 型豆柄，Bb 型、Ca 型Ⅰ式敛口罐，A 型Ⅰ式、B 型Ⅰ式、D 型Ⅰ式矮领罐，Aa 型Ⅰ式、Aa 型Ⅱ式、Ab 型Ⅰ式尖底盏，Aa 型Ⅰ式、Aa 型Ⅱ式尖底杯，C 型瓶，A、B 型瓠形器等。该段陶器中 C 型盆多见，瓮形器依然发达，桶形器和 D 型豆盘少见；新出现 C 型小平底罐，A 型Ⅰ式、B 型Ⅰ式、D 型Ⅰ式、F 型矮领罐，Aa 型Ⅰ式、C 型瓶，Bd 型Ⅰ式、Be 型、Da 型、E 型束颈罐，A、B 型瓠形器等，敛口罐数量和种类增多；新出现 A 型尖底盏、尖底杯。

第三期中段陶器以夹砂陶为主，夹砂陶中灰黑陶居多，其次为灰黄陶、灰褐陶、灰陶等；泥质陶以灰黄陶居多，次为灰黑陶、灰陶、灰褐陶等。夹砂陶中纹饰以细线纹最多，其次为粗绳纹、凹弦纹，少量网格纹、压印纹、凸棱纹、细绳纹、刻划纹、附加堆纹，极少量瓦棱纹、镂孔、戳印纹、乳丁纹、重菱纹等。泥质陶纹饰以细线纹多见，另有少量凹弦纹、凸棱纹，极少量圆圈纹、镂孔、戳印纹、刻划纹、云雷纹、网格纹、方格纹等。可辨器形有尖底杯、尖底盏、尖底罐、小平底罐、瓮形器、敛口罐、高领罐、矮领罐、束颈罐、壶、瓶、盆、瓮、杯、器座、瓠形器、盆形器、器盖、器纽、纺轮、豆柄等。典型陶器为 Ad 型Ⅱ式、Ba 型Ⅱ式、Bb 型、Ca 型Ⅱ式、D 型小平底罐，Aa 型Ⅲ式、Ab 型Ⅰ式、C 型Ⅱ式、Fb 型Ⅱ式高领罐，Ab、Ac、Ba、Bb 型壶，A 型、B 型、Cb 型Ⅱ式、Cd 型Ⅰ式瓮，Ac、Bb、C、D、E 型盆，A 型桶形器，B、Cb、Ea 型缸，Ca、D、E 型瓮形器，Ad 型Ⅱ式、Ae 型、Af 型、Ba 型、Bc 型Ⅱ式、Bd 型Ⅱ式、Ca 型Ⅱ式、Cb 型、Cc 型、Cd 型、Db 型、F 型束颈罐，A、Ba、Bc、Ca、Cb 型豆盘，Aa 型Ⅰ式、Aa 型Ⅱ式、Ab

型、Ac 型、Ad 型、B 型、Cb 型 I 式敛口罐，A 型、B 型、D 型 II 式、F 型矮领罐，Aa 型 II 式、Ab 型 II 式、Ac 型 I 式、Ad 型 I 式、Ad 型 II 式、Ba 型、Bb 型 I 式、Bb 型 II 式尖底盏，Aa 型 II 式、Ab 型、Ac 型、Ad 型、Ba 型 I 式、Ba 型 II 式尖底杯，C 型瓶，A 型瓠形器，Aa 型、Ab 型、B 型 I 式、E 型尖底罐等。该段出现大量典型尖底杯和尖底盏，A 型小平底罐几乎不见，新出现 D 型小平底罐、C 型束颈罐、尖底罐和网格纹瓮。

第三期晚段陶器以夹砂陶为主，夹砂灰黑陶居多，其次为灰黄陶、灰褐陶等；泥质陶中灰黑陶多见，次为灰黄陶、灰褐陶、灰陶等。夹砂陶纹饰以细线纹、凹弦纹、粗绳纹、细绳纹为多，另有极少量网格纹、压印纹、戳印纹、附加堆纹等。泥质陶中，纹饰少见，以细线纹、凸棱纹、凹弦纹、粗绳纹为多，另有极少量细绳纹、镂孔和戳印纹。可辨器形有尖底杯、尖底盏、小平底罐、瓮形器、敛口罐、高领罐、矮领罐、束颈罐、缸、瓮、器盖、器纽、帽形器、盉、豆盘、豆柄等。陶器有 Aa 型 I 式、Ac 型、Ca 型 I 式、Db 型小平底罐，Aa 型 II 式、Ca 型 I 式尖底杯，Ab 型 I 式、Ba 型 II 式、Bb 型 II 式尖底盏，Ab、Da 型瓮形器，Aa 型 I 式、Aa 型 II 式、Db 型敛口罐，Ab 型 I 式、C 型 I 式、Fa 型 I 式、Fb 型 I 式高领罐，A 型 II 式、D 型 II 式矮领罐，Aa 型、Bb 型、Bd 型 II 式、Ca 型 II 式束颈罐，Ad、Cd 型盆，Cc、Ea、Ec 型缸，Aa 型、Cb 型 II 式、Cd 型 II 式瓮，Ba、Bb、E 型器盖，帽形器，Cb、E 型器座，Ab 型袋足，Ba 型豆盘，Aa、Ab 型豆柄。小平底罐急剧减少，瓠形器和桶形器也逐渐消失；绳纹装饰传统式微，不见圜底器。

第四期早段陶片以夹砂陶为主，夹砂陶中灰黑陶居多，次为灰黄陶、灰褐陶、灰陶等；泥质陶中灰黄陶居多，次为灰黑陶、灰陶、灰褐陶等。纹饰较少，夹砂陶中纹饰以细线纹为主，其次为粗绳纹、凹弦纹、方格纹，另有少量细绳纹、网格纹、戳印纹、刻划纹、附加堆纹，极有少量的重菱纹、瓦棱纹、乳丁纹等。泥质陶纹饰以细线纹多见，其次为凹弦纹，另有少量戳印纹、圆圈纹、凸棱纹、乳丁纹、细绳纹等。可辨器形有尖底杯、尖底盏、尖底罐、小平底罐、篦形器、瓮形器、敛口罐、高领罐、矮领罐、束颈罐、瓶、瓠形器、壶、盆、缸、盘、帽形器、盆形器、瓮、杯、器座、器盖、器纽、纺轮、豆柄等。陶器有 Ab 型 II 式、Bb 型、Bc 型 I 式、Be 型 I 式、Ca 型 II 式小平底罐，Aa 型 I 式、Aa 型 II 式、Ab 型、Ac 型、Ad 型、Ba 型 I 式、Ba 型 II 式、Ba 型 III 式、Bb 型 I 式、Bb 型 II 式、Ca 型 I 式尖底杯，Aa 型 I 式、Aa 型 II 式、Ab 型 I 式、Ab 型 II 式、Ac 型 I 式、Ac 型 II 式、Ad 型、Ba 型 I 式、Ba 型 II 式、Bb 型 I 式、Bb 型 II 式、Bb 型 III 式、Bd 型 I 式、Bd 型 II 式尖底盏，Aa 型、Ab 型、B 型 II 式、Ca 型 II 式尖底罐，Aa 型 I 式、Aa 型 II 式、Ab 型、Ac 型、Ae 型、Ba 型、Bb 型、Bc 型、Bd 型、Ca 型 I 式、Ca 型 II 式、Cb 型 I 式、Cb 型 II 式、Cc 型 I 式、Cd 型、Da 型、Db 型敛口罐，Aa 型 I 式、Aa 型 II 式、Aa 型 III 式、Ab 型 II 式、B 型、D 型、E 型、Fa 型 I 式、Fa 型 II 式、Fb 型 I 式、Fb 型 II 式高领罐，Ac、B、Ca、Cb、Da、Db、Eb 型瓮形器，A 型 I 式、A 型 II 式、B 型 I 式、B 型 II 式、C 型 I 式、C 型 II 式、D 型 I 式、D 型 II 式、G 型矮领罐，Aa 型、Ab 型 I 式、Ab 型 II 式、Ac 型 I 式、Ac 型 II 式、Ae 型 I 式、Af 型、Ba 型、Bb 型、Bc 型 I 式、Bc 型 II 式、Ca 型 I 式、Ca 型 II 式、Cb 型、Cc 型、Cd 型、

Ce 型、Db 型、F 型束颈罐，Aa 型 Ⅰ 式、Aa 型 Ⅱ 式、Ab 型 Ⅰ 式、Ab 型 Ⅱ 式瓶，Ac 型、Bb 型、Ca 型、Cb 型、Cc 型、Cd 型、D 型、Ea 型 Ⅰ 式、Ea 型 Ⅱ 式、Eb 型、Ec 型、Ed 型、F 型盆，B、Ca、Ea、Eb、Ec 型缸，Aa 型、Ab 型、Ba 型、Bb 型、Ca 型、Cc 型 Ⅰ 式、Cc 型 Ⅱ 式、Cd 型 Ⅰ 式、Cd 型 Ⅱ 式瓮，Aa 型 Ⅰ 式、Aa 型 Ⅱ 式、Ac 型 Ⅰ 式、Ba 型 Ⅰ 式、C 型 Ⅰ 式簋形器，Ba 型杯，Ab、Ac、Ad、Ae、Ba、Bc、Bd、Be、Ca、Cb 型壶，A、B、Ca 型盆形器，圈足豆，A、B 型觚形器，帽形器，Aa 型 Ⅰ 式、Ab 型 Ⅱ 式、B 型、Ca 型、Cb 型、Cc 型器座，Ba、Da、Db 型豆盘等。该段尖底器异常发达，繁多的器座是此类情况的反映；小平底罐、罐形尖底盏和 A 型束颈罐、D 型豆盘、绳纹瓮形器、缸、桶形器少见，高柄豆逐渐消失。新出现簋形器，但数量相对较少。

　　第四期晚段陶器以夹砂陶为主，其中灰黑陶最多，其次为灰黄陶、灰褐陶、灰陶、红褐陶等；泥质陶以灰黑陶最多，次为灰黄陶、灰陶、灰褐陶等。纹饰不发达。夹砂陶纹饰以细线纹、凹弦纹、戳印纹、粗绳纹为多，另有少量方格纹、网格纹、重菱纹、细绳纹，极少量凸棱纹、附加堆纹、镂孔、乳丁纹、压印纹等。泥质陶纹饰以细线纹、戳印纹、凹弦纹为主，另有少量粗绳纹、细绳纹、圆圈纹、瓦棱纹、凸棱纹、重菱纹等。可辨器形有尖底杯、尖底盏、尖底罐、小平底罐、敛口罐、高领罐、矮领罐、束颈罐、壶、瓶、盆、缸、瓮、簋形器、绳纹圜底罐、长颈罐、盘、帽形器、器盖、器座、圈足、纺轮、豆盘、豆柄等。典型陶器有 Ba 型 Ⅱ 式、Ba 型 Ⅲ 式、Bb 型 Ⅱ 式、Ca 型 Ⅱ 式、Cb 型 Ⅰ 式、Da 型 Ⅰ 式尖底杯，Ba 型 Ⅱ 式、Ba 型 Ⅲ 式、Bb 型 Ⅱ 式、Bb 型 Ⅲ 式、Bd 型 Ⅱ 式、Cc 型 Ⅰ 式、Cc 型 Ⅱ 式尖底盏，Cb 型 Ⅰ 式、Cb 型 Ⅱ 式尖底罐，Bb 型、Bc 型、Bd 型、Ca 型 Ⅱ 式、Cb 型 Ⅰ 式、Cd 型、Da 型、Db 型敛口罐，Ab 型 Ⅱ 式、C 型 Ⅱ 式、Fa 型 Ⅱ 式高领罐，A 型 Ⅰ 式、A 型 Ⅱ 式、B 型 Ⅰ 式、B 型 Ⅱ 式、D 型 Ⅱ 式矮领罐，Aa 型、Bb 型、Ca 型 Ⅱ 式束颈罐，Bd 型壶，D 型瓶，Bb、Cb、Cc、Cd、Ec 型盆，Ea、Eb 型缸，Cd 型 Ⅰ 式、Cd 型 Ⅱ 式、Da 型 Ⅱ 式、Db 型 Ⅱ 式、Dd 型、De 型 Ⅱ 式瓮，Aa 型、Ab 型、B 型、Ca 型、Cb 型绳纹圜底罐，A 型长颈罐，Ab 型 Ⅰ 式、Ab 型 Ⅱ 式、Ac 型 Ⅰ 式、Ba 型 Ⅱ 式、Bb 型 Ⅰ 式、Bb 型 Ⅱ 式、C 型 Ⅰ 式簋形器，C 型盘，Ab 型 Ⅱ 式、Ca 型器座，A、Cb 型盆形器。该段尖底器仍然发达，开始出现圜底器；另外簋形器、敛口折肩罐大量增加，D 型瓮发达，尖底盏不仅数量多，类型也多样，A 型小平底罐、A 型尖底盏几乎不见，仅见个别小平底罐。

　　第五期早段陶器以夹砂陶为主，以灰黑陶最多，其次为灰黄陶、灰褐陶、灰陶、红褐陶等，红褐陶开始增多；泥质陶中灰黑陶多见，次为灰黄陶、灰陶、灰褐陶等。夹砂陶中纹饰略多，以细线纹、凹弦纹、压印纹、粗绳纹、方格纹为多，另有少量细绳纹、戳印纹、重菱纹、压印纹、凸棱纹、刻划纹、粗绳纹等，极少量网格纹、瓦棱纹、附加堆纹等。泥质陶中纹饰陶片少见，以细线纹和戳印纹为主，另有少量凹弦纹、凸棱纹、刻划纹，极少量粗绳纹和乳丁纹。可辨器形有尖底杯、尖底盏、尖底罐、敛口罐、高领罐、矮领罐、束颈罐、壶、盆、缸、瓮、绳纹圜底罐、釜、长颈罐、簋形器、盘、杯、器纽、器座、纺轮、圈足、网坠、豆柄等。典型陶器有 B 型、C 型 Ⅱ 式高领罐，Af、Bb、Cb 型壶，Ca 型、Cd 型 Ⅱ 式、Da 型 Ⅲ 式、Db 型 Ⅱ 式、Dc 型 Ⅰ 式、Dd

型、De 型Ⅱ式瓮，Bb、C、E、F 型盆，Ea 型缸，Bb 型、Bc 型Ⅰ式、Ca 型Ⅱ式束颈罐，Ac 型、Ca 型、Cc 型、Cb 型Ⅱ式、D 型敛口罐，C 型、D 型Ⅱ式、E 型矮领罐，Ba 型、Bb 型Ⅲ式、Bc 型、Bd 型Ⅱ式、Be 型、Ca 型Ⅱ式、Cb 型Ⅱ式、Cc 型Ⅱ式尖底盏，Ca 型Ⅱ式、Db 型Ⅱ式、Dd 型、Ea 型尖底杯，Ca 型Ⅱ式尖底罐，Aa 型Ⅱ式、Ab 型Ⅱ式、Ac 型Ⅱ式、Ba 型Ⅱ式、Bb 型Ⅱ式、C 型Ⅱ式簋形器，B 型、C 型、D 型Ⅱ式、D 型Ⅲ式长颈罐，Aa、Ba、Ca 型绳纹圜底罐，A、B 型釜，A 型Ⅰ式、A 型Ⅱ式盘口罐等。该段最大特征是出现盘口罐、绳纹圜底罐及釜，不见 A 型尖底杯、A 型尖底盏、瓮形器、小平底罐、E 型器底及 A、B 型缸等。A、B 型瓮急剧衰减，D 型瓮则更加发达，均为厚唇高领宽沿，其无论是数量抑或是种类均丰富；敛口罐发达，特别是 C、D 型敛口罐，尤以 C 型最为突出；尖底盏数量和形制丰富，B、C 型尖底盏非常流行，尖底盏腹部普遍变浅；C、D 型尖底杯发达，新出现 E 型尖底杯；虽然簋形器和 E 型盆发达，但高领罐、束颈罐和缸的数量和形制亦呈现衰减之势。

第五期中段陶器中以夹砂陶为大宗，其中以灰黑陶为主，其次为灰褐陶、红褐陶、灰黄陶等，红褐陶比例大幅增加；泥质陶中灰黑陶为主，次为灰黄陶、灰陶、灰褐陶等。夹砂陶中纹饰以细线纹、粗绳纹、凹弦纹、压印纹为多，另有少量重菱纹、凸棱纹、戳印纹、刻划纹、乳丁纹、网格纹、方格纹、圆圈纹、附加堆纹等。泥质陶中纹饰陶片少，以戳印纹、细线纹为多，另有少量凹弦纹、粗绳纹和网格纹，极少量凸棱纹、细绳纹、刻划纹等。可辨器形有尖底杯、尖底盏、尖底罐、敛口罐、高领罐、矮领罐、束颈罐、壶、盆、瓮、绳纹圜底罐、釜、簋形器、器座、器盖、圈足、豆盘、豆柄等。典型陶器有 Fb 型Ⅱ式高领罐，Ae 型壶，Da 型Ⅱ式、Dc 型Ⅱ式、Dd 型瓮，Cb 型缸，Bc 型Ⅱ式、Cd 型束颈罐，Ca 型Ⅱ式、Cc 型Ⅱ式、Cb 型Ⅱ式、Cd 型、Da 型敛口罐，D 型Ⅱ式、F 型矮领罐，Ba 型Ⅲ式、Bd 型Ⅱ式、Cb 型Ⅱ式、Cc 型Ⅱ式尖底盏，Bb 型Ⅱ式、Ca 型Ⅱ式尖底杯，Ab 型、B 型Ⅱ式、Ca 型Ⅱ式尖底罐，Ba 型Ⅱ式、Bb 型Ⅱ式、C 型Ⅱ式簋形器，Aa、Ab 型绳纹圜底罐，A、B 型釜等。该段陶器中的壶、束颈罐、高领罐、盆、缸等少见；瓮仅见 C、D 型，以 D 型居多；簋形器和敛口罐虽然发现较多，但相较而言，数量和形制呈明显减少之势。尖底盏仅见 B、C 型，C 型较丰富；尖底杯少见。该段尖底盏、D 型瓮、长颈罐、盘口罐等流行，尖底器和圈足器明显衰落，圜底器逐渐增多。

第五期晚段遗存可分为早、晚两段。

第Ⅰ段出土陶器以夹砂陶为主，其中灰黑陶最多，次为灰褐陶、灰黄陶、黄褐陶、红褐陶，红褐陶衰落；泥质陶中灰黑陶多见，其次为灰黄陶、灰褐陶、灰陶、黄褐陶等。夹砂陶中纹饰陶片以粗绳纹、细线纹、凹弦纹和凸棱纹为主，另有少量云雷纹、戳印纹、压印纹、细绳纹，极少量的重菱纹、网格纹、乳丁纹、刻划纹、镂孔等；泥质陶中纹饰陶片较少，以粗绳纹、细线纹、戳印纹为多，另有极少量凹弦纹和凸棱纹。可辨器形有尖底盏、敛口罐、高领罐、矮领罐、束颈罐、盆、缸、瓮、绳纹圜底罐、盘口罐、长颈罐、簋形器、盘、纺轮、豆盘等。典型陶器有 Bd 型Ⅱ式、Cc 型Ⅱ式尖底盏，Ba 型、Bb 型、Bd 型、Ca 型Ⅱ式敛口罐，B 型高领罐，B 型Ⅱ式矮领罐、Cc 型束颈罐、Ad 型盆、Ec 型缸、Bb 型、Cd 型Ⅱ式、Da 型Ⅱ式、Da 型Ⅲ式瓮、Ab、B、Cc 型绳纹圜底罐、A 型Ⅰ式、A 型Ⅱ式盘口罐、B、Ca 型长颈罐、Aa 型Ⅱ式、Ab 型Ⅱ式、Ba 型Ⅱ式、C 型Ⅱ式簋形器、A 型盘、甑、Ba 型纺轮等。该段绳纹圜底罐、盘口罐、簋形器仍然发达，长颈罐和尖底杯虽然少见，但还残留有一定数量，高领罐、束颈罐、缸则极少见。

第Ⅱ段出土的陶器无论数量还是器形均较少。陶器以夹砂陶为主，其中灰黑陶最多，其次为灰褐陶、红褐陶、灰黄陶等；泥质陶以灰黄陶多见，次为灰黑陶。夹砂陶纹饰相对较发达，以粗绳纹、细线纹为多，另有少量凹弦纹、压印纹，极少量重菱纹、戳印纹、瓦棱纹、乳丁纹等。泥质陶陶片少，纹饰种类较少，以细线纹为主，另有极少量凹弦纹和凸棱纹。可辨器形有尖底杯、尖底盏、敛口罐、矮领罐、盆、瓮、绳纹圜底罐、盘口罐、釜、豆柄等。典型陶器有 Cc 型Ⅱ式尖底盏，Bc 型、Bd 型、Ca 型Ⅱ式敛口罐、B 型Ⅱ式、D 型Ⅱ式矮领罐、Cc 型、Ea 型Ⅱ式盆，Cd 型Ⅱ式、Da 型Ⅱ式、Dd 型瓮、Aa、Cc 型绳纹圜底罐、A 型Ⅱ式盘口罐、A 型釜等。该段陶器的数量和形制均呈锐减之势，已经不见第五期常见的簋形器、长颈罐、束颈罐、缸等，绳纹圜底罐、尖底杯、尖底盏等不仅形制单一，而且数量极少，瓮、敛口罐、矮领罐、盘口罐等相较前段数量也明显减少。

第六期陶器有尖底盏、盆、壶、尖底罐、簋形器等，典型陶器有 Bd 型Ⅰ式、Bd 型Ⅱ式、Cc 型Ⅰ式、Cc 型Ⅱ式尖底盏，Aa、Ac、Ad 型盆，Ae、Ba 型壶，B 型Ⅱ式矮领罐，Cb 型Ⅱ式尖底罐，C 型Ⅱ式簋形器等。该期陶器多为第五期常见器形，但数量相对较少。

# 第三节　玉器特征

玉器按器物的平面形态差异，分为几何形器、像生形器、其他形器三大类。几何形器按器物平面形态分为多边形器、圆形器两类。多边形器有戈、矛、剑、钺、璋、圭、斧、锛、锛形器、凿、凹刃凿形器、刀、饰件等；圆形器有琮、箍形器、璧、环、剑璏形器、玦、椭圆形器、球体形器、圆角镂空饰件及绿松石珠、玛瑙珠等。像生形器分为人物形器与动物形器两类。其他形器有美石、磨石、特殊玉器等。美石表面未进行加工，保留玉石的自然形态。磨石，有磨制或切割痕迹，大多在自然卵石的一面或两面进行打磨，从而形成平台，有的还留下细密的磨擦痕迹，其情况较为复杂，类型也较多。特殊玉器为利用自然卵石切割成形，并经打磨抛光处理，制作非常规整。玉器的装饰技法有刻纹、镂空、透雕、立体扉牙饰等，装饰纹样有直线纹、网格纹、菱形纹、三角形纹、曲线纹、交叉纹、兽面纹、人形纹、蝉纹、扉棱等。加工技法开料用线切割和片切割，钻孔用空心钻、实心钻，单面或双面钻孔，打磨规整，抛光细致。

金沙遗址出土的玉器较多，几乎无使用痕迹，应是专为宗教、祭祀活动而制作的礼仪性用器，种类以礼器为主，也有部分装饰品。祭祀区出土玉器多为本地同时期制作的产品，明显区别于其他地区出土的玉器，具有强烈的自身特色。玉器的制作十分精细，工艺精湛娴熟。器类以琮、璋、璧、戈、钺、圭、凿、斧、锛等为主，装饰方面崇尚光素、简单、质朴的风格。玉器组合一方面具有明显的区域特征，另一方面则表现出多元的文化因素，外来文化因素中保留了较多的中原玉文化传统特点，如 B 型戈、A 型和 B 型钺、A 型璋、B 型刀及绿松石珠等，B 型钺更接近二里头遗址中出土的两件同类物品①；同时它又受到长江中下游地区玉文化传统的深远影响，如 Aa 型琮、箍形器、璧、环、镯等，Aa 型琮具有良渚文化晚期玉琮的典型风格，其制作年代比金沙遗址早 1000 多年；与此同时它可能也受到南中国地区青铜文化的影响，如广泛流行于越南北部、云南东南部及广西西南部的玉（石）凹刃凿形器②，上述文化因素在三星堆遗址中有着明显的存在；另一方面，一些玉器与三星堆文化之间联系紧密，如 C、D、E 型戈及 A 型矛、剑、C 型璋、斧、锛、凿、凹刃凿形器等都具有鲜明的同质性特征，这些同质性进一步凸显出二者之间特殊的关系。祭祀区出土玉器新出现了一些器类，如兽面纹玉钺、椭圆形饰、鞘形器、人面像、镂空饰件等富有特色的器物；玉海贝佩饰玉质晶莹，材质优良，与祭祀区出土的其他玉器有明显区别。凹刃凿形器在三星堆文化中较少见到，但在祭祀区中非常盛行，这些差异性可能只是反映出二者之间的地域或祭祀方式或对象的差异，当不是文化传统上的差异，值得深思。美石、磨石、特殊玉器等较为特殊，器身表面遗留明显的切割痕迹，有的还残存打磨的痕迹，此类器物多与祭祀用品放置在一起，因此推测它们可能也是直接用于祭祀活动的特殊祭品。另外，玉器在发掘区空间分布上也有着明显的差异，东区出土和采集的玉器最多，且分布相对集中；西区出土相对较少，中区出土最少。

祭祀区出土的玉器材料以透闪石为主，还有少量阳起石、透辉石、斜长石、闪长石、滑石、大理石、绿泥石、叶蜡石、绿松石、玛瑙和含水磷酸盐、碳酸盐的多金属矿物。这些玉器多数不透明或半透明，材料内部为白、灰、浅黄褐的基本无色序列，器物表面则大多呈现出红、紫、褐、黑等丰富而缤纷的色泽。透闪石软玉器材料的矿物质组成单调，除透闪石外，还有滑石和方解石，颜色平淡，风化强烈，质地疏松且透明度差；而质地紧密，透明度较高的材料较少，无明显的色彩。金沙玉器表面颜色呈现丰富的色彩，是因为受到埋藏环境的物理与化学作用使然的，一方面因质地疏松，玉器表面化学活性强，另一方面是因潮湿偏酸性的土壤埋藏环境③。祭祀区玉器的玉料来源多元，成都平原西北部山区应是透闪石玉器（也包括板岩石器）的索源地，部分玉料可能来自汶川县龙溪乡一带的玉矿，部分可能是取自于附近的河滩地，还有部分来源待进一步研究

① 中国科学院考古研究所二里头工作队：《偃师二里头遗址新发现的铜器和玉器》，《考古》1976 年第 4 期；中国社会科学院考古研究所二里头工作队：《1984 年秋河南偃师二里头遗址发现的几座墓葬》，《考古》1986 年第 4 期。
② 周志清：《西南地区先秦时期凹刃凿形器的初议》，《"早期中国的文化交流与互动——以长江三峡库区为中心"学术研讨会论文集》，科学出版社，2012 年；周志清：《金沙遗址出土的凹刃玉凿形器初步研究》，《成都文物》2003 年第 4 期。
③ 杨永富、李奎、常嗣和等：《成都金沙遗址玉、石器材料研究鉴定》，《金沙遗址考古资料集（三）》，科学出版社，2017 年，第 32 页。

确定①。

在祭祀区第一期和第二期前段玉器无论数量还是形制均非常少见，如第一期遗存中仅见个别锛类器；第二期第一段也仅见极少斧，第二段只有个别璧，第三段仍然少见，仅见个别玉器残片，自第四段开始玉器数量和种类相对增加，器形有琮、矛、珠、玉片等。

自第三期开始玉器大规模使用于祭祀活动，器形丰富，数量较多。早段玉器有剑、Ea 型璋、璧、A 型环、箍形器、Aa 型镯、矛、Ab 凿、B 型斧、D 型锛等，以兵器和装饰类器多。璋、剑、箍形器等为新出现器物，其中玉璋以小型居多，不见大型玉璋。中段玉器种类较多，遗物组合较具特质，典型器物有矛，Ea 型璋，Aa、Ba、Bb 型凿，璧，Aa 型环，Ab 型镯，Ab 型箍形器，A 型锛，珠等，数量相对前段增加，玉器中的小牙璋传统仍然在继续，但有所式微。晚段玉器流行戈，矛，Eb 型璋，锛，Ab 型箍形器，Ac、Ba 型璧，环，A 型斧，珠等，仍然流行 E 型璋，但数量相对减少，美石开始大量涌现。

第四期早段玉器有 Ab 型戈，B 型箍形器，Aa、Ba 型镯，Aa、Ac、Ba、Bb、Cb 型凿，琮，Ab、Ac、Ba 型璧，B 型矛，D 型钺，玉璋残片，Aa、Ab、B 型环，玦，玉料等，新出现琮、钺等；另有少量的磨石、美石及绿松石珠，玉器不仅器形丰富，而且数量众多。第四期晚段遗存中典型玉器有 Aa、Ab、Eb 型戈，矛，钺，Ac、Eb、Cc 型璋，圭，B、C 型斧，A、C、D 型锛，A、B、C 型锛形器，Aa、Ab、Ac、Ba、Bb、Bc、Ca、Cb 型凿，Ca、Cb 型凹刃凿形器，玉凿半成品，Bb、D 型琮，Aa、Ab、B 型箍形器，Aa、Ac、Af、Ba、Bb 型璧，B 型环，Aa、Ab、Ba、Bb、C 型镯，玦，绿松石珠，梭子形器，菱形器等，相较而言玉器形制丰富，尤其是璧、环、镯等装饰品，新出现凹刃凿形器、圭等。

第五期早段遗存典型玉器有 Aa 型戈，D 型璋，C、D 型锛，Ab、Ac、Ba、Bb、Ca 型凿，A、B、C 型斧，角形器，Ba、C、D 型琮，B、C 型箍形器，Aa 型Ⅱ式、Ac 型、Af 型、Ba 型璧，Aa、Ab 型环，Aa、Ab、Ba、Bb 型镯及绿松石珠等，琮的形制相对丰富，少见凹刃凿形器。整个发掘区出土的玉器无论是数量，还是种类均呈现明显的衰落之势，但在不同区域表现形式有差异，西区玉器数量少；东区玉器形制和数量虽然较多，但同前期相比，明显萎缩。美石和磨石延续第四期晚段遗存的传统，数量和形制更加丰富。

中段遗存的坑状堆积中仅见个别玉锛，玉器主要见于地层堆积中，但种类和形制及数量呈现锐减之势。典型玉器有璜、圭、玦、珠、锥形器、B 型环、玉料、磨石及 Af、Ba、Bb 型璧等。该段玉器器形单一，以装饰品多见，礼器仅见圭、璧，美石和磨石仍然占有相当比重。

第五期晚段遗存第Ⅰ段玉器有戈，A、B 型锛，Ac、Ba、Bb 型凿，玉凿半成品，Aa 型Ⅱ式、Ac 型、Af 型璧，玉珠，美石，磨石，刀形器，玉器残片等；美石和磨石极少。第Ⅱ段仅见极少量玉器，玉器在地层堆积中完全不见，该段仅有个别玉琮残片和磨石等，美石已经不见。

---

①　成都文物考古研究所：《金沙玉器》，科学出版社，2006 年，第 16～18 页。

　　第六期还可见少量玉器，多为河底沉积中出土，并非原生堆积。器形有 Aa 型 II 式、Ab 型、Ba 型璧及镯、绿松石珠、美石等，玉器形制同第五期同类器相近。

　　祭祀区出土的磨石、抛光石和奇石是该遗址礼仪性遗物较具特质的器物。磨石开始出现于第二期第四段，但数量甚少，且仅个别见于东区地层堆积中；在第三期遗存中少见，从第五期早段开始数量剧增，第五期中段后磨石数量开始衰减，第五期晚段第 II 段仍然可见，但数量极少。美石见于第三期晚段，出土数量较多，第五期早段同磨石一样也是数量剧增，数量和形制更加丰富，在第五期早段达到顶峰，第五期中段后美石虽然数量有所减少，但仍然占有突出地位，第五期晚段第 I 段美石依稀可寻，第 II 段则完全消失。

　　磨石、抛光石和奇石均采自河床卵石，石头一面出现人为打磨平面特征的是磨石或抛光石；天然造型或色纹奇特者为奇石或观赏石。磨石质地为斜长石，此类器甚多，由于斜长石硬度较被加工的透闪石硬度稍大或相近，应不是作为粗磨使用的，而更像是在粗磨平整之后再做细磨的工具材料。在仅仅依靠天然材料的情况下，用长石加工透闪石器件是最佳的选择。长石加水研磨透闪石玉器件时，一方面稍硬的磨石将加工件表面的微凸部磨掉；另一方面在打磨过程中的水热作用下黏土矿物可促成加工件表面微凹部的再生，以达到抛光的目的，细磨与抛光可能是一次操作进行的。赤铁矿（$Fe_2O_3$）抛光石出土数量较少，为鳞片状微晶的致密集合体，其硬度与透闪石相近且易脱粒，应为专用抛光石，由此推测，使用 $Fe_2O_3$ 抛光料加工玉石的技术传统在数千年前的古蜀人中已经存在。祭祀区奇石或观赏石是在远离河床的考古发掘中与其他器物一起发现出土，大多数质地都较细、色彩较鲜艳，它可能是古人专门采集、喜爱并珍藏的天然艺术品[1]。

## 第四节　石器特征

　　石器石质有蛇纹石化橄榄岩、蛇纹岩、蛇纹石化大理岩、板岩、砂岩、千枚岩等。石器的制作工艺有简有繁，多为素面，加工技术以磨制为主，大部分未做细加工，器物表面不抛光，个别器物装饰有简单的平行直线纹、圆圈纹、垂叶纹、曲线纹等。石跪坐人像和动物类雕刻作品制作最为精细。器形分几何形器、像生形器、其他形器三类，几何形器按器物平面形态可分为多边形器、圆形器两类。多边形器有矛、钺、石琮半成品、璋、斧、锛、凿、穿孔砺石、簪、挂饰等。其中璋均残，多为半成品，器呈长方形，均为凹弧刃，阑上有的还刻划平行直线纹，直线纹上还涂抹朱砂，器身不做精细的加工，多保留自然断面或切割面，刃部打磨相对较精细。圆形器有璧、环、柱形器等。石璧器身均较厚，器体呈圆环状，中间有一圆孔，单面穿孔，多残破，边缘不规整；石璧坯料呈圆形，周缘较薄，中部略厚，两面保留剖裂面，边缘修薄，整器未做打磨，器表凹凸不平；石璧半成品穿孔均未做细致处理，周缘磨制，多残断。石璧坯料是出土数量最为丰富

---

① 杨永富、李奎、常嗣和等：《成都金沙遗址玉、石器材料研究鉴定》，《金沙遗址考古资料集（三）》，科学出版社，2017 年，第 33 页。

的石器。像生形器分人物形器与动物形器两类。其中人物形器均为跪坐人像，裸体，赤足，双膝屈跪，双手被绳索反缚。人像头顶发式中分，四角高翘，脑后有辫发两束。两束并为一股，直垂于后背的双手之间。动物形器有虎、蛇、鳖、獠牙形器。其他形器则有不规则形器、石料、石器残片。

第一期遗存出土石器非常少，石器有斧、锛、石璧坯料和柱形器，制作粗糙。第二期第一、二段遗存石器种类和数量依然少见，其中第一段遗存仅见于地层堆积中，器形仅见少量的 A、B 型石璧坯料，A、B 型石璧半成品，Aa 型 I 式石琮半成品，石芯和柱形器等，数量非常少；第二段遗存中则不见石器出土。自第三段开始，明晰的礼仪性堆积出现，其堆积遗物中以石器为主，石器以石璧半成品和石璧坯料占据绝对优势，另有少量石璋、石琮半成品和杵、斧、芯、矛等；该段石器最大的一个特点是几乎全为半成品或坯料，纵使有成型之器也均为残件，器物制作粗糙，许多仅勾勒出大致形状、稍加磨制或打制痕迹清晰，少见大型石璧半成品或坯料。典型石器有 A、B、C 型石璧半成品，A、B 型石璧坯料，A、B 型石璋半成品，C 型 I 式、C 型 II 式石琮半成品，Aa、Ab、Ba 型石璧等，该段偏晚阶段出现 A 型石璋半成品。第四段礼仪性堆积和包含物继续延续前段趋势，石器有 A、B 型石璋半成品，A、C 型石璧半成品，A、B 型石璧坯料，石琮半成品，多璜联璧等，以石璧坯料居多，A 型石璋半成品多见，新出现磨石。

第三期早段遗存中石器有石琮半成品，璋，Ba、C 型石璋半成品，A、C 型石璧半成品，A、B 型石璧坯料，长条形器，特殊石器（有切割痕迹）及 Ba 型斧等，以石璧坯料多见。中段遗存中西区和中区遗物出土较少；东区遗物丰富，遗物叠置分层明显。石器流行 A、Ba 型璋，Ab、C、Ba 型斧，锛，球，Aa、Ba 型璧，纺轮，A、B、D 型石璧坯料，A、C 型石璧半成品及戈，以璋、A 型石璧坯料和石璧半成品多见。晚段遗存中石器数量和种类较少，仅见有璋，A、Bb 型斧，A 型石璧坯料等，石璧和坯料数量相对较少。

第四期早段遗存礼仪性遗物中几乎不见石器，典型器形有璋、A 型石璧坯料、斧、锛及柱形器等。石璧半成品和石璧坯料数量非常少。晚段遗存中石器有 Bb 型璋，Bb、D 型斧，Aa、Ba、Bb、C 型锛，B、Ca、Cb 型凿，Ab 型璧，C 型石璧半成品，A 型石璧坯料，纺轮，球，B 型虎，蛇，C 型跪坐人像，磬等。石器不仅器形丰富，而且数量众多。

第五期早段遗存中石器有 Ab、C 型矛，Aa、Ba、C 型斧，Ab、Ba、Bb 型锛，环等，戈、璋、钺类少见，多见工具类石器。整个发掘区出土的石器无论是数量，还是种类均呈现明显的衰落之势，但在不同区域表现形式有差异，西区石器数量非常少；东区石器形制和数量虽然较多，但同前期相比，明显萎缩。第五期中段地层堆积中石器种类和形制及数量也非常稀少。石器有 Aa、C 型璧，A 型石璧坯料，Ba、D 型斧，D 型凿，Aa 型锛等；石器多为石璧坯料和璧，以及斧、锛、凿等工具类器物。第五期晚段遗存第 I 段石器有 Ba、Bb 型璋半成品，Ba、C 型斧，Aa、Ba 型锛，A 型凿，石簪，B 型虎等，石器虽然减少，但仍有一定数量。第 II 段石器数量和形制均较少，器形有 Aa、Bb 型璧及 A 型石璧坯料等，数量以石璧坯料略多，其他均为 1 件左右。

第六期古河道遗存中未见石器。

祭祀区出土石器种类繁多，文化内涵丰富，从其埋藏环境观察，与宗教祭祀活动有着密切的关联。如石璋、石斧制作粗糙、体形较大，多为半成品，但刃口制作较好，又无使用痕迹，部分器物上还残存有铜锈，说明这些石器是和玉器、铜器同时埋藏的，应是礼仪性用品。石璧孔壁涂朱，有的是用璧形器钻孔留下的孔芯部分再钻孔而成，有的大小璧形器可以相合，这与三星堆遗址所出的这类石璧成套出土的情况相似。石璧坯料出土数量多，器体大小不一，无任何磨制痕迹，是一类较为特殊的器物。在祭祀区的发掘中也发现了大片石璧坯料，均为西北—东南向倾斜放置，其倾斜方向与金沙遗址发现的商周时期部分墓葬的头向一致，在该堆积附近也没有发现与加工或制作有关的遗迹或遗物，这类石璧坯料很可能也是作为礼仪性用品出现的。金沙遗址出土众多石刻圆雕艺术作品，内容丰富，造型上极富动感，形象上质朴自然，表现手法上写实与夸张结合，装饰方面大量使用鲜艳的朱砂填涂，这类器物也是金沙遗址祭祀活动中的一种特殊祭品。如金沙村出土的石跪坐人像、虎、蛇，其质地多为橄榄岩、蛇纹岩，由于在蛇纹石器中发现碳镁铬矿（ $Mg_6Cr_2[CO_3](OH)_{16} \cdot 4H_2O$ ），研究认为其产地可能为成都平原西北的彭州市白水河[①]。

# 第五节　铜器特征

金沙遗址目前发现的铜器不仅形制丰富，而且数量众多。器形大多为小型器物，部分器物不能独立成器，只是作为其他器物附件出现，通过铸接技术将其与主体结合；大型铜器仅存残片。小件铜器多为一次浑铸而成，多为双面范，部分器物可能为二次铸接或焊接（目前尚未发现焊接的证据）而成。装饰技法有素面、墨绘、穿孔、铸纹、立体附饰等，素面主要为像生形器，注重器物造型而不施加其他装饰，如动物形器和人物形器；墨绘，即在铜器表面用墨描绘需要表现的对象，这在眼睛形器上表现最为突出；铸纹，凹凸相间的铸纹常常装饰于器物的腹、颈和足部。纹饰的内容，大体可分为动物、几何形两类，其中以动物纹样应用最多，其次是几何形纹。动物纹主要有饕餮纹、兽面纹、夔纹、龙纹、蝉纹等；几何形纹主要有云雷纹、瓦纹、线纹、环带和重环纹等，纹饰构成形式有单独、复合和连续等。纹饰制作技法多为陶模翻铸，也有少数刀刻（飞鸟绕日有领璧 C：588）和镶嵌的（绿松石镶嵌铜虎尾ⅠT8205⑩：1）；立体附件的存在，表明立体附饰技术也是当时铜器流行的装饰手法[②]。依据器物的外部形态分为几何形器、像生形器、其他形器三类。几何形器分多边形器和圆形器两类，多边形器有戈、镞、钺、璋、锥形器、长条形器、铃、菱形器、铜钩、回字形器等，以长条形器最多见，其次为戈、镞、铃等，兵器类几乎为明器，制作粗糙，表面布满砂眼；圆形器有璧、挂饰、圆角方孔形器、圆涡形器、圆角长方形

① 杨永富、李奎、常嗣和等：《成都金沙遗址玉、石器材料研究鉴定》，《金沙遗址考古资料集》，科学出版社，2017年，第33页。
② 成都市文物考古研究所、北京大学考古文博院：《金沙淘珍——成都市金沙村遗址出土文物》，文物出版社，2002年，第37~42页。

板、桃形板、不规则形板等，其中璧、圆角方孔形器、挂饰是器形和数量最为丰富的器形，占出土铜器总数量的四分之三。像生形器分人物形器与动物形器两类，人物形器有立人像、人头、眼睛形器、眼泡等；动物形器有龙形器、牛首、鸟、蝉、鱼形器等。其他形器有喇叭形器、圈足残片、镂空饰件、铜器残片等。铜器器形整体体量偏小，目前尚未发现完整的大型像生形器和铜容器。

祭祀区出土的很多器物如铜立人像、鸟、戈、璧、圆角方孔形器、菱形器、眼睛形器、眼泡、铃、蝉、鱼形器、龙形器、虎和各类挂饰等铜器数量较多，形体较小，其形制同三星堆遗址器物坑所出土的同类器物几乎一致或相似，它们之间当有着密切的关联。此外，还发现了一些大型器物的附件或残件，如圆角长方形板，与三星堆的青铜人像头顶盖相似；牛首、龙形器等可能都是一些大型器物上的附件；各类挂件可能是大型礼仪器物上的挂饰；另外，尊、罍的残片发现较多，圈足上装饰以云雷纹为地纹，主体纹饰有兽面纹和饕餮纹等；同时也出现了一些新类型，如圆锥形器、喇叭形器、卣、带柄有领璧等。祭祀区出土铜器，除了兵器和容器残件可能为独立使用外，其余大多数铜器可能为其他铜器上的装饰，并非作为独立个体使用的，这个特点同金器有着异曲同工之处。

祭祀区商周时期遗存中的铜器从第二期第三段开始出现，铜器出现于该段偏晚的阶段，为残件，器形不明，数量极少。第四段的铜器依然少见，种类单一，多为残件，器形多不可辨，只是数量较前段略多。

第三期早段在西区和中区地层堆积中仅见少量铜器，器物数量和种类均较少，有镞、矛、斧、锥形器。而东区地层堆积中出土了大量铜器，器形有锥形器、挂饰、璧、圆角方孔形器、镶嵌绿松石的动物尾巴（此类器工艺技术可能与二里头文化绿松石镶嵌工艺有关?）、人像、铜器圈足残片，本时段铜器有了长足的发展，铜器既有兵器亦有装饰器物，以装饰器物多见。中段铜器有戈，镞，凿，锥形器，Ac 型 I 式璧，Aa 型 I 式、Aa 型 II 式、Ab 型圆角方孔形器，B 型桃形板，人头，眼睛形器，铃，牛角及兽面镂孔饰品等。该段遗存铜器中的戈、桃形板、人头、眼睛形器、牛角、兽面镂孔饰品等为新出现之物。铜器开始占据祭祀舞台的中央位置。晚段东区仍出土大量铜器，器形有 Ba、Bb、Cb 型戈，C 型镞，Aa、Ab、Ac 型锥形器，B 型铃，Ab 型、Ac 型 I 式、Ac 型 II 式璧，B 型环，B、C、D 型挂饰，Aa 型 II 式、Ab 型、B 型圆角方孔形器，人耳，鸟及大量铜器残片等，该段铜器相较此前数量剧增，戈类器较多见。从该期晚段开始，铜器开始大量出现于各类堆积中。

第四期早段西区铜器较少，有铜器残件、A 型挂饰、B 型长条形器、矛等。东区铜器有 Aa、Cb 型铜戈，Aa 型 I 式、Aa 型 II 式、Ab 型、Ac 型 I 式、Ac 型 II 式、Ad 型、Bb 型璧，Ba、Bb 型镞，Aa 型 I 式、Aa 型 II 式、Ab 型、Ac 型、B 型圆角方孔形器，Aa、D 型锥形器，A 型长条形器，不规则形板，铜人头，立人像，人面形器，A、C、E、H 型挂饰，B 型环形器，环，玦，A、B 型眼泡，Ba、Bb 型眼睛形器，菱形器，B 型铃，铃形饰，冠饰，鸟等。东区铜器不仅器形丰富，而且数量众多，仿生式动物较之第三期多见。晚段西区铜器几乎不见。东区铜器器形更加丰富，而且数量众多，不仅仿生式铜器较之早段更为丰富，同时也出现了大量铜容器残件。东区铜器有Aa、Ab、Ba、Bb、Ca、Cb型铜戈，Ab型、Ac型Ⅰ式、Ac型Ⅱ式、B型璧，Aa型Ⅰ式、Aa型Ⅱ式、Ab型、Ac型、B型圆角方孔形器，Aa、Ab、Ac型锥形器，Aa、Ab、B、C型铜铃，B型环形器，A~H、J型挂饰，Aa、Ab、Ba型镞，A型长条形器，罍，方形器，箍形器，虎，蝉，牛，怪兽，灵猫，鸟，圆角长方形板等。东区地层另出大量铜容器残件，可辨有尊、扉棱、圈足等。

第五期早段西区未发现明显的礼仪性遗存，不见铜器；地层堆积中铜器更是减少明显，仅有少量残件、挂饰、戈、镞、圆角方孔形器等，不见动物和人形器物。东区铜器的形制和数量虽然较多，但同前期相比，明显萎缩，器形有Bb、Ca型戈，Ba型镞，Aa、B型锥形器，A型长条形器，Ac型Ⅱ式璧，A型环形器，A、C、D、H型挂饰，Aa型Ⅱ式圆角方孔形器，B型眼泡，虎，鸟残件，B型鱼形器，貘首，蝉等。中段中区地层堆积中有少量铜器出土，器形仅有镞、铜器残片等。西区地层堆积中出土有少量铜器，器形有Aa、Ab、Ac、Ba、Bb型镞，Aa、C型锥形器，Aa型铃，容器残件等。铜器器形相对单一，以镞形制和数量最为丰富，镞尽管在前期已经有所出现，但未如此集中大量地出现，这种情形的发生，是否与当时社会发生重大历史事件相关？晚段遗存第Ⅰ段铜器数量虽有所减少，但种类仍然丰富，器形有Ab型镞、环形器、B型挂饰、虎、"工"字形铜器、弧形铜饰等。第Ⅱ段铜器已经不见。

第六期极少见铜器，器形可辨的仅有Bb型镞，另有少量铜残片，可能为早期遗物混入。

通过对金沙遗址祭祀区铜器系统的成分分析和铅同位素研究，根据微量元素分组研究，4组（含银）、7组（含锑、银）是具有本地特征的两类原料，且可能反映了特定的铜料来源，这两类原料与商周时期中原地区流行的原料以及三星堆祭祀坑铜器所用的原料在微量元素分组上均有显著不同。早商时期成都平原可能开始了铜器生产。晚商时期既有利用本地和外来原料生产铜器的现象，也有以三星堆祭祀坑为代表的外来铜器。商末至西周时期，本地特征原料逐渐成为主要铜料来源，但铅料则可能与中原地区存在密切联系。春秋时期的铜器生产延续了自西周以来以本地特征原料为主要铜料来源的特点[1]。金沙遗址其他地点东周时期铜器也延续了这一特点，金沙遗址星河路地点东周墓葬出土铜兵器微量元素分析显示其为本地特征的铜料进行生产，无论高质量的还是低质量的铜器均应为当地制作[2]。金相分析与研究表明，祭祀区出土铜器的合金成分有红铜（Cu）、砷铜（CuAs）、砷青铜（CuSnPbAs）、锡青铜（CuSn）、铅青铜（CuPb）、锡铅青铜（CuSnPb），从单一类型的红铜到铜锡铅砷四元合金类型都存在[3]。从三星堆到金沙，以铅锡为主

---

① 黎海超、崔剑锋、周志清等：《金沙遗址"祭祀区"出土铜器的生产问题研究》，《边疆考古研究》（第25辑），科学出版社，2019年。

② 黎海超、崔剑锋、周志清等：《成都金沙遗址星河路地点东周墓葬铜兵器的生产问题》，《考古》2018年第7期。

③ 杨颖东、周志清、王占魁：《金沙遗址祭祀区出土铜器科技分析报告》，见本书附录二。

要合金元素的技术格局在此时已经形成，金沙遗址以锡为主导的合金技术思想已经确立，改变了在三星堆遗址以铅为主导的合金技术面貌，代表着技术的发展与进步，同时从侧面反映出此时社会礼制等思想逐渐向后期春秋战国以实用为主观念的转变和过渡，符合金沙遗址处于社会过渡时代的特性。较多数量的红铜和部分砷青铜合金成分的存在，显示金沙遗址先民的冶铸技术传统具有早期铜器的合金技术特征，其与西北地区的技术系统可能有着密切的关联。通过对金沙祭祀区出土铜器的金相分析，发现存在铸造、热锻、局部冷加工、铸后受热的技术工艺，主要以铸造和热锻为主。圆角方孔形器、较厚的铜器残片、容器残片、部分兵器等皆为铸造成型，而薄片型铜器则普遍使用了热锻的工艺技术。结合以往对金沙金器类薄片形器物的金相分析结果①，可以看出当时在不能通过范铸法铸造出如此薄的器具时，热锻成为最常用的技术手段，这反映出金沙时期古蜀工匠的加工技术已经达到较高的水平，可以根据目的需要选用相应的技术手段。本次分析的多件容器残片及部分铜器，都存在铸后受热的现象，说明在埋藏前可能被焚烧过，这种现象同样存在于三星堆祭祀坑中，具有共同性质，不难看出从三星堆到金沙时期这种习俗一直都在延续，或许它就是古蜀青铜时代祭祀文化的一个重要传统。

　　牌形铜器合金以铅锡青铜为主，还有少量的砷锡青铜，制作技术有铸造和热锻，牌形以热锻和铅锡青铜多见，另有少量为铸造和锡青铜，2 件高锡青铜器还发现热冷加工，即铜片在经过高温锻打后，又在再结晶温度以下进行了冷加工处理，这充分显示出当时工匠有丰富的经验和成熟的技术来判断加热及控制锻造温度范围，以便在该金属的塑性最佳区内进行锻打成形②。

　　金沙遗址戈斧形青铜器合金有红铜、铅青铜、低铅—低锡青铜，从三星堆到金沙此类器物的铸造在合金配料上并没有严格的合金技术规范，但合金技术基本一脉相承，用铅比较普遍，铅锡青铜合金为主要材质类型。容器类器物相对含铅较高，可能源于容器器形复杂，高铅含量的合金配比可以增加金属溶液的流动性，从而容易浇注出完整的器形。璧瑗类器物既有高铅合金，亦有高锡合金。像生类和装饰类器物除了少量为锡青铜外，其余为铅锡青铜。总体而言，铅锡青铜材质的铜器占有绝对优势，主要集中为像生和装饰类器物，它是金沙铜器中的主要材质，同时铅作为合金成分也是使用最多的。金沙铜器的铅同位素实验分析有属于高放射性成因铅器物和一般异常铅器物及普通铅器物，含普通铅器物主要为像生、装饰、杂器及戈斧类，璧瑗类器物绝大部分属于密西西比铅异常铅。通过与天马—曲村铜容器对比，发现金沙遗址出土容器的铅金属原料区与中原地区西周早期铜器的金属原料区具有同一性。该原料区在商代晚期已经出现，在西周早期王室铜器中普遍使用，三星堆遗址中则未见此现象，由此推测，金沙遗址这些容器可能来源于中原。金沙祭祀区出土的绝大部分具有地方青铜文明特色的戈、圆角方孔形器、璧等以及一半以上

---

① 金相组织为等轴晶和孪晶，而且晶内存在滑移带，反映出技工工艺技术成熟稳定。研究者认为金沙遗址出土铜器残片，可能是先铸造成较厚的薄片，然后再根据实际需要加热锻打成不同的形状和尺寸。肖璘、杨军昌、韩汝玢：《成都金沙遗址出土金属器的实验分析与研究》，《文物》2004 年第 4 期。

② 肖璘、杨军昌、韩汝玢：《成都金沙遗址出土金属器的实验分析与研究》，《文物》2004 年第 4 期。

的像生和装饰类器物含有与三星堆青铜器铅同位素一致的高放射性成因铅，但也出现了部分普通铅，尤其体现于杂器中，占50%以上。这显示出金沙时期对早期开发的高放射性成因铅金属原料产区的延续利用，同时也揭示了矿业活动由开采已久的旧矿区逐渐向新矿区转移的历史变迁。金沙出土容器的合金成分和铅同位素组成都与殷墟四期至西周早期中原青铜礼器一致，其身份讨论有着重要意义①。

金沙遗址青铜器的冶炼过程中人为进行铜锡铅含量配比的现象并不突出，可能更体现出直接利用多金属矿的结果，这些铜器中铅同位素比值大部分异常高，根据区域地质资料和前人对多金属矿床的研究成果，认为金沙遗址青铜器的铜矿石来源极有可能是会理的拉拉铜矿②。

# 第六节　金器特征

金沙遗址祭祀区出土的金器数量众多，种类丰富，器物按平面形状差异，可分为几何形器、像生形器、其他形器三大类。几何形类有三角形器、菱形金箔、圭形饰、条形饰、鱼纹带、"四鸟绕日"金箔饰、圆形金箔饰、金盒等；像生形类有人面具、人面形器、蛙形金饰、鱼形金箔饰、龙纹饰等；其他形类有喇叭形金器、"几"字形金器、金器残片等。其中以鱼形金箔饰和条形饰最多见。"四鸟绕日"金箔饰、鱼纹带、蛙形饰、金盒、三角形器、喇叭形器等器类的出现，既丰富了早期蜀文化黄金传统的文化内涵，亦凸显出该遗址的特殊性。这些金器一般为不能独立使用的金片或金箔，它们应当是与其他材质的器具组合在一起使用的，用以凸显所装饰的器物，装饰性的特点是金沙遗址祭祀区金器最为显著的特质。在整个金沙遗址范围内，金器目前仅见于祭祀区，如同三星堆遗址金器也仅见于特殊遗迹和地点，这从侧面反映出金器可能是一个出现于当时中心聚落或特殊遗存的重要标识物，具有重要的符号意义。如L8出土的金面具（L8④：58）造型与三星堆青铜人面具脸形如出一辙；射鱼纹带（C：688）上的鱼、鸟、箭、圆圈的组合图案与三星堆一号坑出土金杖上的鱼、鸟、箭、人头的组合图案相似。这些图案和造型体现出金沙遗址同三星堆遗址之间有着密切的族群文化与宗教传统认同的渊源关系。"四鸟绕日"（亦称"太阳神鸟"）金饰反映出当时社会中存在着太阳神崇拜的习俗，"射鱼纹带"体现出三星堆与金沙遗址之间有着密切的关系，而鱼纹金带中的"鸟首鱼身"（C：687）则可能与文献记载中蜀地古族"鱼凫"联系。这些造型与纹样的描述与阐释需要诸多讨论的空间，但其蕴含的历史信息异常丰富，对于研究成都平原早期古蜀历史提供了新的考古材料。

金器在祭祀区的分布，在时空上有着明显的差异，目前金器多见于发掘区的东区，中区、西区少有发现。东区从第二期第四段开始出现金器，数量和种类相对较少，器形单一，仅见金箔。

第三期早段金器开始多见，器形也相对丰富，可见Aa型Ⅰ式、B型鱼形金箔饰及金器残片

---

① 金正耀、朱炳泉、常向阳等：《成都金沙遗址铜器研究》，《文物》2004年第7期。
② 向芳、蒋镇东、张擎：《成都金沙遗址青铜器的化学特征及矿质来源》，《地球科学与环境学报》2010年第2期。

等。中段金器器形有 Aa 型 I 式、Aa 型 II 式、Ab 型鱼形金箔饰及 A 型条形金饰、B 型圆形金箔饰、B 型三角形金器等，该段礼仪性遗物中金器等贵金属开始占据祭祀舞台的中央位置。晚段金器数量剧增，有 Aa 型 I 式鱼形金箔饰、B 型圆形金箔饰及大量金器残片。

从第四期开始金器大量出现于祭祀区的礼仪性遗存和地层堆积中。早段金器有素面环形饰，金面具，Aa 型 I 式、Aa 型 II 式、Ab 型鱼形金箔饰，A、B 型条形金饰，锥形金饰，B、C 型圆形金箔饰，喇叭形金饰，金器残片等。晚段金器有 Ab 型鱼形金箔饰、A 型条形金饰等。

第五期早段金器在祭祀区仍然有一定遗留，器形有 Aa 型 II 式鱼形金箔饰、金器残件等。此时西区已经不见金器踪影，东区金器仍然可寻，但明显少见。从中段开始，金器从祭祀区消失。第六期古河道遗存中发现的少许金器残片，可能为晚期遗迹出土早期遗物所致或洪水裹挟而至。

研究显示这些金器的器物成型和纹样工艺技术，采用了捶揲、剪切、打磨、刻划、模冲、镂空等多种手法[1]，金相组织研究显示其为等轴晶和孪晶，表明其制作技术为热锻成形。通过制样分析，金沙遗址出土金器可能为所采的自然金加工而成；而通过对金器表面和表面纹饰线条的加工痕迹和特征的显微观察、分析，发现金器表面纹饰为刻划而成，镂空纹饰则是用某种工具反复刻划而形成的，大部分金器加工成型后，并未进行抛光处理，而是根据需要有选择地对个别器物表面进行抛光处理，以使其表面光亮。有学者认为金沙遗址金器的原料可能来源于周边或川西北地区，其工艺传统可能来自于中原地区，不同于西北地区的技术传统[2]。介于目前相关分析与研究不够，关于金沙遗址金器的热加工工艺内涵和来源、纹饰刻划工具、抛光材料及原料来源等问题，尚需进一步的考古发现和深入研究。

# 第七节　象牙器特征

象牙是祭祀区出土较为丰富的动物祭品，占有显赫的地位。目前出土的象牙遗物有象牙、圆饼状象牙器、象牙条、头骨、臼齿等，另有少量成型器物，如矛、圆形器。这些象牙遗物中以象牙、圆饼状象牙器、象牙条最为多见，圆饼状象牙器系从象牙上切割下来的截面，两面规整，可能作为象牙器坯料。这些象牙系亚洲象象牙，如此集中地出现，以 L65 最为突出，该堆积中有达八层规律的平行放置的大量亚洲象门齿，其中最长者近 185 厘米，在象牙缝中伴随有少量器物。

祭祀区在第二期第三段礼仪性堆积中开始出现象牙，数量非常少，仅见大象臼齿，且只分布于西区。第四段礼仪性遗迹出土遗物中最突出的一个特点是出现大量的象牙和象牙器，这些遗物

---

[1] 孙华、谢涛：《金沙村遗址出土金器》，《金沙淘珍——成都市金沙村遗址出土文物》，文物出版社，2002 年，第 17~19 页。

[2] 孙华、谢涛：《金沙村遗址出土金器》，《金沙淘珍——成都市金沙村遗址出土文物》，文物出版社，2002 年，第 17~18 页；四川省地方志编纂委员会：《四川省志·地理志》上册，成都地图出版社，1996 年，第 363~364 页。

较为单纯，几乎全部为象牙器和象牙，不见其他遗物伴出，除了臼齿外，还有圆饼状象牙器、象牙器、大象头骨等，而该时段较晚的堆积中仅见切割过的象牙、象牙器和骨头，不见其他。象牙和象牙器不见于地层堆积中，仅见于礼仪性堆积中。

第三期中段礼仪性堆积中象牙仍然占有相对优势，如L65，出现了大量的象牙堆积，其数量之多令人叹为观止，反映象牙祭祀达到一个顶峰。此后，象牙数量呈减少趋势，堆积中少见原生象牙，纵使有也多为圆饼状象牙器，象牙经过切割，但象牙尖未经过磨制。地层堆积中基本少见象牙或象牙制品。

第四期早段大量象牙渣出现于礼仪性堆积中，象牙和象牙器更为少见，相对而言这个时期的象牙尺寸较之以前明显较小，另见个别臼齿；象牙骨渣同其他礼仪性遗物埋藏是第四期遗存的一大特色，该期开始出现少量的獠牙和鹿角。第四期晚段仅见个别臼齿和象牙。第五期开始，鹿角和獠牙开始占据主角的位置，象牙不再作为祭祀遗物出现于礼仪性遗存中。祭祀区象牙或象牙器不同阶段的变化，可能反映出随着人地环境和气候的变化，大象在成都平原呈现减少之态势。

研究表明，大约在距今3000～2200年，成都平原气候温暖湿润，河流星罗棋布，平原上森林广布，野生动物繁盛，生活着大量的亚洲象、犀牛、黑熊、麂子、鹿等①。祭祀区大量亚洲象骨骸和制品的发现，说明当时中国境内仍然有亚洲象分布；而大邑高山遗址M11象牙手镯的出土，将成都平原象牙出现的时代上推至距今4200年②。当然也不排除在更早的时期，大象就已经出现于成都平原③，因在属于宝墩文化三期的温江红桥村遗址④墓葬中发现象牙杖。在距今3700年左右，宝墩文化第四期的墓葬中发现大量象牙制品随葬的现象，如青白江三星村遗址⑤，墓葬出土的象牙器最为丰富，器形均为装饰品，有笄、圆形穿孔骨片、三角形骨片、骨管等，出土时置于死者的头部、腰部、手部。三星村遗址墓葬中发现的象牙器与成都市南郊十街坊遗址墓葬中出土的"骨器"形制和质地相同⑥。

---

① 李永昭、李奎、朱章义等：《金沙遗址古环境》，见本书附录七。
② 刘祥宇、周志清、陈剑：《成都平原年代最早和最为完整的史前墓地——成都大邑高山古城遗址的新发现》，《中国文物报》2016年6月3日第6版。
③ 在新一村遗址2011年发掘中，砂砾层出土1件石化的剑齿象臼齿，由于其并非原生堆积，系水流冲刷所致，因而具体时代不可确定，但结合该遗址最下层堆积中发现宝墩文化第四期遗物，以及宝墩文化中发现象牙制品未见石化之情形，推测该石化臼齿时代可能更为久远。资料现存成都文物考古研究院。
④ 该遗址发现300多座墓，仅1座墓出土随葬杖形骨制品，该骨制品最早鉴定为象牙，承蒙主持发掘者杨占风博士告知。资料现存成都文物考古研究院。
⑤ 资料现存成都文物考古研究院。
⑥ 该遗址墓葬中M1、M4、M6、M7、M8、M10、M16中均出土有骨器，一般置于头部及手、腕部，其功能为装饰品，有笄、镯、片状饰品、管、圆形器和圆锥形器。朱章义：《成都市南郊十街坊遗址年度发掘纪要》，《成都考古发现（1999）》，科学出版社，2001年；张君、朱章义：《成都市十街坊遗址新石器时代晚期人骨的观察》，《考古》2006年第7期。笔者认为十街坊遗址墓葬中随葬骨器（原报告）的习俗同三星村遗址墓葬中象牙骨片随葬的习俗相同，且二者形制和质地相同，佩戴或装饰位置亦相同，因此十街坊遗址的骨器亦当属于象牙制品。

　　金沙遗址表现出总体的气候特征为干燥，并伴以各种灾害天气，同时也存在着干旱潮湿气候间或发生的现象。祭祀区发现了数以吨计的象牙，而在较晚时期的祭祀堆积中却只发现两根残缺的亚洲象门齿。据此推测，金沙遗址前后两期的气候变化较大，前期气候温暖湿润，适合亚洲象、犀牛等野生哺乳动物生存；后期气候逐渐干旱，亚洲象的生存环境受到威胁，数量大大减少。

　　气候变化固然是象牙减少的原因之一，但笔者认为人地关系的变化也是不容忽略的因素。考古资料和研究证实，在距今3600年后大量人群开始聚集于金沙遗址周边地区，一改宝墩文化时期呈分散点状的聚落形态，逐步以线状至片状的聚落形态围聚于金沙遗址及周边地区，进而形成以祭祀区和大型建筑区为代表的中心地区，聚落范围的扩大与内部结构的复杂化，无疑是人地矛盾关系中人与环境关系紧张的主要动因。随着人群向更广大区域的拓展，大象生存的空间被压缩；加上随着祭祀遗存中象牙及象牙制品成为主角，居民大规模的猎杀势必影响大象在成都平原的生存空间。随着时间的推移，大象逐渐远离成都平原，在商末周初象牙很少见于祭祀遗存，代之而起的是属于林缘动物的野猪獠牙和鹿角等。商周之际后，金沙遗址大量集中墓地的出现，或许反映出这个时期当地人群汇集于此，过多的人口势必同周边环境生物争夺生存空间，加上气候的日趋干旱，森林向更远的地区退却，人们获取的自然资源变得更为有限[1]。象牙在金沙遗址祭祀区祭祀遗存中的角色变化，可能正是人地关系紧张的缩影，气候因素或许只是一个诱因[2]。

　　象牙和象牙制品在中国新石器时代遗存发现中较多，如河南舞阳贾湖遗址出土的象牙雕板[3]，山东大汶口文化陵阳河 M26 和 M10 出土的象牙梳[4]，长江下游马家浜文化吴家浜遗址出土的象牙梳[5]，河姆渡文化的象牙匕、碟形器、帽形器[6]，长江中游湖北青龙泉屈家岭文化时期 F26 出土的象牙梳[7]，此外，在大溪文化的关庙山遗址还发现有野生亚洲象的臼齿和巨大肱骨（公元前3700～前3500年）[8]，在黄梅塞墩遗址（黄鳝嘴文化公元前4500～前3500年）发现大量亚洲象遗骸，表明新石器时代野生亚洲象的生存北界至少已经达到北纬30°线一带，当时长江中、下游地区的气候同今云南、广东地区相近[9]，且可能出现了利用大象下颌骨来祭祀（H3、H9、H106）和臼

---

① 周志清：《成都平原先秦时期出土象牙研究》，《中华文化论坛》2018年第7期。

② （英）伊懋可：《大象的退却——一部中国环境史》，江苏人民出版社，2014年，第10～44页。

③ 河南文物考古研究院：《舞阳贾湖新石器时代遗址第八次发掘》，河南文物网2014年3月11日。

④ 山东省考古所、山东省博物馆、莒县文管所：《山东莒县陵阳河大汶口文化墓葬发掘简报》，《史前研究》1987年第3期。

⑤ 浙江省文物考古研究所、嘉兴市博物馆：《浙江嘉兴吴家浜遗址发掘简报》，《文物》2005年第3期。

⑥ 浙江省文物管理委员会、浙江省博物馆：《河姆渡遗址第一期发掘报告》，《考古学报》1978年第1期；牟永抗：《试论河姆渡文化》，《中国考古学会第一次年会论文集》，文物出版社，1980年。

⑦ 中国社会科学院考古研究所：《青龙泉与大寺》，科学出版社，1991年。

⑧ 周本雄：《湖北枝江关庙山新石器时代遗址的动物遗存》，《枝江关庙山（三）》，文物出版社，2017年，第1013页。

⑨ 中国社会科学院考古研究所：《黄梅塞墩》，文物出版社，2010年，第296页；韩立刚：《黄梅县塞墩遗址动物考古学研究》，《黄梅塞墩》，文物出版社，2010年，第340～341页。

齿随葬（M196）的习俗①。商周时期象牙和象牙制品发现更为广泛，如殷墟妇好墓出土的象牙杯②，湖北随州叶家山西周墓地 M111 出土的整根象牙③，以及商周青铜器上大量象纹和大象立塑等，目前发现的大象遗物多以象牙制品出现。从上述资料看，在新石器时代，无论是在北方地区还是长江流域，目前均未发现用整根象牙祭祀或随葬的习俗，象牙主要是作为装饰品出现的，以梳子最为多见。而在商周时期，除了继续流行象牙装饰品外，使用整根象牙祭祀或埋藏的习俗开始常见，尤以长江上游的成都平原地区最为盛行，长江中游地区西周墓葬中也见有随葬象牙的习俗，如叶家山 M111④。

驯象以供人役使，可能很早就在中原地区出现了。传说"舜葬于苍梧下，象为之耕"（《论衡·书虚》），透露了远古人们尝试驯化野象的信息。徐中舒先生曾推测河南古称豫州，乃因产象而得名，并指出甲骨文中的获象记录是土产象，不是从南方引进，象在殷商时代已成为日常服用动物⑤。甲骨文有一"为"字，从手牵象，罗振玉即据以推测："意古者役象以助劳，其事或尚在服牛乘马以前。"⑥《吕氏春秋·古乐》有云"商人服象，为虐于东夷"，是记商人把驯化的家象用于对东夷的战争。《韩非子·说林上》谓商末纣王使用"玉杯象箸"。甲骨文有"以象侑祖乙"（《合集》8983），象被用为祭牲。诚如学者所指出的，商代贵族统治者用象祭祀祖先，间或也服用战争，还将象牙、象骨制成各种用品，表明当时不但有不少野生象存在，而且还有经过驯化并进行自行繁殖的象存在⑦。甲骨文记录中有一类象是野生象，另有一类是驯养中的象。殷墟考古发掘中，屡有象牙、象骨制品出土，如妇好墓出有夔鋬杯一对，带流虎鋬杯一件，皆用象牙根段制成，极其精致⑧；整象也有出土，如 1935 年第 12 次殷墟发掘，在王陵区东区 M1400 大墓附近，发现象坑一个，长 5.2、宽 3.5、深 4.2 米，内埋一象一人⑨，乃祭祀祖王的牺牲。1978 年在王陵区西区东南方约 80 米处，又发现象坑一个，长 2.4、宽 1.7、深 1.8 米，内埋一象一猪，象体高约 1.6 米，身长约 2 米，门牙尚未长出，系一幼象个体，身上还佩带一个铜铃⑩。前一象的大小不详，但据两坑长度和后一象已知身长的比例推算，前一象的身长似应在 4 米开外，属于一头处于成熟期的大象。这两头象均非野象，幼象身系铜铃，定为家象；大象同坑内埋有驯养象的人，表明该象经过驯化。此外，妇好墓中出有圆雕玉象一对，一大一小，作站立状，长鼻上伸，鼻尖卷

① 中国社会科学院考古研究所：《黄梅塞墩》，文物出版社，2010 年，第 9～11、88、298 页；韩立刚：《黄梅县塞墩遗址动物考古学研究》，《黄梅塞墩》，文物出版社，2010 年，第 330 页。
② 中国社会科学院考古研究所：《殷墟妇好墓》，文物出版社，1980 年，第 215～218 页。
③ 《湖北随州古墓葬首现象牙　保存完好现光泽全国罕见》，华夏经纬网 2013 年 7 月 30 日。
④ 湖北省文物考古研究所、随州市博物馆：《湖北随州叶家山 M111 发掘简报》，《江汉考古》2020 年第 2 期。
⑤ 徐中舒：《殷人服象及象之南迁》，《中央研究院历史语言研究所集刊》第 2 本 1 分，1930 年。
⑥ 罗振玉：《增订殷虚书契考释》卷中，东方学会石印本，1927 年，第 60 页下。
⑦ 王宇信、杨宝成：《殷墟象坑和"殷人服象"的再探讨》，《甲骨探史录》，生活·读书·新知三联书店，1982 年。
⑧ 中国社会科学院考古研究所：《殷墟妇好墓》，文物出版社，1980 年，第 215～218 页。
⑨ 中国社会科学院考古研究所：《殷墟发掘报告》，文物出版社，1987 年，第 89 页。
⑩ 中国社会科学院考古研究所安阳工作队：《安阳武官村北地商代祭祀坑的发掘》，《考古》1987 年第 12 期。

起，口微张，小眼细眉，大耳下垂，体硕腿粗，尾下垂①。观其形态，憨然可掬，毫无凶猛骇人之感，似属以家象为模特的雕琢品。当时可能还有以"象"为族徽的人群②。殷商时期既有不少被人们驯化或养殖的象，役象或乘象出行自非难事，文献所谓"商人服象"记述，应该说是可信的。上述资料表明，大象在商代就广泛出现于中原的河南地区，目前殷墟是商代出土大象和象牙制品较多的地区。这说明距今3000年前，大象广泛生活于北方地区。

研究表明，晚至西周中叶以前，中原地区尚保存着大片茂密的森林，又有广大的草原沼泽，气候温暖湿润，年平均温度约比现今高2℃，如亚热带的竹类植物，曾在黄河流域广泛生长，而现在竹类分布的北限大约向南后退纬度1°~3°。大约在一两万年以前，中原地区的年平均温度更比现在高出7℃~8℃③。这样的自然气候条件，十分适合象的生存栖息。旧石器时代，中国野生象群生存范围较为广泛，在山西、陕西、河南等地一些旧石器时代遗址，出土了不少大象化石。殷墟商王邑也曾出有象的亚化石。甲骨文中有商王狩猎"获象七"的记录。西周中叶以后，气候变寒，加上人们的开发活动，中原地区生态植被严重恶化，象逐渐向南方迁徙④。

截至目前出土象牙最多的当属成都平原商周时期的金沙和三星堆遗址，以金沙遗址最为集中和多见，它们多以原生象牙出现，象牙制品少见，另外还伴随有少量的臼齿和头骨。大象臼齿在新一村遗址商周时期的湖相堆积中也有发现。这些臼齿和头骨的出土，进一步揭示出这些象牙当属于本地产物⑤，而非部分研究者认为的舶来品。金沙遗址和三星堆出土的象牙属于特殊的堆积，它们均出土于祭祀区或祭祀坑中，特殊的埋藏环境凸显其特殊的功能，可能与獠牙和鹿角一样是作为特殊象征符号使用的，它们在祭祀遗存中的出现，反映出其具有通神或娱神的作用。而金沙遗址的古环境研究也揭示出，当时的成都平原属于热带和亚热带温暖湿润的气候，通过孢粉分析得出成都地区平原植被以草本植物占优势，局部地区为低洼的湿地，生长着大量喜湿的蕨类植物，在较高的丘陵和山地上生长着乔木。总体气候属于热带和亚热带温暖湿润的气候，存在着温暖湿润和温暖干旱气候交替的现象⑥，这样的环境适宜大象生存。随着气候的变化以及人类活动范围的扩大和干预的加强，大象的生存环境日趋恶化，大象逐渐淡出四川盆地，呈现出人进象退的趋势，这正是史前人地关系由合作转向对抗发展的缩影。

大邑高山遗址M11出土的象牙镯将成都平原象牙制品的出现年代上溯至距今4200年⑦，温

---

① 中国社会科学院考古研究所：《殷墟妇好墓》，文物出版社，1980年，第160页。

② 1983年薛家庄M3出土的象觥有一头大腹便便的长鼻子大象。严志斌：《妇好墓出土玉立人及相关问题》，《中国社会科学院古代文明研究中心通讯》2017年1月第31期。

③ 竺可桢：《中国近五千年来气候变迁的初步研究》，《竺可桢文集》，科学出版社，1979年。

④ 宋镇豪：《夏商社会生活史》，中国社会科学出版社，1994年，第156页。

⑤ 周志清：《想象历史的方法——从金沙遗址出土象牙说起》，《华夏考古》2010年第1期。

⑥ 傅顺、王成善、江章华等：《成都金沙遗址区古环境初步研究》，《江汉考古》2006年第1期。

⑦ 刘祥宇、周志清、陈剑：《成都平原年代最早和最为完整的史前墓地——成都大邑高山古城遗址的新发现》，《中国文物报》2016年6月3日第6版。

江红桥村墓葬中发现象牙杖①、青白江三星村遗址墓葬出土的象牙饰品②、成都十街坊遗址墓葬出土象牙装饰品，有笄、镯、片状饰品、管、圆形器和圆锥形器③，进一步丰富了成都平原新石器时代晚期象牙制品的考古材料，而高山遗址象牙镯的出土则进一步揭示成都平原象牙制品的出现有其历史渊源。基于此，笔者认为成都平原至少在新石器时代晚期已出现象牙制品，但数量极少，可能与其技术发展水平有关；但宝墩文化三、四期象牙装饰品较多出现于墓葬中，商周时期大量象牙、象牙制品的出现，除了祭祀的动力因素外，发达的技术水平也是重要的因素，即人在与自然的斗争中，占据了主动位置，这些作为通天神器的象牙或象牙制品以及臼齿等被赋予了特殊的符号意义，具有神器之用。考古材料和环境分析以及文献研究揭示，这些作为祭品的象牙和象牙制品当来自于成都平原周边地区，而非通过远程贸易来自遥远的东南亚地区或其他异域地区。对于成都平原象牙的研究除了考古发现与研究外，对象牙或象牙制品质料的技术分析和综合研究也是我们认识成都平原象牙来源思考的一个重要途径。

## 第八节　竹、漆、木器特征

漆器发现有镶嵌蚌片漆器、木胎虎头漆器、弓形漆器、漆器残件（L11）。木器有木雕人像、兽面构件、榫卯构件等，个别木器上涂抹有朱砂。其中木雕人像上刻划着繁缛的兽面纹，纹饰刻划精美，堪称精品，口部涂有朱砂，该人面形象同中原地区商周时期青铜器上的纹饰相近。竹器主要为容器类，保存较差，无法提取，不知其具体形制。第二期第三段遗存礼仪性堆积中开始出现有少量竹木漆器等。竹、漆、木器可能由于保存因素，出土数量相对较少，埋藏环境多属于（除L13外）湖相沉积，但木雕人像、镶嵌蚌片漆器、木胎虎头漆器等仍然体现出古蜀人高超的木雕、漆器制作水平及特有的艺术审美观，它们的发现，极大地丰富了我们对早期古蜀文明的漆器艺术和制作技术的认识。金沙早期漆器突破单纯地在器物上髹涂生漆的原始阶段，常见漆器为黑漆髹底，红彩装饰和白灰打底，漆饰花纹，另出现槽孔式平嵌绿松石形成兽面图案及在镶嵌蚌片漆虎尾上"螺钿"技术的使用。这些现象揭示，距今3500年左右金沙古蜀人不仅有着丰富的漆器制作经验，同时拥有发达的漆器制作技术，对于古蜀文明漆器研究提供了极为重要的考古资料。

---

① 其材质和功能目前尚无和描述进一步阐释，尚需进一步讨论。资料现存成都文物考古研究院。
② 这些象牙器均为装饰品，有笄、圆形穿孔骨片、三角形骨片、骨管等，出土时置于死者的头部、腰部、手部。资料现存成都文物考古研究院。
③ 该遗址宝墩文化遗存墓葬中 M1、M4、M6、M7、M8、M10、M16，均出土骨器，现可鉴定为象牙器。朱章义：《成都市南郊十街坊遗址年度发掘纪要》，《成都考古发现（1999）》，科学出版社，2001 年；张君、朱章义：《成都市十街坊遗址新石器时代晚期人骨的观察》，《考古》2006 年第 7 期。

# 第九节　其他

## 1. 关于施朱习俗

在祭祀区出土的铜器、石器上常见大量施朱的现象，它一般见于石跪座人像面部、石蛇头部、石虎头部、石斧的刻纹以及坑状堆积的填土中，如 L8；另外在填土中还发现有红粉色颜料，经分析主要为 Hg 和 S。

朱砂，又名丹砂、辰砂（HgS），粉末呈红色，因其化学性质稳定，鲜艳的红色经久不变，且硬度低易研磨成细粉，而成为古人崇敬的天然色料（包含药物功能和宗教色彩）。鲜艳的红色可能象征着血液，涂朱无疑是给涂朱对象赋予生命永生和不朽的含义或突出施朱对象，同时亦具有凸显或醒目之意义，究其目标仍然是追求生命的永生与不朽。祭祀区涂朱现象始见于第三期早段，涂朱对象为石雕人物面部或动物的头部，如人物的眼部和唇部，以唇部多见，石虎的口、耳、眼部及盘蛇的眼、口、吻部，并非整体施朱。这个时期施朱仅是针对特定对象，以仿生式器物中动物和人物为主，涂朱对象当有特定的象征意义。第三期中段出现象牙涂朱的现象，如 L14。施朱习俗以第四期早段最为盛行，这个阶段施朱行为不再是针对特定的对象，而是呈现出一种祭祀仪式行为，即在礼仪性遗存中抛洒朱砂于礼仪性器物之上，致使许多器物表面发现涂朱现象，如部分璧和斧上阴刻线纹上的涂朱现象，遗迹中 L8 的施朱现象最为突出，其五层堆积中都有施朱现象。该习俗可能与中原地区"血祭"有着相似的含义。血祭即是杀牲取血以祭神，"血是巫师通天的法器之一，与玉同功。"[1] 血对于沟通先秦时期的天神具有特别的功能[2]。

先秦用血制度主要分为祭礼用血、衅礼用血和盟誓用血[3]，而用血对象则有针对祖先的庙祭、祭天的郊祀和祭土的地祭，地祭常见后土之祭、区域社神之祭及谷神之祭，后土之祭乃祭祀地祇。《周礼·春官·大宗伯》："以血祭祭社稷、五祀、五岳。"郑玄注："阴祀自血起，贵气臭也。"贾公彦疏："先荐血以歆神。"《礼记·郊特牲》："血祭，盛气也。"陈澔集说："血由气以滋……故血祭者，所以表其气之盛也。"社稷、五祀、五岳属于阴祀，故而享受血祭。古人分歧较多有"埋血""荐血"和"灌血"之说，这些说法都意图诱神，因而在天、地、祖三大祭中，血用以诱神和歆神的功能相同，只是名称有所差异而已。而社神用血，即血社，以血祭社神，多用人牲祭社；衅礼主要特征是以血涂物，衅社则重在以血涂社主[4]。商代杀牲血祭之礼不同于周代祀典中取牲血以涂衅祭器者，血祭和衅礼之俗可上溯至商代[5]。向天、地献血主要是因为古人认为血具有某

① 张光直：《中国青铜时代》，生活·读书·新知三联书店，1999 年，第 478 页。
② 杨华：《先秦血祭礼仪研究——中国古代用血制度研究之一》，《世界宗教研究》2003 年第 3 期。
③ 杨华：《先秦血祭礼仪研究——中国古代用血制度研究之一》，《世界宗教研究》2003 年第 3 期。
④ 杨华：《先秦血祭礼仪研究——中国古代用血制度研究之一》，《世界宗教研究》2003 年第 3 期。
⑤ 于省吾：《甲骨文字释林·释》，中华书局，1979 年，第 22～25 页。

川，湖南的凤凰、新晃、保靖，重庆的酉阳、秀山和广西的金城江等地"①。《说文解字》谓："丹、巴、越之赤石也。"有学者认为历史上朱砂主要是通过包括丹水在内的长江支流输送到北方地区的②。成都平原目前尚未发现朱砂矿源产地，历史上也无文献记载，商周时期祭祀遗存和墓葬中广泛出现的朱砂来自何方？川渝地区山水相连，地理空间相邻，无论是历史文化还是人群互动，自古以来二地间一直有着密切的联系，而乌江流域盛产朱砂，其开采历史悠久，它极有可能是成都平原地区商周时期朱砂的主要来源地。

金沙遗址考古材料揭示，朱砂在商代早期已经出现在古蜀文化的祭祀遗存中，墓葬中朱砂使用相对略晚，春秋时期仅见于墓葬中。金沙遗址仅见于祭祀遗存和墓葬中的朱砂体现了古蜀人向死而生的世界观，祭祀的目的乃是实现人神之间的有效沟通，禳祸避灾；朱砂墓乃是视死如生观念的体现，其共同目标均是实现生死世界的有效沟通，以求福佑世人。

介于目前成都平原商周时期祭祀遗存中涂朱和墓葬中施朱习俗的相关研究非常有限，有待进一步的分析，但对成都平原地区古代朱砂的产地来源与贸易的研究可作为今后该课题的努力方向，加强对考古资料中朱砂的汞同位素研究可能是一个理想的途径。

### 2. 石质半成品堆积讨论

金沙遗址祭祀区发现了大量的石质半成品堆积，此类堆积从祭祀区最早出现祭祀遗存开始，一直是主流的祭祀遗物组合，只是随着时代的变迁，逐渐衰微，直至消失。

石质半成品堆积数量较多，组成也较为复杂。以 L58 为例，平面形状呈不规则形，遗物堆积分两层，第 1 层填黄褐色土，夹杂灰烬、碎石等，出土遗物 300 余件，以石质半成品为主，有石璋半成品（12 件）、石琮半成品（3 件）、石璧半成品（109 件）、石璧坯料（50 件）、石芯（5 件）等，另有少量石矛、石璧、玉璧等。第 2 层堆积较为特殊，坑内填黑色土，有多处区域填土为黑色，含大量灰烬，界限明晰，应是有意为之，内含多处堆积，各处堆积大小不一，形状各异，除少数无遗物外，大都有一定数量的各类遗物。"瘗埋"堆积以ⅠT7007 - 7108、ⅠT7005 - 7106第 23 层为例，该层出土了大量散落的石质半成品，这些石质半成品分布杂乱无章，摆放无一定规律可循。石质半成品有石璋半成品（13 件）、石璧（9 件）、石璧半成品（74 件）、石璧坯料（122 件）。"地面"堆积以 L3 和 L48 为例，其中 L3 最具特点，堆积形状呈坡状，器物的朝向主要为西北方向，这在石璧坯料上表现得尤为明显，石璧坯料均倾斜放置，西北高，东南低，层层叠压。包含物有玉器、石器、陶器，以石器为主，大型石璧、大型石璧坯料较具特点，另有大量小型石璧坯料和少量石璋半成品、石琮半成品、石圭。L48 平面形状大致呈不规则形，大量遗物集中垒叠放置，可分两层。第 1 层出土遗物有 59 件石璧半成品、2 件石璧，还出土有 1 件陶器；第 2

---

① 刘芁、吴家荣：《朱砂现今主要产地的本草考证》，《中国中药杂志》2000 年第 4 期。
② 曾超：《乌江丹砂开发史考》，《涪陵师范学院学报》2006 年第 4 期。

层有石璧 5 件、石璧半成品 43 件。

金沙遗址祭祀区地点以石璧半成品、石璧坯料、石璧等为主要组合的石质半成品堆积除有特殊堆积（L3）外，其他集中堆积的遗存以分层放置常见，同时也有大量石质半成品杂乱无章散落于地层堆积的情形。从目前发掘情况观察，这些石质半成品堆积周边未发现任何建筑遗迹或生活设施，亦未出土任何加工工具和原石及加工过程产生的废料、碎屑等边际遗物，同时也不见明显的坑状堆积。这些石制品系有意选择集中放置的特定场所，当有着特殊的象征意义。《周礼·春官·大宗伯》载："以玉作六器，以礼天地四方。以苍璧礼天，以黄琮礼地，以青圭礼东方，以赤璋礼南方，以白琥礼西方，以玄璜礼北方。"玉璧、玉琮、玉圭、玉璋、玉琥、玉璜就是六种礼器，即"六器"，也称"六瑞"。按《周礼》"黄琮礼地"。郑玄注：琮者，八方之玉，以象地形，玉琮的造型是内圆（孔）外方，似是印证"璧圆象天，琮方象地"等道理，故以祀地。而青圭的青色与天空的颜色极为相似，故用来祭祀上苍。如上所言，璧、琮等礼器在中原地区商周时期人们观念意识中属于祭天的瑞器，它们的使用有着特定的含义。金沙遗址祭祀区经过精心选择使用于专门祭祀场所的石璧半成品堆积，应当有着同中原地区玉璧相近的象征意义，其伴出的石琮半成品、石璋半成品以及石芯等遗物可能同玉琮、玉璋等有着相同的象征意义。同时，祭祀区早期石质半成品堆积中少见玉器，极少的残玉璧同石质半成品共出的现象，凸显玉器在当时稀缺性的特征，这种现象反映出古蜀人早期可能对玉器的加工或控制能力较弱。随着古蜀人对玉料获取、玉器加工及控制能力的提高，在商代中期以后，以石璧半成品为主的"瑞器"组合逐渐式微，玉制礼器开始占据主导地位，其形制和组合与文献记载中瑞器组合基本相同，这也反衬出石璧半成品与玉质同类品有着相同的符号意义。商代中期以后，石质半成品虽然不占据主导地位，但一直未退出历史舞台，成形的石璧和石璋、石琮比例随着时间变化逐渐增大，而半成品的比例呈递减之态势，同时大型石璧也是稍晚阶段出现的。

金沙遗址祭祀区石质半成品堆积在三星堆遗址也有发现，此类堆积在 1931～1934 年月亮湾出土遗物就有发现，石璧在玉石器坑中的位置，有两种不同的说法：一说是石璧叠积于坑中，大者在下而小者在上，形如一塔；一说玉石器坑的两边各竖立石璧一列，由大而小，中间置玉器，其上又平覆石璧一列[①]。类似"列璧"出土的情况在 1988 年三星堆遗址真武仓包包[②]和川北盐亭麻

---

① 冯汉骥、童恩正：《记广汉出土的玉石器》，《文物》1979 年第 2 期。

② 四川省文物考古研究所三星堆工作站、广汉市文物管理所：《三星堆遗址真武仓包包祭祀坑调查简报》，《四川考古报告集》，文物出版社，1998 年。该祭祀坑在工作人员到场时已经被破坏，其埋藏堆积情况凭借民工回忆描述而转述，石璧按大小顺序叠置于坑中，仅供参考。目前金沙遗址所见有叠置但无规律摆放，仅 L3 略有规律斜置堆放，但整体并无规律可循。除了其他玉石器外，石璧堆积仅见石璧和石芯，不见半成品和残件、坯料，这是与金沙遗址石璧堆积最大的差异。另外石璧均磨制过，坑底器物大都有火烧痕迹，坑内埋有烧骨碎渣，撒有朱砂，撒朱砂的情况在金沙遗址以 L8 为代表的晚期祭祀遗存较为明显，这也是祭祀遗存的一个重要标识。这反映出三星堆和金沙遗址祭祀传统有着诸多的相似之处，无论是祭祀对象、内容抑或是时代，二者都有着密切的关联，它们的关系尚需进一步阐释。

秧乡①均有发现，麻秧乡的遗物值得讨论，除了石璧，不见其他文化遗存。

对于三星堆石璧堆积的功能与时代有以下几种观点，有加工作坊说②，结合在广汉调查和发掘的情况看，周蜀蓉、尹俊霞、王波、王滨蜀认为此说非常有真知灼见③，理由是 1964 年在距离发现玉石器坑约五六十米的地方，也发现一石器坑，有成品、半成品和石坯④；1984 年在三星堆北面鸭子河南岸的真武宫西泉坎发现了大量石璧成品、半成品和废料及房屋基址，发掘者推测这里可能是石璧的加工作坊。第一个双手绑缚的石雕奴隶像也是在这里发现的⑤。文中没有描述石璧的堆积形状及与周边遗存的关系，需要进一步核对；另外奴隶雕像的出土为该地点建筑和遗物的功能属性提供了推测空间。该地点出土的陶器以高圈足豆形器、小平底罐、长颈壶、鸡冠捉手等为主，出现了尖底罐，但不见尖底杯、尖底盏，这些器物时代至少在殷墟四期以前。从馆藏玉石器看，所藏玉器造型精美，制作精细，不见有使用痕迹；而所藏的石器特别是石璧大多为加工过程中形成的残件，遗物特征更多表明其形成与玉石器的加工作坊有关⑥或属于祭祀性质埋藏坑⑦。关于此类遗存的文化属性与时代目前主要有以下几种观点，一是这些遗存属于同一文化的不同时期的堆积⑧；二是同一文化系统下的不同考古学文化⑨；三是遗存年代大约从龙山晚期延续至殷墟三期⑩，部分可能晚至西周早期⑪；四是时代晚于仁寿村墓地玉器，不晚于一、二号祭祀坑和金沙遗址玉石器的整体年代，有可能早于三星堆一、二号祭祀坑的年代⑫。综上分析，由于三

---

① 赵紫科：《盐亭县出土古代石璧》，《四川文物》1991 年第 5 期。

② 冯汉骥和童恩正认为发现玉石器的地点为其手工业作坊所在地，历年来出土的玉石制品、半成品和石坯，应该就是这个作坊的遗物。冯汉骥、童恩正：《记广汉出土的玉石器》，《文物》1979 年第 2 期。

③ 四川大学博物馆：《1931～1934 年华西协和大学古物博物馆入藏的广汉月亮湾出土遗物》，《三星堆研究·第四辑·采集卷》，巴蜀书社，2014 年，第 193 页。

④ 冯汉骥、童恩正：《记广汉出土的玉石器》，《文物》1979 年第 2 期。

⑤ 陈显丹：《广汉三星堆遗址的发掘概况、初步分期——兼论"早蜀文化"的特征及其发展》，《南方民族考古（第二辑）》，四川科学技术出版社，1990 年，第 216 页。

⑥ 四川大学博物馆：《1931～1934 年华西协和大学古物博物馆入藏的广汉月亮湾出土遗物》，《三星堆研究·第四辑·采集卷》，巴蜀书社，2014 年，第 193 页。

⑦ 介于近 40 年来三星堆遗址调查与发掘中，在三星堆遗址北部集中发现有玉石器成品（含残件）、半成品、废料和玉璞出土，四川博物院的何先红认为制作加工玉石器的作坊和使用的礼仪场合都处于城址内最重要的区域——城址的北部，两者的地点相距也不会很远。推测燕家院子玉石器坑属于祭祀性质的埋藏坑，而属于窖藏性质或墓葬的可能性很小。何先红：《四川博物院藏三星堆遗址出土玉石器补记》，《三星堆研究·第四辑·采集卷》，巴蜀书社，2014 年，第 203 页。

⑧ 1929 年燕道诚发现的土坑中均为玉石器，器类有玉琮、玉璋、玉斧、石璧等，其中石璧多残件。对于遗存的年代，因玉石器坑偶然发现，1934 年发掘中仅有一文化层，发掘者意识到二者文化面貌差异较大，未能清晰辨识。马继贤：《广汉月亮湾遗址发掘追记》，《南方民族考古（第五辑）》，四川科学技术出版社，1993 年。

⑨ 孙华：《试论广汉三星堆遗址的分期》，《南方民族考古（第五辑）》，四川科学技术出版社，1993 年。

⑩ 孙华：《试论广汉三星堆遗址的分期》，《南方民族考古（第五辑）》，四川科学技术出版社，1993 年。

⑪ 李明斌：《广汉月亮湾遗存试析》，《华夏考古》1999 年第 1 期。

⑫ 依据牙璋形制和数量，何先红认为燕家院子玉石器坑出土的中原式玉璋不见于三星堆祭祀坑，金沙遗址祭祀区的同类璋数量明显少于燕家院子，金沙遗址祭祀区出土更多的是具有蜀地色彩的双弧叉刃玉璋。何先红：《四川博物院藏三星堆遗址出土玉石器补记》，《三星堆研究·第四辑·采集卷》，巴蜀书社，2014 年，第 205 页。

星堆遗址出土同类堆积遗物组合和出土背景不详，对其性质和年代的认识有着诸多歧见，尚需进一步分析与研究。

结合金沙遗址祭祀区石质半成品堆积性质分析，发现此类堆积在商代早期已经出现，广泛流行于商代中期，商代中期以后逐渐式微。目前发现的此类遗存周边未发现任何建筑遗迹和制作石器的工具或原石，这些石质半成品系有意选择，且精心有序放置，并非人们日常行为的随意而致。结合石质半成品同金器、玉器、铜器等共出的情形看，此类石质半成品堆积当为"祭天地"的特殊祭祀遗存，与过去认为三星堆遗址同类堆积为手工作坊或窖藏遗存的认识不同。当然也不排除，三星堆遗址同金沙遗址祭祀区同类石质半成品堆积有着相同祭祀对象和方式，同时可能亦有着相近的演变脉络。对三星堆遗址和金沙祭祀区同类堆积的认识需要将其置于其各自埋藏背景中予以观察，结合伴出的器物组合和精细化的分期进行综合研究。

金沙遗址祭祀区石质半成品堆积形式和内容在不同时段的变化，除了技术层面的变化外，它还可能反映社会变化。自第三期中段（商代晚期）开始，以石质半成品为主要组合的祭祀遗物少见，伴之而起的是以金器、玉器、铜器、象牙器、石器及骨、角器出土，玉器种类、器形均较为丰富，金器、铜器等贵金属资源开始占据祭祀仪式的舞台中央位置。随着玉器、铜器、金器等崛起，石质半成品在祭祀仪式中扮演的角色地位逐渐式微，这种变化可能预示着这个时期社会发生了巨大的转变。自第三期开始成都平原商周文化发生变化，以十二桥遗址为代表的文化开始崛起，以其为代表的金沙先民可能在同三星堆先民的斗争中取得优势或文化中心转移，以祭祀区为中心的金沙聚落群可能成为当时成都平原商周时期的文化和宗教中心。

### 3. 卜甲堆积

目前祭祀区卜甲集中出土地点位于西区的个别探方，在ⅠT6512、ⅠT6612、ⅠT6513 和ⅠT6613交界之处，编号为L64，卜甲出土时相对集中，堆积分布未见一定规律，堆积未见有可寻的边界。其开口于第6层下，叠压于第7层层表。该堆积仅见于第四期晚段，时代推测为西周早期至中期。卜甲经长期埋藏，出土时破碎、变形十分严重。金沙遗址先后发掘出土卜甲21块，以祭祀区最为集中，其中背甲18块、腹甲3块，背甲所占的比例明显高于腹甲，这与中原及北方地区出土卜甲的使用情况有所不同。《周礼·太卜》注"卜用龟之腹甲"，《史记·龟策列传》中亦有记载"太卜官因以吉日剔取下骨"。在金沙遗址出土的卜甲，钻凿都是规则的圆形，分布很随意，无规则排列，这一点是与中原地区出土卜甲最大的区别。金沙遗址出土卜甲制作方法为：在使用前将甲壳从背甲和腹甲两部分的连接处——甲桥锯开，使甲桥的平整部分保留在腹甲上，然后将带甲桥的腹甲，锯掉甲桥外缘一部分，使之成为边缘比较整齐的弧形。背甲则一般直接从中间脊缝处对剖为两个半甲，有的还要将首尾两端锯掉，近似于鞋底状，然后，在背面施以钻、凿，占卜时先于卜甲背面钻凿处用火烧炙，正面即现出"卜"字形裂纹，以此定吉凶，然后将所卜之事刻于甲、骨之上。这在殷墟等地出土的绝大部分卜甲、卜骨上都能看到，但金沙遗址出土的卜甲未刻任何卜辞，这可能与金沙遗址甚至三星堆遗址都没有发现任何文字有关①。金沙遗址祭祀区出土卜甲，与成都其他遗址出土卜甲相比，其形制、制作方法、使用方法等都是一致的。尤其是腹甲，金沙遗址出土卜甲中能够修复的腹甲，修复后的形状与成都新一村7层、指挥街6层出土的卜甲几乎相同②。二者都遗留有明显的锯、削、刮、磨等加工痕迹，锯掉了甲桥，甲反面（钻灼面）和周边经过削治，正面（兆枝面）经过刮磨，反面为圆孔钻成，孔底平，孔有灼痕，许多已灼透，正面显出焦黄色。

目前卜甲在金沙遗址除了祭祀区外，只有金沙上城地点有发现，仅见1片③。另外，在十二桥遗址④、新一村遗址⑤、金河路59号地⑥、方池街⑦等遗址均发现大量卜甲，这些卜甲除金沙遗址外，其他遗址的均埋藏于砂砾层中，其堆积并非原生，这给遗物的时空讨论造成了先天的缺憾。尽管如此，透过这些卜甲仍能获得一些信息，这些卜甲具有诸多相似性，亦有着明显的差异性，一是腹甲使用较多，背甲较少；二是其他遗址出土卜甲体量总体明显小于祭祀区同类器；三是时代也有着明显差异，部分遗址卜甲时代可至西周，但大部分遗址卜甲时代晚至春秋。金沙遗址卜甲是目前发现的具有准确时代信息的遗存，由此可知利用卜甲占卜的习俗可能在西周后期即已在金沙遗址聚落群出现，西周晚至春秋前期盛行于祭祀区，并成为祭祀区金沙先民一项重要的仪式活动，春秋晚期不见此类遗存。结合上述遗址出土卜甲集中于春秋的信息，推测西周至春秋中期使用卜甲占卜的习俗曾广泛流行于成都平原的中心聚落。特别是西周晚期以降，大量卜甲遗存在多个遗址发现，透露该时段祭祀活动中频繁地使用卜甲，该现象预示成都平原的腹心地区在该时段可能发生了重大的历史事件，频繁的水患和异文化势力的介入亦可能与之相关？

### 4. 植物遗存

祭祀区出土了丰富的植物遗存，种子及果核分为农作物、水果、杂草三大类，其他有乔木、灌木、藤本、未知/碎种四大类。农作物有稻谷、粟、黍、葫芦、疑似绿豆等，以稻谷多见；水果有葡萄、李、梅/桃等，以葡萄属多见；乔木以冬青属、榉树、构树、樟科等多见；灌木有悬钩子属、五加属、忍冬属等；藤本有乌蔹莓、葫芦科、葡萄科、防己；其他还有碎种、未知、果壳/果核等⑧。

---

① 孙杰：《金沙遗址出土卜甲的修复》，《文物保护与考古科学》2013年第1期。
② 赵殿增、李明斌：《长江上游的巴蜀文化》，湖北教育出版社，2004年，第312～314页。
③ 该卜甲出土地层时代推测为西周前期，资料现存成都文物考古研究院。
④ 四川省文物考古研究院、成都文物考古研究所：《成都十二桥》，文物出版社，2009年。
⑤ 成都市文物考古研究所：《成都十二桥遗址新一村发掘简报》，《成都考古发现（2002）》，科学出版社，2003年；2011年发掘的第9层中也出土大量卜甲，资料现存成都文物考古研究院。
⑥ 成都文物考古研究院：《成都金河路古遗址发掘报告》，《成都考古发现（2015）》，科学出版社，2017年。
⑦ 成都市博物馆考古队、成都市文物考古研究所：《成都方池街古遗址发掘报告》，《考古学报》2003年第2期。
⑧ 成都文物考古研究院、中国社会科学院考古研究所：《金沙遗址祭祀区植物大遗存浮选结果及分析》，《成都考古发现（2015）》，科学出版社，2017年。

稻谷在农作物中所占比重较大，而粟和黍的比重相对较低，相比较而言粟的比重明显高于黍。祭祀区从新石器晚期到商末周初时，农业结构是以稻谷为主，兼种粟和黍，这与成都平原其他遗址同时期的农业结构特征一致。祭祀区功能特殊，堆积形成复杂，目前尚未发现有意识埋藏农作物的遗存现象。

与成都平原同时期的其他遗址相比，金沙遗址祭祀区地点商周时期的炭屑含量非常高，尤其是第三期中段炭屑含量远超该地点其他阶段。研究者认为炭屑含量反映某地点用火行为的频繁程度或用火规模。祭祀区发现了种类众多的炭化树木种子，其中，乔木多达 20 余科/属/种，灌木也有 10 余科/属/种。而成都平原同时期的其他遗址，几乎没有发现树木的种子，即使在国内其他地区，大多数遗址中仅发现农作物、杂草种子，发现树木种子的遗址也是屈指可数，显示出金沙遗址祭祀区地点的与众不同①。如此种类众多的树木种子出现可能与祭祀区特殊的功能性质有关，祭祀区频繁的礼仪活动无疑会留下大量的炭屑，研究表明中国古代祭祀仪式中常见的祭拜天地的"燎祭"现象在祭祀区中广泛存在，该祭祀方式从第二期第三段开始出现，在第三期中段发展至高峰，在该阶段炭屑含量也达到顶值。

《吕氏春秋·季冬》高诱注："燔者，积聚柴薪，置璧与牲于上而燎之，升其烟气。"《公羊传》僖公三十一年何休注："燎者，取俎上七体与其珪宝，在辨中，置于柴上烧之。"《礼记·祭法》孔颖达疏："燔柴于泰坛者，谓积薪于坛上，而取玉及牲置柴上燔之，使气达于天也。"可见，燎祭时"积聚柴薪"，需要大量的木柴。频繁的祭祀活动，经过经年累积，必然会留下大量的炭屑，而留下树木种子的概率会比普通遗址更高。但是，祭祀区发现的树木种类如此之多，说明在举行燎祭时，并没有刻意选择特定的树种，而是把常见的木柴用于燔烧，这也反映出燎祭所用的薪柴很可能是就近砍伐的。燎祭需要"升其烟气"，以达于天。为了追求烟气效果，发烟之物不可少，除了杂烧各类木柴之外，大量的枯草可能也是烟源之一，树木种子、杂草种子的类别和数量与之呈现出较强的同步性，反映"燔祭"使用燃料多元性与就近取材的信息。

金沙遗址祭祀区丰富的炭屑含量，表明祭祀活动中用火十分频繁，同时也反映了该地点在商周时期祭祀活动较为频繁，尤其是在商代中期和晚期"燎祭"祭祀活动最为突出。

### 5. 动物遗存

金沙遗址发现的动物遗存大多发现于距地表 1.6 ~ 4.5 米的黄灰色黏土中；平面空间分布上，几乎整个发掘区内都有发现，但分布不均，部分探方分布较为集中，如位于祭祀区东区的 L2。L2中堆积分布和动物遗骸组合有差异，该遗存的分布面积约在 300 平方米以上，遗物堆积较为零乱，看似无一定规律摆放，但野猪犬齿一般置于鹿角之上。野猪犬齿经过初步鉴定全系野猪下犬齿，

①　成都文物考古研究院、中国社会科学院考古研究所：《金沙遗址祭祀区植物大遗存浮选结果及分析》，《成都考古发现（2015）》，科学出版社，2017 年。

说明这些遗物是经过专门挑选的，不是随意而为之。L2 在不同空间堆积物组合有差异，具体如下，在 I T7710、I T7711 中集中发现大量水鹿角，摆放无方向性，伴随有两枚亚洲象门齿，其中一门齿无前端，最大一枚门齿长 1.47、远端宽 0.15 米，另外，还发现有大量野猪下犬齿、少量马门牙及臼齿和牛臼齿等，上述动物堆积中还分布有大量凿、矛等玉器，以及少量陶器和花岗岩卵石。而在 I T7909 中，则发现大量陶器、鹿角以及 400 余枚野猪犬齿及一较完整的犀牛下颌骨，另有许多奇石。在 I T7809 中，野猪犬齿居多，还发现有鹿角、麂角、光滑卵石和陶器。在 I T7811 中，发现较少，多为陶器和少量麂角。在 I T7810 中则仅有少量陶器和麂角。L65 位于祭祀区的东部，该坑现存部分平面为三角形，残长 1.6、宽 0.6 米。坑内有规律地平行放置了大量亚洲象门齿，其中最长者近 1.85 米，象牙经过鉴定系亚洲象。从断面观察象牙共分 8 层。

这些动物遗存与大量祭祀用品共存，系原地埋藏，无明显的搬运标志，以哺乳动物的牙齿和鹿角、麂角为主，有少量残破的下颌骨和肢骨，无完整的动物骨架。所有脊椎动物埋藏在第四纪全新世河流冲积层中，与人类文化遗物共生，大部分是人类活动的遗物，主要为原地堆积。经过初步鉴定，这些脊椎动物均为哺乳动物，可分为饲养动物和野生动物，其中饲养动物有马和牛。马在十二桥、广汉三星堆等遗址中均有发现，说明至少在距今二三千年前，成都地区已有人类饲养的家马分布。野生动物有虎、猪獾、黑熊、亚洲象（臼齿、门齿、上下颌骨、头盖骨）、犀牛、野猪、水鹿、赤麂、小鹿、野猪（犬齿、门齿、臼齿，以犬齿最多）等。祭祀区中的脊椎动物以亚洲象门齿、鹿角、麂角、野猪下犬齿居多。

金沙遗址出土的象牙、野猪犬齿、鹿角众多，说明当时在重大祭祀活动中使用了大量大象、鹿、野猪，这些动物绝大多数来自周边地区，这为研究当时的地理气候环境提供了重要资料。犀牛和亚洲象的发现，说明先秦时期四川盆地有犀牛和亚洲象存在，也说明在距今 2000 多年到 3000 年前，中国境内仍然有犀牛分布。在金沙遗址古蜀人生存前期，亚洲象广泛存活在四川境内，且数量繁多，但到了后期，随着金沙遗址的气候变化，犀牛和亚洲象大量减少。距今 2000 多年至 3000 年前，成都的自然面貌与现在相似，只是森林广布，野生动物繁盛，人们在这样的条件下从事农业生产、家畜饲养、狩猎等活动。由于上述脊椎动物遗骸是在古蜀人的祭祀坑中发现，乃由古蜀人经过挑选，作为祭祀用品而放至祭祀坑中，且发现的多为动物牙齿和鹿角，这些标本种类少且多为人为挑选，故不能够完全反映当时的气候和生业形态特征。

# 第七章　祭祀区文化属性分析

## 第一节　第一期遗存文化因素分析

祭祀区第一期遗存尽管可分作早、中、晚三段，但出土器物的器形与组合是连续发展的，器物形制和组合差异变化较小，堆积形成可能属于一个短期的行为过程。该期出土陶器的器形与组合同宝墩遗址第三期中段同类器非常接近，如 A 型 I 式花边口沿罐同宝墩文化第三期遗存中段的绳纹花边口沿罐（鱼凫村 T5⑤：174）；Ac 型 I 式喇叭口高领罐（I T6513㊸：18）同鱼凫村第一期的 B 型Ⅲ式敞口尊形器（H28①：29）相同；Aa 型圈足同宝墩文化第三期中段的圈足（鱼凫村 H15②：47）相似；A、Bb、Ca 型绳纹花边口沿罐分别同温江鱼凫村一、二期中 Ab 型Ⅱ式（H15②：111）、B 型 I 式（H43⑤：105）、B 型（H10①：17）侈口罐相近，E 型Ⅱ式绳纹花边口沿罐同 A 型Ⅱ式、Ⅲ式（H15①：151、H10①：11）侈口罐相似，Ba 型绳纹花边口沿罐同鱼凫村二期的深腹罐（H15②：86）相似①。上述器物主要流行于宝墩文化第三期中段②，祭祀区第一期出土陶器既未出现宝墩文化第三期早段的典型特征，亦未发现宝墩文化第四期陶器的特征，其与温江鱼凫村遗址第一、二期遗存中陶器关系密切，该期遗存与宝墩文化第三期中段遗存的文化因素最为接近，文化面貌当为宝墩文化。

## 第二节　第二期遗存文化因素分析

祭祀区第二期第一段遗存中 Ab 型 I 式（I T7007 – 7108㉞：23）、Ac 型（H2313：3）小平底罐同三星堆文化第二期出土的小平底罐（86Ⅲ T1415⑨：104）相近，Aa 型豆柄（I T7007 – 7108㉞：32）圈足上凸棱装饰风格同三星堆高柄豆（86Ⅲ T1517⑨：22）圈足上凸棱装饰相近，Aa 型器底（H2313：1）装饰和造型同三星堆文化第一期遗存中的敞口深腹器（80Ⅲ DaT2④：44）相近，该段陶器文化元素既有三星堆文化第一期遗存因素，亦有第二期遗存因素，以第二期文化因素最为浓厚，该段遗存可能与三星堆文化第一、二期遗存关系紧密。

---

① 蒋成、李明斌：《四川温江县鱼凫村遗址分析》，《成都考古研究（一）》，科学出版社，2009 年。
② 江章华、王毅、张擎：《成都平原先秦文化初论》，《成都考古研究（一）》，科学出版社，2009 年，第 9～11 页。

第二段遗存中 Ac 型器底（ⅠT7309㉙∶6）（可能属于 Aa 型Ⅰ式小平底罐罐底）同三星堆文化第二期遗存同类器（86ⅢT1415⑨∶104）相近；而该段的 Cd 型盆、Cc 型豆盘同第一段遗存中的同类器相近。因而祭祀区第二段遗存同第一段遗存文化属性和时代相对更为紧密，其文化属性同三星堆文化第二期遗存相近。该段遗存由于出土遗物极少，对其认识有待于进一步的分析与研究。

第三段遗存中 Ab 型Ⅰ式、Ac 型小平底罐同三星堆文化第二期遗存中的小平底罐（86ⅢT1415⑨∶104、80ⅢDaT2④∶15）相近，Ab 型Ⅰ式束颈罐（绳纹深腹罐）同三星堆第一期的绳纹罐（80CaT1③∶55）、Ab 型缸同喇叭形器（80DaT2④∶44）相近①，尽管未出现三星堆文化第三期遗存中常见的 B 型小平底罐、觚形器、瓶、圈足贯耳壶、敛口筒形器等②，但也出现了三星堆文化第三期遗存的文化因素，同成都高新西区中海国际 H26 出土同类器非常接近③，如 Aa 型束颈罐同中海国际 Ab 型绳纹罐（H26∶255）、Da 型瓮形器同中海国际 B 型瓮形器（H26∶192）、Ca 型瓮同中海国际 Bc 型瓮（H26∶185）等相似。由此，我们认为祭祀区第三段遗存文化面貌可能介于三星堆文化第二期和第三期之间。

第四段遗存同三星堆文化第三期遗存有密切关系，如 Ba 型Ⅰ式（H2311∶11）小平底罐同三星堆文化第三期的同类器（86ⅢT1416⑧b∶12）相似，Aa 型Ⅰ式瓶（H2311∶198）同三星堆遗址第三期壶（86ⅢT1415⑧a∶157）相近；另外，Ad 型Ⅱ式（ⅠT6807 – 6908㉒∶2）、Ab 型Ⅰ式（H2307∶3）束颈罐分别同中海国际 Ba 型（H26∶293）、Bc 型（H25∶191）绳纹罐相近；Ba 型Ⅰ式（L31∶32）、Ad 型Ⅰ式（ⅠT6809 – 6910㉒∶13）小平底罐同中海国际 Aa 型（H26∶14）、Ba 型（H25∶6）、Cb 型（H26∶95）小平底罐相似，Af 型壶（H2311∶6）同中海国际 F 型壶（H25∶187）、A 型器纽（H2311∶81）同中海国际 D 型器纽（H25∶95）等相似。中海国际以 H25 和 H26 为代表的遗存同三星堆文化第三期遗存无论陶器器形和组合，还是时代均非常接近，二者应为同时代遗存④。

祭祀区第二期遗存不见尖底器、圜底器、簋形器等，小平底罐主要为 A 型，不见 B、C、D 型。陶器上绳纹发达，罐类少见，盆、缸多见，豆柄有细、粗之分，粗柄多见，桶形器众多是这个时期一大特征。绳纹发达，多装饰于罐、瓮唇部和肩部，纹饰较粗。该段遗存的陶器具有鲜明的文化面貌和时代特征，第二期第一段遗存同三星堆文化第一、二期关系紧密，第二段属于三星堆文化第二期遗存，第三段遗存介于三星堆文化第二、三期之间，第四段遗存则具有鲜明的三星堆文化第三期遗存的特征，综上所述，我们认为祭祀区第二期遗存同目前所认知的三星堆—十二

①　江章华、王毅、张擎：《成都平原先秦文化初论》，《考古学报》2002 年第 1 期。
②　江章华、王毅、张擎：《成都平原先秦文化初论》，《考古学报》2002 年第 1 期。
③　成都文物考古研究所：《成都中海国际社区 2 号地点商周遗址发掘报告》，《成都考古发现（2010）》，科学出版社，2012 年。
④　原报告介于当时材料尚属个案，囿于此前对十二桥文化年代认识认为其时代为商代晚期，距今约 3200 年前，结合金沙遗址祭祀区目前的材料和认识，我们认为该遗存应当同三星堆文化第三期遗存文化因素接近，应归入三星堆文化类型范畴。

桥文化的"三星堆文化类型"① 有着非常密切的关系，应当属于同一类型，其流行时代为距今3600～3400 年。

## 第三节　第三期遗存文化因素分析

祭祀区第三期早段遗存中的 Aa 型 I 式（I T7306⑱：45）、Aa 型 II 式（I T8106⑩：3）、Ba 型 I 式（H2311：11、H2311：5）、Be 型 I 式（I T6815－6916⑱b：75）小平底罐与"兰苑"地点 B 型 I 式（H202：4）② 及新都正因村 Aa 型 I 式（H202：26）、Aa 型 II 式（H22：7）、Ab 型 I 式（H69：21）、Ab 型 II 式（H19②：2）小平底罐相近；Ab 型尖底杯（I T7309⑱：48）同正因村 I 式尖底杯（H69：27）相近；Aa 型 I 式瓶（H2311：198）同"兰苑"地点 Ab 型瓶（H126：1）相近，同类器在郫县波罗村也有发现；Ac 型盆（H2311：80）同新都正因村 C 型盆（H169：3）、"兰苑"A 型瓮（H202：11）相近；B 型（H2311：62）、Db 型（H2311：61）瓮形器同新都正因村 F 型 II 式（H65：8）、F 型 III 式（IV T0608⑤：1）罐相近；Ac 型 I 式（H2311：9）、Af 型（H2311：51）束颈罐同新都正因村 Aa 型 I 式（H61：4）、E 型（IV T0608⑥：9）罐及"兰苑"Aa 型（H22：13）平底罐相近；Fa 型 I 式高领罐（H2311：71）同"兰苑"地点 A 型高领罐（H318：18）、新都正因村 G 型 II 式罐（H19③：167）相近；Ab 型壶（I T6809－6910⑱a：302）同新都正因村 B 型壶（H25：3）③、郫县波罗村 A 型壶（KH15：8）相近④。该段仍然可见少量 A 型小平底罐，以 B、C 型小平底罐多见，尖底盏仅见个别 B 型尖底盏，多为 A 型尖底盏，尖底杯也仅见少量 A 型；瓮形器和 A 型绳纹束颈罐多见，不见曲腹罐；绳纹发达，但亦不见花边口束颈罐；瓮多为 B 型，不见 C 型；A、B 型器盖多见，少见 G 型器盖；高柄豆多，圈足器不发达。该段遗存既

---

① 虽然目前成都平原三星堆文化与十二桥文化及新一村文化内涵认定以及时代上、下限等争议和分歧较大，但其代表古蜀文化不同时段文化遗存是有共识的，相对而言对新一村文化的认识目前共识度较低，本文讨论金沙遗址祭祀区商周时期文化与此前认识有着诸多差异。有鉴于此，笔者认为以三星堆—十二桥—新一村遗址为代表的古蜀文化具有强烈的延续性，其文化面貌既有明显的连续性，又呈现出不同阶段的文化特质，其间存在的差异性，不仅是文化面貌上的差异，同时也有着明显时段上的差异，文化面貌存在的差异呈现出明显"精进"性特征。尽管基于陶器建立的文化"小传统"特征差异明显，但基于宗教信仰认同、制度、血缘等的文化"大传统"，却显示出明显的延续性和超稳定性特征，由此，三星堆文化和十二桥文化当为同一文化体系下不同阶段的考古学文化遗存。因此我们认为基于信仰认同、知识及价值体系等"文化大传统"的共性，将三星堆和十二桥及新一村理解为同一文化传统早晚不同时段的考古学文化遗存，将其中具有明显三星堆、十二桥、新一村文化特征的遗存归为早晚不同阶段的文化类型，以此描述金沙遗址战国以前商周时期不同时段的考古学文化，这样沿用原来考古学文化名称，但其文化内涵与时代特征及外延边界与其有所差异。限于篇幅，不再赘述！

② 成都市文物考古研究所：《成都市金沙遗址"兰苑"地点发掘简报》，《成都考古发现（2001）》，科学出版社，2003 年。

③ 成都市文物考古研究所、新都区文物管理所：《成都市新都区正因村商周时期遗址发掘收获》，《成都考古发现（2001）》，科学出版社，2003 年。

④ 成都文物考古研究所、郫县望丛祠博物馆：《成都郫县波罗村商周遗址发掘报告》，《考古学报》2016 年第 1 期。

延续了第二期的部分文化因素，如小平底罐、瓮形器、绳纹束颈罐、高柄豆、瓶、壶等，但发生了变化，最大的变化是尖底器的出现，如尖底杯、尖底盏。这些文化因素既保留了第二期"三星堆—十二桥文化""三星堆文化类型"的因素，也出现"三星堆—十二桥文化""十二桥类型"的因素，其整体文化特征可能属于"三星堆—十二桥文化""十二桥文化类型"。从上述年代讨论而言，该时段年代推测为距今 3400~3300 年，该段遗存可能代表"十二桥文化类型"中商时期的文化面貌。

中段遗存 Ab 型 I 式（I T8007⑧b：43、I T8007⑧b：49）尖底盏、Ba 型 II 式（I T8007⑧c：9）尖底杯与十二桥遗址的 IV 式（II T54⑪：28）小平底罐①、金沙遗址兰苑（H305：19）及三和花园（H150：11）尖底盏、尖底杯相似②；Aa 型 II 式小平底罐（I T8007⑧b：296）同十二桥遗址 II 式小平底罐（II T3⑬：9）相似；B 型尖底盏在三和花园（H150：2）也有发现，但祭祀区尖底盏的腹部要比三和花园同类器深，二者之间有着发展缺环；B 型盆形器（I T8106⑨a：85）同金沙遗址兰苑的盆（H305：14）相似；Aa 型（H2299：55）、Ac 型 II 式（I T8007⑧b：300）束颈罐同精品房地点敛口卷沿罐（H2332：20）相似③。本段遗存部分陶器同江章华先生分析的第二期遗存④部分器物相似，但不见 B 型小平底罐和 A 型尖底杯，开始出现少量尖底罐。而祭祀区瓮形器和 A 型绳纹束颈罐多见，少见绳纹花边口沿罐，其中 Db 型（I T6809-6910⑰：142）同精品房敛口无颈罐（H2332：16）相似；D 型高领罐（I T7009-7110⑰：219）同春雨花间圈足高领罐（H109：2）相似；A 型尖底杯在春雨花间（H1127：1）也可见，但此类尖底杯同该段同类杯明显有缺环。该段还有一个特点是出现较多十二桥遗址常见的 Aa 型瓶的底部，不见完整器，另外，还见少量十二桥遗址 B 型 I 式瓶（祭祀区为 C 型觚形器 I T7407⑮：816、I T7307⑮：394）。Bb 型（I T8006⑧d：21）、Aa 型（I T7307⑮：336）器盖同兰苑尖底盏（M33：1）、器盖（H22：10）相似；Cb 型（I T7211-7212⑰：269）、Bb 型（I T7309⑪：1556）豆盘同十二桥遗址常见的 Ac 型（I T11⑬：15）和 Bb 型（I T19⑬：8）豆盘相似；F 型（I T7309⑪：1331）器纽同兰苑器盖（H437：1）纽部一致。该段 A 型尖底盏和尖底杯、B 型小平底罐、Ab 型壶、喇叭口高领瓮（Ba 型瓮）及 A、F 型高领罐盛行，B 型尖底杯和 A 型小平底罐、盉也多见，B 型尖底盏相对少见，不见贯耳壶（Aa 型壶）、绳纹花边口沿罐等。中段同类器物同早段相近，只是数量和形制较前段相对丰富，该段整体文化特征同早段一样，应属于"三星堆—十二桥文化""十二桥文化类型"，该时段年代推测为距今 3300~3200 年，该段遗存可能代表"十二桥文化类型"晚商时期（殷墟一期至二期）的文化面貌。

---

① 四川省文物考古研究院、成都文物考古研究所：《成都十二桥》，文物出版社，2009 年。下文涉及十二桥遗址器物比较均引自该报告，不再赘述。

② 朱章义、刘骏、刘雨茂等：《成都市黄忠村遗址 1999 年度发掘的主要收获》，《成都考古发现（1999）》，科学出版社，2001 年。

③ 成都文物考古研究所：《成都市金沙遗址郎家村"精品房"地点发掘简报》，《成都考古发现（2004）》，科学出版社，2006 年。

④ 江章华：《金沙遗址的初步分析》，《文物》2010 年第 2 期。

晚段遗存 Ab 型袋足（ⅠT8206⑧a：9－1）、鋬耳（ⅠT8206⑧a：9－2）、帽形器（ⅠT8006⑧a：6）、Bb 型器盖、Ba 型Ⅱ式尖底盏（ⅠT8006⑧a：38）、Aa 型Ⅰ式（ⅠT8006⑧a：209）和 Db 型（ⅠT8006⑧a：31）小平底罐、Aa 型Ⅱ式尖底杯（H2302：87）同十二桥遗址的盉耳、B 型袋足、尖底盉、Cb 型器盖、A 型Ⅰ式尖底盏（ⅠT2⑬：4）及Ⅱ、Ⅲ式（ⅠT19⑬：5、ⅡT49⑬：22）小平底罐等接近。另外，祭祀区地点 Bd 型Ⅱ式束颈罐（ⅠT8007⑧a：417）同"阳光地带二期"地点 Af 型Ⅰ、Ⅱ式束颈罐①及郫县波罗村曲腹罐（KH27：24、KH27：143）等相近②。该段遗存出土陶器相对较少，器形较少，总体不见 C、D 型尖底盏和 D 型尖底杯，A 型小平底罐和尖底杯少见，高领罐和矮领罐及束颈罐较多，绳纹装饰衰退。晚段整体文化特征同中段一样，属于"三星堆—十二桥文化"中的"十二桥文化类型"，该时段年代推测为距今 3200～3100 年，晚段遗存可能代表"十二桥文化类型"晚商时期（殷墟三期至四期）的文化面貌。

第三期遗存总体特征是前期常见的 A 型小平底罐、瓶、绳纹束颈罐、瓮形器、高柄豆等依然流行，但新出现了尖底器，以 A 型尖底杯和 A、B 型尖底盏多见，另有少量尖底罐，随着时间的推移，各类器物此消彼长，第三期晚段 A 型尖底杯和尖底盏衰减，而 B、C 型尖底盏盛行。综上分析，第三期早、中、晚三段遗存的文化因素介于"三星堆文化类型"和"新一村文化类型"之间，整体文化因素在"十二桥文化类型"中均可发现，加上二者流行的时代相近，因此，第三期遗存应当属于"十二桥文化类型"，可能代表了"十二桥文化类型"商代中晚期的文化特征。

## 第四节　第四期遗存文化因素分析

祭祀区第四期早段遗存中许多陶器同十二桥遗址同类器接近，如 Aa 型Ⅱ式（ⅠT7407⑨：8、H2315：59）、Ba 型Ⅰ式（ⅠT7209－7210⑮：203）簋形器同十二桥（ⅠT10⑫：15、ⅠT20⑫：47）簋形器相近；帽形器（ⅠT7013－7114⑮：18）同十二桥尖底盉（ⅡT43⑪：121）相近；B 型袋足（ⅠT6611－6712⑮：175）同十二桥 B 型盉（ⅡT54⑪：43）袋足相近；Bb 型器盖（ⅠT6414⑮：22）同十二桥 Cb 型器盖（ⅠT11⑫：17）相近；喇叭状和"8 字形"器纽多见；B 型高领罐（ⅠT7213－7214⑮：351）同十二桥Ⅱ式高领罐（ⅠT19⑬：21）相近；Bd 型敛口罐（ⅠT6613－6714⑮：249、ⅠT6613－6714⑮：206）同十二桥 C 型Ⅱ式敛口罐（ⅠT12⑫：28、ⅠT15⑫：72）相近；Cb 型瓮形器（ⅠT6511－6512⑮：170）同十二桥 Ab 型敛口罐（ⅠT20⑫：38）相近；Ab 型Ⅰ式（ⅠT7213－7214⑮：488）、Ab 型Ⅱ式（ⅠT7215－7216⑮：306）尖底盏同十二桥Ⅳ式小平底罐（ⅠT1⑫：22、ⅡT54⑪：28）相近；B 型尖底盏同十二桥 D 型尖底盏相近，数量多，不见 C、

① 成都文物考古研究所、成都金沙遗址博物馆：《金沙遗址——阳光地带二期地点发掘报告》，文物出版社，2016 年。

② 成都文物考古研究所、郫县望丛祠博物馆：《成都郫县波罗村商周遗址发掘报告》，《考古学报》2016 年第1 期。

D 型尖底盏（十二桥 E 型尖底盏）；该段出土的尖底杯除了 Aa 型 I 式（I T6815 - 6916⑮：156）同十二桥 Aa 型 I 式（I T49⑬：6）尖底杯相近外，其他 A、B 型尖底杯与十二桥遗址同类器明显存在缺环，该段少见炮弹形（即 C、D 型）尖底杯，而十二桥遗址则多为炮弹形尖底杯（Ab 型 II、III、IV 式），该段的 A、B 型尖底杯形制可能略早于十二桥遗址同类器；A 型瓠形器（I T6809 - 6910⑭：56）同十二桥 Aa 型瓶（II T38⑫：79）相近；Ac 型壶（I T7213 - 7214⑮：519）同十二桥 V 式高领罐（I T7⑫：134）相近；Aa 型（I T7209 - 7210⑮：654）、Ac 型 II 式（I T6613 - 6714⑮：115）束颈罐同十二桥 D 型 II 式（I T16⑬：98、I T15⑬：35）敛口罐相近；Ab 型 II 式（I T7215 - 7216⑮：306）、Ac 型 II 式（I T7211 - 7212⑮：108）、Ba 型 I 式（I T7211 - 7212⑮：26）尖底盏同三和花园尖底钵（H158：10）、尖底盏（H150：11、H150：2）相近，此外，该段还流行扁壶、长颈瓶、圈足杯，圈足束颈罐（B、C 型罐）等。该段遗存出土簋形器、束颈罐、小平底罐、尖底盏同青白江大夫村遗址出土 A、B 型簋形器及 Cb 型罐、瓮、钵、尖底杯等非常接近①，此类陶器在金沙遗址"阳光地带二期"地点第二期早段表现最为突出②，二者陶器组合和特征非常接近，属于同一时段遗存。祭祀区第四期早段遗存同以金沙遗址"阳光地带二期"地点第二期早段为代表的遗存有着相近的因素，它们在成都周边地区广泛的存在，如金沙遗址、十二桥遗址、青北江大夫村等。

晚段遗存中的 Aa 型 I 式（L27：1361）、Ab 型 II 式（I T6613 - 6714⑬：120）、Bb 型 I 式（I T7810⑦：393）簋形器同十二桥（I T10⑫：15、II T29⑫：100、II T53⑩：106）簋形器相近；Ab 型绳纹圜底罐（I T7710⑦：212、I T8010⑦：158）同十二桥 B 型绳纹罐（I T11⑫：22、I T24⑪：21）相近；Aa 型尖底罐（IT7011 - 7112⑬：407）同十二桥 A 型 III 式尖底罐（IT11⑫：28）相近；Aa 型 II 式（IT7810⑦：476）、Cb 型 I 式（I T6414⑬：1）、Bb 型 II 式（I T6511 - 6512⑬：70）尖底盏同十二桥 E 型 II 式（I T1⑫：21）、E 型 V 式（II T50⑩：1）、D 型 III 式（II T43⑩：8）尖底盏相近；Ba 型 II 式（I T7209 - 7210⑬：97）、Ba 型 III 式（I T6811 - 6912⑬：241）尖底杯同十二桥 Ab 型 IV 式尖底杯（II T50⑩：2、II T30⑩：1）相近；G 型器盖（I T6412⑬：5）、Da 型 I 式器纽（I T7009 - 7110⑬：621）、Bb 型器盖（L27：38）同十二桥遗址 G 型（I T12⑫：15、I T22⑬：30）、Cc 型（I 采：7）器盖相近；Ca 型 II 式敛口罐（I T7011 - 7112⑬：187）同十二桥 B 型 I 式敛口罐（I T1⑬：44）相近；Ab 型 II 式束颈罐（I T6615 - 6716⑬：83）同十二桥敛口罐（II T43⑩：100）相近；Aa 型 III 式（I T6511 - 6512⑬：72）、Fa 型 I 式（I T6613 - 6714⑬：200）高领罐同十二桥 I 式（I T2⑬：2）、VI 式（I T7⑫：132）、VII 式（II T54 ⑩：67）高领罐相近；Ab 型器底（I T7810⑦：448）同十二桥 III 式喇叭口罐（I T11⑫：16）

---

① 成都文物考古研究所：《成都市青白江区大夫村古遗址试掘收获》，《成都考古发现（2007）》，科学出版社，2009 年。
② 成都文物考古研究所、成都金沙遗址博物馆：《金沙遗址——阳光地带二期地点发掘报告》，文物出版社，2017 年。

相近；Aa 型束颈罐（ⅠT8105⑦：315）同十二桥 D 型Ⅳ式敛口罐（ⅠT24⑫：46）相近。在金沙遗址的其他地点也有发现，如 B 型尖底盏、Ec 盆同三和花园地点出土同类器（H158：23、H128：7）相近①，Ba 型Ⅲ式（ⅠT8106⑦：77）、Bb 型Ⅱ式（ⅠT8106⑦：449）尖底杯与博雅庭韵（M452：1）②、三和花园（H158：3）③同类器相近。该段出现了新的文化因素，即圜底器，如绳纹圜底罐、釜形器，另有长颈罐，尚未发现盘口罐；厚唇翻领瓮（D 型瓮）和敛口折肩罐（C 型敛口罐）开始流行。该段陶器尽管出现以圜底器为代表的部分新一村文化因素，但其主体遗存更接近十二桥文化西周时期遗存，二者时代相近。晚段遗存的时代推测为距今 3000～2900 年，即西周早期至中期。

祭祀区第四期遗存尖底器高度发达，如尖底杯、尖底盏、尖底罐非常流行，小平底罐相对衰微，束颈罐、高领罐、矮领罐、缸、盆等仍然盛行，该期遗存在金沙遗址和周边地区均有发现，它们反映出商代末期至西周中期古蜀文化面貌和特征，其文化属性属于"三星堆—十二桥文化"的"十二桥文化类型"④，但该期晚段已经孕育新一村文化因素。

## 第五节　第五期遗存文化因素分析

祭祀区第五期早段遗存出土的陶器同新一村遗址第 8 层出土的同类器相似，如 Eb 型器纽（ⅠT6611－6712⑩：179），Ba 型Ⅲ式尖底盏（ⅠT6813－6914⑪：404、ⅠT6813－6914⑪：398），Aa 型Ⅱ式（ⅠT6613－6714⑫：12）、Ab 型Ⅰ式（ⅠT6513⑩：598）、Ba 型Ⅱ式（ⅠT6613－6714⑪：69）、Bb 型Ⅰ式（ⅠT6613－6714⑪：349）簋形器，D 型Ⅰ式长颈罐（ⅠT6413⑩：2），Dc 型

① 朱章义、刘骏、刘雨茂等：《成都市黄忠村遗址 1999 年度发掘的主要收获》，《成都考古发现（1999）》，科学出版社，2001 年。
② 成都市文物考古研究所：《成都金沙遗址万博地点考古勘探与发掘收获》，《成都考古发现（2002）》，科学出版社，2003 年。
③ 朱章义、刘骏、刘雨茂等：《成都市黄忠村遗址 1999 年度发掘的主要收获》，《成都考古发现（1999）》，科学出版社，2001 年。
④ 祭祀区第三、四期遗存同以十二桥遗址为代表的商周时期遗存——"十二桥文化"有着许多非常相近的文化因素，但二者亦有着明显的差异，无论文化内涵抑或是时代特征均有着重新反思的余地，这种差异可能源于十二桥遗址囿于其堆积特点而无法全面建构反映该文化全面的内涵与时代特征，这是因为十二桥遗址商周遗存埋藏背景同新一村遗址相同，属于典型的河相沉积，此堆积特点可能导致其堆积的包含物容易出现早晚混杂的情形，并非原生堆积的致命缺陷，致使其在构建具体的考古学文化内涵与时代序列时存在着先天不足，其隐含的文化信息更为庞杂。随着近年成都周边地区商周时期材料不断被发现和认识维度的扩展，我们认为基于十二桥遗址来建构的十二桥文化内涵需要随着材料和认识的变化而调整，因此我们使用十二桥遗址材料分析时需要审慎，注意使用的边界，介于目前"十二桥文化"概念认识的约定俗成及目前尚未发现理想的替代命名，我们仍然沿用原来的"十二桥文化"，用来区割"三星堆文化"和"新一村文化"的差异。若依当前文化因素的分析，按照传统考古学命名方式（按最早发现或认识地点命名的习惯），我们更多的是将其作为一个系统的文化形态（或曰考古学文化）的符号表述，就目前资料而言，十二桥遗址商周时期遗存并不能涵盖"十二桥文化"考古学文化本身所赋予的文化内涵和时代特征，即"十二桥文化"的文化内涵与外延需不断拓展对其时间和空间维度的认识，它不是一个静态的文化概念，是随着资料的拓展其时空外延不断延展的动态概念。

Ⅰ式瓮（ⅠT6513⑩：1793、ⅠT6511 - 6512⑩：344），Aa 型Ⅱ式（ⅠT6813 - 6914⑪：27）、Bd 型（ⅠT6813 - 6914⑫：29）、Cd 型（ⅠT6513⑩：1542）敛口罐，Db 型尖底杯器底（ⅠT6813 - 6914⑪：464、ⅠT6811 - 6912⑪：4），Cb 型盆（ⅠT7009 - 7110⑫：145）分别同新一村遗址器盖（T102⑧：45）、尖底盏（T101⑧：12、T102⑧：15）、簋形器（T301⑧：24、T102⑧：29、T102⑧：28）、喇叭口罐（T303⑦：19）、瓮（T201⑧：4、T301⑧：34）、敛口罐（T301⑧：31、T303⑧：51、T102⑧：40）、尖底杯（T102⑧：27、T102⑧：26）、盆（T102⑧：32）等相近①。

中段遗存出土的陶器同新一村遗址第 7 层同类器有着非常密切的联系，如 Cc 型Ⅱ式（ⅠT7213 - 7214⑥：6）尖底盏，Bb 型（ⅠT6609 - 6710⑨：36）、Bd 型（ⅠT6613 - 6714⑥：37）、Cb 型Ⅱ式（ⅠT6609 - 6710⑧：44）敛口罐，Ab 型绳纹圜底罐（ⅠT7011 - 7112⑥：10），Da 型Ⅱ式（ⅠT6511 - 6512⑥：8）瓮，Bb 型Ⅱ式（ⅠT6613 - 6714⑥：8）簋形器分别同新一村遗址尖底盏（T101⑦：2）、敛口罐（T303⑦：55、T104⑦：33、T303⑦：50）、绳纹罐（T303⑦：39）、瓮（T303⑦：61）、簋形器（T303⑦：42）等相近②。另外，A 型石璧坯料同新一村遗址第 7、8 层出土的盘状器相同。

晚段遗存出土陶器同新一村第 6 层出土同类器相近，如 Da 型Ⅱ式、Da 型Ⅲ式瓮，A 型Ⅰ式盘口罐，Ab 型Ⅱ式、C 型Ⅱ式簋形器，Bd 型Ⅱ式、Cc 型Ⅱ式尖底盏，A 型釜，Ab、Cc 型绳纹圜底罐分别同新一村瓮（T404⑥：68、T404⑥：61）、盘口罐（T404⑥：41、T404⑥：14）、簋形器（T104⑥：13、T104⑥：14）、尖底盏（T04⑥：48、T104⑥：15）、釜（T104⑥：56）、圜底罐（T404⑥：55、T404⑥：63）等相近③。另外，早段遗存中 Da 型Ⅰ式瓮（ⅠT6813 - 6914⑪：305、ⅠT6611 - 6712⑪：161）、Ab 型绳纹圜底罐（ⅠT6611 - 6712⑩：715）、D 型Ⅱ式长颈罐（ⅠT6813 - 6914⑩：26）分别同新一村遗址第 6 层出土的瓮（T404⑥：69、T404⑥：68）、绳纹罐（T404⑥：64）、喇叭口罐（T404⑥：41）等相近④。由于新一村遗址第 6、7、8 层系河相沉积，地层堆积中遗物杂乱，受水流冲刷影响扰动较大，堆积形成并非原生，形成原因复杂，容易导致早晚遗物混杂。以其为基础的分期，难以清晰厘定其形成动因，难以真实反映遗物的组合特征和发展的时段性特点。

通过上述分析与比较，可见第五期遗存陶器最大的变化是出现了大量圜底器（绳纹圜底罐、釜），尖底器衰减，新出现盘口罐、长颈罐，且 C、D 型瓮，敛口罐、尖底杯，B、C 型尖底盏及

①　成都市文物考古研究所：《成都十二桥遗址新一村发掘简报》，《成都考古发现（2002）》，科学出版社，2003 年，第 175 ~ 181 页。

②　成都市文物考古研究所：《成都十二桥遗址新一村发掘简报》，《成都考古发现（2002）》，科学出版社，2003 年，第 181 ~ 189 页。

③　成都市文物考古研究所：《成都十二桥遗址新一村发掘简报》，《成都考古发现（2002）》，科学出版社，2003 年，第 189 ~ 199、207 ~ 208 页。

④　成都市文物考古研究所：《成都十二桥遗址新一村发掘简报》，《成都考古发现（2002）》，科学出版社，2003 年，第 175 ~ 197 页。

B、C型簋形器盛行，而束颈罐、缸、小平底罐等少见乃至消失，尖底杯也在晚段遗存中消失。祭祀区第五期陶器与新一村遗存第6、7、8层出土的同类器有着非常相近的文化因素，二者流行的时代接近，因此推测第五期遗存属于目前已认知的以新一村遗址为代表的"三星堆—十二桥文化"的"新一村文化类型"①，该期各段遗存可能代表该文化类型早、中、晚不同时段遗存的特征，时代为西周晚期至春秋中期。

## 第六节　第六期遗存文化因素分析

第六期遗存仅见开口于第4层下的古河道，陶器有尖底盏、盆、壶、尖底罐、矮领罐、簋形器等，典型陶器有 Bd 型Ⅰ式、Bd 型Ⅱ式、Cc 型Ⅰ式、Cc 型Ⅱ式尖底盏，Aa、Ac、Ad 型盆，Ae、Ba 型壶、B 型Ⅱ式矮领罐、Cb 型Ⅱ式尖底罐、C 型Ⅱ式簋形器等，完全不见尖底杯踪影。该期陶器多为第五期常见器形，但数量相对较少。该期遗存尤其是不见春秋晚期至战国早期②常见的大口浅腹圜底釜和矮圈足豆等典型器物，时代推测为距今 2500 年左右，该期遗存仍然属于新一村文化类型范畴。

金沙遗址祭祀区先秦时期遗存除了第一期遗存属于新石器时代晚期的宝墩文化外，其余五期均属于商周时期的遗存，第二期遗存流行于距今 3600 ~ 3400 年，文化面貌属于早商时期的"三星堆文化类型"；第三期遗存流行于距今 3400 ~ 3100 年，文化面貌属于中商至晚商时期"十二桥文化类型"；第四期遗存流行于距今 3100 ~ 2900 年，属于商末至西周中期的"十二桥文化类型"；第五期遗存流行于距今 2900 ~ 2550 年，文化面貌属于西周晚期至春秋中期的"新一村文化类型"；第六期遗存时代为春秋晚至战国早期，距今 2500 年前后，文化属性仍然属于新一村文化类型，它代表该文化类型的年代下限遗存。祭祀区地点除了第一期和第六期遗存不属于祭祀遗存外，其余阶段遗存均有祭祀堆积。该堆积延续千年，令人叹为观止。尽管千年之间成都平原考古学文化类型发生了三次大的文化转变，祭祀方式和内容因阶段不同而有差异，但该地点一直作为当时古蜀人的祭祀圣地。曲流河的凹岸特征、独特的地形及特殊的地理位置，凸显出该地点是古蜀人精心

---

① 关于新一村遗址文化属性的两种观点是主要的，一是江章华先生的"十二桥文化"说（成都市文物考古研究所：《成都十二桥遗址新一村发掘简报》，《成都考古发现（2002）》，科学出版社，2003 年，第 208 页）；二是孙华先生的"新一村文化"说（孙华：《成都平原的先秦文化》，《四川盆地的青铜时代》，科学出版社，2000 年，第 105 页）。本文采用"新一村文化类型"或"新一村遗存"的概念同孙华先生"新一村文化"认识有相同性，即认为新一村有别于前期文化，它们之间既有文化类型上的差异，亦有时段上的差异；不同之处是我们认为新一村文化类型仍然是继承"十二桥文化类型"而来，它们有着较多的同质性，是同一文化传统的延续，并未如施劲松先生所言其与东周巴蜀文化发生文化传统"断裂"，纵使该文化传统出现"断裂"，其时间节点应在春秋晚期以后，而非整个东周时期。该传统可能是商周时期古蜀文化的一个特质，这其中的缘由和动因，介于目前的认识仍然难以回答，它可能与古蜀文化的包容与开放以及成都平原特有的地理环境有关？

② 成都市文物考古研究所：《成都十二桥遗址新一村发掘简报》，《成都考古发现（2002）》，科学出版社，2003 年，第 197 ~ 200、208 页。

选择的场所，文化大传统一脉相承①。这反映出古蜀社会体系和文化传统的超稳定性特征，这也是商周时期古蜀文化不同于同期其他青铜文化的特质所在。

---

① 基于陶器进行的类型学分析而建立的文化"小传统"是否能适时反映以宗教信仰、主观认同、血缘等为依托反映的丧葬大传统？讨论古代文化变化可能更多地需要考虑文化中的"大传统"因素。以陶器为标准所划分的考古学文化所反映的历史意义、文化意义和以信仰认同体为代表的祭祀文化传统所反映的历史文化意义有很大的差异，它与宗教信仰、主观认同等很难直接联系或等同等，彼此之间有着很大的差异。参考徐良高：《夏商周三代考古学研究中的文化大传统和小传统》，https：//mp. weixin. qq. com/s/xk6JI – HVY19UPUQiGSOvZg，2019 年 12 月 17 日；徐良高：《文化理论视野下的考古学文化及其阐释（上）》，《南方文物》2019 年第 2 期。

# 第八章　祭祀区祭祀传统讨论

我们习惯将金沙遗址梅苑东北部地点称为祭祀区，但为什么选择该地点作为祭祀区而不是其他？我们一直没有进行深入的思考。目前透过发掘的考古材料和相关研究，发现金沙遗址祭祀区位于古河道左岸的凹岸之处，这是一处精心选择的场所①，对地形的精心选择，特殊的埋藏形式及丰富而特殊的遗物构成了一处特殊的考古景观。该地点是一个平面形状大致呈长方形的人工土台，土台走向为西北—东南向，与周边河流流向一致。该土台系利用河堤的自然台地地形特征（西高东低）和古河道改道后形成的低洼地势斜坡堆筑而成，该土台并非自然废弃堆积而致，是人为长期有意识行为过程的反映。发掘区西区—南北向地层斜坡堆筑的剖面，清晰反映出堆积形成的过程。这些堆积是当时人们活动遗留的原生堆积，其"在场"的特征指向突出。

祭祀区地点商周时期的特殊堆积有着特定的边界，在该边界外，金沙遗址其他区域尚未发现诸如此类遗存，它们有着特定的组合、特殊的质料及非生活用品等特质。从出土遗物考察，该地点商周时期堆积中包含有大量特殊的遗物，如大量石制半成品、象牙、石器、铜器、金器、玉器、漆木器及野猪獠牙、鹿角、卜甲等集中出土，它们或散见于地层中，或集中堆置于"地面"及坑状堆积中，这些遗物并非日常生活废弃产生，此类堆积明显区别于一般性的废弃堆积，乃是有意识人为活动的结果。同时从埋藏背景观察，该地点既有湖相沉积的情形，亦有堆置于"地面"或地层堆积以及挖坑埋藏等现象，与居住遗址、墓地、加工作坊等普通聚落常见的埋藏背景不同，种种现象说明这是一处为了特定社会目的而存在的文化遗存。该地点可能是商周时期古蜀人一处专门的祭祀中心，是金沙遗址聚落群的中心聚落。

原始先民对大自然的客观物质世界及人类本身缺乏认识，相信"万物有灵"，出于依赖和畏惧心理，乃有多神崇拜形式，由此产生了原始自发的宗教信仰。原始宗教的信仰对象极为广泛，但不外乎自然崇拜和鬼魂崇拜两大类。前者有对日、月、星、云、风、雨、旱、雷、虹、雪等的天象或气象崇拜，有对山川土石等的地神崇拜，有对飞禽走兽鱼虫动物和植物的崇拜，各神基本有各自独立的神性。后者无非本着人类对自身构造或梦境、生死的思维探索，其反映的人鬼关系，

---

① 详见本书第九章的相关论述。

又构成社会关系的缩影①。

据目前所获的科学材料，在亚北方期即全新世期间最酷烈的灾变气候期，此间大多以极度干燥，伴以各种灾害天气现象为主要特征，表现出大陆气候的某些典型性特征。高山、高纬地区普遍出现冰进，中纬冰川外围的广大地域，以持续干旱为主，伴以强烈风灾和突发性洪水。古蜀地区环境亦不能例外，表现为多年性持续干旱并伴以突发性洪水的酷烈的气候。以四川盆地为中心，远及广西红水河、邕江、鄂西宜昌、宜都红花套和清江流域等广大地域内，曾经发生空前规模的大面积干旱②。无常的环境变化和人类自身认识的限制，催生了古蜀人的原始信仰，为了向上天表达媚神、娱神、福佑后人以及祈福禳祸等愿望，他们发展出一系列复杂的祭祀仪式，透过这些仪式活动的遗留可以窥视古蜀人的精神世界。中原地区商周时期出土了大量甲骨卜辞，这对于我们认识中原地区商周时期的信仰系统和祭祀习俗提供了重要的实物资料，由于原始宗教信仰起源和祭祀对象的相近性，亦可透过它管窥蜀地祭祀习俗。

古文献中所载"埋"的对象是"地"，后"土"，山林及秦畤，秦畤实为五方之神，相当于卜辞中的四方，也属于地祇一类。"沈"所及对象是川泽，《尔雅·释天》："祭天曰燔柴，祭地曰瘗埋，祭山曰庪悬，祭川曰浮沈。"《周礼·大宗伯》："以埋沈祭山林川泽。"郑玄注"祭山林曰埋，川泽曰沈，顺其性之含藏"。《礼记·祭法》："燔柴于泰坛，祭天也；瘗埋于泰折，祭地也。"卜辞中川也用埋，而土又用沈，这种现象彭裕商先生认为可能有两种解释，一为殷周礼制之差异；二为卜辞中沈、埋有相通之处。卜辞中"土""河""岳"三种用牲法"尞""宜""沈"，在古文献中均为祭自然神祇的用牲法，在卜辞中"尞""宜"多用于自然神祇，而"沈"则仅用于土地川泽，"土""河"常以"尞""沈""宜"三法并用，"岳"也常"尞""宜"二法并用，先公先王则绝不见这种情况。殷代自然神祇祀典自成体系，不同于先公先王。卜辞"河""岳"连言，盖以河为川之首，以岳为山之首，山川在古人意识中乃同一词物。殷人所祭之川见于卜辞的有"洹""滴"等水，所用祭法有"尞""秦年""㑗""帝"等，与"河"的祭法所用差不多。在殷代"河"是殷人心目中的山川第一号大神。"岳"与"河"在殷人心目中有同等崇高的权威，享受殷人隆重的祭祀③。通过中原地区商周时期对卜辞中"土""河""岳"的祭祀对象和方法的描述，我们可以将其与金沙遗址祭祀区地点商周时期特殊堆积予以比较。

祭祀区地点商周时期的堆积主要呈现出以下几种情形：一是将礼仪性用品沉于湖沼或低洼之处，堆积具有明显的湖相沉积的特征；二是礼仪性用品集中堆置于"地面"④；三是挖坑集中分层堆置礼仪性用品；四是散落于地层中的礼仪性用品；五是挖坑置有少量礼仪性用品或石块，但含

① 宋镇豪：《夏商社会生活史》，中国社会科学出版社，1994年，第281页。
② 刘兴诗：《成都平原古城群兴废与古气候问题》，《四川文物》1998年第4期。
③ 彭裕商：《卜辞中的土、河、岳》，《四川大学学报丛刊·第十辑·古文字研究论文集》，四川人民出版社，1982年。
④ 赵辉：《遗址中的"地面"及其清理》，《文物季刊》1998年第2期。

有大量黑色灰烬。这几种埋藏背景同中原地区商周时期对自然神祇"土""河""岳"祭祀对象和祭法非常相似。如沉于湖相沉积的礼仪性堆积与文献记载中对山川河流所使用的"浮沉"祭法相近。大量堆置有礼仪性用品的"地面"和分层堆积地层之中的礼仪性用品的埋藏背景同古文献记载中的祭地常用的"瘗埋"方式非常接近,祭祀遗物主要分为五组,一为金器、玉器、绿松石、铜器等;二为象牙器和石器等;三是以石制半成品为主;四是以陶器为主;五是以野猪獠牙、鹿角为主,伴随玉器、美石、陶器等。而包含有大量灰烬、兽骨、卵石的坑可能代表了新的祭祀方式——"燎祭",浮选出大量的炭化遗存可为其研究提供新的视角。

另外,该地点可能存在着"血祭"的形式,金沙遗址祭祀遗存中虽然不见直接用血的证据,但大量使用朱砂可否为血祭的另一种表现形式?祭祀区涂朱现象早期仅为人物或动物的主要器官,针对特定对象,以仿生式器物中动物和人物为主,涂朱对象当有特定的象征意义;施朱习俗在晚期盛行,呈现出一种祭祀仪式行为,即在礼仪性遗存中抛洒朱砂于礼仪性器物之上,以 L8 的施朱现象最为突出,其五层堆积中都有施朱现象。"血祭"可能有着相似的含义。血祭即杀牲取血以祭神,"血是巫师通天的法器之一,与玉同功。"[①] 血对于沟通先秦时期的天神具有特别的功能[②]。祭祀区朱砂使用的情形同中原地区的"血祭"有着非常相近的巫术含义,朱砂可能代替血液,其祭祀对象为土地,当属于"地祭"类。

除此之外,在上述仪式活动中还常发现这样的现象,有相当数量的玉器、铜器、金器、石器出土时有残缺或扭曲变形,其系在埋藏之前遭到人为故意破坏,这类发生在仪式活动前毁坏器物的行为,亦属于一种古已有之的祭祀习俗——"毁器",在三星堆遗址祭祀坑中也清晰地遗留有该传统习俗[③],"毁器"[④] 或"碎器"[⑤] 习俗以墓葬中最为常见,二者当有信仰传统上的渊源关系。

结合目前的发掘情况和研究观察,金沙遗址祭祀区地点的祭祀活动呈现由西向东转移之态势,祭祀内容和方式也逐渐改变,祭祀形式有"浮沉""瘗埋""燎祭""坎祭""血祭"等,在举行祭祀前,蜀人往往有"毁器"习俗,如 L18D5 中有有意损坏的玉璧[⑥]。这些祭祀方式或习俗在不同时期或空间有着不同的体现,早期阶段以"浮沉"(或曰"沉祭")常见,使用的礼仪性用品是

① 张光直:《中国青铜时代》,生活·读书·新知三联书店,1999 年,第 478 页。
② 杨华:《先秦血祭礼仪研究——中国古代用血制度研究之一》,《世界宗教研究》2003 年第 3 期。
③ "许多变形、残损的铜器、玉器,除一部分是由于填土过程中打夯挤压所致外,有的被火烧坏,一部分是在入坑前当时人们进行某种活动时而损坏……有的玉器被打碎。出土时残断部分在坑内不同部位;有的器物端刃和柄都残断了,发掘时,将填土进行筛选,也未发现残断部分。这种情况,显然是器物入坑前就残损了。"陈显丹、陈德安:《试析三星堆遗址商代一号坑的性质及有关问题》,《四川文物》1987 年第 4 期。
④ 张明东:《略论商周墓葬的毁兵葬俗》,《中国历史文物》2005 年第 4 期;井中伟:《西周墓中"毁兵"葬俗的考古学观察》,《考古与文物》2006 年第 4 期;黄凤春:《毁器与折兵——楚国丧葬礼俗的考古学观察与释疑》,《湖南省博物馆馆刊(第 8 辑)》,岳麓书社,2012 年;周志清:《盐源青铜文化中"毁兵"习俗刍议》,《成都文物》2015 年第 3 期。
⑤ 李雪婷:《盘龙城遗址碎器葬俗研究》,《江汉考古》2017 年第 3 期。
⑥ 周志清:《金沙遗址玉器之"有翼神兽"形象》,《成都文物》2017 年第 4 期。

以石璧半成品和石璧坯料为主，另有少量的石璋半成品（以 B 型为主）、石琮半成品及极少量的玉器和象牙等，主要分布于西区和中区。相对而言，"瘗埋"的形式最为多见，也较为复杂，既有平地，亦有坡地，还有挖坑等情形，其使用的礼仪性用品除传统的石质半成品外，更多的是玉器、金器、铜器等贵重资源，"瘗埋"祭祀方式一直贯穿该地点祭祀遗存的始终，分布于整个发掘区；该地点最晚阶段盛行的是大量野猪獠牙和鹿角及大量陶器集中埋藏。"燎祭"的形式相对不够丰富，其特征是堆积中包含大量灰烬，而礼仪性用品较少发现，此类祭祀方式于该地点较晚出现，主要分布于西区；"坎祭"主要出现于商代晚期至西周前期，目前仅见于东区，其堆积以填土中包含有大量象牙渣，另伴出加工象牙、偶有臼齿、象牙片或其他为特征，以 L14、L6、L12 为代表，祭祀对象为天地山川①。"血祭"相对出现较晚，主要分布于东区，以 L8 最为典型。它的出现可能代表古蜀人信仰的转变。殷人的上帝崇拜是把祖先神与自然神合为一体的。周人祭祀上帝就是祭祀太阳，其上帝原型是日神。《礼记·郊特性》："郊之祭也，迎长日之至也。大报天而主日也，兆于南郊，就阳位也。"② 周人尚火与赤鸟赤色崇拜，在西周时期人们的观念中，上为大红，次则朱红，再次淡红，再则黄、紫、玄色，大红为赤、朱红为朱，西周时期赤、朱之色地位最高，春秋则是紫色地位最高③。金沙遗址祭祀区在西周时期出土了大量与太阳崇拜相关的遗物，其中"太阳神鸟"金箔饰（C∶477）的出土完美诠释古蜀人对太阳的崇拜。西周时期古蜀人"血祭"的流行是否受到中原周人影响？是否是殷商关系转变影响下的产物？在实际的祭祀过程中，古蜀人在对山川、河流、土地及太阳等的祭祀中，祭祀方式和对象并非严格限制，而可能是几种方式相通共享，如卜辞中川也用埋，而土又用沈，这种现象彭裕商先生认为可能有两种解释，一为殷周礼制之差异；二为卜辞中沈、埋有相通之处。因为卜辞中"土""河""岳"三种用牲法"燎""宜""沈"，在古文献中均为祭自然神祇的用牲法，在卜辞中"燎""宜"多用于自然神祇，而"沈"则仅用于土地川泽，"土""河"常"燎""沈""宜"三法并用，"岳"也常"燎""宜"二法并用，先公先王则不见这种情况④。从上述描述中，我们可以清晰地认识到，古蜀人目前使用的祭祀方式和对象未见先公先王等人鬼崇拜，即金沙遗址祭祀区可能是一处专门祭祀自然神祇的圣地，其祭祀对象主要是太阳、山川、河流、土地等。目前没有明显证据表明祭祀区有祖先神的人鬼崇拜，祭祀区与以羊子山土台和三星堆祭祀坑⑤为代表的祭祀方式和对象有明显的差异，

---

① 周志清：《古蜀祭祀传统观察——以金沙遗址祭祀区为例》，《中华文化论坛》2019 年第 5 期。
② 王晖：《商周文化比较研究》，人民出版社，2000 年，第 24、32、50 页。
③ 王晖：《商周文化比较研究》，人民出版社，2000 年，第 444～449 页。
④ 彭裕商：《卜辞中的土、河、岳》，《四川大学学报丛刊·第十辑·古文字研究论文集》，四川人民出版社，1982 年，第 201 页。
⑤ 三星堆祭祀坑过去仅讨论了坑的属性和时代，而忽略坑所在地理位置和埋藏背景以及在聚落结构功能等方面的讨论，再加上对年代一直未有统一的认识，对它的认识不清。为此笔者认为任何一个遗存都不是一个孤立的存在，它需要放置于整个考古系统背景中予以讨论。

这种差异性正是商周时期蜀人祭祀传统复杂而多元的反映①。

　　随着20世纪羊子山土台②和三星堆遗址祭祀坑③的发掘，我们对古蜀人的信仰系统有所认知。古蜀人的祭祀传统多样复杂，有别于中原地区商周时期的信仰传统，同时二者之间亦有着复杂而密切的关联。目前我们对古蜀人祭祀传统的认识是依赖于中原同时期卜辞记载和研究，透过它是否能直达古蜀人彼岸的精神世界？尚有诸多的问题与缺陷。金沙遗址祭祀区地点的发掘与研究对于研究古蜀人祭祀传统提供了重要的考古资料，揭示出他们有着狂热的自然崇拜情节，对山川河流土地及太阳等自然神祇崇拜推崇有加，自然崇拜是其信仰系统的主要组成部分。随着社会的复杂化和阶层社会的发展，山川、河流等自然景观被赋予了国家统治力量的象征和显示自身权威的符号④，并进而成为统治阶层与民间及国家的圣地⑤。金沙遗址古蜀人的祭祀传统经历了长时段的发展变化，它有着复杂而多样的形式和内容。目前我们对金沙遗址古蜀人祭祀传统的认识仅是冰山一角，还有许多不为我们所知的秘密，等待我们去探寻。

---

① 有关商周时期古蜀人的祭祀传统讨论，需要专章阐释，囿于篇幅和目前的认识，我们只有将其放置于今后的研究中予以讨论。
② 四川省文物管理委员会：《成都羊子山土台遗址清理报告》，《考古学报》1957年第4期。
③ 四川省文物考古研究所：《三星堆祭祀坑》，文物出版社，1999年。
④ 山川是国家统治力量得以施行的代理者。它们之所以具有这样的力量，并不是它们自身就有这样的属性，而是因为这种调控力量的授权。这种调控力量所拥有的权威，它们同样也拥有，而只要这种力量能够维持下去，它们同样也能够维持下去。它与那种赋予任何国家的统治权力以权威的"德"之间的关系是如此的紧密同一，可以说，山川乃是统治自身显示自身的原理。葛兰言：《古代中国的节庆与歌谣》，广西师范大学出版社，2005年，第166页。
⑤ 王铭铭：《超社会体系——文明与中国》，生活·读书·新知三联书店，2015年，第240页。

# 第九章　祭祀区范围与历时性发展讨论

以往刊布的资料认为金沙遗址祭祀区所在的"梅苑"地点商周时期的文化堆积分布范围约 8 万平方米，其中以大量珍贵文物集中出土为特征的遗存则分布于梅苑东北部约 8000 平方米的范围内，该范围也就是我们后来约定俗称的"祭祀区"①。此前对祭祀区范围的厘定是以"大量珍贵文物集中出土"为标准，从目前的考古信息分析看，这可能不全面或有所偏颇。本次分析除了"大量珍贵文物集中出土"这一元素外，重点关注古河道变化、不同时期祭祀遗存的堆积范围、地势的变化等元素，而要确认一个遗存的范围首先是确认其平面范围的四界。该地点是一个河边水畔之地人工构筑的祭祀高台，是自然地形和人工行为合力的结果，其与卜辞中"焚巫祭地"有着同类的用途②。

## 第一节　祭祀区祭祀范围分析

从目前的考古资料和环境研究观察，祭祀区东部的界限相对是最为清晰的，其以开口于第 4 层下古河道的西岸为界，该河道自北而南将祭祀区分割于其西岸，河岸线可能是东部界限的一个重要标志。由于河岸线呈向西侵蚀的迹象，部分祭祀或礼仪遗物发现于远离河岸的河道中，可能是其西部界限"原初"的位置，结合ⅣT8108 东南角为南部界限，以及古河道内部分祭祀遗物已经游离现存的河堤线，位居于河床内，我们推测祭祀区东部范围较之现存河堤线东移；结合Ⅰ T8810 内未见任何祭祀遗迹或遗物，可知Ⅰ T8810 在祭祀区范围之外，由此Ⅰ T8810 和ⅣT8108 的连线可能构成祭祀区最初的东部边界。

祭祀区的东北界限比较清晰，Ⅰ T7913 东北的古河道同祭祀区西边古河道连为一体，而 Ⅰ T7913 以北探方内商周时期的堆积中不见獠牙堆积，故以Ⅰ T7913 内古河道为祭祀区的东北界限，而其西北界限则沿Ⅰ T7913 古河道走向向西北延伸，分布于Ⅰ T7015、Ⅰ T7016、Ⅰ T7115、Ⅰ T7116 内的巨大古树树根残骸，可能是当时祭祀区一个重要的地理标识，发掘区西北部Ⅰ T6616 和Ⅰ T7216 内仍然有少量礼仪性遗物出土，堆积深厚，同南部发掘区的堆积连为一体，其仍然属

---

① 成都市文物考古研究所：《成都市金沙遗址Ⅰ区"梅苑"东北部地点发掘一期简报》，《成都考古发现（2002）》，科学出版社，2003 年。
② 宋镇豪：《夏商社会生活史》，中国社会科学出版社，1994 年，第 302 页。

于祭祀区的堆积范围，因此西北部界限可能以 I T6616、古树、 I T7216 和 I T7913 内古河道二者之间的连线，可能构成了祭祀区的北部界限。

祭祀区的南部界限相对较为复杂，由于各个发掘区发掘进度不一、发掘区或勘探区的盲点以及保护展示的需要，揭露的信息不一，首先就出土礼仪性遗物或祭祀遗存而言，目前西南部的 I T6106、 I T6206、 I T6305、 I T6405、 I T6605，东南部的 IV T7705、IV T7805、IV T7906、IV T8106、IV T8305 等均发现了礼仪性遗物和祭祀遗存，二者之间南部界限的连线可构成目前现存祭祀区的南部界限。

从上而言，祭祀区的南部界限呈现不规则状，从西北向东南连线突兀，该区域未见礼仪性遗物和祭祀遗存的空白区几乎全部被汉代堆积破坏，汉代堆积下即为生土，生土堆积呈南高北低的坡状向河堤延伸，与其同有祭祀遗存的商周堆积呈一体化趋势，从堆积趋势而言，它们可能处于一个斜坡面上；另外，从西部和中部发掘区的情况观察， I T6413 的西北角和 I T6511、 I T6908、 I T7206、 I T7205 的东北角可复原出祭祀堆积形成前的古河堤线，而其自北而南堆砌而成的堆积趋势同南部岸堤上的祭祀堆积连为一体；其外，由于西南部的 I T6101、东南部的 IV T8108 和 IV T8305 的东北呈东北高西南低的地势，而二者之间的连线呈"垄状"，则构成当时该区域南部界限的最高点。该界限以北为自南而北的坡状堆积，以南为自北而南的坡状堆积，商周堆积较薄，不见礼仪性遗物或祭祀遗存，生土面暴露较浅，该"垄"以南不属于祭祀区范畴。综上而言，我们认为祭祀区的南部堆积界限可能延伸至以 I T6101 东北部和 IV T8108 的东南部之间的连线。

祭祀区的西部界限目前尚未见确凿的证据，由于 I T6412 ~ I T6414 内未见祭祀遗物或遗迹，而 I T6512 ~ I T6514、 I T6612 ~ I T6614 内虽然不见早期祭祀遗存，但晚期祭祀遗存仍然存在（原发掘者认为出土大量卜甲和陶器的堆积不纳入同玉石器相同的遗存考虑，笔者认为值得商榷，应当将其纳入考虑）。由此， I T6412 ~ I T6414 可能构成祭祀区西北部的界限，结合西南部 I T6106尚有祭祀遗物发现和 I T6101 地势呈东北高西南低的趋势考虑，由 I T6412 ~ I T6414和 I T6514、 I T6616 之间东北—西南向至 I T6106 西北角的连线可能构成了祭祀区的西部界限。

由上，可以发现金沙遗址祭祀区范围的平面形状大致呈长方形，为人工土台堆积，土台东西长约 125 米，南北宽约 90 米，面积约 11250 平方米（图九〇九）。土台乃利用河堤地形和古河道改道以及自然地势差异逐步淤积和后期人工活动堆积所致，由此形成一个明显高出于周边地势的土台。成都平原河流流向一般为西北—东南向，沿岸地势一般亦西北高东南低，通过上述祭祀区西南和东南边界分析，祭祀区的西南和东南明显高出周边，结合西北部本身自然高度，由此构成一个平面形状呈三角形的台地，台地的北西—西南—南东向地势明显高出周边。台地内地势整体呈西南高东北低，发掘区自北而南的地层堆积剖面显示，台地内堆积呈北—南或东北—西南向的坡状堆积，随着古河道改道和祭祀活动中心东移，祭祀区东北部最终定格在 I T8810 西南部。同时通过发掘区西南部古河堤的复原，可以发现在祭祀场所产生之前，该地域可能是一个巨大的回

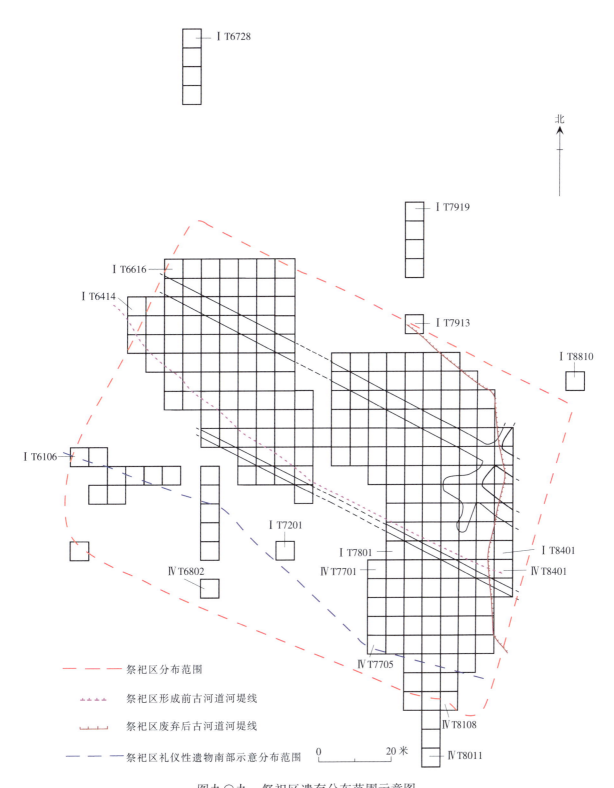

图九〇九　祭祀区遗存分布范围示意图

水漫滩，处于古河道凹岸弯曲的位置。通过对古河道砂的粒度分析，可以得出当时流过金沙遗址祭祀区的河道是一条反映温暖干旱环境的曲流河[1]，而祭祀区可能刚好位于这一位置。用高精度电阻率法对金沙遗址所做的研究表明古河道左河岸西北段有小的弯曲现象，而在43~46测线附近（ⅠT8101~ⅠT8301）有明显转弯现象，其走向呈北西—南东—北东走向[2]。在祭祀区的西北和东南部各发现一块黏土块，通过对古河道早期残留黏土块（早期河水冲积形成的冲积物）的研究，这些黏土块可能迫使河道弯曲或改道[3]，这可能是古河道改道的原因之一。古河道有向北朝今摸底河迁移的迹象，如14、16号线的70~90号（ⅠT6614~ⅠT6616、ⅠT6714~ⅠT6716）点间有一宽约20~25米的砂卵石层凹陷带，其上有粉砂层、黏土层堆积，具有废弃河道的特征。上述废弃河道的北侧，还有同一特征的第三带，也是废弃河道的显示，由此可见该区古河道是经过多次向北迁移才至现今摸底河范围[4]。金沙遗址祭祀区东区L11位于古河道内，伴出埋藏古树，通过古河道沉积最顶层埋藏古树（秋枫树）AMS碳-14测年研究，揭示金沙遗址古河道在距今3852~3647年这一时间段发生改道，该阶段金沙遗址的环境开始转好，河流改道，使得当地适宜居住[5]。该漫滩成为一个巨大的湖沼区，新石器和商周时期分界的西区第34层，即为间歇层，该层为早商时期的堆积，但伴出遗物中杂有大量新石器时期遗物，且该堆积未见遗迹，仅见遗物，推测其可能是周边地区同时期遗址冲刷而至。可能是这个时期发生突发性洪水，致使周边地区许多宝墩文化时期的聚落遭到破坏[6]，从而淤积的非原生堆积。漫滩之上的河堤明显高出周边地区的台地，显得格外突出，河道改道形成的坡地和台地特殊的斜向方位系统[7]（西北—东南向），说明这可能是古蜀人精心选择的原因。突兀的平台和充满神秘色彩的湖沼以及对无常水患的恐惧，使得该台地成为金沙先民媚神或娱神的圣地。

此外，祭祀遗存在不同时期分布范围有着明显的差异，如地处河堤之上，位于发掘区东南部的L3虽然开口于第7层下，但其堆积形式和内容同早期石制品堆积相同，故推测L3的时代可能

① 李永昭、李奎、朱章义等：《金沙遗址古环境》，见本书附录七。

② 杨利容：《高密度电阻率法在考古探测中的应用研究》，成都理工大学硕士学位论文，2005年，第14、15页。

③ 杨利容：《高密度电阻率法在考古探测中的应用研究》，成都理工大学硕士学位论文，2005年，第19页。

④ 杨利容：《高密度电阻率法在考古探测中的应用研究》，成都理工大学硕士学位论文，2005年，第16、17页。

⑤ 朱诚、郑朝贵、吴立等：《长江上游新石器时代以来考古遗址时空分布与环境的关系》，《长江流域新石器时代以来环境考古》，科学出版社，2015年，第90、91页。

⑥ Tianjiao Jia, Chunmei Ma, Cheng Zhu, et al., Depositional evidence of palaeofloods during 4.0 - 3.6 ka BP at the Jinsha site, Chengdu Plain, China, *Quaternary International*, Nol. 440, Part B, 10 June 2017, pp. 78 - 89. 文章作者认为金沙遗址在这个时期（4.0 - 3.6 ka BP）因为洪水不具备居住条件，进而推测金沙遗址周边地区在距今3600年后聚落才兴起是值得商榷的。笔者认为这个时期突发洪水事件和人类聚落存在与否并不存在必然关联，突发事件导致人类遗存有多种可能性存在或表现形式，而新石器时期堆积或遗物的出土，恰恰反映出在这个洪水时期金沙遗址周边地区仍然存在人类聚落，正是这一突发事件导致大量此类遗物遗留于湖相沉积之中，应根据具体考古材料来分析，目前金沙遗址祭祀区周边多个宝墩时期聚落的发现，证明该认识之谬误，但洪水事件的发生为认识金沙遗址周边新石器和商周时期遗存的埋藏情况变化，提供了重要的分析视角。

⑦ 古蜀人有着不同于中原地区的方位系统，属于斜向方位系统。王仁湘：《四正与四维：考古所见中国早期两大方位系统——由古蜀时代的方位系统说起》，《四川文物》2011年第5期。

同其相近。同样的情形在ⅠT6805的东北部第7层下的石片堆积亦可体现出来。由此，我们大胆推测当时的祭祀活动最早是从河堤上较高位置逐渐向北边的河堤延伸，其堆积呈自南而北的坡状堆积，即处于较高位置生土面上祭祀遗存早于较低堆积上的祭祀遗存。不同时期祭祀遗存的分布位置并不一致，如以石制品为代表的早期祭祀遗存集中分布于紧邻河堤岸边的漫滩，其次为河堤，尤以ⅠT6808～ⅠT7008、ⅠT7009～ⅠT7110、ⅠT7107～ⅠT7307最为集中，而在临近河床位置的堆积中则不见。从分布范围而言，在ⅠT6808、ⅠT6908以西及ⅠT7110以北不见早期祭祀遗存，东区目前未见石璧堆积，仅见位于东南部的L3，早期祭祀遗存的范围明显小于其后的堆积范围，这些信息反映出不同时期祭祀遗存有着不同的分布范围和特定的位置。

为了保护和展示的需要，金沙遗址祭祀区周边商周时期遗存未做进一步的勘探与发掘，对于其周边商周时期遗存和地势以及古河道范围等关键信息的揭示，目前来看是远远不够的。目前所做祭祀区范围的分析乃是立足于当前的资料和信息以及研究方法和手段而言的，相信随着今后研究手段与方法的突破以及研究视野的拓展和进一步考古工作的进行，对祭祀区的范围和选择目的的认识将有更为合理的分析。

## 第二节　祭祀区不同时期范围变迁

尽管祭祀区地点在第一期就已经出现了宝墩文化时期的遗物，但介于其早、晚段遗存具有明显的湖相或洪积沉积特征，可能并非原生堆积，但在该期晚段西区已经出现原生堆积，这也直接表明这个时期已经有人群在该区域活动。目前在金沙遗址多个地点出现了许多宝墩文化时期的遗存，说明当时该地点周边地区分布着诸多宝墩文化时期的聚落，至少在距今4000年就已经有宝墩文化时期的人群在该地点活动，并留下了丰富的文化遗存。而频繁发生于距今4200～3600年的洪水事件，致使许多遗址长期遭到不同程度的破坏，该期早、晚段遗存埋藏形式具有明显的湖相沉积特征，当时古河道附近生长热带和亚热带常绿季雨林中常见的秋枫树[1]，显示出当地优越的生态环境。祭祀区地点第一期遗存正是该时期人群活动遗留的物质体现和气候事件的结果，该期遗存目前仅分布于西区西南部河堤以下区域（图九一〇）。在距今3852～3647年这一时间段里，随着古河道改道北移，当地生态环境逐渐转好，当地适宜居住[2]，并在祭祀区地点留下许多物质遗存。但这些新石器时代遗存仍然长期受到洪水威胁，商代时期的第34层洪积特征显著，其直接叠压于新石器时代堆积之上，洪积层覆盖新石器时代堆积的情形表明，在距今3600年前，祭祀区地点已经不再适宜人群活动，他们可能转向地势更高的区域生活。

在距今3600年前后，随着古河道的继续北移，该地点的凹地逐渐淤积成坡地，古蜀人的踪迹

---

① 王树芝、闫雪、姜铭等：《成都金沙遗址祭祀区古河道出土古树的鉴定报告》，《成都考古发现（2015）》，科学出版社，2017年。

② 朱诚、郑朝贵、吴立等：《长江上游新石器时代以来考古遗址时空分布与环境的关系》，《长江流域新石器时代以来环境考古》，科学出版社，2015年，第90、91页。

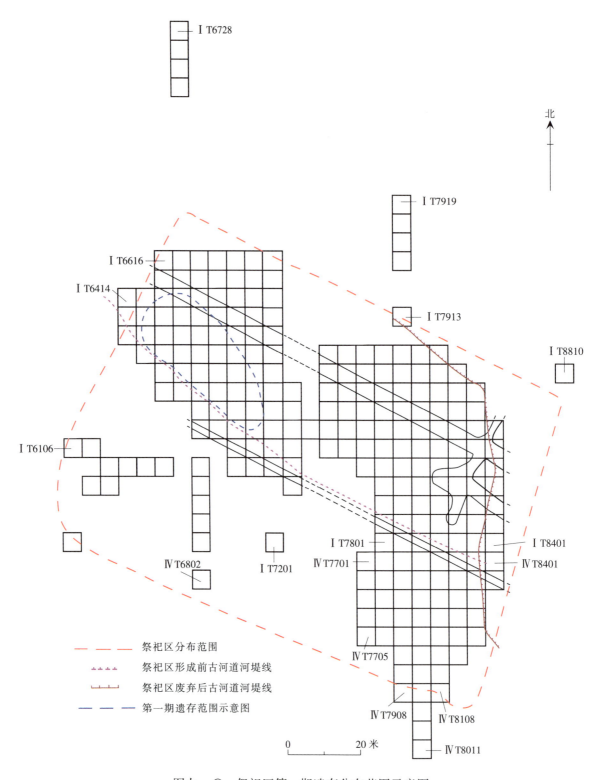

图九一〇  祭祀区第一期遗存分布范围示意图

开始出现于此。目前的发掘资料表明，该地点在第二期的第一、二段均尚未发现明确的祭祀遗迹或遗物，由此推测该地点开始出现明晰的祭祀活动可能是从距今 3500 年左右开始（即第二期第三段）的。这个时期祭祀遗存主要发现于西区和中区的河堤边漫滩上，多数祭祀遗物置于第 34 层层表，如分布于西区的 L50、L53、L56、L57、L58 几乎都位于ⅠT6908、ⅠT7008、ⅠT7108、ⅠT6909、ⅠT7009、ⅠT7109、ⅠT7110 内，这些探方都位于靠近河堤位置的漫滩；中部发掘区的 L24、L25、L26 几乎都位于ⅠT7306、ⅠT7307 内，也位于靠近河堤位置的漫滩。东区因为保护原因未全部揭露，是否有第三段堆积目前不清楚，但从第四段开始，在东区的东北部也出现了祭祀遗存，堆积形式和内容同中、西区相较有差异，但出土石制品的祭祀遗存也是多位于河堤边上的漫滩，明显早于出土金器、玉器、铜器等礼仪性遗物的祭祀遗存。该期遗存第一、二段分布于西区的东南部和中区的东北部，呈带状分布；第三段遗存范围扩大，分布于发掘区的东南、西南部和中区大部；第四段遗存则主要分布于西区的东部和中区全部，东区东南部开始出现。总体而言第二期"三星堆文化类型"遗存主要分布于西区除了西北部外大部区域，涵盖中区全部，东区东北部也有分布（图九一一）。

第三期早段遗存基本覆盖了西区大部和中区北部，东区的东北部和西南部，范围有所扩大；中段遗存除了西区东南部和中区南部外，其余均有发现，东区见于东北部，范围进一步扩大；晚段遗存范围在西区明显缩小，仅见于西区中部偏东的位置，中区不见，东区范围则继续扩大，东区东部基本都有发现。第三期遗存在西区和中区大部均有发现，东区的西南部开始出现，东区东北部范围扩至中部（图九一二）。

第四期早段遗存主要分布于西区大部，中区不见，东区主要分布于东部偏中的位置；晚段遗存除了西南部不见外，其他区域均有发现，基本涵盖整个发掘区。"十二桥文化类型"在第三期仍然主要分布于西区和中区，东区范围较之第二期有所扩大，而在第四期该文化类型已经在整个发掘区均可发现（图九一三）。

第五期早段遗存除了西区西南部和北部外，在其他区域均有发现；中段遗存仅见于西区和中区；晚段遗存于整个发掘区均有发现。"新一村文化类型"除了发掘区西南部外，其余地区均有分布（图九一四）。

第六期遗存仅见于祭祀区东部的古河道堆积，该河道从祭祀区东部自西北向东南曲折流过，它是春秋中期以来至汉代以前古河道向南改道过程的遗留，这次改道后祭祀区祭祀活动逐渐消失。

## 第三节　祭祀区各期祭祀遗存形态和变迁分析

在祭祀区地点第二期的第一、二段虽然已经出现人群活动的迹象，但是该段遗存不见礼仪性遗迹或遗物，仅见少量灰坑，灰坑平面形状以椭圆形为主，形制不太规整，包含物主要为零星灰烬和陶片，灰坑中不见玉石器，如西区开口于第 34 层下的 H2313 和开口于第 31 层下的 H2320、H2336。而第 34 层为灰黄色淤土，杂有较多的铁锈斑点，结构紧密，为洪积间歇层，其地层堆积

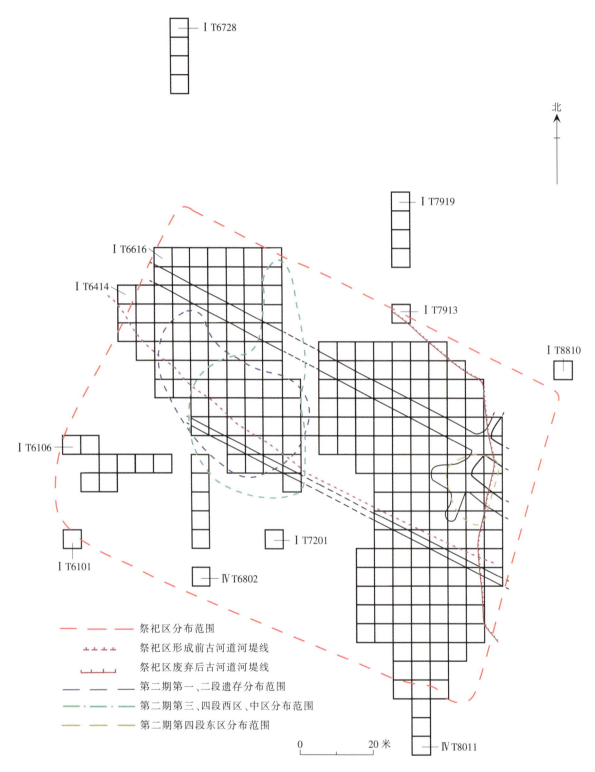

图九一一　祭祀区第二期遗存分布范围示意图

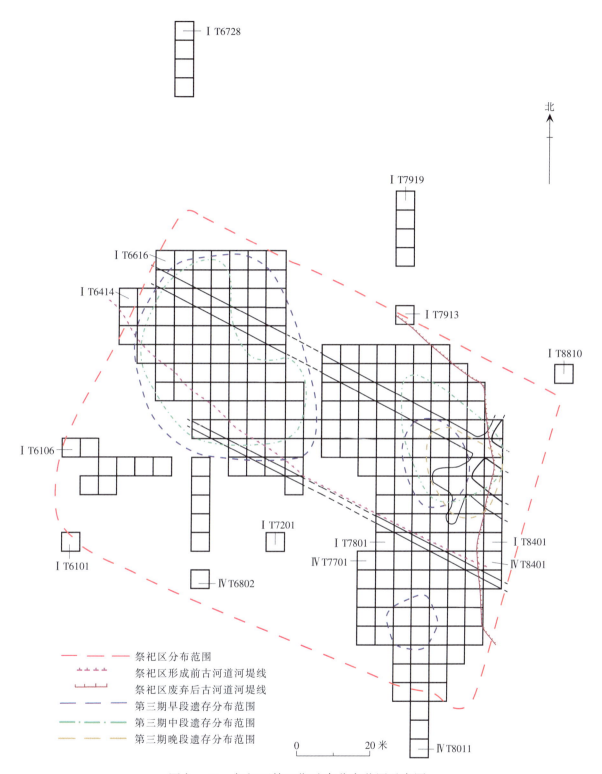

图例：
- 祭祀区分布范围
- 祭祀区形成前古河道河堤线
- 祭祀区废弃后古河道河堤线
- 第三期早段遗存分布范围
- 第三期中段遗存分布范围
- 第三期晚段遗存分布范围

0　　　20 米

图九一二　祭祀区第三期遗存分布范围示意图

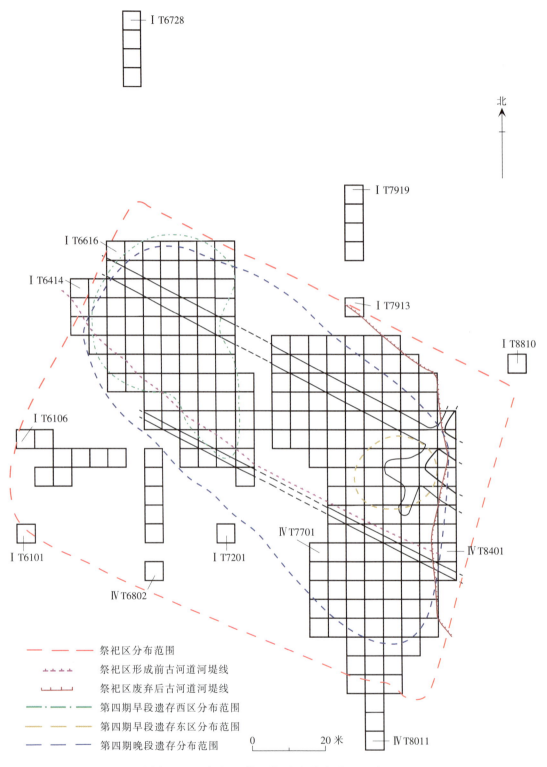

图九一三    祭祀区第四期遗存分布范围示意图

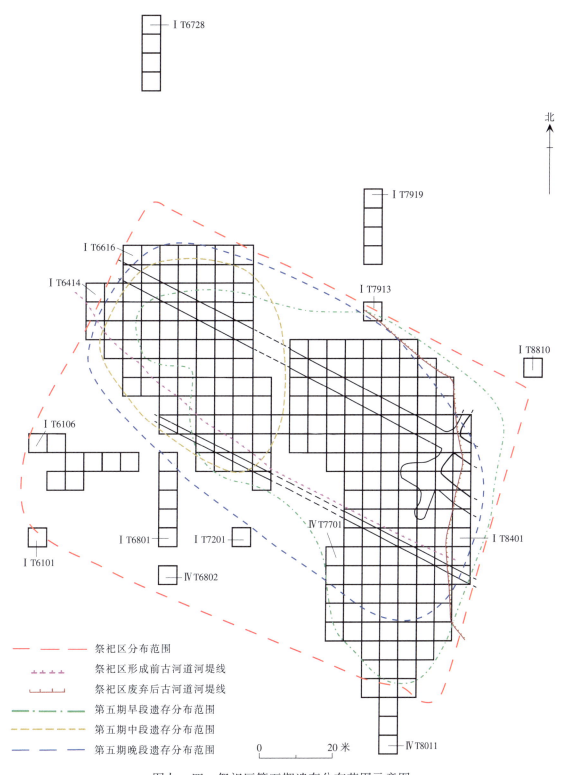

图九一四　祭祀区第五期遗存分布范围示意图

中少有遗物，仅见少量碎陶片①和石器，其种类和数量非常少。该期第一、二段地层堆积仅见分布于发掘区紧靠河堤的以北区域，这反映出当时该段河堤下河道部分可能高出其他地区，正因为如此该区域成为最早被人类使用的区域，随后也是该地点最早出现祭祀遗存的区域，如第二期第三段开口于第29层下，堆积置于第34层层表的L56、L58，L58以B、C型石璧半成品，A、B型石璧坯料及Ba型石璧为主，另有少量的石芯、石璋半成品、Ab型石矛、石琮半成品、柱形器、Aa型石斧、研磨器、竹器、漆木器、玉璧，其中玉器可辨识的仅有1件。

该地点作为一个特定的祭祀场所是从第二期第三段开始的，祭祀遗迹或遗物以发掘区的西区和中区较为集中。祭祀礼仪堆积主要集中分布于西区和中区相邻探方靠近古河堤的区域，在西区和中区的东南部，这也是目前该祭祀区最早祭祀活动发生的区域（从第19～30层仅见分布于发掘区的东南部）。该段开始出现大量礼仪性遗迹和遗物，其中西区礼仪性遗迹较多，中区较少。礼仪性遗迹平面形状多无一定之形状，堆积物相对单纯。该段的礼仪性堆积主要表现为以下三组情况：A组以石璧半成品、石璧坯料为主，另有少量石璋半成品；B组仅有石璧半成品和石璧坯料；C组仍然以石璧半成品和石璧坯料为主，也有石璋半成品和石琮半成品。以A组最为多见，其组合相对固定，其次为B组，C组最少。三组中仅个别堆积中发现有少量玉器和象牙，但数量极少，另外，还杂有少量石器、竹木器伴出。该段礼仪性遗物以石器为主，其中石璧半成品和石璧坯料占据绝对优势，另有少量石璋、石琮半成品和柱形器、斧、芯、矛等；玉器和象牙非常少见。该段最大的一个特点是几乎都是半成品或坯料，纵使有成型之器也均为残件，器物制作粗糙，许多仅勾勒出形状，磨制或打制痕迹清晰，少见大型石璧半成品或坯料。

这些祭祀堆积属于同一时期，祭祀堆积形成却是一个多次连续的过程，尽管目前的考古材料时代分期无法做到精细化，但其不同层位下堆积，可能正是不同时段堆积行为过程的反映，如开口于第29层下，堆积于第34层层表的祭祀堆积共时可能性大，但其行为发生应有所差异，如L50、L53、L56、L57、L58可能代表最早的堆积行为，祭祀方式主要是浮沉，祭祀内容是以石璧半成品和石璧坯料为主，另有少量的石璋半成品（以B型为主）、石琮半成品、多璜联璧和极少量的玉器、象牙。而开口于第24层下，堆积于第34层层表的L52则略晚；还有开口于第24层下，堆积于第29层层表的L54、L55，开始出现了美石；开口于第23层下，打破第25层的L38；开口于第23层下，堆积于第25层层表的L48；开口于第23层下，堆积于第24层层表的L26；开口于第22层下，堆积于第25层层表的L36；开口于第22层下，堆积于第24层层表的L33；开口于第22层下，堆积于第23层层表的L34、L49；开口于第21层下，堆积于第24层层表的L46；开口于第21层下，堆积于第23层层表的L35、L37、L47；开口于第20层下，堆积于第23层层表的L39。而开口于第20层下，堆积于第21层层表的L32、L40、L42、L43、L44、L45，还有叠压于L40之

①　在第31、34层地层堆积中出土的石器集中分布于ⅠT7108、ⅠT7109、ⅠT7110等探方，这些探方出土石璧的位置同L56、L58分布的位置重叠，经核对堆积位置和出土遗物深度，这些遗物应该是L56、L58呈斜坡堆置和浮沉的遗物。

下的 L41，可能为这个时段较晚的祭祀堆积，祭祀方式仅见坡地瘗埋，堆积遗物仅见石璧半成品、石璧坯料以及石璋半成品，不见石琮半成品、象牙、玉器等其他器物，石璋半成品较之前数量增加。西区地层堆积中礼仪性遗物主要是石器，器形有石璧、石璧半成品、石璧坯料，另有石斧、石琮半成品、柱形石器、石璋半成品等，石璋在偏晚阶段数量剧增，这同该期晚段的礼仪性遗存变化趋势相近（从第 23 层开始出现，第 21 层最多，从第 21 层开始出现铜器残件），制作规整，不见完整器。中区礼仪性遗物以石璧坯料为主。这个时段祭祀活动频繁，祭祀方式以"瘗埋"为主。可能与特殊事件有关，需要在以后工作中关注环境或植物的材料变化。

　　第二期第四段保留有第三段的祭祀遗风，祭祀方式和祭祀内容几乎相同，礼仪性遗存少见，祭祀方式仍然既有"浮沉"，也有"瘗埋"，"瘗埋"形式增多。堆积组合主要可分三组：A 组以石璋半成品、石璧坯料、石璧半成品为主；B 组以象牙和象牙器为主，另有少量的石璧坯料、石璧和石璋半成品；C 组以象牙器、象牙为主，另有少量动物、人物石质圆雕及漆木器。西区、中区礼仪性遗存组合有 A、B 组，而东区均为 C 组。地层堆积中礼仪性遗物为石器，有石璧坯料、石璧半成品、石璋半成品、石琮半成品、多璜联璧，以石璧坯料居多。从这个阶段开始西区的祭祀活动进入一个低谷期，祭祀活动发生地仍然集中于发掘区西区东南部，只是范围明显萎缩；西区祭祀方式已经不见"浮沉"，仅见"瘗埋"。相反，这个时期的祭祀活动在东区却是另一番景象，大量礼仪性遗存出现于发掘区东区的中部，尽管二者同属于一个时期，但东区遗存与西区同段遗存可能存在时差，如 L19 的祭祀方式介于两者之间，既保留了西区二期三段以石璧半成品为主要内容的祭祀品，祭祀方式仍然为早期"浮沉"的方式，但也发生了一些变化，如同时伴出大量的仿生式动物、人物圆雕以及一定数量的象牙器。而东区从第 13 层开始，出现少量铜器、玉器、金器。而开口于第 10 层下、堆积于第 11 层的 L15、L16，祭祀方式发生改变，变为"瘗埋"，遗物均为象牙器和象牙，不见其他遗物伴出。东区可明显分为两个阶段，早段以开口于第 12、13 层下的 L11、L17 及被 L17 叠压的 L19 为代表，晚段以第 11、12、13 层及开口于第 10 层下的 L15、L16 为代表。这个时期礼仪性遗存中遗物最突出一个特点是出现大量的象牙和象牙器。

　　第三期早段整个发掘区基本不见礼仪性遗存，仅在西区发现有少量坑状堆积。这些坑状堆积中礼仪性遗物少见，包含物多为碎陶片、灰烬及红砂石，另有少量的玉器、石器，玉器主要为工具类，石器多为石璧坯料。西区和中区地层堆积中仅见少量玉器、铜器、石器，器物数量和种类均较少。玉器有凿、斧、锛，器形单一，多为工具类；石器有石琮半成品、石璋半成品、石璧半成品、石璧坯料、有切割痕迹的石器等；铜器仅见镞、矛、锥形器。东区地层堆积中却呈现另外一番景象，有大量的玉器、铜器、金器堆置于地层中，玉器有剑、璋、凿、璧、环、箍形器、镯、矛等，以兵器和装饰类器多；石器较为少见，仅有斧、石琮半成品、璧、石璧坯料等；铜器有锥形器、璧、圆角方孔形器、虎尾、人像、铜器残片；金器仅见鱼形金箔饰、金器残片等，金器尽管数量不多，但较之前还是有很大增长。另有大量绿松石珠，新出现美石，这个阶段基本不见象牙或象牙制品。由此可见，该时段祭祀行为尽管在西区难以明显寻觅，但东区仍然是祭祀活动的中心。

祭祀区地点第三期中段西区和中区少见祭祀遗存，同早段相近，有少量坑状堆积，这些坑状堆积中礼仪性遗物少见，仅见少量玉器和陶器。相反东区礼仪性遗存则较为多见，如开口于第9a层下、打破或堆积于第10层的L14以及L21～L23，均为坡地"瘗埋"的堆积形式，遗物叠置分层明显。礼仪性遗物主要分为三组：第一组为金器、玉器、铜器，小牙璋多见；第二组为象牙器和石器，象牙器上有涂朱现象，主要为象牙器，少见其他；第三组为石璧、石璧半成品及少量玉器、陶器。以第一组常见。西区发现少量含有大量灰烬，伴出有兽骨、卵石、陶器及个别石璋的坑；地层堆积中有少量的玉器、石器、铜器。而东区地层堆积中（以第9a层出土最集中，第8d、8c、8b层非常少见）则有大量的玉器、石器、铜器、金器、骨器、角器出土，玉器种类、器形均较为丰富。从各区堆积中伴出器物观察，祭祀活动逐渐东移，同时祭祀遗物也出现多元趋势，金器、铜器、玉器种类和数量增加，而以石璧半成品或石璧坯料占有绝对优势的祭祀遗物已经式微，这在东区第9a层有着集中的体现，反映该时段可能有一次大规模的"瘗埋"活动。而西区包含有大量灰烬、兽骨、卵石的坑可能代表了新的祭祀方式——"燎祭"。西区、中区无论祭祀遗物，还是祭祀行为明显被边缘化，东区的祭祀活动较早段频繁。总之，该时段的祭祀活动呈现东移态势，祭祀内容和方式也逐渐改变，除了传统的坡地或平地"瘗埋"外，挖坑"瘗埋"（"坎祭"）或"燎祭"的埋藏或祭祀形式出现，礼仪性遗物中除了传统的玉器、石器外，金器、铜器等贵金属资源开始占据祭祀舞台中央位置。

第三期晚段东区地层堆积中则包含有大量玉器、石器、铜器、金器，玉器有矛、璋、锛、箍形器、璧、环及绿松石珠、美石等；石器较少，仅有石璋半成品、斧、石璧坯料、柱形器；铜器有戈、镞、锥形器、铃、璧、挂饰、圆角方孔形器、鸟、残片等；金器有鱼形金箔饰、圆形金箔饰及大量金器残片。玉器、铜器和金器相较此前数量剧增，石器减少，大量美石出现。其祭祀方式和祭祀遗物同第三期中段相近，但新出现以完整陶器为主要遗物的坑，与第三期中段陶片和兽骨、石块伴出的坑有明显区别。

第四期早段，西区依然延续衰微之势，少见礼仪性遗存，堆积物组合除了传统的玉器、石器、铜器、金器外，完整且相对单一的陶器集中放置是一大变化。坑状堆积的平面形状相对规整，包含物有大量陶片、卵石、石料和大量陶器，而大量陶器的出土是该段灰坑的堆积特征之一。地层堆积中出土玉器、石器、铜器，以石器为主，玉器少见，小玉璋传统逐渐消失。该段中区不见礼仪性遗存和灰坑堆积，地层堆积中除了少量陶片外，还有极少量的A型石璧坯料和金箔残片。

东区在这个阶段却有着繁多的礼仪活动，这个时段的祭祀堆积有斜坡堆置和坑状堆积两种，坑状堆积多见，平面形状相对规整，以椭圆形居多；斜坡堆置遗存地面形状多为不规则状。该段坑状堆积填土中的一大特点是包含有大量象牙骨渣和铜渣。该段按遗物和堆积形式差异，可分二组，A组堆积中礼仪性遗物以玉器、铜器、骨器为主，玉器、铜器形制相对单一且数量明显减少，少见石器，磨石、美石及骨角器少见，如L12，L12出土遗物以玉器、铜器、骨器为主，出土遗物相对丰富。B 组以玉器、铜器、金器为主，另有少量的石器、骨器，遗物叠层叠放，施有大量朱砂，如 L8，L8 为坑状堆积，坑壁略微倾斜，圜底，遗物分层叠放，各层遗物上撒有大量朱砂。该段出土遗物有大量玉器、石器、铜器、金器等。此外，还有少量骨角器，计有大象臼齿、獠牙、象牙片及象牙骨渣。大量象牙骨渣遗留是这个时期的特征。

第四期晚段遗存在发掘区西区少见，礼仪性遗存仍可见少量存在，如 L27、L28、L30，这些遗存最大的堆积特征是大量废弃陶片和少量玉器、石器以及一定数量的动物牙齿堆置一起，另有少量鹿角、象牙。同时期地层堆积中也仅见少量石器，器形单一。纵观该段礼仪性遗物发现，铜器和金器几乎不见，堆积物组合发生巨大变化，以陶片为主要遗物的组合出现，动物牙齿开始扮演重要角色，卜甲堆积的出现也是该段遗存的特点，磨石或美石也呈现井喷之态势。该区祭祀的礼仪性遗物大致可分两组：A 组以獠牙、鹿角、陶片等为主，另有少量的玉石器，如 L27，其以碎陶片为主，夹杂有獠牙、鹿角、玉石器等；B 组以集中堆置的陶器为主，夹杂少量玉石器，如 L28。

东区的情况却截然相反，该时段仍有频繁的祭祀活动发生，但较前段明显减少。祭祀堆积有斜坡堆置和坑状堆积两种。礼仪性遗物大致可分四组：A 组以獠牙、鹿角、陶片等为主，另有少量的玉石器，如 L2；B 组以玉石器、铜器为主，偶见陶器，如 L10 或 G1；C 组发现极少，礼仪性遗物分层堆置，除了玉器较多外，铜器、金器、石器少见，该堆积除了少量成型铜器，大量铜器残件出土是其特征，如 L6；D 组仅见石磬，如 L62。A 组主要集中分布于东区的东北部，B 组主要分布于东区的中部，C 组位于东区西北部 L2 的南侧。礼仪性遗物有大量的玉器、石器、铜器、金器等，其中石器相对较少，另有少量的玉料、绿松石珠、美石、象牙、大象臼齿、鹿角等，以鹿角、獠牙、玉石器为代表的礼仪性堆积是较为显著的时代特质。东区地层堆积中放置有大量礼仪性遗物，有玉器、铜器、石器、金器等，含有一定数量的美石、磨石及少量的玛瑙珠和鹿角。玉器、石器和铜器不仅器形丰富，而且数量众多，其器形和形制同第 8a 层非常接近，石璧半成品和石璧坯料仍然可寻，但数量非常少见。

第五期早段在发掘区的东区、西区均未发现明显的礼仪性遗存，西区仅见少量的灰坑堆积，这些坑状堆积的平面形状呈椭圆形或不规则状，包含物有石锛、美石以及大量陶片及动物牙齿、兽骨，而大量动物牙齿、兽骨以及陶片是这段遗存最典型的堆积和组合形式，具有明显的时代特征。西区地层堆积中仅见少量的玉器、石器、铜器，依然不见金器。相较而言，地层堆积中的玉器和石器种类略多，但数量几乎多为 1 件。铜器中动物和人物形器物不见踪影，金器不见。东区地层堆积中有玉器、石器、铜器、金器。美石和磨石延续四期晚段的传统，数量和形制更为多见，但同前期相比，明显萎缩，金器更是少见。

第五期中段，西区礼仪性遗存仅 L64，该遗迹出土卜甲。中区均不见明显的礼仪性遗存，仅见个别灰坑，灰坑填土中一般杂有灰烬，少见礼仪性遗物。个别灰坑中出土有大量陶片及少量石璧坯料、磨石和极少的玉器，大部分灰坑中只有少量陶片及卵石。地层堆积中仍然多见陶片、兽骨、美石以及少量的玉石器、铜器及金器，其中杂有獠牙、骨渣，相较前段，獠牙数量明显较少。铜器和玉器无论数量抑或是种类均大为萎缩。铜器以镦形制和数量最为丰富，相对多见；其余均为铜器残片，数量较少。玉器器形单一，主要为璧、璜、串珠等。石器多为石璧坯料、石璧，以及斧、锛、凿等工具类器物。美石和磨石等还有一定数量残留，但呈明显减少的趋势，金器几乎不见。总体而言这个阶段礼仪性遗存中卜甲堆积出现是该遗存特点。灰坑、地层中堆置的器物似乎多为废弃物或边角料及半成品，质料精美的玉石器和贵金属的铜器、金器非常匮乏，似乎显示当时社会结构中资源的紧张以及强力社会组织的衰落，是该地点祭祀场所逐渐衰落的体现，另外，铜镦尽管在前期已经出现，但不像这个阶段如此集中大量地出现，该现象的发生，是否与当时社会发生重大历史事件相关？待深入研究。

第五期晚段遗存目前见于发掘区的东区、西区，其中第Ⅰ段遗存分布于东区，完全不见明显的礼仪性遗迹，以獠牙和鹿角为主的堆积已经消失；坑状"瘗埋"方式不见，仅见平地"瘗埋"，礼仪性遗物仅见于地层堆积中。出土的礼仪性遗物按质地分有玉器、石器、铜器等，不见黄金制品，美石和磨石更是少见。常见的礼制性器物虽然形制相对减少，但仍然有一定的数量，如戈、璋、璧等仍然存在，器形除了玉器相对丰富外，其余乏善可陈，精致的礼仪性遗物不见，铜镦几乎不见。这些礼制形器物摆放杂乱无章，但仍然集中分布于一定范围，表明该时段祭祀活动衰落，但仍存在。

第Ⅱ段，除了个别探方地层堆积中残留有少量的石璧坯料和石璧残件外，其他遗迹或遗物难觅祭祀遗存。遗物的质地剧减，仅见石、玉、陶等，其中成型玉器在地层堆积中完全不见，铜器则完全消失。石器的数量和形制较少，器形仅见 Aa 型石璧、A 型石璧坯料等，石璧坯料多见，其他均为 1 件；铜器、美石已经不见，磨石仅见个别遗留，玉器仅见残片。该段祭祀遗迹已不可寻，礼仪性遗物严重缺失，且堆积无规律可寻，种种迹象表明这个时段祭祀区可能已经开始废弃。

金沙聚落中祭祀区的废弃当有复杂的原因。从内部因素而言，从第五期中段开始，尽管祭祀活动仍在进行，但相较而言，以玉器、铜器、金器等贵重资源为主的礼仪性器物明显衰减，而进入第五期晚段后，金器、铜器、象牙器等先后退出历史舞台，仅剩少量玉器和石器，直至最终消失。这些信息揭示出当时社会对资源管理或控制能力的减弱，意味着以其为维持基础的神权体制的衰落。通过耗费巨大资源与能量维系的祭祀活动和奢侈品（礼仪性遗物）生产是神权社会政治结构赖以存在的机制，祭祀活动、奢侈品（礼仪性遗物）[1] 及祭祀建筑等是金沙聚落神权社会的象征和强化运转的基础。当整个社会为维持神权体制而透支能量、耗竭资源，无法再从物质上维持神权象征地位与权力基础时，那么，这个社会的解体就不可避免[2]。神权社会在社会复杂化进

---

① 祭祀区祭祀活动中使用的礼仪性遗物通过本社会内部生产与远程贸易及分配等而来，它们是建立于剩余资源基础上通过耗费大量能量而获取的，其既可能促进神权社会聚合，同时也可能是神权社会政体瓦解的诱因。陈淳：《文明与国家探源：人类社会的第二次革命》，《考古学的理论与研究》，学林出版社，2003 年，第 574 页。

② 陈淳：《文明与国家探源：人类社会的第二次革命》，《考古学的理论与研究》，学林出版社，2003 年，第 574 页。

程初期促进了复杂社会的发展，但随着自身体制的僵化和缺乏应对机制以及对其他文化吸纳与创新能力的滞涨，进而成为神权社会发展的桎梏，加上资源过度的消耗，加速神权社会的解体。祭祀区第五期晚段祭祀遗物的锐减，正是金沙古蜀人资源的过度消耗和神权体制衰落的物化反映。

从外部因素而言，第六期遗存古河道内的砂砾堆积中出土大量第五期晚期的典型遗物，该河道叠压于第 5 层之上，开口于第 4 层之下（汉代堆积），其下限晚于第五期晚段形成时间。现以Ⅰ T8302 南壁为例，该方东南部明显叠压于祭祀区第 5 层之上，且向西延伸约 0.5 米（见图一六 B；彩版五，3），这表明古河道南蚀的上限为第五期晚段，即春秋中期以来古河道曾经发生了向南大规模侵蚀的事件，而古河道淤埋的下限为汉代，即汉代堆积形成之前古河道再次向北改道，至迟在祭祀区地点汉代堆积形成之前古河道已经向北改道了。这次古河道侵蚀事件的发生，表明祭祀区当时周边古河道改道事件的频繁与反复，古河道改道方向发生并非一直呈东北向改道，也曾经发生向南大规模侵蚀的事件，这些改道和侵蚀事件的发生既催生了祭祀区形成的自然条件，同时也可能是导致其消失的外部因素之一。结合新一村遗址 2011 年发掘时战国堆积下和新一村堆积之间存在着洪积黄褐色砂土间歇层[1]，金河路 59 号遗址第 5 层下具有明显冲积堆积特征的第 6 层黄色沙层的发现[2]，这些洪积间歇层的多地点发现，表明成都平原在战国堆积形成之前曾经发生一次或数次大规模或大面积的洪水事件，洪水事件可能使得"新一村文化"的势力受到极大的削弱，此后一蹶不振。

随着船棺葬在成都周边地区的盛行，在金沙遗址祭祀区外的多个地点均有发现，如"国际花园"[3]、"星河路西延线"[4]、"万博地点"[5]、"黄河地点"[6]、"阳光地带二期"[7] 等。目前发现的船棺葬墓地仅"黄河地点"在摸底河南岸，其余均分布于北岸，二者时代有差异，北岸一般早于南岸[8]；二者在头向和体量上也有明显差异，北岸船棺葬方向同土坑墓相近，体量较小，而南岸均

[1]　周志清、邱艳、左志强等：《成都市十二桥遗址新一村地点商周至隋唐时期遗址》，《中国文物报》2012 年 5 月 11 日。

[2]　成都文物考古研究院：《成都金河路古遗址发掘报告》，《成都考古发现（2015）》，科学出版社，2017 年。

[3]　成都文物考古研究所：《金沙遗址"国际花园"地点发掘简报》，《成都考古发现（2004）》，科学出版社，2006 年。

[4]　成都文物考古研究所：《金沙遗址星河路西延线地点发掘简报》，《成都考古发现（2008）》，科学出版社，2010 年。

[5]　成都市文物考古研究所：《成都金沙遗址万博地点考古勘探与发掘收获》，《成都考古发现（2002）》，科学出版社，2003 年。

[6]　成都文物考古研究所：《成都市金沙遗址"黄河"地点墓葬发掘简报》，《成都考古发现（2012）》，科学出版社，2014 年。

[7]　成都文物考古研究所、成都金沙遗址博物馆：《金沙遗址——阳光地带二期地点发掘报告》，文物出版社，2017 年。

[8]　星河路地点 M2727 随葬有领铜璧和喇叭口罐，有领铜璧同祭祀区同类器相近，此类物件在祭祀区尚未发现晚于春秋晚期的案例，而喇叭口高领罐则同祭祀区和新一村同类器非常接近，因此简报分析其时代为战国早期的认识应该重新讨论，从其出土喇叭口罐和尖底盏形制及不出陶釜分析，笔者认为该墓时代当早于战国早期。成都文物考古研究所：《金沙遗址星河路西延线地点发掘简报》，《成都考古发现（2008）》，科学出版社，2010 年，第 131～133 页。

为东北—西南向，体量较大。船棺葬在金沙遗址聚落群商周之际已出现①，春秋中晚期以船棺葬为代表的族群成为当时维系古蜀社会稳定的重要力量。春秋晚期以降，金沙遗址及周边地区大量船棺葬的出现即是例证②。金沙遗址船棺葬群体的崛起与玉匠墓群体的衰落有着密切联系，玉匠墓是神权社会产物，与金沙中心聚落兴盛与衰落的时代背景有密切关联③，二者角色变换与西周至春秋时期金沙古蜀社会两次重大转型或历史事件密切相关：一是随着西周中期玉匠墓群体在古蜀神权社会的衰落和船棺葬群体的崛起，以船棺葬为代表的军事群体成为维系古蜀社会的重要军事力量；二是春秋晚期随着金沙聚落都邑中心的废弃，古蜀神权社会的坍塌，以船棺葬为代表的族群成为古蜀社会的统治阶层，古蜀社会由酋邦迈入国家④。

随着春秋时期神权体制的衰落，大范围洪水事件的发生，以及以船棺葬为代表的新势力崛起，以金沙遗址祭祀区为中心的古蜀人神权体制在内忧外患的打击之下日趋消亡，其中古蜀人神权体制的僵化和维持运转的资源与能量的过度消耗应是祭祀区衰落的主要原因。

春秋中期以后祭祀区被渐渐废弃。目前考古资料表明祭祀区地点汉代遗存与第六期遗存之间存在明显的时间和文化维度上的断裂，究竟是何种原因导致祭祀区的废弃，是外来人群的移动，还是文化的变迁，抑或是与重大历史事件相关？洪水事件是否为导致祭祀区消亡的最大原因？种种问题，需要我们以后不断探讨解决。

---

① 成都文物考古研究所、成都金沙遗址博物馆：《金沙遗址——阳光地带二期地点发掘报告》，文物出版社，2017 年。

② 如金沙遗址、商业街、白果林、中医学院、青白江双元村、蒲江、什邡等船棺墓地的集中发现，其中商业街战国早期大型船棺墓地的发现，更是揭示其王族在战国早期已经进入今成都市中心地区。成都文物考古研究所：《金沙遗址"国际花园"地点发掘简报》，《成都考古发现（2004）》，科学出版社，2006 年；成都文物考古研究所：《成都金沙遗址万博地点考古勘探与发掘收获》，《成都考古发现（2002）》，科学出版社，2003 年；成都文物考古研究所：《金沙遗址星河路西延线地点发掘简报》，《成都考古发现（2008）》，科学出版社，2010 年；成都文物考古研究所：《成都市金沙遗址"黄河"地点墓葬发掘简报》，《成都考古发现（2012）》，科学出版社，2014 年；成都文物考古研究所：《成都商业街船棺葬》，文物出版社，2009 年；成都市博物馆工作队：《成都中医学院战国土坑墓》，《文物》1992 年第 1 期；成都文物考古研究所、蒲江县文物管理所：《蒲江县飞龙村盐井沟古墓葬》，《成都考古发现（2011）》，科学出版社，2013 年；成都市文物考古工作队、蒲江县文物管理所：《成都市蒲江县船棺墓发掘简报》，《文物》2002 年第 4 期；四川省文物考古研究院、德阳市文物考古研究所、什邡市博物馆：《什邡城关战国秦汉墓地》，文物出版社，2006 年。白果林、青白江双元村墓地资料现存成都文物考古研究院。

③ 周志清：《古蜀文化玉匠墓管窥》，《江汉考古》2021 年第 6 期。

④ 周志清：《成都金沙遗址磨石随葬习俗研究》，《中原文物》2021 年第 4 期。

# 第一〇章　金沙遗址祭祀区研究意义及问题与展望

## 第一节　金沙遗址祭祀区研究意义

本报告旨在构建成都平原商周时期青铜文化完整编年体系，作为一个特殊而绵长的祭祀遗址，其文化传统异于中原地区的祭祀文化。长时段稳定的祭祀遗存凸显祭祀传统的超稳定性，大量珍贵资源的消耗，显示出祭祀活动在当时古蜀人日常社会生活中的重要地位。金沙古蜀社会结构是一个神权高度发达的社会，神权是维系当时族群认同的重要力量，其文化传统和文明发展范式迥异于周边地区王权或威权的发展模式。祭祀区的发现与研究，凸显出古蜀文明强大的文化"涵化"能力与开放性特征，对于认识古蜀文明的发展范式和动力提供了重要的实物资料，丰富了中国古代文化多元一体文明发展模式的内涵与外延。本报告重要意义主要有以下几个方面。

（1）构建金沙遗址祭祀区距今4000~2500年的文化发展编年体系。研究表明新石器时代晚期就有人在此活动，不晚于距今3500年已有祭祀活动，距今2500年左右废弃，它极大地改变了过去对于金沙遗址祭祀区的年代认识框架。金沙遗址祭祀区考古发掘报告是目前对祭祀区最为全面和系统的研究报告，第一次建立了祭祀区完整的年代框架和分期体系，为金沙遗址乃至古蜀文化研究提供了年代标尺和文化参照系，为成都平原商周时期考古学文化发展演进树立了坐标系，揭示出古蜀文明复杂而多样的文化面貌，丰富了中华文明多元一体理论的内涵。

（2）金沙遗址祭祀区的文化遗存历经新石器晚期和青铜时代的商周时期两个发展阶段，考古学文化面貌涵盖成都平原新石器晚期的宝墩文化，商周时期的三星堆文化、十二桥文化、新一村文化，商周时期三种承袭紧密文化面貌的发现，极大改变了我们对于金沙遗址考古学文化属性单一认识的局面，打破祭祀区商周遗存仅为十二桥文化的认识局限，丰富了金沙遗址的文化内涵，建构了祭祀区兴衰变化的过程。

（3）明晰了祭祀区的边界，确认其是一个平面形状大致呈长方形的土台堆积，祭祀活动从不晚于距今3500年左右出现，到距今2500年伴随金沙遗址的废弃而退出历史舞台。金沙遗址祭祀区是一个以祭祀自然神祇为主的圣地，祭祀对象主要是太阳、山川、河流、土地等，不同于中原地区同时期以祖先人鬼祖崇拜的祭祀对象和方式。祭祀对象和祭祀方式在各时段有所不同，有时几种方式混用。复杂的祭祀仪式活动凸显出以金沙遗址和三星堆遗址为代表的古蜀文明发达的神权体系，在这个体系中神权扮演着极为重要的角色，它与同时段中原地区发达的威权体系形成鲜明的对比。

（4）祭祀区是金沙先民精心选择的祭祀场所，长时段专门祭祀中心的存在，反映出古蜀文化传统超强的稳定性，这也是古蜀文化异于同期其他青铜文化的特质所在。这种超稳定性对于讨论以三星堆遗址和金沙遗址为代表的古蜀文明社会形态、结构以及成都平原古蜀文明发展演变模式、动力等方面有着积极的意义，体现出早期古蜀文明的开放性和包容性特征以及其迥异于中原及周边地区文明的发展模式。

（5）祭祀区商周时期遗存考古学研究表明金沙遗址有着复杂的聚落结构体系和都邑中心特征，颠覆了金沙遗址是继三星堆遗址衰落之后兴起的古蜀都邑的直线进化认识视角，金沙遗址与三星堆遗址之间的关系，应复线分析而非单线认识。作为当时成都平原两大聚落群的中心聚落，二者之间既有密切的联系，同时亦有明显差异。规模宏大中心聚落的出现、复杂社会结构以及特殊遗存与遗物的存在，说明以祭祀区为中心的金沙遗址与羊子山土台、十二桥遗址组成的大型遗址群构成了当时的都邑格局，该都邑形态可能同二里头、殷墟遗址的都邑形态相近，同"大都无城"的含义有相近之处，与三星堆遗址代表的都邑形态有所不同。"大都无城"的理念应成为理解以金沙遗址为中心的金沙聚落群都邑结构范式的一个重要路径，这将极大地改变当前对于古蜀文明发展模式与都邑形态单一认识的局面。

（6）金沙遗址祭祀区的衰落与废弃可能源于人地关系的矛盾和持续的洪水事件以及新兴阶层的崛起。祭祀区研究表明在春秋晚期原来向北改道的古河道开始向南侵蚀和沉积，并曾经发生冲毁祭祀区事件，在成都其他同时期遗址也发现此类现象，表明在这个时期曾经发生过大规模的洪水事件。伴随春秋时期祭祀仪式活动衰落以及以使用船棺葬葬俗的新兴阶层崛起，春秋晚期在经历天灾人祸和内忧外患打击之下，兴盛千年之久的金沙古蜀中心退出历史舞台。祭祀区各个时期边界的发展变化，无不是各个时期人与环境关系的综合反映，水与金沙聚落的发展和演变有着密切的关联。

（7）祭祀区距今3500年祭祀活动的发生，奠定了金沙都邑的历史基点，突破了文献视域下的成都建城历史。考古视野下的成都建城历史当不晚于距今3500年，金沙遗址当是成都城市文明之根，将成都建城的历史追溯至早商时期。

（8）祭祀区资料的系统整理与研究，为众多古蜀文化遗存与遗物提供了文化标尺和时空坐标，明晰各类出土遗物的文化背景与时代特征，将古蜀文化的漆木器、象牙、绿松石镶嵌技术、涂朱习俗等的使用时间延伸到早商时期。金沙遗址是继安阳殷墟、广汉三星堆之后的又一玉器重镇，其本身体现的独特性、复合性及其在中国古代玉器发展史上的特殊性，对于中国商周时期玉器与古代社会发展关系的全面释读有着独特的贡献。

## 第二节　金沙遗址祭祀区研究问题与展望

金沙遗址祭祀区祭祀堆积的文化内涵和埋藏形式（堆积）复杂，具有鲜明的时代特征，它可能是目前中国境内延续时间最长的祭祀遗址，在当前背景下，反思祭祀区研究存在的问题有助于祭祀区研究工作的深化。

（1）祭祀区地点是一个延续近千年的祭祀遗存，堆积内涵复杂、历时性特征强，目前的考古学分期研究粗犷简单化、认识不平衡，如祭祀区商周时期第二期第一、二段遗存的材料薄弱，对其文化特征的讨论显得突兀；第三期遗存历时300余年，碳-14测年数据不成序列，加之碳-14测年中的晚期单位出早期测年数据现象突出以及象牙或骨骼质料的测年数据明显早于堆积形成时间，如2004CQJ I T7212⑪、H2318、L24等①，这凸显了祭祀区堆积形成的复杂性，需要研究者重视或关注，因此，该期各段遗存仍然有进一步分析的空间；第五期遗存由于碳-14数据缺乏，材料有限。故进一步细化分期研究和厘定各期文化内涵，仍是今后祭祀区商周遗存研究工作的重点之一，唯有如此，我们才可能逐步完善祭祀区商周时期遗存的精细化年代框架，厘清各个时段祭祀堆积的时空边界与文化内涵，进而对古蜀人祭祀活动的进程进行长时段复原，从而开展相关的聚落研究。

（2）从当前的考古材料和认识观察，祭祀区为一处特殊的祭祀遗存无疑，但它究竟是祭祀何种对象？其仪式过程如何？不同遗物堆积对应的是何种祭祀方式？等等种种疑问油然而生。尽管目前我们对此略有涉足，偏于遗物图像学分析，但囿于学识和视野限制及古代文献记载的阙如，对其认识仍有极大地提升空间，迫切需要更多学科的学人参与，一方面需要深层梳理发掘遗物，另一方面是特别需要结合埋藏背景，进行情景式解读，同时也需要借助历史学、人类学、民族学等学科的研究成果和学人的广泛参与研究，进而推进古蜀人神秘信仰系统的研究。

（3）由于保护与展示的需要，祭祀区的发掘工作大都是在得到了一定的考古信息后，揭露到一定的"地面"便停止，对于各个时段祭祀遗存的分布范围和消长的历时性变化探讨，缺乏长时段维度的把握。尽管在目前的分期基础之上，对祭祀区按照聚落考古理论进行了初步的分析，但许多分析介于时间框架粗疏，加上所揭露的遗存不完整，堆积形式特殊，许多祭祀遗存堆置于地表，范围厘定困难，难免出现明显的时间和空间断裂，因此除了从时间纵轴厚度进行精细化分期外，空间维度的边界分析与界定也是今后发掘和研究工作的难点。通过厘清各时段祭祀遗存平面布局的变化，从而认识祭祀区各时段的平面结构与功能分区。

（4）金沙遗址是一个巨大的聚落群，其时空范围有明晰的边界。祭祀区基本涵盖该聚落群各时段的文化遗存，作为金沙遗址的一个重要组成部分，祭祀区的分期研究将促进金沙遗址聚落群各个地点商周遗存的分期研究，而其他地点考古材料的梳理和基础数据的获取，有助于完善祭祀区的分期研究。目前金沙遗址聚落群其他地点发掘资料整理和研究工作的滞后，严重影响了对祭祀区各时段遗存的深入认识，因此加强金沙遗址其他地点商周遗存的系统整理和相关测年数据的

---

① Xingyue Wen, Song Bai, Na Zeng, et al., Interruptions of the ancient Shu Civilization: triggered by climate change or natural disaster? *International Journal of Earth Sciences* (2013) 102: 933 – 947, DOI 10.1007/s00531 – 012 – 0825 – 9, P. 936.

获取，对于认识祭祀区在金沙遗址聚落群中的地位与影响有着重要的意义，同时也是开展金沙遗址聚落考古的基础。

（5）金沙遗址祭祀区的发掘虽然已经过去十几年，但介于此前祭祀区周边繁重的基建考古和金沙遗址博物馆的建设任务，许多专项研究未能及时开展，尤其是各类具有鲜明的时代和文化特征的礼仪性遗物，这些遗物形制特殊，区域性特质突出，因此对这些礼仪性遗物的专门讨论，有助于深化对这些遗物的功能认识以及彼此之间的渊源关系。今后我们需要加强对祭祀区各类代表性遗物的专题研究，如玉器中的圭、璋、戈、琮、璧、钺、凹刃凿等，铜器中戈、有领璧、挂饰、铜铃、容器残片、仿生式动物和人物等，石器中的仿生式动物和人物、琮、璋、璧等，金器中的蛙形饰、鱼、镂空金器等，另外是漆木器、刻纹陶器、镶嵌蚌（玉）片漆器等。同时由于祭祀区堆积较之其他区域祭祀堆积或埋藏特征有着明显的差异，历时久远，堆积形式多样，多不属于坑状堆积，为就地掩埋，给范围判定和分层厘定带来极大困难，这些因素影响了对此类遗存属性的判断。此外还有一些特殊遗存难以与既往资料对比分析，如 L18 为建筑遗存，但柱洞内有大量礼仪性遗物，那么 L18 是什么性质的遗存？对于这些问题，需要我们对祭祀区这些祭祀遗存进行系统分析。因此，从事此类专题系统研究时，我们应将其置于特定的时空背景中予以考虑，尤其是需要关注遗物或遗存的埋藏环境和堆积特征，而不是孤立讨论。

（6）目前对祭祀区已经开展了广泛而有效的科技考古工作，获得了一些共识，但面对祭祀区海量而深幽的神秘世界，仍然有许多未知。随着研究视野的拓宽和科技手段的发展，我们需要以更加开放的心态，积极利用科学技术带来的便利，获取更多的考古信息。如针对祭祀区祭祀遗存中发现的大量朱砂，通过汞同位素的研究，可以追溯其源流，通过对商周时期不同遗存中朱砂的功能以及以其为象征的社会具象的研究，将推动当时社会朱砂资源流动途径、控制以及其代表的社会符号意义的研究。祭祀区目前许多遗物或遗迹的科学检测与分析尚有较大发展的空间，许多研究领域尚处于空白，需要考古研究人员与科技考古工作者加强合作，共同攻关，将各类考古信息进行最大限度地解读。

（7）由于祭祀区在 2004 年后即停止正式的考古发掘工作，囿于当年的认识和条件限制，对相关样品的采集不够，其中最突出的问题是典型单位浮选和碳 -14 数据测年样品分散、不系统，这导致我们在进行分期研究时缺乏系统而全面的测年数据支撑。希望今后能在祭祀区选择理想的剖面，系统采样进行测年工作，为今后的文化分期研究构建强有力的年代框架基础。

（8）金沙遗址祭祀区商周时期遗存不仅文化内涵与时代特征鲜明，而且文化面貌呈现一个连续发展、未曾中断的过程，这一现象，令人费解。从时代序列和文化内涵而言，涵盖了成都平原夏商周时期的"三星堆文化"—"十二桥文化"—"新一村文化"三个不同文化类型或阶段，祭祀区夏商周时期遗存的新发现与新认识打破了过去对于成都平原商周时期考古学文化传统固有的认识，突破了当前古蜀文化考古学文化内涵边界和时代特征的讨论，尤其"十二桥文化"的上、下限问题的突破以及认为"三星堆""十二桥""新一村"文化呈"断裂"式发展的文化范式思考误区及与其他区域同时期文化不同的演进模式，需要我们强化对古蜀文化这一文化特质的思考。同时应注意鉴于巴蜀地区文献资料记载缺失及中心与边缘文化发展范式的差异，切忌从中原地区编年或断代体系语境下表述商周以来巴蜀地区的考古学文化。巴蜀地区秦汉以前各个时期考古学文化遗存仍然当遵循考古学文化话语体系，其文化内涵与边界有待于清晰厘定。因此，迫切需要进一步厘清和反思当前对于"三星堆文化""十二桥文化""新一村文化"的文化内涵和外延以及时代边界讨论，特别是十二桥早期文化内涵与时代框架的细化。基于此，以三星堆遗址、金沙遗址及新一村遗址为代表的古蜀文化内涵与外延及年代序列的严谨而精细化的建构仍然是目前成都平原商周时期考古学研究的第一要务，同时应摒弃地域和门户之见，尊重考古材料的客观性及遵守考古学研究规范和基本共识，实事求是地将考古材料公布，同心协力完善成都平原商周时期考古学文化和年代序列的构建，唯有此我们才可推动成都平原夏商周考古的深入研究，认识其在长江上游文明化进程的地位、影响及高度，推动成都平原区域文明化范式的研究。

（9）三星堆、金沙遗址作为成都平原夏商周时期两颗最为耀眼的明珠，其深厚的历史底蕴和高度发达的祭祀文化传统以及独特的区域文化特质，与周边地区同时期青铜文化形成鲜明的对比。作为成都平原当时两大聚落群的中心聚落，二者之间既有密切的联系，如发达的祭祀传统和相近的礼仪性遗物等，同时亦有差异，如三星堆遗址有高耸的城墙，而金沙遗址目前则不见，二者之间的同质性和差异性究竟是时代抑或文化上的，还是聚落形态的差异？它们是承袭关系，还是并行发展的双中心？"大都无城"的理念或许应当成为我们理解以金沙遗址为中心的金沙聚落群都邑结构发展范式的一个重要途径。囿于目前的材料和认识，显然难以厘清，但这些问题的客观存在，促使我们需要重新审视二者之间的关系，不可将其做简单化的单向度地线性描述，应考虑这些问题所存在的复杂性以及阐释方法的多元性，复线的历史叙述方式或许是需要我们加以考虑的。讨论任何考古学遗存都需将其置于特定的时空框架之中，同时需要从长时段的视野中观察其发展与变化，这也是从事成都平原商周时期聚落考古理论与实践的基础，而不是不加限定边界一概而论。三星堆遗址和金沙遗址之间的讨论，目前的当务之急还是完善其编年体系和文化内涵的厘定，在共时性和历时性的讨论有共识的基础上，进而开展系统的聚落考古研究。

（10）需要进一步厘清古河道侵蚀的时间节点以及讨论当时席卷祭祀区地点、十二桥遗址、新一村遗址、金河路59号古遗址、指挥街等遗址洪水事件发生的历史、环境与气候背景，这对于祭祀区衰落以及商周古蜀文化的研究有着积极的意义。当前祭祀区古河道下限的厘定和河道侵蚀的过程复原仍然需要更多的资料和分析手段。

（11）祭祀区的发掘已经过去十几年，当年参与祭祀区发掘的人员相继调离，导致部分资料整合困难和信息缺失，给后期的整理研究工作带来困扰；同时由于保护处理与展示的需要，许多堆积的资料未能及时提取。另外，发掘过程中对斜坡堆积的特质重视不够，致使发掘过程中部分堆积遗物混杂，这对于间距很近的地层堆积判断可能会造成困扰。同时在发掘过程中由于忽略"地面"控制或对"地面"清理工作方法认识不到位，致使许多堆积缺乏有效的空间边界，导致堆积范围与内涵的判定困难，容易造成各堆积时空的混乱，这也是本报告整理与研究过程中不容忽视的问题。因此直面质疑与批评，方可促进祭祀区乃至金沙遗址研究的深入，拓展古蜀文明研究的广度与深度。

金沙遗址祭祀区的研究，一方面有助于成都平原商周时期青铜文化编年体系的建立，另一方面作为一个特殊而绵长的祭祀遗址，祭祀文化和祭祀传统的超稳定性以及大量珍贵资源的消耗，显示出祭祀活动在当时古蜀人的社会生活中无疑占据重要的地位。它是一个神权高度发达的社会，神权是维系当时族群社会认同的重要力量，成都平原商周时期的文化传统和文明发展范式与周边地区的发展模式（王权或威权）有明显不同。祭祀区的发现与研究，凸显出古蜀文明强大的文化涵化能力与开放性特征，对于认识古蜀文明的发展范式和动力提供了重要的实物资料，丰富了中国古代文化多元一体文明发展模式的内涵与外延。

目前我们对祭祀区的系统和综合研究才刚刚开始，需要开展的工作很多，这注定不是一批人和一段时间之事，而是需要几代学人共同努力。任何问题的提出和研究都是时间的产物，作为一个时段的研究总结——《金沙遗址——祭祀区发掘报告》，无疑对于我们窥视其独特而丰厚的古蜀文明，提供了想象的空间。它开启了古蜀文明研究的新起点，其认识与问题也将历久弥新。

**附表一 西区商周遗迹登记表**

| 编号 | 位置 | 层位关系 | 期段 | 形状 口平面 | 形状 底剖面 | 尺寸（米）长 | 尺寸（米）宽 | 尺寸（米）深 | 出土器物 | 备注 |
|---|---|---|---|---|---|---|---|---|---|---|
| H2296 | I T7210 | ⑤→H2296→⑥ | 第五期晚段 | 椭圆形 | 平底 | 2.6 | 1.8 | 0.58 | Cc 型 II 式夫底盏 1，Ca 型 II 式敛口罐 2，B 型 II 式矮领罐 1，A 型 I 式盘口罐 2，Dd 型瓮 2，A 型釜 1，Aa 型器底 1，Ab 型器器底 1，Db 型器底 2，Bb 型圈足 1；磨石 2，Bb 型玉琮 1 | |
| H2297 | I T7215 | ⑨→H2297→⑭ | 第五期早段 | 椭圆形 | 平底 | 0.9 | 0.6 | 0.12 | 铜刻刀 1 | |
| H2298 | I T7216、I T7215 | ⑨→H2298→⑭ | 第五期早段 | 不规则形 | 斜坡状底 | 3.5 | 1.8 | 0.05～0.25 | Cd 型束颈罐 1，Cd 型 II 式瓮 1 | |
| H2299 | I T7208 | ⑯→H2299→⑲ | 第三期中段 | 不规则形 | 平底 | 2.45 | 2.35 | 0.2 | Ba 型 I 式夹底盏 1，Bb 型小平底罐 1，Be 型 I 式小平底罐 6，Ca 型 I 式小平底罐 1，Ca 型 II 式瓮形器 2，Fa 型 I 式高领罐 1，Aa 型束颈罐 2，Af 型束颈罐 2，Cb 型豆缸 1，Ba 型豆盘 1，Aa 型豆柄 1，Aa 型器组 1，Ab 型器盖 1，Ab 型器盖 1，Ba 型圈足 2，Ca 型圈足 1，Aa 型袋足 1；Ba 型石璋半成品 1 | |
| H2300 | I T7107 | ⑧→H2300→⑨ | 第五期中段 | 不规则椭圆形 | 平底 | 4.7 | 2.6 | 0.6 | A 型玉锛 1，美石 11；A 型石璧坯料 7 | |
| H2301 | I T7215、I T7216 | ⑯→H2301→⑰ | 第三期中段 | 椭圆形 | 平底 | 1.65 | 1.35 | 0.06 | 卵石少量；鹿角 1 | |

续附表一

| 编号 | 位置 | 层位关系 | 期段 | 形状 | | 尺寸（米） | | | 出土器物 | 备注 |
|---|---|---|---|---|---|---|---|---|---|---|
| | | | | 口平面 | 底剖面 | 长 | 宽 | 深 | | |
| H2302 | I T7210 | ⑭→H2302→⑮ | 第四期早段 | 不规则形 | 平底 | 2.6 | 2.5 | 0.15 | Aa 型 II 式尖底杯 1，Ba 型 II 式尖底杯 1，Bb 型 II 式尖底盏 1，Aa 型 II 式尖底盏 3，Ba 型 II 式敛口罐 3，Ba 型 I 式高领罐 1，Aa 型 I 式高领罐 3，Aa 型 II 式高领罐 2，E 型 II 式高领罐 2，E 型 II 式高领罐 1，Fa 型 II 式高领罐 2，Fb 型 II 式高领罐 1，Af 型束颈罐 1，Ca 型 I 式束颈罐 1，Ca 型 II 式束颈罐 2，Cb 型束颈罐 1，Cd 型盆 1，Ac 型盆 2，Cc 型盆 1，Cd 型盆 1，B 型盆形器 1，Aa 型豆柄 2，Bc 型器纽 1，Ab 型器底 1，Ec 型器底 2，Ed 型 II 式器底 1，Cb 型圈足 3 | |
| H2303 | I T7209 | ⑭→H2303→⑮ | 第四期早段 | 不规则形 | 平底 | 2.3 | 1.95 | 0.7 | Fb 型 I 式高领罐 1，A 型器纽 1，Aa 型器底 1，Bb 型圈足 2 | |
| H2304 | I T7011 | ⑬→H2304→⑭ | 第四期早段 | 长方形 | 平底 | 3.4 | 1.15～1.4 | 0.35 | D 型 II 式矮领罐 1，Bc 型壶 1，Ab 型器底 1 | |
| H2306 | I T7208 | ⑯→H2306→⑲ | 第三期中段 | 不规则形 | 弧底 | 1.68 | 1.26 | 0.58 | Aa 型 II 式尖底盏 1，Be 型 I 式小平底罐 1，Be 型 I 式小平底罐 1，Aa 型 II 式敛口罐 1，C 型 II 式高领罐 1，Db 型器纽 1，Aa 型豆柄 1，Ea 型圈足 2，整耳 1，Ca 型圈足 1 | |
| H2307 | I T7208 | ⑱a→H2307→⑲ | 第三期早段 | 长方形 | 弧底 | 1.4 | 0.52 | 0.68 | Ca 型瓮形器 1，Ab 型 I 式束颈罐 2 | |
| H2308 | I T7208 | ⑤→H2308→⑥ | 第五期晚段 | 不规则形 | | 1.6 | 1.3 | | Cc 型绳纹圈底罐 1，Ba 型盆 2 | |

| 编号 | 位置 | 层位关系 | 期段 | 形状 | | 尺寸（米） | | | 出土器物 | 备注 |
|---|---|---|---|---|---|---|---|---|---|---|
| | | | | 口平面 | 底剖面 | 长 | 宽 | 深 | | |
| H2309 | ⅠT6611、ⅠT6711、ⅠT6712 | ⑪→H2309→⑫ | 第五期早段 | 不规则椭圆形 | 圆底 | 4.58 | 3.48 | 0.52 | Bb型敛口罐1、Cc型Ⅰ式敛口罐1、C型Ⅱ式高领罐1、Ba型Ⅱ式筐形器1、Ab型器底1、Ac型器底1、Ab型圈足1、Bb型圈足1；美石3；Aa型石锛1、D型石璧坯料1 | |
| H2310 | ⅠT6612 | ⑱a→H2310→⑲ | 第三期早段 | 不规则形 | 弧底 | 1.58 | 1.55 | 0.3 | Aa型器底1 | |
| H2311 | ⅠT7108 | ⑱a→H2311→⑲ | 第三期早段 | 不规则形 | 弧底 | 2.54 | 1.3 | 0.14～0.46 | Ba型Ⅰ式小平底罐3、Bc型Ⅰ式小平底罐1、B型瓮形器1、Cb型瓮形器1、Db型瓮形器3、Aa型Ⅰ式高领罐2、Fa型Ⅰ式高领罐1、Ac型Ⅱ式束颈罐4、Ac型Ⅱ式束颈罐1、Ad型Ⅱ式束颈罐1、Af型束颈罐1、Bb型束颈罐1、Ac型Ⅱ式瓶1、Af型壶2、Aa型Ⅰ式瓮1、Ac型瓮1、Ba型瓮1、Cb型Ⅰ式瓮3、Ba型豆盘4、Ba型豆盘1、A型器组1、Aa型器底1、C型器底1、Ea型器底3、Bb型器底1、Ac型圈足1、Cc型Ⅰ式圈足1、E型圈足1、Cc型Ⅱ式圈足1；玉锛残片1、玉凿2、玉锛残片1、美石3；Ba型石璋半成品2、A型石璧坯料29 | |
| H2312 | ⅠT7108 | ⑱a→H2312→⑲ | 第三期早段 | 椭圆形 | 平底 | 1.9 | 0.9 | 0.26 | Bb型Ⅰ式小平底罐2、Bc型Ⅱ式小平底罐1、Aa型豆柄1、Ac型器底1 | |
| H2313 | ⅠT7007、ⅠT7008、ⅠT7009、ⅠT6808、ⅠT6809、ⅠT6909 | ㉞→H2313→㉟ | 第三期第一段 | 不规则形 | | | | | Ac型小平底罐1、Aa型器底1 | |

续附表一

| 编号 | 位置 | 层位关系 | 期段 | 形状 | | 尺寸（米） | | | 出土器物 | 备注 |
|---|---|---|---|---|---|---|---|---|---|---|
| | | | | 口平面 | 底剖面 | 长 | 宽 | 深 | | |
| H2314 | I T7012 | ⑭→H2314→⑮ | 第四期早段 | 腰子形 | 平底 | 1.84 | 1.31 | 0.29 | D型I式矮领罐2，Ab型器底1 | |
| H2315 | I T6911，I T6910 | ⑬→H2315→⑭ | 第四期早段 | 椭圆形 | 圜底 | 4.4 | 1.1 | 0.38～0.47 | B型II式矮领罐1，D型I式矮领罐3，D型II式束颈罐1，Bc型I式束颈罐1，Cd型束颈罐1，Ca型壶1，Ac型盆1，Aa型盘形器2，Aa型豆柄1，Ca型器座4，Db型器底2；铜锛1 | |
| H2316 | I T6910，I T6810 | ⑬→H2316→⑭ | 第四期早段 | 不规则形 | 平底 | 5.4 | 2.15 | 0.25 | Bb型III式尖底盏1，Db型敛口罐1，Fc型高领罐2，A型I式矮领罐1，A型II式矮领罐3，D型I式矮领罐3，D型II式束颈罐1，Da型I式束颈罐1，Cb型盆形器1，Ca型器组1，Ca型器座3，Cb型器座2，Db型器底2，Ed型III式器底1，Bb型纺轮1 | 西部被近现代坑打破 |
| H2317 | I T6910 | ⑭→H2317→⑮ | 第四期早段 | 不规则形 | 弧底 | 2.48 | 2.4 | 0.55 | D型I式矮领罐3，D型II式矮领罐1，De型器底1 | |
| H2318 | I T6916 | ⑯→H2318→⑰ | 第三期中段 | 扇形 | 平底 | 1.92 | 1.63 | 0.5 | Ba型II式尖底盏1，Bb型II式尖底盏2，Ab型尖底罐3，B型II式尖底罐1，Aa型II式敛口罐1，Ab型敛口罐1，Ac型敛口罐1，Bc型敛口罐1，A型I式矮领罐1，A型II式矮领罐2，D型II式矮领罐1，D型束颈罐1，Ba型束颈罐2，Ca型II式束颈罐1，Ca型盆1，Cd型II式瓮1，B型豆1，Ec型盆1，Aa型II式器座1，Aa型豆柄1，Aa型器座2，Aa型器座6，Db型器底1，Dc型器底1，Ed型II式器底1，Ca型圈足1，Cc型II式圈足2，Cd型II式圈足1 | 部分叠压于北壁及东壁下 |

续附表一

| 编号 | 位置 | 层位关系 | 期段 | 形状 | | 尺寸（米） | | | 出土器物 | 备注 |
|---|---|---|---|---|---|---|---|---|---|---|
| | | | | 口平面 | 底剖面 | 长 | 宽 | 深 | | |
| H2319 | ⅠT6716 | ⑩→H2319→⑮ | 第五期早段 | 不规则形 | 圜底 | 1.4 | 1.24 | 0.52 | Ad型敛口罐2，Ab型器底1 | |
| H2320 | ⅠT6610 | ③D→H2320→生土 | 第二期第一段 | 椭圆形 | 平底 | 1.78 | 1.6 | 0.26 | Ae型盆1，Ab型器底1 | 部分叠压于丙壁下 |
| H2336 | ⅠT6611 | ③D→H2336→生土 | 第三期第一段 | 椭圆形 | 斜底 | 1.8 | 0.68 | 0.06～0.19 | Aa型器底1 | |
| H2337 | ⅠT6710，ⅠT6711，ⅠT6811，ⅠT6810 | ⑱a→H2337→生土 | 第三期早段 | 不规则形 | 弧底 | 5.7 | 3.6 | 0.12～0.2 | Ae型敛口罐1，Ba型桶形器1，Aa型豆柄2，Ac型器底1，Eb型器底1，Ba型圈足1 | |
| L27 | ⅠT6710，ⅠT6810，ⅠT6910 等12个探方 | ⑫→L27→⑬ | 第四期晚段 | 不规则形 | | 20.5 | 10 | | Da型Ⅰ式尖底盏1，Bb型Ⅰ式尖底盏1，Aa型尖底盏2，Ca型Ⅱ式尖底罐1，Cb型Ⅱ式尖底罐18，尖底罐1，Ad型敛口罐2，Bd型敛口罐7，Cc型Ⅰ式敛口罐2，Cb型Ⅰ式敛口罐7，Ca型Ⅰ式敛口罐1，Cd型敛口罐1，Da型敛口罐5，Da型敛口罐1，Fa型Ⅱ式高领罐2，D型Ⅱ式矮领罐1，E型束颈罐1，D型Ⅰ式长颈罐2，D型盆1，Ea型Ⅱ式盆1，F型盆1，Db型Ⅱ式瓮2，Dd型瓮1，De型Ⅱ式瓮2，Da型缸1，Dc型缸3，Aa型Ⅰ式簋形器3，Aa型Ⅱ式簋形器5，Ac型Ⅱ式簋形器2，B型盆形器1，船形器1，Aa型豆柄1，Ab型豆座1，Ac型器座1，Eb型器座组1，D型器座4，Db型器底5，Ca型圈足1，Cd型Ⅰ式圈足6，Bb型纺轮2，C型玉斧1，A型玉锛1，Ab型玉环1，C型磨石4；Aa型铜镞1，铜器尾1；动物牙齿4 | |

续附表一

| 编号 | 位置 | 层位关系 | 期段 | 形状 口平面 | 底剖面 | 尺寸（米）长 | 宽 | 深 | 出土器物 | 备注 |
|---|---|---|---|---|---|---|---|---|---|---|
| L28 | I T7009、I T7109、I T7010、I T7110 | ⑨→L28→⑬ | 第五期早段 | 椭圆形 | | 5.6 | 2.2～2.4 | 0.15 | Ca型Ⅰ式尖底杯1，Ca型Ⅱ式尖底杯5，Cb型Ⅰ式尖底杯1，Cb型Ⅱ式尖底杯38，Da型Ⅱ式尖底杯3，Ea型尖底杯1，Eb型尖底盏1，B型Ⅱ式尖底罐杯2，Ba型Ⅱ式尖底罐6，Aa型Ⅰ式敛口罐1，Ae型Ⅰ式罐1，A型Ⅱ式矮领罐1，Bb型束领罐1，A型Ⅱ式长颈罐1，D型Ⅰ式长颈罐2，D型Ⅱ式长颈罐1，B型瓶底2，Da型器底3，Db型器底2，Dc型器底1 | |
| L29 | I T7009、I T7109、I T7110 | ⑬→L29→⑭ | 第四期早段 | 不规则形 | | 7.3 | 4.6 | | Ba型Ⅰ式尖底盏1，Aa型Ⅰ式瓶2，Aa型Ⅱ式瓶3，Ab型Ⅱ式瓶2，瓶形器1；D型玉陶1；铜器2；金器残片2 | |
| L30 | I T6910 | ⑨→L30→⑬ | 第五期早段 | 不规则形 | | 1.9 | 0.9 | | 野猪獠牙9，鹿角2；玉器（璧、琮）4 | |
| L31 | I T7008、I T6908、I T7108 | ⑲→L31→⑳ | 第二期第四段 | 不规则形 | | 8.9 | 3.4 | | Ba型Ⅰ式小平底罐1，Aa型瓮2，Aa型豆柄2，Bb型石璋坯料6，A型石璧坯料31；Aa型瓮半成品4 | |
| L32 | I T6808、I T6908、I T7008、I T7108、I T7208 | ⑳→L32→㉑ | 第二期第三段 | 椭圆形 | | 21.9 | 5.9 | | Ad型Ⅱ式小平底罐1，Aa型盆1，Ec型盆3，Aa型瓮22，Ba型桶形器37，Da型豆盘81，Aa型豆柄8，Ba型器底2，Aa型器底1，Ab型器底1，Ab型圈足1，Cb型圈足2，Aa型袋足1；Ba型石璋半成品7，A型石璧半成品2，A型石璧坯料127 | |

续附表一

| 编号 | 位置 | 层位关系 | 期段 | 形状 | | 尺寸（米） | | | 出土器物 | 备注 |
|---|---|---|---|---|---|---|---|---|---|---|
| | | | | 口平面 | 底剖面 | 长 | 宽 | 深 | | |
| L33 | I T7107、I T7108 | ㉒→L33→㉑ | 第二期第三段 | 不规则形 | | 4.8 | 2.95 | | 盆形器1；Bb型石璋半成品1，A型石璧坯料36 | |
| L34 | I T7107 | ㉒→L34→㉓ | 第二期第三段 | 不规则形 | | 4.1 | 3.3 | | 石璋6（C型式不可辨），B型石璧半成品6，A型石璧坯料26，B型石璧坯料9 | |
| L35 | I T7007、I T7008 | ㉑→L35→㉓ | 第二期第三段 | 椭圆形 | | 2.6 | 1.55 | | A型石璧坯料12 | |
| L36 | I T7107 | ㉒→L36→㉕ | 第二期第三段 | 不规则形 | | 3.6 | 2.2 | | C型石璋半成品6，A型石璧坯料44，B型石璧坯料26，A型石璧半成品2，B型石璧半成品7，C型石璧半成品1 | 部分叠压于东壁下 |
| L37 | I T7007、I T7008、I T6907、I T6908 等 | ㉑→L37→㉓ | 第二期第三段 | 不规则形 | | 10.5 | 5.3 | | Aa型盉9，Ab型盉1，A型桶形器3，Ba型桶形器9，Da型豆盘16，Db型豆盘35，Aa型豆柄1，A型器纽1，Aa型器底4，C型纺轮1；Ab型I式石琮半成品2，柱形器1，Ba型石璋半成品2，A型石璧坯料207 | |
| L38 | I T7007 | ㉒→L38→㉕ | 第二期第三段 | 不规则长方形 | 平底 | 2.05 | 1.35~1.47 | 0.38 | B型石璋4，Bb型石锛1，Ab型石璧1，A型石璧坯料33 | 部分叠压于东壁下 |
| L39 | I T7007、I T6907 | ㉑→L39→㉓ | 第二期第三段 | 不规则长方形 | | 4.4 | 3.85 | | B型瓮形器2，Aa型豆盘4，B型豆盘4，Aa型豆盘2；Ba型石璋半成品7，Ab型II式石琮半成品1，柱形石器1，A型石璧半成品5，B型石璧坯料156，B型石璧坯料5 | |
| L40 | I T6809 | ⑳→L40→㉑ | 第二期第三段 | 椭圆形 | | 3.1 | 1.3 | | 盆形器1；Ba型石璋半成品8，Bb型石璋半成品3，A型石璧坯料16，B型石璧坯料1 | |

续附表一

| 编号 | 位置 | 层位关系 | 期段 | 形状 | | 尺寸（米） | | | 出土器物 | 备注 |
|---|---|---|---|---|---|---|---|---|---|---|
| | | | | 口平面 | 底剖面 | 长 | 宽 | 深 | | |
| L41 | I T6809、I T6909、I T6908、I T6810 | L40→L41 | 第二期第三段 | 不规则形 | | 9.9 | 2.8 | | Aa型瓮1，Ab型缸1，A型桶形器1，Ba型桶形器1，Bc型豆盘8，Aa型豆柄2，Ac型器底1，Ad型豆柄1，Bc型豆柄1，Aa型器底1，Ac型器底1；Ba型豆柄11，A型石璧坯料150，A型石璧半成品2 | |
| L42 | I T6809 | ⑳→L42→㉑ | 第二期第三段 | 长方形 | | 1 | 0.75 | | A型石璧坯料6 | |
| L43 | I T6809、I T6908、I T6808 | ⑳→L43→㉑ | 第二期第三段 | 椭圆形 | | 5.21 | 2.8 | | Aa型瓮1，Ba型桶形器1，Ca型豆盘1，Db型豆盘3，Aa型豆柄3，Ac型器底1；Ba型石璋坯料4，A型石璧坯料380，B型石璧坯料26 | |
| L44 | I T6809、I T6909、I T6808、I T6908 | ⑳→L44→㉑ | 第二期第三段 | 不规则形 | | 2.8 | 1.55 | | A型石璧坯料26，石芯1 | |
| L45 | I T6908、I T7008、I T7009 | ⑳→L45→㉑ | 第二期第三段 | 不规则形 | | 4.2 | 2.8 | | Ba型桶形器3，Db型豆盘1，Aa型豆柄1；Ba型石璋半成品5，B型石璧半成品1，A型石璧坯料61 | |
| L46 | I T6908 | ㉑→L46→㉔ | 第二期第三段 | 不规则形 | | 3.2 | 1.03 | | Ba型石璋半成品4，A型石璧坯料21 | |
| L47 | I T7007、I T7008、I T6907、I T6908 | ㉑→47→㉓ | 第二期第三段 | 不规则形 | | 3.2 | 1.75 | | Aa型器底1；Ba型石璋半成品4，A型石璧坯料53，B型石璧坯料1 | |

续附表一

| 编号 | 位置 | 层位关系 | 期段 | 形状 | | 尺寸（米） | | | 出土器物 | 备注 |
|---|---|---|---|---|---|---|---|---|---|---|
| | | | | 口平面 | 底剖面 | 长 | 宽 | 深 | | |
| L48 | I T7007 | ㉓→L48→㉕ | 第二期第三段 | 不规则形 | | 3.1 | 2.15 | | Aa 型瓮 1，Aa 型 I 式缸 1，Db 型豆盘 3，Aa 型豆柄 1，Ab 型器底 1；Ab 型石璧 2，Ba 型石璧 3，Bb 型石璧 2，A 型石璧半成品 61，B 型石璧半成品 24，C 型石璧半成品 17 | |
| L49 | I T7007、I T7008 | ㉒→L49→㉓ | 第二期第三段 | 不规则形 | | 2 | 1.6 | | C 型 I 式石琮半成品 1，B 型石璧半成品 36，C 型石璧半成品 1，石芯 2 | |
| L50 | I T7008 | ㉙→L50→㉞ | 第二期第三段 | 椭圆形 | | 2.48 | 1.76 | | A 型石璧坯料 7 | |
| L51 | I T6909 | ⑯→L51→⑰ | 第二期中段 | 不规则形 | | 3.15 | 1.8 | | Ca 型 I 式束颈罐 1，F 型盆 1，Ab 型瓮 1，Ba 型桶形器 1，Db 型豆盘 1，Aa 型豆柄 1；A 型石璧坯料 64 | |
| L52 | I T7008 | ㉔→L52→㉞ | 第二期第三段 | 不规则形 | | 3.25 | 1.4 | | Ba 型豆盘 1，Da 型豆盘 1，Aa 型豆柄 2；Ba 型石璋半成品 1，A 型石璧坯料 6，B 型石璧坯料 3 | |
| L53 | I T7008 | ㉙→L53→㉞ | 第二期第三段 | 不规则椭圆形 | | 3.7 | 1.65 | | 石璋 2（器型不可辨），Ab 型石璧 2，A 型石璧坯料 30 | |
| L54 | I T7008 | ㉔→L54→㉙ | 第二期第三段 | 椭圆形 | | 1.8 | 1.3 | | B 型石璧半成品 9 | |
| L55 | I T7008 | ㉔→L55→㉙ | 第二期第三段 | 不规则形 | | 1.05 | 0.8 | | Ab 型石璧半成品 1，B 型石璧半成品 29，柱形石器 2，多璜联石璧 2 | |
| L56 | I T7007 | ㉒→L56→㉞ | 第二期第三段 | 不规则形 | | 2.75 | 1.75 | | Ac 型小平底罐 1，Ab 型器底 1，A 型石璧半成品 22，B 型石璧半成品 1 | |
| L57 | I T6908 | ㉙→L57→㉞ | 第二期第三段 | 不规则形 | | 2.1 | 2.05 | | C 型石璋半成品 1，Aa 型石璧 2，A 型石璧坯料 15 | |

续附表一

| 编号 | 位置 | 层位关系 | 期段 | 形状 | | 尺寸（米） | | | 出土器物 | 备注 |
|---|---|---|---|---|---|---|---|---|---|---|
| | | | | 口平面 | 底剖面 | 长 | 宽 | 深 | | |
| L58 | ⅠT6908、ⅠT7008、ⅠT7108、ⅠT6909、ⅠT7009、ⅠT7109、ⅠT7010、ⅠT7110 | ⑳→L58→㉓ | 第二期第三段 | 不规则形 | | 14.2 | 11.2 | | Aa型Ⅰ式小平底罐1，Ab型Ⅰ式小平底罐3，Ac型小平底罐1，Ad型Ⅰ式小平底罐3，Be型Ⅰ式瓮形器4，Ab型瓮形器2，B型束颈罐1，Aa型瓮形盆4，Ab型盆2，Ac型盆1，Aa型瓮6，Ab型瓮11，Ac型瓮2，Aa型Ⅰ式缸2，Aa型Ⅱ式缸4，Aa型杯1，A型桶形器4，Ba型桶形器1，Cb型桶形器2，Cc型桶形器1，圈足豆1，Ba型豆盘12，Db型豆盘19，Aa型豆柄3，Bb型豆柄2，Aa型器底1，Ab型圈足7，Ba型圈足1，Bb型圈足1，Ab型石矛1，A型石璋半成品3，Ba型石璋半成品1，Aa型石斧1，Ba型石琮半成品8，C型石璋半成品1，柱形器3，Aa型石戈3，A型石璧半成品100，C型石璧半成品9，石芯5，石研磨器1，玉璧1；木雕人像1，镶嵌蚌片漆器2，弓形漆器1，竹器1 | |
| L59 | ⅠT6809 | ⑳→L59→㉓ | 第二期第三段 | 椭圆形 | | 2.7 | 1.45 | | A型器纽1 | |
| L60 | ⅠT6610、ⅠT6710、ⅠT6711 | ⑬→L60→⑭ | 第四期早段 | 不规则形 | | 5.7 | 4.35 | | Ba型Ⅱ式尖底杯1，Ba型Ⅲ式尖底杯1，Bb型Ⅰ式尖底杯1，Ba型Ⅱ式尖底盏1，Bb型Ⅰ式尖底盏1，Bc型Ⅰ式尖底盏1，B型Ⅲ式尖底罐1，Ca型瓮形器1，Aa型Ⅱ式敛口罐1，Ab型敛口罐1，Ae型敛口罐1，Fa型Ⅰ式高领罐1，Fc型高领罐1，C型高领罐1，Fa型Ⅱ式矮领罐1，D型Ⅱ式矮领罐5，Cb型束颈罐1，Cd型束颈罐1，Ae型壶1，A型壶1，Bd型壶1，Ec型壶1，Cb型缸2，A型盆形器1，Eb型缸1，Db型器底1，Bc型豆柄1，Cd型Ⅰ式圈足1，Ⅱ式豆柄5，Ed型Ⅱ式圈足1，A型玉璧坯料1；B型玉镯形器1；A型石璧坯料7 | |

续附表一

| 编号 | 位置 | 层位关系 | 期段 | 形状 | | 尺寸（米） | | | 出土器物 | 备注 |
|---|---|---|---|---|---|---|---|---|---|---|
| | | | | 口平面 | 底剖面 | 长 | 宽 | 深 | | |
| L61 | I T6610、I T6609 | ⑯→L61→⑰ | 第三期中段 | 不规则形 | | 4.1 | 2.85 | | A 型石璧坯料 11 | |
| L64 | I T6512、I T6612、I T6513、I T6613 | ⑥→L64→⑦ | 第五期中段 | | | | | | 卜甲 6 | |

注：表中"出土器物"栏中，未注明质地者均为陶器。下同。

## 附表二　中区商周遗迹登记表

| 编号 | 位置 | 层位关系 | 期段 | 形状 | | 尺寸（米） | | | 出土器物 | 备注 |
|---|---|---|---|---|---|---|---|---|---|---|
| | | | | 口平面 | 底剖面 | 长 | 宽 | 深度 | | |
| L24 | I T7307、I T7306 | ㉑→L24→㉔ | 第二期第四段 | 不规则形 | 平底 | 5.1 | 3.5 | 0.5 | Ad 型 I 式小平底罐 1，Fa 型 II 式高领罐 1，Aa 型束颈罐 1，Ac 型 I 式束颈罐 1，Ac 型 II 式束颈罐 3，Aa 型盆 1，盉形器 1，Ba 型豆盘 3，Da 型豆盘 2，Aa 型豆柄 4，Ba 型器纽 1，Aa 型圈足 1，Ba 型圈足 1；C 型石璋半成品 3，Aa 型石璧 2，A 型石璧坯料 31，B 型石璧坯料 1；木兽面构件 1，木椎卵构件 3 | |
| L25 | I T7307、I T7407、I T7306 | ⑬→L25→⑭ | 第三期中段 | 椭圆形 | 平底 | 5.45 | 4.4 | 0.65 | Aa 型 I 式小平底罐 4，Eb 型瓮形器 1，Ac 型盆 1，盉形器 2，E 型豆盘 1，Aa 型豆盘 1，Aa 型豆柄 1，异型豆柄 1，Ac 型器底 1，Ab 型圈足 1，Bb 型圈足 1，Aa 型袋足 1；Ba 型石璋半成品 1，C 型石璋半成品 1，A 型石璧坯料 35 | |

续附表二

| 编号 | 位置 | 层位关系 | 期段 | 形状 | | 尺寸（米） | | | 出土器物 | 备注 |
|---|---|---|---|---|---|---|---|---|---|---|
| | | | | 口平面 | 底剖面 | 长 | 宽 | 深度 | | |
| L26 | ⅠT7307，ⅠT7306 | ㉓→L26→㉔ | 第二期第三段 | 椭圆形 | | 5.8 | 2.1 | | Ab 型Ⅰ式小平底罐 2，Ea 型盆形器 1，Aa 型束颈罐 1，Ca 型Ⅱ式束颈罐 1，Cd 型Ⅰ式盆 2，Ba 型桶形器 1，Aa 型豆柄 1，Ab 型豆柄 1，Ac 型豆柄 1，Ba 型豆柄 1，Aa 型器底 2，Ca 型圈足 1；Ba 型石璋半成品 6，C 型石璋半成品 3，A 型璧坯料 76，石芯 1 | |
| H7041 | ⅠT7307 | ⑨→H7041→⑫ | 第三期中段 | 不规则形 | 平底 | 1.4 | 0.51 | 0.25～0.3 | A 型盉 1 | |
| H7042 | ⅠT7308 | ⑨→H7042→⑫ | 第三期中段 | 不规则形 | 平底 | 1.21 | 0.84 | 0.15 | Ba 型Ⅱ式小平底罐 1，Be 型Ⅰ式小平底罐 1，Bb 型束颈罐 1，Ea 型缸 1 | |
| H7043 | ⅠT7407 | ⑨→H7043→⑫ | 第三期中段 | 圆形 | 平底 | 1.25 | | 0.25 | Ad 型Ⅱ式小平底罐 1，Bb 型小平底罐 1，Bc 型Ⅲ式小平底罐 1，Aa 型束颈罐 1，Ab 型Ⅱ式束颈罐 3，Ca 型Ⅱ式束颈罐 1，Cd 型束颈罐 1 | |
| H7044 | ⅠT7407 | ⑨→H7044→⑫ | 第三期中段 | 不规则椭圆形 | 斜坡状底 | 0.97 | 0.8 | 0.05～0.1 | Ba 型Ⅱ式小平底罐 1，Bc 型Ⅱ式束颈罐 1，Ad 型Ⅱ式束颈罐 1 | |
| H7045 | ⅠT7407 | ⑨→H7045→⑫ | 第三期中段 | 勺子状 | 平底 | 1.7 | 0.55 | 0.17 | Ba 型Ⅱ式小平底罐 1，Cd 型束颈罐 1 | |

**附表三 东区商周遗迹登记表**

| 编号 | 位置 | 层位关系 | 期段 | 形状 | | 尺寸（米） | | | 出土器物 | 备注 |
|---|---|---|---|---|---|---|---|---|---|---|
| | | | | 口平面 | 底剖面 | 长 | 宽 | 深 | | |
| L1 | ⅠT7806 | ⑥→L1→⑦ | 第四期晚段 | 长方形 | | 2.5 | 1.2 | 0.3 | 象牙1，野猪獠牙28 | 为了保护与展示，现存于金沙遗址遗迹馆 |
| L2 | ⅠT7611~ⅠT7911，ⅠT7610~ⅠT7910，ⅠT7809，ⅠT7909 共10个探方 | ⑥→L2→⑦ | 第四期晚段 | | | | | | 陶狗1，B型玉环2，Ad型玉璧4，C型玉锛1，D型玉锛2，Ac型玉凿1，Bc型玉凿1，玉料2；Bb型玉锛1，C型石锛1，Ca型石凿1，奇石1；Bb型铜镞1，Ca型铜戈 | 为了保护与展示，现存于金沙遗址遗迹馆 |
| L3 | ⅣT7803~ⅣT7805，ⅣT7903~ⅣT7905，ⅣT8003~ⅣT8005，ⅣT8103~ⅣT8105 | ⑦→L3→⑧c | 第三期中段 | 不规则形 | | 15.6 | 13.2 | 0.4 | 绿松石珠2；A型石璋半成品1，Ba型石璋半成品2，Bb型石璋半成品27，石圭4，B型Ⅱ式石琮半成品2，Bb型石璧1，A型石璧坯料130，B型石璧坯料5 | |
| L4 | ⅠT8206 | ⑥→L4→⑦ | 第四期晚段 | 不规则形 | 弧底 | 1.25 | 1.15 | 0.15 | Ab型玉戈2，B型玉矛1，玉璋残件1，Aa型玉凿1，Ab型玉凿1，Bb型玉凿1，Aa型Ⅰ式玉璧1，Aa型Ⅱ式玉璧1，磨石1，玉料1；Bb型石璋半成品 | |
| L5 | ⅠT8106 | ⑥→L5→⑦ | 第四期晚段 | 椭圆形 | 平底 | 0.5 | 0.4 | 0.1 | Aa型玉凹刃凿形器1 | 为了保护与展示，现存于金沙遗址遗迹馆 |

续附表三

| 编号 | 位置 | 层位关系 | 期段 | 形状 口平面 | 形状 底剖面 | 尺寸（米）长 | 尺寸（米）宽 | 尺寸（米）深 | 出土器物 | 备注 |
|---|---|---|---|---|---|---|---|---|---|---|
| L6 | ⅠT8004、ⅠT8005、ⅠT8104、ⅠT8105 | ⑥→L16→⑦ | 第四期晚段 | 不规则形 | 平底 | 8.6 | 3.9 | 0.5 | Aa型玉戈1，Ab型玉戈1，B型玉矛2，A型玉钺1，Cc型玉璋1，玉璋残片24，B型玉斧1，D型玉锛形器1，Aa型玉锛2，Ba型玉凿3，Bb型玉凿14，Ca型玉凿2，Bb型玉凹刃凿形器1，Aa型Ⅱ式刃凿形器1，Bc型玉凹刃凿形器1，玉琮残件1，Aa型玉璧5，Ac型玉璧3，Ad型玉璧3，Ba型玉璧3，Aa型玉瑗形器1，Ab型玉瑗形器2，B型玉箍形器2，B型玉环1，Aa型玉镯1，美石珠11，绿松石珠43，C型玉镯6，C型玉镯1，多璜联璧3，磨石9，玉器残片7，蝉纹玉片1，石矛残件2；A型石璧坯料2，Ca型铜戈1，Ba型铜戈2，Bb型铜戈1，Cb型铜戈1，Aa型铜锥形器6，Ab型铜锥形器2，Ac型铜锥形器2，Ab型铜锥形器1，B型铜铃2，Bc型铜璧1，B型铜环形器1，A型铜璧1，C型铜挂饰2，D型铜挂饰9，Aa型Ⅱ式铜圆角方孔形器4，铜挂饰1，H型铜挂饰1，Aa型铜圆角方孔形器4，B型铜圆角方孔形器1，A型条形金饰3，鸟2，铜器残片44；Ab型条形金饰1，金器残片10；圆形骨器1，曾骨3，素面环形金饰1 | |
| L7 | ⅣT8305 | ⑦→L7→⑧a | 第四期早段 | 长方形 | | 0.7 | 0.4 | 0.05 | 大象白齿1，美石8，铜圆角方孔形器1 | |
| L8 | ⅠT8002 | ⑦→L8→⑧a | 第四期早段 | 椭圆形 | 圜底 | 1.95 | 1.35 | 0.48 | 第1层：A型玉镞2，Ea型玉璋7，Aa型玉环6，Ba型玉镯2，C型玉镯1，绿松石珠9，玉片1，石璋1，Aa型玉镯1，B型铜环形器2，Aa型Ⅰ式铜圆角方孔形器2，Aa型Ⅱ式铜圆角方孔形器3，不规则形铜板2，铜人头1，A型铜眼泡1，Ab型铜形金箔饰2，铜器残片4；金器残片4，大象白齿1。第2层：Ea型玉璋5，Ab型玉璧1，Aa型玉环2，Ab型玉镯2，Ba型玉镯3，Ba型玉镯2，D型玉璋1，玉珠41；Aa型石斧1，D型石锛1，Aa型Ⅰ式铜璧3，Aa型铜圆角方孔形器5，Ab型铜圆角方孔形器2，铜器残齿1 | |

续附表三

| 编号 | 位置 | 层位关系 | 期段 | 形状 | | 尺寸（米） | | | 出土器物 | 备注 |
|---|---|---|---|---|---|---|---|---|---|---|
| | | | | 口平面 | 底剖面 | 长 | 宽 | 深 | | |
| L8 | | | | | | | | | 片1；Ab型鱼形金箔饰4，A型条形金饰3，锥形金箔残片4。第3层：Ea型玉璋7，D型玉铲1，Ab型玉笄2，Aa型II式玉璧1，Ab型玉环5，B型玉环1，Aa型玉镯3，Ba型玉镯3，Bb型玉镯3，D型玉镯2，绿松石珠26；A型铜长条形器2，Ac型II式铜璧1，Ad型铜璧3，Aa型II式铜圆角方孔形器2，Ab型铜圆角方孔形器1，铜块1，铜器残片4；A型条形金饰1，A型喇叭形金饰2，素面环形金箔饰1，金人面形器1，Aa型金箔饰2，Ab型鱼形金箔饰2。第4层：Ea型玉璋7，Bb型玉璧1，Aa型II式玉璧1，Ac型玉璧1，Ab型玉镯4，绿松石珠15；Ab型玉镯1，C型玉镯4，绿松石珠15；Ab型铜长条形器1，A型铜璧1，Ac型I式铜璧3，Ac型II式铜璧3，Aa型I式铜圆角方孔形器2，Aa型II式铜圆角方孔形器1，A型铜圆角方孔形器2，B型铜眼泡1，铜器残片7；A型条形金饰2，B型条形金饰3，B型圆形金饰1，素面环形金箔饰1，Aa型II式铜圆角方孔形器1，蛇纹形金箔1，B型金箔形饰1，Aa型II式铜圆角方孔形器2，金器残片7。第5层：Ea型玉璋1，Aa型I式玉璧1，Aa型II式玉璧1，Ac型玉璧2，C型玉镯3，Aa型玉环4；A型铜长条形器2，Ab型铜璧1，Ac型I式铜璧1，Ac型铜圆角方孔形器9，Aa型II式铜圆角方孔形器1，Ac型铜圆角方孔形器1，铜圆角长方形板1，铜立人像1，Ba型铜眼睛形器4 | |
| L9 | I T7903 | ⑥→L9→⑦ | 第四期晚段 | 不规则形 | 弧底 | 1.88 | 0.6～1.3 | 0.15～0.3 | Ab型玉璋2，磨石1，美石8；Aa型I式铜圆角方孔形器1 | |

续附表三

| 编号 | 位置 | 层位关系 | 期段 | 形状 口平面 | 形状 底剖面 | 尺寸（米）长 | 宽 | 深 | 出土器物 | 备注 |
|---|---|---|---|---|---|---|---|---|---|---|
| L10 | ⅠT8105、ⅠT8106 | ⑥→L10→⑦ | 第四期晚段 | 不规则形 | 平底 | 1.9 | 1.1 | 0.45 | Ca型Ⅰ式尖底杯2，Ba型Ⅱ式矮领罐1，D型Ⅱ式矮领罐1，Db型器底2，Ed型Ⅲ式器底1；Aa型铜戈2；B型玉斧1，肩扛象牙玉璋1，Bb型玉凿9，绿松石珠8，玉料4，玉器残片2 | |
| L11 | ⅠT8304 | ⑫→L11→古河道 | 第二期第四段 | 不规则形 | 平底 | 3.85 | 2.4 | 1.9 | Aa型玉牙1；木胎虎头漆器1，镶嵌玉片漆器10，圆饼状象牙器1 | |
| L12 | ⅠT8106 | ⑦→L12→⑧a | 第四期早段 | 不规则形 | 平底 | 2.5~3.5 | 1.4 | 0.18 | Ab型玉戈1，Ba型玉凿1，Bb型玉凿1，绿松石珠1；Aa型铜戈1，Ba型铜镞1，铜铃形饰1，E型铜挂饰1，Ab型铜圆角方孔形器1，铜器残片2；大象白齿3，猴牙2，象牙片2 | |
| L13 | ⅠT8405 | ⑨a→L13→⑩ | 第三期中段 | 圆形 | 坡状底 | 1.08 | | 0.12~0.25 | Aa型铜戈1，Ac型Ⅰ式铜璧2，Ac型Ⅱ式铜璧2，铜器残片2；人面形金器1 | |
| L14 | ⅠT8205、ⅠT8206 | ⑨a→L14→⑩ | 第三期中段 | 不规则形 | 平底 | 3 | 2.66 | 0.83 | Ca型Ⅰ式小平底罐1；Ea型玉璋54，Eb型玉璋3，Bc型玉璧4，Ab型玉环6，Aa型玉镯7，Ab型玉镯1，玉珠1，绿松石珠308，玉海贝饰1；Aa型石斧1，A型石凿1，石簪1；Ba型铜璧1，B型圆形金箔饰3；铜器残片3；Aa型鱼形金箔饰6，人面形金器1，锯齿形金2，金器残片13 | |
| L15 | ⅠT8206 | ⑩→L15→⑪ | 第二期第四段 | 不规则形 | 平底 | 1.8 | 1.1 | 0.4 | 象牙25 | |
| L16 | ⅠT8206 | ⑩→L16→⑪ | 第二期第四段 | 椭圆形 | | 1.8 | 1.65 | 0.3 | 象牙尖11，圆饼状象牙器6 | |
| L17 | ⅠT8204、ⅠT8205 | ⑬→L17→⑭ | 第二期第四段 | 扇形 | 平底 | 1.1 | | 0.45 | 象牙28 | |

续附表三

| 编号 | 位置 | 层位关系 | 期段 | 形状 | | 尺寸（米） | | | 出土器物 | 备注 |
|---|---|---|---|---|---|---|---|---|---|---|
| | | | | 口平面 | 底剖面 | 长 | 宽 | 深 | | |
| L18 | I T8003，I T8004，I T8005，I T8103，I T8104 | ⑦→L18→⑧a | 第四期早段 | 长方形 | | 6.24 | 4.35 | 1.3 | D1：玉戈残片 1，Aa 型玉镯 2，Ba 型玉镯 1，玉器残片 1；Aa 型铜锥形器 1，B 型铜铃 1，Bb 型铜璧 1，A 型铜挂饰 3，H 型铜挂饰 1，B 型铜圆角方孔形器 1；D2：Cb 型玉镯 2，C 型玉琮 1，Ab 型玉璧 2，Aa 型玉环 2，Aa 型玉镯 2，玉玦 1，玉器坯料 1；Bb 型铜璧，H 型铜挂饰 1，铜器残片 1；D3：磨石 2；B 型铜环形器 1，铜器残片 4；D4：Ab 型玉戈 1，玉璋残片 5，玉璧残片 2，B 型玉箍形器 1，磨石 2；Aa 型铜锥形器 1；D5：玉戈残片 1，B 型玉矛 1，D 型玉钺 1，玉璋残片 2，Ac 型玉凿 1，Ab 型玉璧 1，Ba 型玉璧残片 1，磨石 2；Cb 型铜戈 1，铜鸟头 1，铜扉棱 1，铜器残片 2；金箔残片 1；D6：美石 1，玉器残片 1；C 型铜挂饰 1，铜器残片 1，铜圈足残片 2；金器残片 1；D7：Ba 型玉凿 1，美石 1；B 型铜圈足残片 | |
| L19 | I T8204，I T8205 | 叠压于 L17 之下 | 第三期第四段 | 长方形 | 平底 | 1.55 | 1.2 | 0.32 | Ab 型 I 式小平底罐 1；Ab 型石璧 4，Bb 型石璧 2，C 型石璧 4，C 型石跪坐人像 1，A 型石虎 2，石虎尾 3，A 型石蛇 1，石料 1；条形骨器 1 | |
| L20 | I T8105 | ⑧a→L20→⑨a | 第三期晚段 | 圆形 | | 2.7 | 1.6 | 0.2 | Aa 型石斧 10，Ba 型石斧 3 | |
| L21 | I T8105 | ⑨a→L21→⑩ | 第三期中段 | 圆形 | | 1.17 | | 0～0.5 | 象牙 3 | |
| L22 | I T8106 | ⑨a→L22→⑩ | 第三期中段 | 不规则椭圆形 | 平底 | 1.3 | 0.7 | 0.3 | 象牙 4，石器 1 | |
| L23 | I T8106 | ⑨a→L23→⑩ | 第三期中段 | 长方形 | | 1.7 | 0.8 | 0.1 | Bb 型器盖 3；Ea 型玉璋 2，玉珠 6；A 型石璧坯料 1；Aa 型 I 式鱼形金箔饰 1，金器残片 1 | |

续附表三

| 编号 | 位置 | 层位关系 | 期段 | 形状 | | 尺寸（米） | | | 出土器物 | 备注 |
|---|---|---|---|---|---|---|---|---|---|---|
| | | | | 口平面 | 底剖面 | 长 | 宽 | 深 | | |
| L62 | ⅠT7607 | ⑥→L62→⑦ | 第四期晚段 | 不规则形 | | 1.75 | 1 | 0.2 | 石磬2 | |
| L63 | ⅠT7902 | ⑧a→L63 | 第三期晚段 | 不规则形 | | 3 | 1.45 | 0.26～0.4 | 肩扛象牙玉璋1，象牙1 | |
| L65 | ⅠT8304 | ⑨a→L65→⑩ | 第三期中段 | 不规则形 | | 5.6 | 3 | 1.4 | A型桶形器；象牙堆积 | 为了保护与展示，现存于金沙遗址遗迹馆 |
| G1 | ⅠT8005 | ⑥→G1→⑦ | 第四期晚段 | 带状 | 底部不平 | 7.03 | 1.27 | 0.25 | 玉璋残件1，Cb型玉凿，D型玉琮1，美石2，玉料1；石条1；Ba型铜戈1，Aa型铜锥形器1，Ac型铜锥形器1，Ab型铜铃1，A型铜挂饰1，C型铜挂饰1，D型铜挂饰1，铜圆角长方形板1 | |

# 附录一　金沙遗址祭祀区 I T6616⑬出土人头骨研究

原海兵　　周志清

（四川大学考古学实验教学中心　成都文物考古研究院）

本文鉴定骨骼标本出土于成都市金沙遗址祭祀区发掘区西区，是 2003 年由成都市文物考古工作队对该区域发掘所得，具体出土单位为 I T6616⑬。该人骨出土堆积单位文化分期属于金沙遗址祭祀区第四期晚段，时代大致为距今 3000～2900 年①。

经初步鉴定，该标本应属于一例人类成年个体的右侧顶骨，保存较完整，其四周边缘绝大部分保留了顶骨应有的骨缝痕迹，仅其前部外侧靠近冠状缝/翼区处略有残损，未见明显创伤痕迹。该个体仅残存一块顶骨应当是在其亡故后，颅骨在埋藏过程中经埋藏或搬运作用散落所致。此外，顶骨前部外侧近翼区远端部位的残损及崩裂骨缝也应当为自然埋藏所致（彩版四四七，1、2）。

**性别：** 由于仅残存右侧顶骨骨片一块，据其鉴定性别有较大误差，故谨慎的判定其为不详。

**年龄：** 从顶骨骨骼发育来看，其骨片大小、骨壁厚度均显示其应当属于一例成年个体的骨骼。且该顶骨骨质新鲜，未见骨质疏松、板障塌陷变形等老年性退行性改变，判定其为青壮年死亡个体为宜。

**病理观察：** 尽管该顶骨外侧面可见大部分区域分布有不同颜色星星点点的小斑块，但其不是病理性改变，应为埋藏环境对其骨面造成摩擦所致。

此外，本文所述骨骼标本是目前金沙遗址祭祀区仅见的人类遗骸，其所处祭祀区发掘区西北边缘，周边地层中无礼仪性遗物，甚或礼仪性堆积遗存发现，而该骨骼亦未观察到人为干预现象，综合该骨骼保存状况及出土背景，我们认为其很可能为人工堆筑祭祀区时随机取土伴随所致，而非有意的人类行为。鉴于该标本揭示信息有限，其来源、时代及其他信息有待于进一步探索。

---

① 见本书第五章。

# 附录二　金沙遗址祭祀区出土铜器科技分析报告*

## 杨颖东　　周志清　　王占魁

（成都文物考古研究院）

金沙遗址位于成都市西郊金沙村青羊大道边上，于 2001 年 2 月被发现，年代为商代晚期至春秋，是继三星堆文明衰落之后在成都平原兴起的一个政治、文化、经济中心，极有可能是晚商至西周时期古蜀国都邑所在地。遗址包括墓葬区、生活区、祭祀区、作坊区等，具体遗址背景可参阅相关考古发掘及研究报告①，在此不再赘述。为了配合金沙考古发掘报告出版需要，本文对祭祀区发掘出土和部分采集铜器进行了研究。前人已做过部分金器、铜器方面的科技研究工作，具体亦可参阅有关论文和报告②。本次分析研究的只有铜器，样品全部来自金沙遗址祭祀区出土铜器，与前人已发表公布资料中样品和器物均不重复，目的是继续通过科技实验研究，不断充实和挖掘金沙遗址青铜器所蕴含的相关科技信息和文化价值。本次主要通过较为全面细致的化学元素成分分析及金相学研究，掌握金沙遗址铜器合金技术及制作加工方面的基本主体面貌，评价其在整个古蜀青铜冶金及发展进程中的位置。

## （一）实验过程及结果

本次实验共分析 84 件铜器及残片，铜器经过仔细辨别，有装饰器、兵器、容器、工具等，整体较小，残损居多，能够满足生活实用的较少，符合祭祀礼仪用器的特征。研究所涉及铜器基本情况详见表一。所取样品均为铜器残断处，对于完整器均未取样，但采用无损分析法进行了成分检测。

### 1. 元素成分分析

可取样铜器对样品采用荷兰进口台式扫描电镜（Phenom Pro X）及所带能谱仪无标样法进行检测。

---

\* 本文为"古蜀文明保护传承工程"研究成果。

① 朱章义、张擎、王方：《成都金沙遗址的发现、发掘与意义》，《四川文物》2002 年第 2 期，第 3 页；王方：《金沙遗址出土青铜器的初步研究》，《四川文物》2006 年第 6 期，第 51 页。

② 肖璘、杨军昌、韩汝玢：《成都金沙遗址出土金属器的实验分析与研究》，《文物》2004 年第 4 期，第 78 页；魏国锋、毛振伟、秦颖等：《金沙遗址出土铜片的加工工艺研究》，《有色金属》2007 年第 1 期；金正耀、朱炳泉、常向阳等：《成都金沙遗址铜器研究》，《文物》2004 年第 7 期。

表一　祭祀区铜器基本信息

| 实验序号 | 标本序号 | 铜器名称 | 出土单位 | 照片 | 尺寸、重量 |
|---|---|---|---|---|---|
| J1 | 1 | 龙形器纽 | ⅠT7009－7110⑫：18 | | 顶部长 4、宽 2.8、下口长 3.5、宽 2.3、通高 4.2 厘米 |
| J2 | 2 | 铜片 | ⅠT7009－7110⑫：6 | | 长 1.1、宽 1、厚 0.03 厘米，重 0.2 克 |
| J3 | 3 | 铜片 | ⅠT7009－7110⑫：19 | | 长 1.7、宽 1.6、厚 0.09 厘米，重 1 克 |
| J4 | 4 | 环形器 | ⅠT7009－7110⑫：3 | | 外径 3.4、内径 2、厚 0.19 厘米，重 4.4 克 |
| J5 | 5 | 镞 | ⅠT7205－7206⑥：1 | | 长 4.5、宽 1.3、厚 0.52 厘米，重 3.3 克 |
| J6 | 6 | 镞 | ⅠT7207－7208⑦：1 | | 长 6.6、宽 1.5、厚 0.72 厘米，重 9.6 克 |
| J7 | 7 | 刻刀 | ⅠT7207－7208⑩：1 | | 长 9.5、宽 1～2.1、厚 0.46 厘米，重 32 克 |
| J8 | 8 | 挂饰 | ⅠT7211－7212⑭：1 | | 直径 2.8、厚 0.4 厘米，重 5.5 克 |
| J9 | 9 | 钩 | ⅠT7213－7214⑮：2 | | 长 10.5、宽 0.4、厚 0.32 厘米，重 5.6 克 |
| J10 | 10 | 铜器残件 | ⅠT7213－7214⑭：8 | | 长 2.6、宽 1.2、厚 0.38 厘米，重 4.5 克 |
| J11 | 11 | 铜器残片 | ⅠT8005⑥：9 | | 长 2.5、宽 2.1、厚 0.37 厘米，重 7.6 克 |

续表一

| 实验序号 | 标本序号 | 铜器名称 | 出土单位 | 照片 | 尺寸、重量 |
|---|---|---|---|---|---|
| J12 | 12 | 铜器残片 | ⅠT8005⑧:17 | | 长4.5、宽2.7、厚0.27厘米，重17.8克 |
| J13 | 13 | 铃 | ⅠT7708⑥:3 | | 高5.5、宽2.2~3.5、粗1.78~2.67厘米，重38.6克 |
| J14 | 14 | 铜蝉 | ⅠT7708⑥:4 | | 长3.4、宽0.5~1.1、厚0.64厘米，重3.4克 |
| J15 | 15 | 圆角方孔形器 | ⅠT7705⑥:34 | | 长6.2、宽3.5~5.2、厚0.15厘米，重24.1克 |
| J16 | 16 | 叉形器 | ⅠT7507⑥:1 | | 长4.1、宽1.6、厚0.1厘米，重2.3克 |
| J17 | 17 | 铜器残片 | ⅠT7808④:6012 | | 长2.2、宽1.7、厚0.27厘米，重4克 |
| J18 | 18 | 铜器残片 | ⅠT8205⑥:5 | | 长1.7、宽1.2、厚0.13厘米，重1.4克 |
| J19 | 19-1 | 铜器残块 | ⅠT8207⑥:1 | | 长1.8、宽1.2、厚1.2厘米，重7.4克 |
| J20 | 19-2 | 铜器残块 | ⅠT8207⑥:1 | | 长1.6、宽1.1、厚0.23厘米，重1.5克 |
| J21 | 19-3 | 铜器残件 | ⅠT8207⑥:1 | | 长3.4、宽3.2、高2.2、厚1.2厘米，重47.9克 |
| J22 | 20 | 铜饰 | ⅠT8003⑩:3 | | 长3.7、宽2.6、厚0.16厘米，重4.2克 |

续表一

| 实验序号 | 标本序号 | 铜器名称 | 出土单位 | 照片 | 尺寸、重量 |
|---|---|---|---|---|---|
| J23 | 21 | 铜器残片 | Ⅰ T8108⑥：1 | | 长 3、宽 1.8、厚 0.24 厘米，重 4.6 克 |
| J24 | 22 | 铜器残片 | Ⅰ T8106⑥：25 | | 长 2.5、宽 1.8、厚 0.14 厘米，重 3 克 |
| J25 | 23 | 圆角方孔形器 | Ⅰ T8407⑨b：5 | | 长 4.6、宽 4、孔径 1.5、厚 0.13 厘米，重 12.5 克 |
| J26 | 24－1 | 铜容器残片 | Ⅰ T8307⑤：6－1 | | 长 3.1、宽 2.4、厚 0.57 厘米，重 15.9 克 |
| J27 | 24－2 | 铜器残件 | Ⅰ T8307⑤：6－2 | | 长 3.5、高 2.5、厚 0.5 厘米，重 32.5 克 |
| J28 | 25 | 铜器残片 | Ⅰ T8307⑤：9 | | 长 6、宽 4.7、厚 0.53 厘米，重 50.7 克 |
| J29 | 26－1 | 铜容器残片 | Ⅰ T8307⑤：11－2 | | 长 4.2、宽 3.4、厚 0.41 厘米，重 27.8 克 |
| J30 | 26－2 | 铜器残件 | Ⅰ T8307⑤：11－1 | | 残长 2.8、宽 2.5、厚 0.5 厘米，重 12.5 克 |
| J31 | 26－3 | 铜容器底残片 | Ⅰ T8307⑤：11－3 | | 长 2.6、高 1.6、壁厚 0.37 厘米，重 10.7 克 |
| J32 | 27 | 铜器残片 | Ⅰ T7311⑯：1 | | 长 3.7、宽 3.7、厚 0.56 厘米，重 33.5 克 |
| J33 | 28 | 凿 | Ⅰ T7313⑮：2 | | 长 8.2、宽 4.9、厚 0.34 厘米，重 7.9 克 |

| 实验序号 | 标本序号 | 铜器名称 | 出土单位 | 照片 | 尺寸、重量 |
|---|---|---|---|---|---|
| J34 | 29 | 镞 | 2005CQJ1#③：2 | | 长 3.8、宽 1、厚 0.48 厘米，重 2.5 克 |
| J35 | 30 | 矛 | I T7215－7216⑭：2 | | 长 25、直径 2.6、宽 4 厘米，重 110.6 克 |
| J36 | 31 | 戈残件 | I T6813－6914㊵：1 | | 长 4.2、宽 1.2、厚 0.25 厘米，重 4.2 克 |
| J37 | 32 | 铃残件 | I T7011－7112⑥：5 | | 高 1.6、直径 1.3、壁厚 0.15 厘米，重 1.6 克 |
| J38 | 33 | 挂饰 | I T7011－7112⑫：4 | | 直径 3.4、厚 0.18 厘米，重 3.7 克 |
| J39 | 34 | 钩 | I T7011－7112⑯：3 | | 长 10.2、宽 1、厚 0.24 厘米，重 3.3 克 |
| J40 | 35 | 铜器残片 | I T7011－7112⑮：1 | | 长 2.6、宽 1.7、厚 0.12 厘米，重 1.9 克 |
| J41 | 36 | 铜器残片 | I T7011－7112⑭：2 | | 长 2.6、宽 1.5、厚 0.23 厘米，重 3.1 克 |
| J42 | 37 | 镞 | H2315：21 | | 长 2.5、宽 2、厚 0.21 厘米，重 2.4 克 |
| J43 | 38 | 刻刀 | H2297：1 | | 长 17.3、宽 1.2、厚 0.55 厘米，重 47.8 克 |
| J44 | 39 | 镞 | I T6816－6916⑰：1 | | 长 3.8、宽 1.4、厚 0.6 厘米，重 5 克 |

| 实验序号 | 标本序号 | 铜器名称 | 出土单位 | 照片 | 尺寸、重量 |
|---|---|---|---|---|---|
| J45 | 40-1 | 铜器残件 | Ⅰ T6811-6912⑰：130-1 | | 长3、宽2、厚0.16厘米，重4克 |
| J46 | 40-2 | 铜器残件 | Ⅰ T6811-6912⑰：130-2 | | 长3.2、宽2、厚0.59厘米，重10克 |
| J47 | 41-1 | 凿 | Ⅰ T6811-6912⑰：131-1 | | 长6.2、宽0.1、厚0.31厘米，重2.9克 |
| J48 | 41-2 | 铜器残片 | Ⅰ T6811-6912⑰：131-2 | | 长2.8、宽1.6、厚0.25厘米，重5.5克 |
| J49 | 42 | 锥形器 | Ⅰ T6809-6910⑱a：235 | | 长17.4、宽2.8、厚0.2厘米，重22.4克 |
| J50 | 43 | 锥形器 | Ⅰ T6809-6910⑲：120 | | 长12.5、宽1.8、厚0.2厘米，重10.8克 |
| J51 | 44 | 镞 | Ⅰ T6609-6710⑦：112 | | 长5.2、宽1.6、厚0.45厘米，重5.8克 |
| J52 | 45 | 铜器残块 | Ⅰ T6613-6714⑩：748 | | 长3.6、宽1.8、厚0.23厘米，重6.2克 |
| J53 | 46 | 铜斤残件 | Ⅰ T6613-6714⑩：32 | | 长1.8、宽2.8、厚0.38厘米，重16.1克 |
| J54 | 47 | 剑残件 | Ⅰ T6613-6714⑩：30 | | 长3、宽1.7、厚0.7厘米，重5.8克 |
| J55 | 48 | 挂饰 | Ⅰ T6613-6714⑩：29 | | 宽3.3、高4、厚0.27厘米，重11.3克 |

续表一

| 实验序号 | 标本序号 | 铜器名称 | 出土单位 | 照片 | 尺寸、重量 |
|---|---|---|---|---|---|
| J56 | 49 | 铜器残件 | ⅠT6613－6714⑪：18 | | 长 4、宽 1.8、厚 0.5 厘米，重 17.9 克 |
| J57 | 50－1 | 铜容器口沿残片 | ⅠT6611－6712⑥：1－3 | | 长 9.2、高 5.5、厚 0.5 厘米，重 161.7 克 |
| J58 | 50－2 | 铜容器壁残片 | ⅠT6611－6712⑥：1－4 | | 长 12、宽 4.4、厚 0.28 厘米，重 65.7 克 |
| J59 | 50－3 | 铜容器口沿残片 | ⅠT6611－6712⑥：1－1 | | 长 9、宽 6.9、厚 0.15 厘米，重 87.7 克 |
| J60 | 50－4 | 铜容器壁残片 | ⅠT6611－6712⑥：1－2 | | 长 9.9、宽 6.6、厚 0.2 厘米，重 29.9 克 |
| J61 | 50－5 | 铜容器壁残片 | ⅠT6611－6712⑥：1－2 | | 长 10、宽 5.6、厚 0.2 厘米，重 81.5 克 |
| J62 | 50－6 | 铜容器壁残片 | ⅠT6611－6712⑥：1 | | 长 8.8、宽 4.7、厚 0.25 厘米，重 44.7 克 |
| J63 | 51 | 铜器残件 | ⅠT6611－6712⑮：4 | | 长 3.2、宽 1、厚 0.28 厘米，重 2.8 克 |
| J64 | 52 | 戈 | ⅠT7013－7114⑪：2 | | 长 4.4、宽 1.6、厚 0.15 厘米，重 3.6 克 |
| J65 | 53 | 镞 | ⅠT7013－7114⑩：6 | | 长 4.8、宽 1.5、厚 0.46 厘米，重 4.3 克 |
| J66 | 54 | 凿 | ⅠT7013－7114⑩：3 | | 长 6.3、宽 0.5、厚 0.2 厘米，重 3.9 克 |

续表一

| 实验序号 | 标本序号 | 铜器名称 | 出土单位 | 照片 | 尺寸、重量 |
|---|---|---|---|---|---|
| J67 | 55 | 戈 | Ⅰ T7013－7114⑩：4 | | 长7、宽1.6、厚0.2厘米，重5.9克 |
| J68 | 56 | 铜璧 | Ⅰ T7013－7114⑩：5 | | 直径3.6厘米，重5克 |
| J69 | 57 | 铜璧 | Ⅰ T7013－7114⑮：2 | | 直径4.5、宽0.89、厚0.28厘米，重5.8克 |
| J70 | 58 | 铜器残块 | Ⅰ T7113－7114⑮：1 | | 长2、宽0.59厘米，重1.3克 |
| J71 | 59 | 斧 | Ⅰ T7015－7116⑱b：1 | | 长7.6、宽5、銎短轴3厘米，重251.7克 |
| J72 | 60 | 镞 | Ⅰ T7015－7116⑯：3 | | 长4.4、宽1.8、厚0.6、粗0.35厘米，重3.6克 |
| J73 | 61 | 圆角方孔形器 | Ⅰ T7015－7116⑩：1 | | 长5.2、宽4、孔径2.1、高0.8厘米，重11.9克 |
| J74 | 62 | 铜器残片 | Ⅰ T7015－7116⑩：2 | | 长6.2、宽1.8、厚0.6厘米，重22.3克 |
| J75 | 63 | 镞 | Ⅰ T7015－7116⑩：3 | | 长5.2、宽1.7、厚0.66厘米，重6.4克 |
| J76 | 64 | 镞 | Ⅰ T7007－7108⑧：17 | | 长6.1、宽2、粗0.74厘米，重9克 |
| J77 | 65 | 铜器残片 | Ⅰ T7007－7108⑨：3 | | 长1.7、宽1.5、厚0.31厘米，重3.5克 |

| 实验序号 | 标本序号 | 铜器名称 | 出土单位 | 照片 | 尺寸、重量 |
|---|---|---|---|---|---|
| J78 | 66 | 铜器残片 | ⅠT7007 – 7108⑨：8 | | 长 2、宽 0.8、厚 0.53 厘米，重 4 克 |
| J79 | 67 | 铜器残片 | L27：2 | | 长 5.8、高 3.2、厚 0.26 厘米，重 6.5 克 |
| J80 | 68 | 镞 | L27：13 | | 长 4.1、宽 1.5、厚 0.3 厘米，重 4 克 |
| J81 | 69 | 镞 | ⅠT7007 – 7108⑱a：2 | | 长 5、宽 1.5、粗 0.78 厘米，重 6.9 克 |
| J82 | 70 | 铜器残件 | ⅠT7007 – 7108㉑：6 | | 长 2.4、宽 1.2、厚 0.16 厘米，重 1.2 克 |
| J83 | 71 | 斤 | ⅠT7113 – 7114 采集：1 | | 长 12.8、宽 4.5、厚 1.2 厘米，重 209 克 |
| J84 | 72 | 铜器 | ⅠT6514H7：2 | | 左残片长 7.8、宽 6、厚 0.33 厘米，重 117.3 克 |

能谱扫描电压设定 15kV，时间一般为 60 秒，每个样品均扫描 3 次或以上且为不同区域，扫描区域尽量选择没有氧化或氧化程度轻微处，每个样品尽可能采用低倍数大面积多次扫描取平均值的方法计算元素含量，以现行行业通用质量 2% 作为判定铜器材质的界限。特殊微区组织的成分采用点、面结合扫描的方式确定。

无损分析采用尼通 Niton XL3t950 型便携式 X 射线荧光能谱仪进行，选用常见金属模式只检测金属元素，非金属元素不做判定。扫描光斑直径 3 毫米，时间 60 秒，扫描 1～3 次，扫描点位皆为经过除锈的铜本体，其结果能够较为准确表征铜器成分。

实验前对两种能谱仪所测成分结果进行对比，发现对保存较好的铜基体检测结果相差较小，具有较好的统一性。为了精简篇幅，原始数据均不列出，只列出经过计算的成分平均结果，见表二。

## 表二　祭祀区铜器平均主成分表（wt%）

| 实验编号 | 标本序号 | 铜器名称 | Cu | Sn | Pb | Fe | As | S | 合计 | 合金类型 |
|---|---|---|---|---|---|---|---|---|---|---|
| J1 | 1 | 龙形器纽 | 77.89 | 21.64 | 0.06 | | | | 99.59 | CuSn |
| J2 | 2 | 铜片 | 81.03 | 18.39 | | 0.27 | | 0.32 | 100.00 | CuSn |
| J3 | 3 | 铜片 | 67.96 | 16.05 | 16.00 | | | | 100.00 | CuSnPb |
| J4 | 4 | 环形器 | 99.24 | | 0.76 | | | | 100.00 | Cu |
| J5 | 5 | 镞 | 68.47 | 3.16 | 27.91 | | | | 99.54 | CuSnPb |
| J6 | 6 | 镞 | 52.92 | 24.31 | 22.78 | | | | 100.00 | CuSnPb |
| J7 | 7 | 刻刀 | 97.27 | | 1.91 | | | | 99.18 | Cu |
| J8 | 8 | 铜挂饰 | 89.17 | 5.79 | 5.04 | | | | 100.00 | CuSnPb |
| J9 | 9 | 钩 | 97.15 | | 2.85 | | | | 100.00 | CuPb |
| J10 | 10 | 铜器残件 | 99.64 | | 0.36 | | | | 100.00 | Cu |
| J11 | 11 | 铜器残片 | 80.42 | 14.31 | 4.25 | 0.35 | | 0.67 | 100.00 | CuSnPb |
| J12 | 12 | 铜器残片 | 45.10 | | 53.53 | 1.36 | | | 100.00 | CuPb |
| J13 | 13 | 铃 | 61.91 | 3.49 | 34.60 | | | | 100.00 | CuSnPb |
| J14 | 14 | 铜蝉 | 80.62 | 17.05 | 1.60 | | | 0.31 | 99.58 | CuSn |
| J15 | 15 | 圆角方孔形器 | 81.52 | 15.89 | 2.58 | | | | 100.00 | CuSnPb |
| J16 | 16 | 叉形器 | 70.63 | 21.13 | 7.74 | 0.51 | | | 100.00 | CuSnPb |
| J17 | 17 | 铜器残片 | 96.62 | 1.54 | 1.84 | | | | 100.00 | Cu |
| J18 | 18 | 铜器残片 | 98.11 | | 1.89 | | | | 100.00 | Cu |
| J19 | 19－1 | 铜器残块 | 65.47 | 19.96 | 14.57 | | | | 100.00 | CuSnPb |
| J20 | 19－2 | 铜器残块 | 75.69 | 24.31 | | | | | 100.00 | CuSn |
| J21 | 19－3 | 铜器残件 | 75.01 | 15.90 | 6.85 | 0.03 | 0.33 | | 98.12 | CuSnPb |
| J22 | 20 | 铜饰 | 79.21 | 18.74 | 2.04 | | | | 100.00 | CuSnPb |
| J23 | 21 | 铜器残片 | 67.25 | 19.28 | 12.41 | 1.06 | | | 99.99 | CuSnPb |
| J24 | 22 | 铜器残片 | 63.89 | 8.91 | 27.21 | | | | 100.00 | CuSnPb |
| J25 | 23 | 圆角方孔形器 | 100.00 | | | | | | 100.00 | Cu |
| J26 | 24－1 | 铜容器残片 | 63.49 | 11.83 | 24.68 | | | | 100.00 | CuSnPb |
| J27 | 24－2 | 铜器残件 | 72.54 | 19.62 | 7.83 | | | | 100.00 | CuSnPb |
| J28 | 25 | 铜器残片 | 62.39 | 15.65 | 17.64 | | 4.33 | | 100.00 | CuSnPbAs |
| J29 | 26－1 | 铜容器残片 | 74.00 | 21.41 | 4.59 | | | | 100.00 | CuSnPb |
| J30 | 26－2 | 铜器残件 | 49.30 | 42.69 | 8.01 | | | | 100.00 | CuSnPb |
| J31 | 26－3 | 铜容器底残片 | 63.16 | 13.62 | 22.15 | 1.07 | | | 100.00 | CuSnPb |
| J32 | 27 | 铜器残片 | 69.43 | 10.10 | 20.29 | 0.19 | | | 100.00 | CuSnPb |
| J33 | 28 | 凿 | 75.44 | 21.67 | 1.52 | | 0.49 | | 99.12 | CuSn |
| J34 | 29 | 镞 | 82.25 | 2.04 | 14.51 | 0.22 | 0.71 | | 99.73 | CuSnPb |

| 实验编号 | 标本序号 | 铜器名称 | Cu | Sn | Pb | Fe | As | S | 合计 | 合金类型 |
|---|---|---|---|---|---|---|---|---|---|---|
| J35 | 30 | 矛 | 98.85 | | 1.15 | | | | 100.00 | Cu |
| J36 | 31 | 戈残件 | 98.04 | | 1.96 | | | | 100.00 | Cu |
| J37 | 32 | 铃残件 | 69.10 | 18.01 | 12.89 | | | | 100.00 | CuSnPb |
| J38 | 33 | 挂饰 | 69.60 | 9.63 | 20.59 | 0.19 | | | 100.00 | CuSnPb |
| J39 | 34 | 钩 | 92.51 | 1.78 | 5.71 | | | | 100.00 | CuPb |
| J40 | 35 | 铜器残片 | 54.30 | 20.13 | 25.38 | 0.18 | | | 100.00 | CuSnPb |
| J41 | 36 | 铜器残片 | 100.00 | | | | | | 100.00 | Cu |
| J42 | 37 | 镞 | 98.61 | | | | | 1.39 | 100.00 | Cu |
| J43 | 38 | 刻刀 | 83.96 | 7.29 | 8.40 | 0.09 | | | 99.74 | CuSnPb |
| J44 | 39 | 镞 | 93.13 | | | | 5.63 | 1.24 | 100.00 | CuAs |
| J45 | 40－1 | 铜器残件 | 98.22 | | | | | 1.78 | 100.00 | Cu |
| J46 | 40－2 | 铜器残件 | 91.55 | 4.78 | 3.67 | | | | 100.00 | CuSnPb |
| J47 | 41－1 | 凿 | 90.97 | 3.64 | 4.59 | 0.03 | 0.34 | | 99.57 | CuSnPb |
| J48 | 41－2 | 铜器残片 | 96.10 | 2.10 | 1.80 | | | | 100.00 | CuSn |
| J49 | 42 | 锥形器 | 80.84 | 15.09 | 4.07 | | | | 100.00 | CuSnPb |
| J50 | 43 | 锥形器 | 77.62 | 6.50 | 9.78 | | 6.09 | | 100.00 | CuSnPbAs |
| J51 | 44 | 镞 | 88.28 | 8.15 | 2.21 | 1.36 | | | 100.00 | CuSnPb |
| J52 | 45 | 铜器残块 | 96.22 | 2.17 | 1.61 | | | | 100.00 | CuSn |
| J53 | 46 | 铜斤残件 | 85.28 | 9.40 | 5.11 | 0.22 | | | 100.00 | CuSnPb |
| J54 | 47 | 剑残件 | 72.28 | 19.95 | 7.54 | 0.23 | | | 100.00 | CuSnPb |
| J55 | 48 | 挂饰 | 79.70 | 15.99 | 4.15 | 0.15 | | | 100.00 | CuSnPb |
| J56 | 49 | 铜器残件 | 82.06 | 10.28 | 6.70 | 0.96 | | | 100.00 | CuSnPb |
| J57 | 50－1 | 铜容器口沿残片 | 47.28 | 2.78 | 47.93 | 2.02 | | | 100.00 | CuSnPb |
| J58 | 50－2 | 铜容器壁残片 | 44.58 | 2.16 | 49.23 | 4.03 | | | 100.00 | CuSnPb |
| J59 | 50－3 | 铜容器口沿残片 | 76.51 | 4.91 | 18.39 | 0.19 | | | 100.00 | CuSnPb |
| J60 | 50－4 | 铜容器壁残片 | 66.76 | 5.53 | 27.54 | 0.17 | | | 100.00 | CuSnPb |
| J61 | 50－5 | 铜容器壁残片 | 40.22 | 2.27 | 54.28 | 3.24 | | | 100.00 | CuSnPb |
| J62 | 50－6 | 铜容器壁残片 | 41.66 | 1.82 | 51.75 | 4.78 | | | 100.00 | CuPb |
| J63 | 51 | 铜器残件 | 96.30 | 2.25 | 1.45 | | | | 100.00 | CuSn |
| J64 | 52 | 戈 | 88.51 | 7.94 | 3.31 | | | | 99.76 | CuSnPb |
| J65 | 53 | 镞 | 72.92 | 24.83 | 2.10 | 0.15 | | | 100.00 | CuSnPb |
| J66 | 54 | 凿 | 81.58 | 14.95 | 2.79 | 0.39 | | | 99.71 | CuSnPb |
| J67 | 55 | 戈 | 99.76 | | 0.24 | | | | 100.00 | Cu |
| J68 | 56 | 铜璧 | 99.29 | | 0.71 | | | | 100.00 | Cu |
| J69 | 57 | 铜璧 | 98.85 | | 1.15 | | | | 100.00 | Cu |
| J70 | 58 | 铜器残块 | 88.55 | 6.63 | 4.69 | 0.13 | | | 100.00 | CuSnPb |
| J71 | 59 | 斧 | 99.10 | 0.12 | 0.19 | | 0.28 | | 99.69 | Cu |
| J72 | 60 | 镞 | 89.96 | 9.90 | 0.08 | | 0.06 | | 100.00 | CuSn |

| 实验编号 | 标本序号 | 铜器名称 | Cu | Sn | Pb | Fe | As | S | 合计 | 合金类型 |
|---|---|---|---|---|---|---|---|---|---|---|
| J73 | 61 | 圆角方孔形器 | 98.52 | | 1.48 | | | | 100.00 | Cu |
| J74 | 62 | 铜器残片 | 73.06 | 19.44 | 6.91 | 0.58 | | | 100.00 | CuSnPb |
| J75 | 63 | 镞 | 84.44 | 6.11 | 9.23 | 0.22 | | | 100.00 | CuSnPb |
| J76 | 64 | 镞 | 75.59 | 16.02 | 8.39 | | | | 100.01 | CuSnPb |
| J77 | 65 | 铜器残片 | 78.08 | 19.15 | 2.77 | | | | 100.00 | CuSnPb |
| J78 | 66 | 铜器残片 | 99.44 | | 0.56 | | | | 100.00 | Cu |
| J79 | 67 | 铜器残片 | 38.15 | 38.93 | 21.58 | 1.34 | | | 100.00 | CuSnPb |
| J80 | 68 | 镞 | 99.51 | 0.26 | 0.06 | | 0.08 | | 99.91 | Cu |
| J81 | 69 | 镞 | 98.7 | | 0.25 | | 1.04 | | 99.99 | Cu（As） |
| J82 | 70 | 铜器残件 | 72.46 | 5.44 | 22.11 | | | | 100.00 | CuSnPb（As） |
| J83 | 71 | 斤 | 85.28 | 12.65 | 0.54 | | 1.38 | | 99.85 | CuSn（As） |
| J84 | 72 | 铜器 | 78.02 | 15.05 | 5.56 | 1.36 | | | 99.99 | CuSnPb |

说明：标本序号中1、5、7、14、19-3、28、29、38、41-1、52、54、59、60、68、69、71共计16件标本采用便携式X射线荧光能谱（pXRF）测定所得数据，其余皆采用扫描电镜能谱（SEM-EDS）测定数据。

### 2. 金相分析

首先将所取铜器样品经过树脂镶嵌、打磨、抛光的步骤制得金相样品，后用三氯化铁无水乙醇溶液进行浸蚀，在金相显微镜下观察金相结构，并结合扫面电镜背散射电子像和成分数据，判断铜器铸造及制作加工工艺。在浸蚀前用金相显微镜对样品进行光学拍照，记录腐蚀前样品的微观组织状况，另外还在腐蚀前用此标准金相样品做电镜能谱元素成分分析。金相分析结果见表三及图一至四。

### 表三　祭祀区铜器金相分析结果

| 实验号 | 标本序号 | 名称 | 金相描述 | 合金类型 | 工艺 |
|---|---|---|---|---|---|
| J2 | 2 | 铜片 | α等轴晶及孪晶，铜硫化物夹杂沿加工方向拉长明显 | CuSn | 热锻 |
| J3 | 3 | 铜片 | α等轴晶及孪晶，有较多（α+δ）共析体，Pb较多，呈颗粒或与共析体相伴，有少量铜硫化物夹杂颗粒 | CuSnPb | 热锻 |
| J4 | 4 | 环形器 | 铸态组织，背散射电子像可见较少细小Pb颗粒 | Cu | 铸造 |
| J6 | 6 | 镞 | 铸态α+（α+δ）组织，大量Pb颗粒弥散均匀分布，少量铜硫化物夹杂颗粒伴Pb呈现 | CuSnPb | 铸造 |

续表三

| 实验号 | 标本序号 | 名称 | 金相描述 | 合金类型 | 工艺 |
|---|---|---|---|---|---|
| J8 | 8 | 挂饰 | 铸态组织，粗大 α 树枝晶偏析，（α＋δ）共析体，少量 Pb 颗粒弥散分布，孔洞较多。少量铜硫化物夹杂 | CuSnPb | 铸造 |
| J9 | 9 | 铜钩 | 铸态组织，局部变形有滑移线。少量 Pb 颗粒弥散分布 | CuPb | 局部冷加工 |
| J10 | 10 | 铜器残件 | 铸态组织，粗大 α 等轴晶，晶界有微量细小 Pb 颗粒 | Cu | 铸造 |
| J11 | 11 | 铜器残片 | 少量铅颗粒、铜铁硫化物夹杂颗粒 | CuSnPb | 铸造 |
| J12 | 12 | 铜器残片 | 铜 α 再结晶晶粒十分均匀，Pb 均匀填充晶界相连成网，电镜微区分析可见少量铜铁硫化物夹杂和较多富铁相圆颗粒 | CuPb | 铸后受热 |
| J13 | 13 | 铃 | 铸态组织，铜 α 树枝晶偏析，Pb 含量多，分布均匀。电镜能谱微区分析可见少量铜硫化物夹杂颗粒 | CuSnPb | 铸造 |
| J15 | 15 | 圆角方孔形器 | 铸态 α＋（α＋δ）组织，微量 Pb 颗粒零星分布 | CuSnPb | 铸造 |
| J16 | 16 | 叉形器 | 铸态 α＋（α＋δ）树枝晶偏析组织，（α＋δ）共析体较多且分布均匀，少量 Pb 颗粒弥散分布。 | CuSnPb | 铸造 |
| J17 | 17 | 铜器残片 | 铸态组织，铜 α 树枝晶有偏析，电镜能谱微区分析可见少量铜硫化物夹杂颗粒 | Cu | 铸造 |
| J18 | 18 | 铜器残片 | 铸态组织，铜 α 树枝晶偏析不明显，微量 Pb 颗粒十分细小弥散分布 | Cu | 铸造 |
| J20 | 19－2 | 铜器残块 | 铸态组织，铜锡 α 树枝晶偏析不明显，（α＋δ）共析体粗大且均匀填充与晶界，连成网状 | CuSn | 铸后受热 |
| J22 | 20 | 铜饰 | 铸态 α＋（α＋δ）组织，偏析不明显，（α＋δ）量大，少量 Pb 与共析体相伴。质地纯净，夹杂物极少 | CuSnPb | 铸造 |
| J23 | 21 | 铜器残片 | 铸态 α＋（α＋δ）组织，铜锡 α 树枝晶偏析，Pb 颗粒较多，弥散分布，有铜铁硫化物夹杂 | CuSnPb | 铸造 |
| J24 | 22 | 铜器残片 | 铜锡 α 再结晶晶粒，偏析不明显，部分晶粒内存在较多滑移线，少量（α＋δ）相，大量 Pb 存在 | CuSnPb | 铸后受热 |

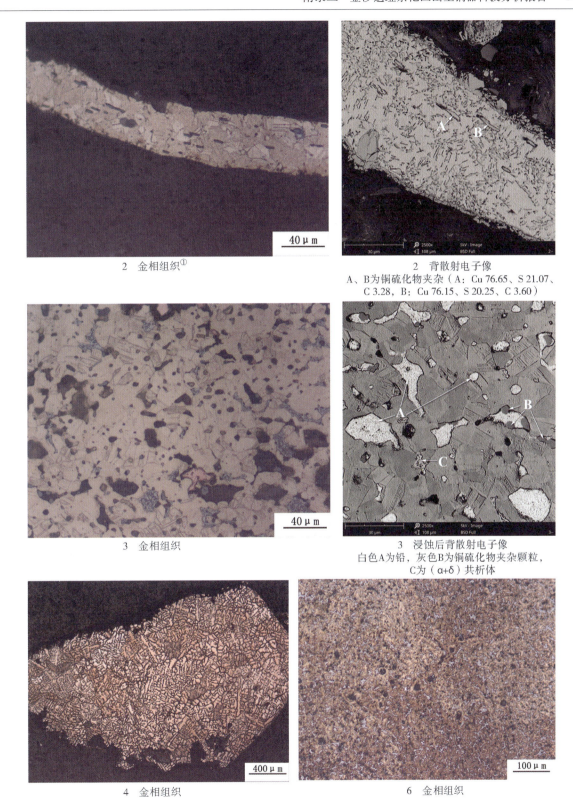

2　金相组织[①]

2　背散射电子像
A、B为铜硫化物夹杂（A：Cu 76.65、S 21.07、C 3.28，B：Cu 76.15、S 20.25、C 3.60）

3　金相组织

3　浸蚀后背散射电子像
白色A为铅，灰色B为铜硫化物夹杂颗粒，C为（α+δ）共析体

4　金相组织

6　金相组织

图一　铜器金相分析图

① 图一至四中序号与表三"标本序号"列一致。

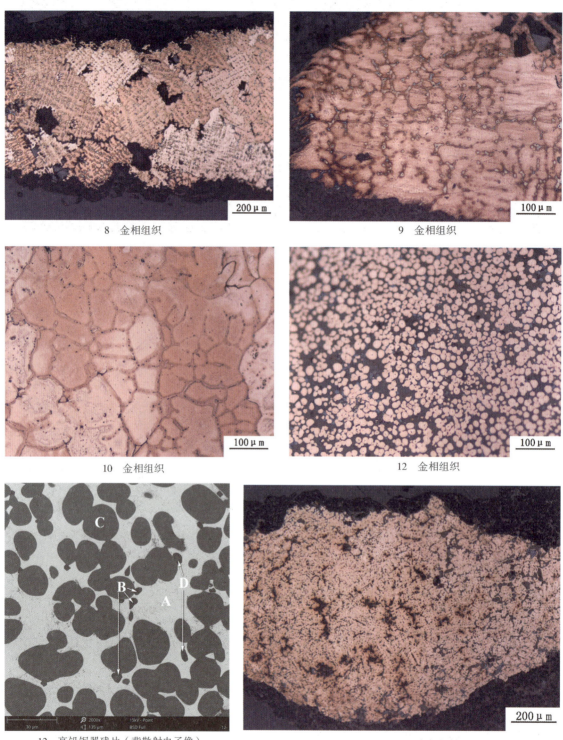

8　金相组织

9　金相组织

10　金相组织

12　金相组织

12　高铅铜器残片（背散射电子像）
白色部分A为Pb，深灰色颗粒B为铜铁硫化物夹杂
（Cu 50.89、S 23.31、Pb 16.88、Fe 7.92），灰黑颗粒D
为富铁相（Fe 66.26、Cu 24.91、O 5.09、Pb 3.28），
大圆灰色颗粒C为富铜相（Cu 93.22、Pb 6.78）

13　金相组织

图二　铜器金相分析图

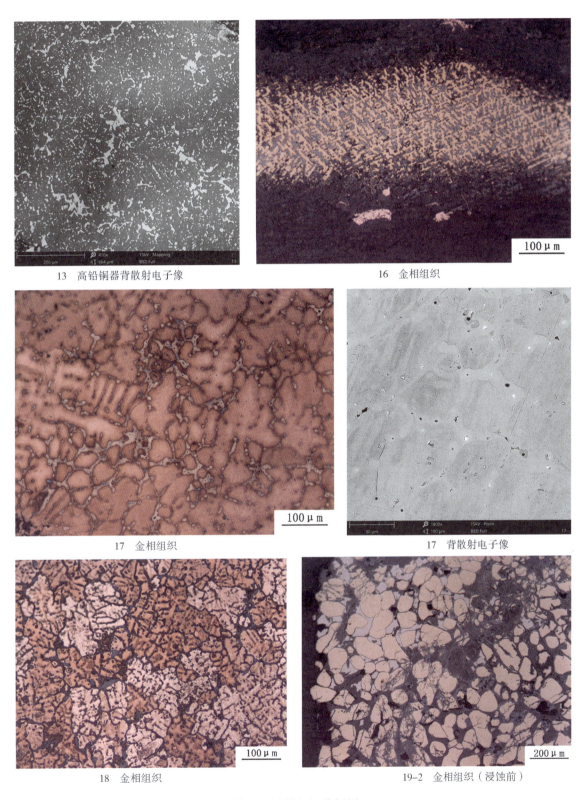

13　高铅铜器背散射电子像

16　金相组织

17　金相组织

17　背散射电子像

18　金相组织

19-2　金相组织（浸蚀前）

图三　铜器金相分析图

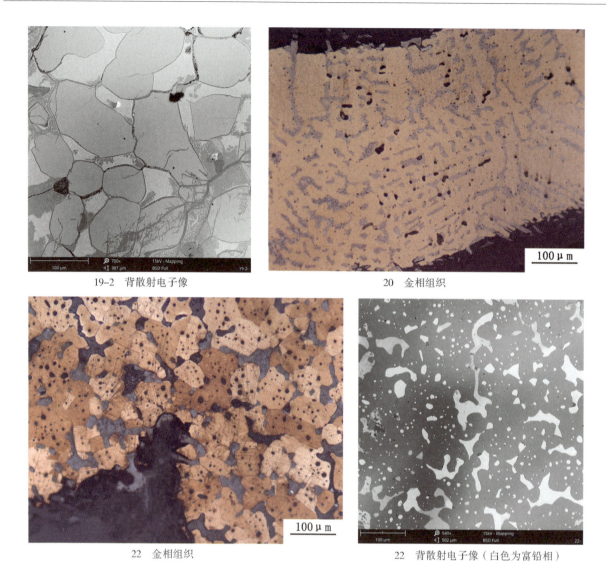

19-2 背散射电子像　　　　　　　　　　　20 金相组织

22 金相组织　　　　　　　　　　　22 背散射电子像（白色为富铅相）

图四 铜器金相分析图

## （二）结果归纳讨论

本次对金沙祭祀区出土的 84 件铜器及残片进行了全面的化学元素成分检测，现将结果统计列于表四。

可见金沙祭祀区铜器的合金种类是非常复杂的，包含六种合金类型，分别是红铜（Cu）、砷铜（CuAs）、砷青铜（CuSnPbAs）、锡青铜（CuSn）、铅青铜（CuPb）、锡铅青铜（CuSnPb），从单一类型的红铜到铜锡铅砷四元合金类型都存在。与前人对金沙遗址铜器所做实验相比，本次检测的标本量较大，涉及文物类型也更丰富，所以更能体现金沙铜器的合金技术水平整体面貌。锡铅青铜无疑是最主要的合金类型，其占比超过半数，达到 57.1%，含锡铅元素的铜器总量已经达到 77.4%，占绝对多数，说明古蜀从三星堆青铜文明发展到金沙时期，以铅锡为主要合金元素的

表四　铜器合金类型及成分统计表

| 合金类型 | 铜器件数 | 百分比（%） | 合金元素含量范围情况 |
|---|---|---|---|
| 红铜（Cu） | 18 | 21.4 | 铜（Cu）波动范围38.15%～100%，平均值79.70%， 锡（Sn）波动范围0%～42.69%，平均值9.55%， 铅（Pb）波动范围0%～54.28%，平均值10.03%， 铁（Fe）波动范围0.03%～4.78%，平均值0.32%， 砷（As）波动范围0.06%～6.09%，平均值0.27%， 硫（S）波动范围0.31%～1.78%，平均值0.07% |
| 砷铜（CuAs） | 1 | 1.2 | |
| 砷青铜（CuSnPbAs） | 2 | 2.4 | |
| 锡青铜（CuSn） | 11 | 13.1 | |
| 铅青铜（CuPb） | 4 | 4.8 | |
| 锡铅青铜（CuSnPb） | 48 | 57.1 | |
| 合计 | 84 | 100 | |

技术格局已经形成。我们再从含铅（占比64.3%）与含锡（占比72.6%）铜器整体数量的对比关系上看，含锡铜器占据上风，说明以锡为主导的合金技术思想已经确立，已经改变了在三星堆时期以铅为主导①的合金技术面貌，代表着技术的发展与进步。但是，在此时还存在着一定数量的红铜及含砷铜器，这种现象是否体现了早期西北铜器②之风，预示两地间的文化交流？值得思考。是否暗示金沙遗址铜器的合金技术水平还不太高呢？的确，通过统计对比发现锡元素平均含量仍略低于铅元素。这种情况出现可能说明两点问题：第一是根据铜器用途故意降低了锡含量，提高铅含量。第二是对加入锡铅对铜器性能的影响之间的关系还没有完全掌握。这是这批铜器从晚商到春秋时期所表现出的总体特征。如果把这些铜器合金技术与祭祀区时间早晚对应起来看，从金沙早期的红铜、砷铜、多元砷青铜直到金沙后期的锡铅青铜合金的广泛出现，说明人们的认识发生了明显变化。

从铜器的功能与合金技术的关系来看，这批铜器是以祭祀礼仪用器为主，但是从部分铜器的大小、做工情况来看也有少量实用器存在，如镞、铜斤、铜钩、铜矛。这些实用器的出现可能就是古蜀在东周时期铜器功用发生变化的最初体现。

金沙铜器的加工工艺有铸造、热锻、铸后受热、局部冷加工。较厚的铜器采用范铸法制作，此类多为容器、兵器、工具之类。薄片形铜器比较普遍的采用热锻方式，这种工艺也见于金沙金箔片类器物③，可见此时热锻工艺解决了铸造法无法达到的制作更薄铜器的目的。

另外部分铜器有铸造后受热组织均匀化的情况，很可能是用于祭祀礼仪活动，或在埋葬前进行了焚烧，与三星堆祭祀坑铜器此类现象④可能有某些共性成分，推测可能是古蜀文化的一种重要特征从三星堆一直延续到金沙时期。

---

① 何堂坤：《中国古代金属冶炼和加工工程技术史》，山西出版集团·山西教育出版社，2009年，第166～171页。
② 李水城、水涛：《四坝文化铜器研究》，《文物》2000年第3期；潜伟、孙淑云、韩汝玢：《古代砷铜研究综述》，《文物保护与考古科学》2000年第12卷第2期。
③ 肖璘、杨军昌、韩汝玢：《成都金沙遗址出土金属器的实验分析与研究》，《文物》2004年第4期，第78页。
④ 崔剑锋、吴小红：《三星堆祭祀坑中出土部分青铜器的金属学和铅同位素比值再分析——对三星堆青铜文化的一些新认识》，《南方民族考古（第九辑）》，科学出版社，2013年。

## （三）结语

本次通过对金沙遗址祭祀区出土的 84 件铜器及残片进行全面的科技分析与实验，可以得出以下几点认识。

（1）金沙祭祀区铜器的合金种类是非常复杂的，包含六种合金类型，分别是红铜（Cu）、砷铜（CuAs）、砷青铜（CuSnPbAs）、锡青铜（CuSn）、铅青铜（CuPb）、锡铅青铜（CuSnPb），从单一类型的红铜到铜锡铅砷四元合金类型都存在。锡铅青铜是最主要的合金类型，还存在着较多数量的红铜器及部分含砷铜器，说明金沙还有早期铜器的合金技术特征及与西北地区之间技术交流传播的可能性。古蜀从三星堆青铜文明发展到金沙时期，以铅锡为主要合金元素的技术格局在此时已经形成，金沙时期以锡为主导的合金技术思想已经确立，改变了在三星堆时期以铅为主导的合金技术面貌。这代表着技术的发展与进步，同时从侧面反映出此时社会礼制等思想逐渐向春秋战国以实用为主观念的转变和过渡。从本次合金技术的分析上也反映了金沙遗址正处于社会过渡时代的特性。

（2）金沙祭祀区铜器存在铸造、热锻、局部冷加工、铸后受热的技术工艺，主要以铸造和热锻为主，制作技术灵活多样，具有较强的针对选择性。圆形方孔器、较厚的铜器残片、容器残片、部分兵工器等皆为铸造成型，而薄片型铜器则普遍使用了热锻的工艺技术。结合以往对金沙金器类薄片形器物的金相分析结果，可以看出当时在不能通过范铸法铸造出如此薄的器物时，热锻成为最常用的技术手段。对技术的针对性选择，反映出金沙铜器手工业加工技术已经达到较高的水平。

（3）另外，从本次分析的多件容器残片及部分铜器都存在铸后受热的现象，说明在埋藏前可能被焚烧过，很可能与金沙祭祀形式中的"燎祭"① 活动有关，这种现象同样存在于三星堆祭祀坑中，具有共同性质。不难看出从三星堆到金沙时期这种习俗一直都在延续，或许它就是古蜀青铜文化的一个重要特征，值得关注。

---

① 成都文物考古研究院、成都金沙遗址博物馆：《金沙遗址祭祀区出土文物精粹》，文物出版社，2018 年，第 10～41 页。

# 附录三　金沙遗址祭祀区出土铜器的生产问题研究

黎海超[1]　崔剑锋[2]　周志清[3]　王毅[4]　王占魁[3]

(1. 四川大学考古文博学院　2. 北京大学考古文博学院　3. 成都文物考古研究院
4. 四川省文化和旅游厅、四川省文物局)

金沙遗址位于成都市区西北部，地处成都平原东南边缘地带，分布范围广阔。其中祭祀区位于金沙遗址东南部，跨越金沙遗址分区中的第 I 区和第 IV 区，堆积时代延续较长，是金沙遗址的重要组成部分。2001 年，在房地产公司开挖下水沟时发现大量玉石器、铜器和象牙，随后成都市文物考古工作队开展了大规模的抢救性清理、勘探及发掘工作。经过系统的考古工作，发现祭祀区大体为长方形人工土台堆积，东西长约 125 米，南北宽约 90 米，面积约 11250 平方米。自 2002 年 2 月至 2005 年 3 月，成都市文物考古研究所在该地点开展了多次发掘工作，实际发掘面积 6150 平方米。按照年度工作可分为东、中、西三区。本次分析的铜器样品以 2004、2005 年度的发掘收获为主，另外也包括少量其他年度的发掘成果。祭祀区出土的铜器为进一步讨论成都平原的铜器生产提供了资料。本文即以多类科技分析手段为基础，结合铜器的考古学背景，对铜器生产问题予以论述。

以往关于金沙铜器的科技考古研究已有一些成果，如金正耀等先生对金沙遗址铜器进行了系统的合金成分分析和铅同位素分析[1]；肖璘等先生则对金沙铜器进行了金相和合金成分分析[2]。上述研究的铜器样品均来源于金沙遗址机械施工挖掘出的采集遗物，失去了原有的堆积单位信息。另外向芳等先生对金沙遗址的 10 件铜器进行了铅同位素分析，并测定其中 7 件铜器的主量元素[3]，但样品具体的出土地点不明。上述研究为金沙铜器的科技分析工作奠定了基础，并得出了若干重要认识。但以往分析的金沙铜器非科学发掘出土，无地层单位可依，另外对于微量元素的分析也尚未开展。在此背景下，本文以金沙祭祀区科学发掘出土的铜器材料为研究对象，除主量元素和铅同位素分析外，同样进行微量元素分析，以系统的考古和科技方法讨论铜器的生产问题。

① 金正耀、朱炳泉、常向阳等：《成都金沙遗址铜器研究》，《文物》2004 年第 7 期。
② 肖璘、杨军昌、韩汝玢：《成都金沙遗址出土金属器的实验分析与研究》，《文物》2004 年第 4 期。
③ 向芳、蒋镇东、张擎：《成都金沙遗址青铜器的化学特征及矿质来源》，《地球科学与环境学报》2010 年第 32 卷第 2 期。

## （一）铜器的考古学背景

本次研究样品来源于成都文物考古研究院，共对 35 件铜器进行了取样，其中 32 件样品测定了主量及微量元素，22 件铜器进行了铅同位素测定。所有铜器均为科学发掘出土，地层关系明确。就年代而言，依据金沙祭祀区的分期标准[①]，所分析的最早的 1 件铜器属于二期三段，距今约 3520～3450 年；另有二期四段铜器 1 件，距今约 3450～3400 年。三期早段的上限距今 3400 年，下限距今 3300 年，共分析 2 件铜器；三期中段的绝对年代距今约 3300～3200 年，分析有 3 件铜器。四期早段距今约 3100～3000 年，包括 4 件铜器；四期晚段铜器 1 件，距今约 3000～2900 年。五期早段距今约 2900～2800 年，分析铜器 9 件；五期中段距今约 2800～2700 年，共有铜器 5 件；五期晚段第 I 段距今约 2700～2600 年，包括 3 件铜器。此外，所分析的铜器中有 1 件出土于汉代地层，但其形制为具有本地特色的商周时期铜戈，当是早期遗物扰至晚期地层。另有 2 件铜器尚无法确定分期。本次分析的铜器年代从早商延续至春秋时期，以西周至春秋中期的铜器占据主要比例。依据这些不同时段的样品，有望对铜器的生产问题进行历时性的梳理。

从出土单位来看，除 2 件铜器出土于灰坑等遗迹单位外，其余铜器均出土于地层中。就器类而言，本次分析的铜器多为较小残片，可辨器类包括铜锥形器、铜戈以及镞等其他类别的兵器、小型铜附件，另有较多容器残片，器类较为丰富。尽管所分析的铜器多为小型残片，我们仍通过仔细观察尽力对其文化属性和生产特征进行判断。所分析的容器残片中，除个别残片过小又素面无纹而无法判断外，其余 6 件容器残片普遍铸造质量较为粗糙，纹饰不够精致，与中原铜器纹饰风格差异显著，具有本地特征。其中 1 件容器残片有补铸痕迹。除容器外，铜戈、铜锥形器等属于典型的本地式铜器。另有一些器形无法判断的小型铜附件，铸造质量较差，器表可见大量铸造缩孔等缺陷，属于外来产品的可能性不大。总体而言，除个别特征不明显的铜器外，绝大部分铜器从文化属性和生产特征来看均具有本地特征。所分析的 32 件铜器均选取金属基体采样，但有 2 件样品存在锈蚀情况（附表一）。

## （二）主量及微量元素研究

本文共对 32 件铜器样品进行了成分分析。测试过程为，首先将样品表面浮锈及杂质去除，并进行精确称量（至 0.1 毫克）。之后使用王水将样品溶解并定容至 100 毫升。样品制备完成后，采用 LEEMAN 公司的 Prodigy 型全谱直读 ICP－AES 测定其主量及微量成分。分析标准溶液使用市售国家单一标准储备溶液混合配制，测量元素包括铜、锡、铅、砷、锑、银、镍等 14 种金属元素。

根据测试结果，首先对主量元素进行简要分析。按照目前冶金考古界以 2% 为标准衡量金属成分为人为加入还是伴生的主流观点，本文对铜器的合金类型进行了定性。铅锡含量均低于 2% 的红

---

① 见本书第五章。

铜器共 11 件，占 35%，年代集中在四期早段至五期早段，以西周时期为主体，其中铅、锡含量平均值分别为 0.35% 和 0.28%（表一）。锡青铜共 2 件，占 6%，一件属三期早段，一件为五期中段（见表一）。铅青铜 8 件，占 25%，铅含量平均值达到 11.7%，其中 3 件属商时期，其余为西周至春秋时期（见表一）。铅锡青铜器共 11 件，与红铜器比例相当，铅、锡含量平均值分别为 7.24% 和 6.41%，年代以西周至春秋时期为主（见表一）。上述仅描述了所分析铜器的主量元素的整体特征。若将年代因素考虑在内，可见商时期虽数据较少，但也涵盖各类合金类型，以铅锡青铜和铅青铜为主。西周至春秋时期亦是如此，较为特别的是红铜器集中出现在商末至西周中晚期，与同时期中原地区流行的合金技术不符，值得关注。

表一　金沙遗址祭祀区出土铜器主量元素特征

| 合金类型 | 红铜 | | 锡青铜 | | 铅青铜 | | 铅锡青铜 | |
| --- | --- | --- | --- | --- | --- | --- | --- | --- |
| 所占比例 | 35% | | 6% | | 25% | | 34% | |
| 元素类别 | 铅 | 锡 | 铅 | 锡 | 铅 | 锡 | 铅 | 锡 |
| 平均含量 | 0.35% | 0.28% | 0.66% | 7.82% | 11.7% | 0.5% | 7.24% | 6.41% |

微量元素分析是本文研究的重点。以往由于微量元素较为复杂、多变且缺乏有效的数据处理方法等原因，相关研究开展较少，尤其关于中国西南地区铜器的微量元素研究更是极少。近年来，以 Mark Pollard 为首的牛津大学考古与艺术史实验室冶金考古团队提出"牛津研究体系"，综合主量、微量和铅同位素数据的新的分析方法以讨论各类铜器及其原料的流通问题。其中微量元素分组法是由 Peter Bray 博士和 Mark Pollard 教授提出的新的研究方法，是"牛津研究体系"中的重要内容。该方法是利用砷、锑、银、镍四种元素在铜器中的有无（以 0.1% 为界进行区分），建立 16 个不同的微量元素小组（表二）。如第 2 组为 YNNN（Y 为 Yes，N 为 No），代表四种元素中仅有砷元素。这些铜器分组本身仅仅是微量元素的特定组合，不具有任何考古学意义。但结合铜器的考古学背景，考察不同时代、不同区域、不同器类的铜器的分组特征，可对铜器的生产和流通问题进行探索。对于该方法 Mark Pollard 教授等已有专文讨论，此处不再赘述①。

利用微量元素分组法，我们对所分析的微量元素数据进行归一化处理，并进行了分组研究。首先，将不同年代数据统一来看，涉及的分组较多，包括 1、3、4、6、7、9、12、14 共 8 个不同的微量元素小组（表三）。尽管如此，大部分微量小组所占比例均较低，往往仅有 1、2 个数据。主要组别为 4 组（含银组）和 7 组（含锑、银组），两组相加占据了大部分比例（见表三）。

---

① 马克·波拉德、彼得·布睿、彼得·荷马等：《牛津研究体系在中国古代青铜器研究中的应用》，《考古》2017 年第 1 期。

**表二 金沙遗址祭祀区出土铜器微量元素分组表**

| | | | | | | | |
|---|---|---|---|---|---|---|---|
| 1 | NNNN | 5 | NNNY | 9 | YNYN | 13 | NYYY |
| 2 | YNNN | 6 | YYNN | 10 | NYNY | 14 | YYNY |
| 3 | NYNN | 7 | NYYN | 11 | YNNY | 15 | YNYY |
| 4 | NNYN | 8 | NNYY | 12 | YYYN | 16 | YYYY |

注：表中元素顺序为砷、锑、银、镍，Y代表有，N代表无。

**表三 金沙遗址祭祀区出土铜器微量元素分组比重**

| 分组<br>时段 | 1组 | 2组 | 3组 | 4组 | 6组 | 7组 | 9组 | 12组 | 14组 | 数据量 |
|---|---|---|---|---|---|---|---|---|---|---|
| 二期三段—<br>三期中段 | 14% | | | 15% | | 43% | 14% | 14% | | 7 |
| 四期早段—<br>五期早段 | 7% | | 14% | 65% | | 7% | | | 7% | 14 |
| 五期中段—<br>五期晚段Ⅰ段 | 11% | | | 22% | 11% | 56% | | | | 9 |
| 金沙祭祀区总体 | 10% | | 6% | 44% | 3% | 28% | 3% | 3% | 3% | 32 |
| 三星堆祭祀坑 | 52% | 32% | | | | | 3% | | | 31 |
| 郑州商城 | 40% | 16% | | 12% | | | 24% | | | 25 |
| 晚商铜器平均值 | 21% | 25% | | | | | 20% | 16% | | 426 |
| 西周铜器平均值 | 17% | | 13% | | 36% | | | 26% | | 299 |

注：①表中金沙所有分组数据全部予以表示，其他地点分组数据仅表示主要组别；②金沙2例分期不明数据也计入总体数据中。

为进一步明确金沙铜器数据的特征，我们将三星堆、中原等地点的铜器数据与金沙数据进行了全面对比，研究主要引自以往我们针对商周铜器所做的系统的微量元素分组研究[1]。三星堆铜器的微量元素数据共31例[2]，其微量元素分组包括1、2、6、9、11共五个小组，其中以1、2组占据主要比重（见表三）。铜器数据涵盖尊、罍等容器以及头像、面具、神树等本地特色铜器。早、中商时期的数据可以郑州商城铜器为代表，对25例数据的分析表明其分组集中在1、2、4、9组[3]（见表三）。对于晚商时期的数据，我们综合分析了妇好墓[4]、殷墟西区墓地[5]、前掌大墓地[6]

① 黎海超：《资源与社会——以商周时期铜器流通为中心》，中国社会科学出版社，2020年。

② 数据源自：马江波、金正耀、田建花、陈德安：《三星堆铜器的合金成分和金相研究》，《四川文物》2012年第2期；金正耀：《中国铅同位素考古》，中国科学技术大学出版社，2008年，第109页。

③ 郑州商城铜器数据引自：田建花：《郑州地区出土二里岗铜器研究》，中国科学技术大学博士学位论文，2013年；田建花、金正耀、齐迎萍等：《郑州二里岗期青铜礼器的合金成分研究》，《中原文物》2013年第2期。

④ 中国社会科学院考古研究所实验室：《殷墟金属器物成分的测定报告（一）——妇好墓铜器测定》，《考古学集刊（2）》，中国社会科学出版社，1982年。

⑤ 李敏生、黄素英、季连琪：《殷墟金属器物成分的测定报告（二）——殷墟西区铜器和铅器测定》，《考古学集刊（4）》，中国社会科学出版社，1984年。

⑥ 赵春燕：《前掌大墓地出土铜器的化学组成分析与研究》，《滕州前掌大墓地》，文物出版社，2005年。

出土铜器以及赛克勒等博物馆①的藏品数据，涉及数据共 426 例。分析认为 1、2、9、12 是晚商铜器的主要微量元素小组类别（见表三）。西周时期的数据主要源于我们所分析的周原遗址、晋侯墓地、叶家山墓地的共 299 例微量元素数据，结果表明 1、3、6、12 组为主要组别（见表三）。

综合以上数据来看，中原地区从早中商到晚商再到西周时期，铜器微量元素分组特征始终在变化。但与金沙祭祀区铜器数据相比而言，金沙的主要组别 4 组和 7 组始终与中原铜器的数据特征具有显著差别，仅有郑州商城数据中有一定比例的 4 组数据。与三星堆祭祀坑铜器的 1、2 组相比，金沙祭祀区的铜器数据也差异明显。因此可以认为金沙祭祀区铜器所用原料较有特点，目前未见与中原或其他地区的关联，可能反映了本地原料的特征。

将祭祀区铜器数据进一步分时代来分析，综合考虑数据量和时代特征，可大体分为三个阶段，即二期三段—三期中段、四期早段—五期早段、五期中段—五期晚段第 I 段，分别对应早商—晚商前期、商末—西周中晚期、西周晚期至春秋中期。第一阶段仅有 7 例数据，数据较为分散，以 7 组数据最多，其他包括 4 组在内的组别均仅有 1 例数据（见表三）。若进一步细分，7 例数据中有 2 例数据出土层位相当于早商时期，分别为 7 组和 12 组。7、12 组与同时期中原地区铜器数据并无关联，且铜器器类分别为小型附件和本地特色的铜锥形器，这表明此时成都平原可能已开始铜器生产活动。第一阶段的其他铜器从质量水平来看也并不高，有的器形亦属本地特色，可能代表了本地铜器生产状况。从分组来看，此时期本地的特征性原料 4、7 组已开始应用，但其他杂乱组别的出现或许表明该时期原料来源的复杂性。

第二阶段进入金沙遗址的主体阶段。此时 4 组所占比重最大，包括 7 组在内的其他组别数据多属个例。与周原等中原同时期数据相比，仍有较大差异（见表三）。到第三阶段，4、7 两组成为最为重要的组别（见表三）。另外本文分析的第二、三阶段的铜器也多具本地特征。因此推测 4、7 组可能是与本地铜器生产相应的本地特色原料，其与三星堆祭祀坑铜器以及中原各时期铜器原料均存在较大差异。对于三星堆祭祀坑铜器的生产来源学界多有不同意见，从微量元素分组来看，目前的数据显示三星堆祭祀坑的尊、罍以及面具、头像等本地特色铜器数据与金沙铜器中同阶段包括更晚时期的铜器数据均不一致，这对于三星堆祭祀坑铜器的生产问题提供了新的线索，对此我们将另文讨论。就金沙遗址祭祀区的铜器而言，我们认为这些数据表明成都平原的铜器生产可能在早商时期已经开始，随着时代发展，4、7 组原料逐渐成为本地铜器生产的主要原料来源。

我们进一步关注了微量元素与主量元素的关系，尤其是 4、7 两组与铅、锡含量的关系。4 组数据中半数均为红铜器，其余数据为铅青铜和铅锡青铜；7 组数据中以铅锡青铜为主，红铜、锡青铜、铅青铜各有 1 例数据。因此，并未见到锡、铅的加入与微量元素分组间的特定规律，且 4、7 组均有红铜数据，4 组的红铜数据比例较大，据此推测本文分析的微量元素小组极有可能反映了

---

① Pieter Meyers, Lore L. Holmes, Edward V. Sayre, *Sackler collection Shang Volume*, Appendix 1：553 – 560.

铜料来源。

# （三）铅同位素研究

我们选取金沙遗址祭祀区出土的 22 件铜器进行了铅同位素测定。测试方法为根据成分分析所得到的铅含量数据，将样品溶液分别稀释 10～100 倍，再加入国际标准 Tl 溶液，送至北京大学地球与空间学院造山带与地壳演化教育部重点实验室进行测定。所用仪器为 VG Axiom 型多接收高分辨等离子质谱仪（MC – ICP – MS）。此类质谱仪的优点是无需对样品进行铅的提纯，只需溶液中铅的浓度满足质谱仪的分析限即可进行分析。根据所得数据，我们从多个角度进行了研究（附表二）。

首先，关于铜器合金类型与铅同位素数据的关系，这一问题涉及铜器中铅同位素数据所指征的原料类型，较为复杂。目前较为统一的意见是若铜器中铅元素的含量达到或超过 2% 时，铅同位素信号主要当指征铅料来源，因此我们认为主要利用铅同位素数据讨论铅料来源较为稳妥，红铜和锡青铜数据可作为参考。金沙祭祀区铜器中已知合金类型的数据包括红铜、铅青铜、锡青铜、铅锡青铜四类。红铜类型的数据 $^{207}Pb/^{206}Pb$ 比值大体在 0.84～0.88 之间（图一）。铅青铜数据不多，$^{207}Pb/^{206}Pb$ 比值在 0.84～0.86 之间，与部分红铜数据处于相同范围（见图一）。铅锡青铜数据与铅青铜数据未重合，$^{207}Pb/^{206}Pb$ 比值大体处于 0.86～0.90 之间（见图一）。锡青铜数据则分布十分广泛，几乎与所有类型数据均有重合，且几例高放射性成因铅数据均为锡青铜（见图一）。总体来看，若不考虑年代因素，红铜数据范围被锡青铜数据所覆盖，且铅含量超过 2% 的铅青铜和铅锡青铜也在与之大体相同的数据范围内。因此并未见到合金类型与铅同位素数据的规律性对应关系，利用这批铅同位素数据区分铜、铅、锡原料来源较为困难，我们将主要关注铅原料的来源。

另外，我们还关注了铅同位素数据与微量元素分组的关系，尤其是微量元素 4 组和 7 组（图二）。

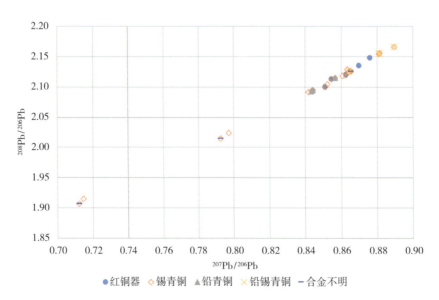

图一　金沙祭祀区铜器铅同位素数据与合金类型的关系

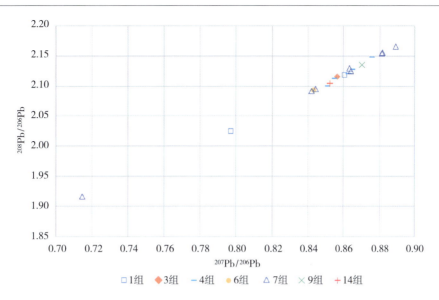

图二　金沙祭祀区铜器铅同位素数据与微量元素分组的关系

结果表明，4 组和 7 组对应的铅同位素数据大体分布在相同范围内，只是 7 组数据分布范围更广，但并未见两组数据间有明显差异。其他组别的数据也散布在这一数据区域内。从这一角度而言，金沙祭祀区铜器的微量元素数据和铅同位素数据不见明显关联，两种方法应当各具优势，需结合起来进行研究。

　　进一步将铅同位素按照年代序列进行分析，二期三段至三期中段的数据共 4 例，年代相当于早商至晚商前期。4 例数据中有 1 例数据为高放射性成因铅数据，属锡青铜类型。另外 2 例铅锡青铜数据以及 1 例红铜数据均为普通铅类型，且铜器也具有本地生产特征。这几例数据虽然数量有限，但为我们了解成都平原早期铜器生产问题提供了重要线索。在与三星堆祭祀坑同时或更早的时期，本地生产应当已经利用了普通铅原料同时也有使用高放射性成因铅原料的现象。联系到三星堆祭祀坑铜器的来源问题，我们认为祭祀坑中有相当部分的铜器及原料可能有外来背景，本文分析的数据也表明三星堆祭祀坑铜器的微量元素分组确实与本地特征性的 4、7 组不同。引用金正耀先生分析的三星堆祭祀坑铜器的铅同位素数据，并与金沙祭祀区铜器数据对比，可见差异较大①（图三）。但承认三星堆祭祀坑铜器的外来背景并不是对本地存在铜器生产的否定。我们认为这一时期可能是成都平原铜器生产的初始期，三星堆祭祀坑为代表的高水平铜器非本地原生的铜器产品。另一方面，金沙祭祀区同时期的数据表明在当地应当也开始出现利用本地甚至外来原料进行铜器生产的迹象。至于这一时期本地铅料的具体来源还有待进一步探讨。如何从原料、技术、工匠、风格等不同层面来区分外来因素与本地生产的关系应是下一步研究的重点。

　　四期早段至五期早段的数据较多，大体相当于商末至西周时期，除 1 例四期早段数据为高放射性成因铅外，其余数据的 $^{207}Pb/^{206}Pb$ 比值集中在 0.85 ~ 0.90 的范围内（图三）。商末至西周时期

---

① 金正耀：《中国铅同位素考古》，中国科学技术大学出版社，2008 年。

的铅同位素研究已有不少成果，我们综合以往发表数据发现该时期的大部分数据均集中在较为固定的范围内 ①，即 $^{207}Pb/^{206}Pb$ 比值约在 0.85 ~ 0.90 之间（见图三）。也就是说金沙祭祀区商末西周时期铜器的铅同位素数据与中原地区同时期的铅同位素数据基本重叠。前文分析提到该区域内的数据包括铅锡青铜、铅青铜、锡青铜、红铜多种类型，遵循利用铅同位素讨论铅原料来源的谨慎原则，可以推测此时金沙祭祀区铜器所用的铅料来源与中原存在密切关系。本文在微量元素分析中提到商末西周时期，金沙祭祀区铜器的微量元素分组具有本地特征，与中原地区差异显著。综合考虑，我们推测金沙祭祀区的铜器生产中铅料与铜料等可能有着不同的来源，铅同位素和微量元素数据可能分别指征了铅料和铜料。进一步而言，金沙祭祀区五期中段至晚段第 I 段，相当于西周晚期至春秋中期前后的数据，主体也落入商末西周的数据范围内，表明此时铅料来源可能延续自上一时期。

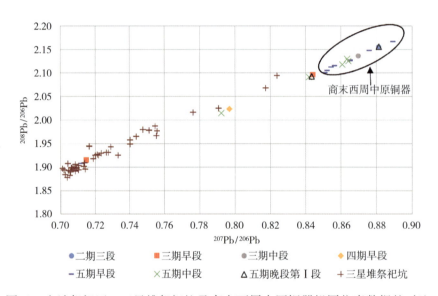

图三　金沙祭祀区、三星堆祭祀坑及商末西周中原铜器铅同位素数据的对比

　　另外需要讨论的还有 4 例高放射性成因铅数据，年代分别为三期早段、四期早段、五期早段、五期中段。其中三期早段和四期早段大体处于晚商的不同阶段，参考三星堆祭祀坑和晚商时期其他地点的铜器数据，这一阶段出现高放射性成因铅数据容易理解。但五期早段和五期中段，也就是相当于西周中晚期至春秋早期的时段出现 2 例高放射性成因铅数据还尚难解释。或许为早期遗物混入晚期地层，也可能为晚期重熔早期器物，数据量较少，尚无法定论。

---

① 金正耀：《中国铅同位素考古》，中国科学技术大学出版社，2008 年；张利洁、赵福生、孙淑云、殷玮璋：《北京琉璃河燕国墓地出土铜器的成分和金相研究》，《文物》2005 年第 6 期；崔剑锋、吴小红：《铅同位素考古研究——以中国云南和越南出土青铜器为例》，文物出版社，2008 年；金正耀、W. T. Chase，平尾良光、马渊久夫：《天马 - 曲村遗址西周墓地青铜器的铅同位素比值》，《天马 - 曲村（1980 ~ 1989）》，科学出版社，2000 年；宋建忠、南普恒：《绛县横水西周墓地青铜器科技研究》，科学出版社，2012 年。

## （四）　结语

通过对金沙遗址祭祀区铜器系统的成分分析和铅同位素研究，我们对于成都平原早期铜器生产及其不同阶段的特征有了初步认识。根据微量元素分组研究，成都平原的铜器生产可能采用了较为特别的 4 组（含银）和 7 组（含锑、银）原料，且可能反映的是铜料来源。这两类原料与商周时期中原地区流行的原料以及三星堆祭祀坑铜器所用的原料在微量元素分组上均有显著不同。结合铜器的出土层位，我们认为成都平原在早商时期可能已经开始独立的铜器生产活动，且已经对具有本地特征性的 4、7 组原料有所利用。

金沙晚商时期铜器的微量元素分组与三星堆祭祀坑铜器显著不同，这为我们讨论三星堆祭祀坑铜器的来源也提供了资料。考虑到该时期铅同位素数据既有普通铅又有高放射性成因铅数据，我们推测此时成都平原的铜生产可能较为复杂。大部分三星堆祭祀坑铜器可能代表了外来背景，同时利用本地原料甚至包括外来原料的铜器生产也在进行。当然对于具体的生产情况还有赖于更多数据和研究的支撑。

商末至西周时期包括春秋早、中期，金沙祭祀区铜器集中使用具有本地特征的 4、7 组原料，但铅同位素数据却与中原地区商末西周时期的铜器数据基本处于同一范围。微量元素分组的差异与铅同位素数据的重叠同时出现，这表明两种研究方法在讨论不同原料时当各有优势。金沙铜器的微量元素分组可能指征的是铜料，铅同位素则适于讨论铅青铜及铅锡青铜的铅料来源。微量元素分组和铅同位素结果的差异表明金沙祭祀区铜器所用的铜料、铅料可能有不同来源。

上述结论代表了我们对于成都平原铜器生产的初步认识。本文仍有许多不足，尤其是铜器样品存在限制，一是数据量较小，二是所采样品多为铜器残片，没有涵盖到完整、成型的铜器。因此很多问题还难以展开，结论中的推论成分较多。这些都有待于将来进一步的研究。尽管如此，我们已经认识到成都平原铜器生产的复杂性。单纯的用本地和外来思路进行概括较为困难，只有梳理清楚铜器生产中技术、原料、风格等不同层次的问题，才能给出确定性结论。

**附记：** 本文得到 2017 年度教育部人文社会科学研究青年基金西部和边疆地区项目"两周青铜器生产、流通问题研究"（批准号：17XJC780001）、2016 年度国家社会科学基金重大项目"前丝绸之路青铜文化的年代研究"（批准号：16ZDA144）、国家高层次人才支持计划——青年拔尖人才项目的资助。

（原载《边疆考古研究（第 25 辑)》，科学出版社，2019 年）

附表一　金沙遗址祭祀区铜器成分数据（wt%）

| 器物号 | 时代 | 器类 | 微量分组 | Sn | Pb | Fe | Co | Ni | As | Zn | Sb | Se | Te | Ag | Au | Bi |
| --- | --- | --- | --- | --- | --- | --- | --- | --- | --- | --- | --- | --- | --- | --- | --- | --- |
| I T7007-7108㉑:6 | 二期三段 | 铜器残件 | 7 | 2.12 | 11.77 | 0.06 | 0.00 | 0.00 | 0.03 | 0.00 | 0.43 | 0.00 | 0.00 | 0.67 | 0.01 | 0.03 |
| I T6809-6910⑲:120 | 二期四段 | 锥形器 | 12 | 0.17 | 3.93 | 0.13 | 0.00 | 0.01 | 0.11 | 0.00 | 0.91 | 0.09 | 0.00 | 0.15 | 0.01 | 0.00 |
| I T8003⑩:3 | 三期早段 | 兵器锋部 | 7 | 13.57 | 1.22 | 0.30 | 0.00 | 0.00 | 0.01 | 0.00 | 0.09 | 0.06 | 0.00 | 0.62 | 0.01 | 0.03 |
| I T6809-6910⑱a:235 | 三期早段 | 锥形器 | 7 | 11.45 | 2.16 | 0.18 | 0.00 | 0.00 | 0.03 | 0.00 | 0.80 | 0.07 | 0.00 | 0.30 | 0.00 | 0.01 |
| I T6811-6912⑰:130-2 | 三期中段 | 铜器残片 | 9 | 0.02 | 0.09 | 0.12 | 0.00 | 0.00 | 0.16 | 0.00 | 0.00 | 0.00 | 0.00 | 0.23 | 0.00 | 0.00 |
| I T8005⑧:17（锈蚀） | 三期中段 | 容器残片 | 1 | 0.02 | 26.44 | 3.03 | 0.00 | 0.00 | 0.02 | 0.00 | 0.49 | 0.04 | 0.03 | 0.14 | 0.00 | 0.06 |
| I T7311⑯:1 | 三期中段 | 容器口沿 | 4 | 0.11 | 12.18 | 0.02 | 0.00 | 0.00 | 0.00 | 0.00 | 0.00 | 0.01 | 0.02 | 0.09 | 0.00 | 0.02 |
| I T7013-7114⑮:2 | 四期早段 | 残片 | 4 | 0.03 | 0.06 | 0.05 | 0.00 | 0.00 | 0.00 | 0.00 | 0.02 | 0.02 | 0.00 | 0.16 | 0.00 | 0.03 |
| I T6611-6712⑮:4 | 四期早段 | 铜器残件 | 4 | 0.92 | 0.48 | 0.03 | 0.00 | 0.00 | 0.03 | 0.00 | 0.08 | 0.01 | 0.01 | 0.18 | 0.00 | 0.04 |
| I T7211-7212⑭:1 | 四期早段 | 铜挂饰 | 1 | 0.17 | 2.16 | 0.00 | 0.00 | 0.00 | 0.00 | 0.00 | 0.01 | 0.04 | 0.01 | 0.07 | 0.00 | 0.03 |
| I T7213-7214⑭:8 | 四期早段 | 铜器残片 | 4 | 0.01 | 0.07 | 0.01 | 0.00 | 0.00 | 0.00 | 0.00 | 0.03 | 0.00 | 0.03 | 0.16 | 0.00 | 0.04 |
| L27:2 | 四期晚段 | 铜器尾 | 4 | 5.36 | 2.05 | 0.40 | 0.00 | 0.00 | 0.02 | 0.00 | 0.08 | 0.02 | 0.02 | 0.15 | 0.00 | 0.04 |
| I T8005⑥:9 | 五期早段 | 容器残片 | 3 | 0.02 | 0.06 | 0.02 | 0.00 | 0.00 | 0.01 | 0.00 | 0.24 | 0.03 | 0.01 | 0.06 | 0.00 | 0.03 |
| I T7013-7114⑩:5 | 五期早段 | 小型铜器 | 4 | 0.04 | 0.21 | 0.12 | 0.00 | 0.00 | 0.00 | 0.00 | 0.00 | 0.02 | 0.02 | 0.20 | 0.00 | 0.01 |
| I T7013-7114⑩:6 | 五期早段 | 铜镦 | 4 | 0.34 | 0.25 | 0.04 | 0.00 | 0.00 | 0.00 | 0.00 | 0.01 | 0.01 | 0.01 | 0.21 | 0.00 | 0.03 |
| I T7009-7110⑫:6（锈蚀） | 五期早段 | 不明 | 14 | 0.32 | 0.31 | 0.01 | 0.00 | 0.00 | 0.00 | 0.00 | 0.00 | 0.00 | 0.00 | 0.35 | 0.01 | 0.00 |
| I T6613-6714⑩:748 | 五期早段 | 残片 | 4 | 1.39 | 0.73 | 0.11 | 0.00 | 0.00 | 0.00 | 0.00 | 0.03 | 0.03 | 0.01 | 0.21 | 0.00 | 0.01 |
| I T6613-6714⑩:30 | 五期早段 | 兵器锋部 | 4 | 0.12 | 3.79 | 0.04 | 0.00 | 0.00 | 0.00 | 0.00 | 0.00 | 0.01 | 0.01 | 0.20 | 0.00 | 0.01 |

续附表一

| 器物号 | 时代 | 器类 | 微量分组 | Sn | Pb | Fe | Co | Ni | As | Zn | Sb | Se | Te | Ag | Au | Bi |
|---|---|---|---|---|---|---|---|---|---|---|---|---|---|---|---|---|
| I T8108⑥:1 | 五期早段 | 残片 | 4 | 5.78 | 4.52 | 0.67 | 0.00 | 0.00 | 0.01 | 0.00 | 0.09 | 0.01 | 0.02 | 0.17 | 0.00 | 0.04 |
| I T7015－7116⑩:2 | 五期早段 | 铜器残片 | 3 | 9.74 | 6.66 | 0.61 | 0.00 | 0.00 | 0.01 | 0.00 | 0.19 | 0.01 | 0.01 | 0.07 | 0.00 | 0.08 |
| I T8106⑥:25 | 五期早段 | 残片 | 7 | 5.71 | 13.65 | 0.20 | 0.00 | 0.00 | 0.02 | 0.00 | 0.14 | 0.02 | 0.02 | 0.31 | 0.02 | 0.19 |
| I T7007－7108⑨:3 | 五期中段 | 残片 | 1 | 2.06 | 0.10 | 0.21 | 0.00 | 0.00 | 0.00 | 0.00 | 0.02 | 0.01 | 0.00 | 0.09 | 0.01 | 0.00 |
| I T6611－6712⑥:1－3 | 五期中段 | 容器残片 | 7 | 1.85 | 22.91 | 1.76 | 0.00 | 0.00 | 0.05 | 0.00 | 0.12 | 0.02 | 0.01 | 0.44 | 0.01 | 0.05 |
| I T6611－6712⑥:1－2 | 五期中段 | 容器残片 | 4 | 0.38 | 9.36 | 3.97 | 0.00 | 0.00 | 0.01 | 0.00 | 0.06 | 0.01 | 0.01 | 0.13 | 0.00 | 0.03 |
| I T7011－7112⑥:5 | 五期中段 | 残片 | 7 | 8.20 | 7.34 | 0.07 | 0.00 | 0.00 | 0.03 | 0.00 | 0.30 | 0.14 | 0.00 | 0.15 | 0.01 | 0.00 |
| I T6611－6712⑥:1－1 | 五期中段 | 容器口沿 | 7 | 3.30 | 15.37 | 0.11 | 0.00 | 0.00 | 0.01 | 0.00 | 0.10 | 0.00 | 0.02 | 0.38 | 0.00 | 0.04 |
| I T8307⑤:6 | 五期晚段第Ⅰ段 | 容器残片 | 4 | 1.15 | 12.88 | 0.01 | 0.00 | 0.00 | 0.00 | 0.00 | 0.05 | 0.01 | 0.02 | 0.10 | 0.00 | 0.04 |
| I T8307⑤:9 | 五期晚段第Ⅰ段 | 残片 | 6 | 6.65 | 5.61 | 0.22 | 0.00 | 0.00 | 0.18 | 0.00 | 0.24 | 0.00 | 0.01 | 0.04 | 0.00 | 0.06 |
| I T8307⑤:11 | 五期晚段第Ⅰ段 | 容器残片 | 7 | 10.09 | 7.92 | 0.19 | 0.00 | 0.00 | 0.01 | 0.00 | 0.11 | 0.03 | 0.00 | 0.12 | 0.01 | 0.03 |
| I T7808④:6012 | 汉代 | 兵器残片 | 7 | 0.02 | 1.22 | 0.04 | 0.00 | 0.00 | 0.01 | 0.00 | 0.54 | 0.02 | 0.01 | 0.10 | 0.00 | 0.00 |
| I T6514H7:3 | 分期不明 | 容器残片 | 4 | 2.11 | 2.64 | 1.81 | 0.00 | 0.00 | 0.01 | 0.00 | 0.02 | 0.02 | 0.02 | 0.20 | 0.00 | 0.04 |
| I T6813－6914㉟:1 | 分期不明 | 兵器锋部 | 4 | 0.01 | 0.36 | 0.01 | 0.00 | 0.00 | 0.00 | 0.00 | 0.03 | 0.02 | 0.02 | 0.27 | 0.00 | 0.04 |

**附表二　金沙遗址祭祀区铜器铅同位素数据**

| 器物号 | $^{208}Pb/^{204}Pb$ | $^{207}Pb/^{204}Pb$ | $^{206}Pb/^{204}Pb$ | $^{208}Pb/^{206}Pb$ | $^{207}Pb/^{206}Pb$ |
|---|---|---|---|---|---|
| Ⅰ T7007－7108㉑：6 | 37.943 | 15.514 | 17.606 | 2.1551 | 0.8812 |
| Ⅰ T8003⑩：3 | 43.341 | 16.176 | 22.629 | 1.9153 | 0.7148 |
| Ⅰ T6809－6910⑱a：235 | 38.610 | 15.557 | 18.428 | 2.0952 | 0.8442 |
| Ⅰ T6811－6912⑰：130－2 | 38.197 | 15.563 | 17.888 | 2.1353 | 0.8700 |
| Ⅰ T7211－7212⑭：1 | 40.068 | 15.780 | 19.797 | 2.0239 | 0.7972 |
| Ⅰ T8106⑥：25 | 37.780 | 15.514 | 17.444 | 2.1659 | 0.8894 |
| Ⅰ T7015－7116⑩：2 | 38.300 | 15.508 | 18.106 | 2.1154 | 0.8565 |
| Ⅰ T7013－7114⑩：5 | 37.644 | 15.354 | 17.527 | 2.1477 | 0.8760 |
| Ⅰ T 8205⑥：5 | 43.269 | 16.166 | 22.695 | 1.9066 | 0.7123 |
| Ⅰ T7009－7110⑫：6 | 38.396 | 15.543 | 18.242 | 2.1047 | 0.8520 |
| Ⅰ T6613－6714⑪：18 | 38.192 | 15.550 | 17.973 | 2.1250 | 0.8652 |
| Ⅰ T7013－7114⑩：6 | 38.362 | 15.522 | 18.161 | 2.1123 | 0.8546 |
| Ⅰ T6613－6714⑩：30 | 38.166 | 15.523 | 17.942 | 2.1272 | 0.8652 |
| Ⅰ T6613－6714⑩：748 | 38.442 | 15.579 | 18.309 | 2.0997 | 0.8509 |
| Ⅰ T6611－6712⑥：1－1 | 38.019 | 15.459 | 17.889 | 2.1252 | 0.8642 |
| Ⅰ T6611－6712⑥：1－3 | 37.908 | 15.369 | 17.804 | 2.1291 | 0.8632 |
| Ⅰ T7011－7112⑥：5 | 38.724 | 15.583 | 18.511 | 2.0920 | 0.8418 |
| Ⅰ T7007－7108⑨：3 | 38.374 | 15.593 | 18.117 | 2.1181 | 0.8607 |
| Ⅰ T7007－7108⑨：8 | 40.487 | 15.920 | 20.094 | 2.0149 | 0.7923 |
| Ⅰ T8307⑤：11 | 37.703 | 15.415 | 17.489 | 2.1558 | 0.8815 |
| Ⅰ T8307⑤：9 | 38.774 | 15.623 | 18.524 | 2.0932 | 0.8434 |
| Ⅰ T6813－6914㊴：1 | 38.263 | 15.569 | 18.047 | 2.1202 | 0.8627 |

# 附录四　金沙遗址祭祀区动物遗存的考古学观察

何锟宇[1]　　郑漫丽[2]

（1. 成都文物考古研究院　2. 成都金沙遗址博物馆）

## （一）金沙遗址祭祀区的动物遗存

关于金沙遗址祭祀区出露的动物骨骼遗存，刘建曾对其进行了初步观察，涉及的探方主要包括 Ⅰ T7710、Ⅰ T7711、Ⅰ T7809、Ⅰ T7811、Ⅰ T7810 等，包含 11 种哺乳动物，有马、牛、虎、猪獾、黑熊、犀牛、亚洲象、野猪、水鹿、赤麂、小麂等。其中马、牛、黑熊均只有牙齿，亚洲象、猪獾、犀牛、虎均有牙齿和残破头骨（以上颌骨、下颌骨居多），野猪有头骨、牙齿和肢骨（肩胛骨），水鹿、赤麂的犄角数量较多，小麂则有角和下颌骨[①]。

为了对各类动物的骨骼部位进行更详尽的统计，笔者对祭祀区出露的动物遗存进行了实地观察和粗略统计，主要包括祭祀遗存 L2、L24、L65 等遗迹单位。L2 以大量野猪獠牙、鹿角为主，伴出玉器、美石、陶器等。L24 可以观察到有象的下颌骨，左右两侧各残存臼齿 1 枚，齿脊数为 10，从牙齿形态看，当为亚洲象。另外共存的有散落的象臼齿、象牙门齿坯料（象牙门齿环切而成）以及其他质地的物件。象牙是祭祀区出土较为丰富的动物祭品，目前出土的象牙遗物有象牙、圆形象牙饼、象牙条、头骨、臼齿等，另有少量成型器物，如矛、圆形器。其中祭祀遗存 L65 堆积中有达八层规律地平行放置大量的亚洲象门齿，其中最长者近 1.85 米，在象牙缝中伴随有少量的玉器和铜器。金沙遗址发掘出土卜甲 21 块，以祭祀区出土最为集中，卜甲有背甲和腹甲两类，其中背甲 18 块，腹甲 3 块。卜甲钻孔是规则的圆形，未见卜辞，时代多为春秋时期。笔者对金沙遗址出土部分卜甲进行过粗略观察，多为草龟，也有少量体型较大的陆龟（如金沙遗址祭祀区 L64∶3）。综合来看，祭祀区的动物种类包括马、牛、虎、猪獾、黑熊、犀牛、亚洲象、野猪、水鹿、赤麂、小麂、龟等，以野生动物为主，家畜牛、马仅发现有极少散落单个牙齿，不排除是后期混入，非祭祀活动献祭所用。各祭祀单元中亚洲象、猪獾、犀牛、虎、野猪均发现有牙齿和残

---

① 刘建：《成都金沙遗址脊椎动物及古环境研究》，成都理工大学硕士学位论文，2004 年，第 19~29 页。

破头骨，肢骨极少，应是用动物头部祭祀的残存。数量最多的是亚洲象门齿、野猪犬齿、水鹿角和麋角。从形态上观察，祭祀区的野猪犬齿多为雄性野猪下犬齿，也发现有野猪的下颌骨。野猪的社会性很强，多群居，虽然雄性野猪大多时候独处，但获取还是相对容易，因为雌性野猪一年可生一至两胎，每胎 4~12 幼崽，繁殖能力比亚洲象、水鹿强。象牙经鉴定均为亚洲象门齿，亚洲象只有雄性才长门齿，要获得 2 枚上门齿一般只有将象杀死才能取出。水鹿只有雄性长角，成年雄鹿一般每年春季会换角一次，要获得鹿角不一定非得杀鹿取角，祭祀区有些水鹿角是从角环处断掉的也说明是季节性换角时获得的。赤鹿、小鹿也是每年换一次角。因此，对祭祀区这三类数量最多的动物遗骸分析可发现一个特别现象，就是基本用的野生动物雄性个体彰显力量、攻防厮杀的犄角或牙齿。另外，加上又用野生动物的头部和牙齿祭祀，有理由推测这些动物遗存主要是为祈祷战争获胜而举行战前祭祀的牺牲。"国之大事，在祀与戎。"金沙遗址祭祀区的祭祀遗存绝非一次行为所致，祭祀内容、祭祀对象多样化，历时性也较久，需要厘清最小地层单位的共时性组合和历时性变迁才能更准确的解读。

有报道称金沙遗址出土的象牙、野猪犬齿、鹿角众多，证明当时在重大祭祀活动中至少使用了 500 头大象、1000 只鹿、1500 头野猪。尚且不讨论这些动物遗存数量统计的准确性，但数量如此之多的野生动物不可能全部是举行祭祀活动时即时捕获的，当时古蜀境内或有为举行重大祭祀活动而修筑的"象园""鹿园"等。虽然《华阳国志·蜀志》记载蜀"以汶山为畜牧"，但从考古发现来看十二桥文化的分布范围未达到这一区域，仅岷江上游茂汶地区发现有少量这一阶段的石棺葬遗存，当此之时这一区域并不在古蜀政权的经营掌控范围。目前的发掘结果表明金沙遗址诸地点出土的动物骨骼也均不丰富，已经发表的发掘报告仅有阳光地带二期地点①、星河路西延线地点②有少量动物骨骼出土，其中星河路西延线地点的动物骨骼遗存主要为战国时期船棺葬随葬的鹿骨，晚于祭祀区的年代。金沙遗址阳光地带二期地点东距金沙遗址祭祀区约 1000 米，遗址发掘面积 1 万多平方米，灰坑、墓葬、窑址等遗迹丰富。但该地点出土的动物骨骼非常少，仅包括少量大中型鹿、家猪和牛的骨骼，不能完全反映成都平原腹地野生动物资源和家畜的种群和结构特征③。与阳光地带二期地点相似的是金沙遗址除祭祀区出土大量动物骨骼之外，其他诸地点出土动物骨骼的种类和数量少，而且比较破碎，符合先秦时期聚落遗址内肉类的消费特征。成都平原发现了大量十二桥文化时期的遗址，但这些遗址出土的动物骨骼遗存均非常稀少，与金沙遗址阳光地带二期地点的特征相似，不具备为祭祀区提供献祭牺牲的条件，唯十二桥遗址群有这个可能。

① 成都文物考古研究院、成都金沙遗址博物馆：《金沙遗址——阳光地带二期地点发掘报告》，文物出版社，2017 年。

② 成都文物考古研究所：《金沙遗址星河路西延线地点发掘简报》，《成都考古发现（2008）》，科学出版社，2010 年。

③ 何锟宇：《阳光地带二期地点出土动物骨骼研究》，《金沙遗址——阳光地带二期地点发掘报告》，文物出版社，2017 年，第 473~475 页。

## （二）十二桥遗址群动物遗存

十二桥遗址群主要包括现成都市十二桥路南侧一线的十二桥、新一村、金河路 59 号、方池街、小南街、成都博物馆新址等古遗址，均出有大量的动物骨骼遗存，在这些遗址东南方向的岷山饭店和指挥街遗址也发现有大量先秦时期的动物骨骼遗存。

十二桥遗址出土的动物骨骼主要出自第 12 层，第 13、11、10 层 3 个早期文化层仅有少量出土，一般认为第 13 层的年代范围相当于殷墟三期，第 12 层年代相当于殷墟四期到周初，第 11、10 层年代相当于西周前期[①]。遗址出土的动物骨骼共 2113 件，其中爬行纲 13 件，均为龟的腹甲；鱼纲 2 件，包括鲟鱼（Acipenser sp.）和鲤鱼（Cyprinus carpio）骨骼各 1 件；12 件鸟纲骨骼中有 1 件为鸭的肱骨；哺乳纲 2086 件，有家猪（Sus domestica）、水鹿（Cervus unicolor）、斑鹿（Cervus nippon）、小麂（Muntiacus reevesi）、黄牛（Bos taurus）、狗（Canis familiaris）、黑熊（Selenarctos thibetanus）、狗獾（Meles meles）、藏酋猴（Macaca thibetana）、马（Equus caballus）等，可鉴定标本（NISP）826 件，代表最小个体数（MNI）92 个个体。有部分大型偶蹄类的动物四肢骨和各种鹿角被用作了加工骨角器的原料，骨器的原料在数量上以水鹿的炮骨居首；少量龟的腹甲可见占卜留下的灼痕[②]。十二桥遗址出土的动物骨骼说明成都平原野生动物资源丰富，当时除了分布有数量众多的各种鹿科动物、少量的黑熊和藏酋猴等林栖动物外，还有在平原内早已绝迹的亚洲象和犀牛。

在十二桥遗址新一村地点的商周时期（主体年代为西周晚期至春秋）地层单位中发现大量的动物骨骼，尤以第 9 层出土的最为丰富，种类包括哺乳动物、鸟类、爬行类、鱼类的动物骨骼。其中第 9 层出土的哺乳动物种类有猪、水鹿、斑鹿、麂、狗、牛、马、羊、犀牛、熊、猴、兔等，可鉴定标本数 1943 件，代表最小个体数 246 个。有部分大型偶蹄类动物的四肢骨骼和各种鹿角被用作了加工骨角器的原料，骨器的原料在数量上以水鹿的炮骨居多。从数量占比来看，新一村地点第 9 层出土的动物骨骼不论从 NISP 还是 MNI 来看，肉食资源均是以家猪为主，家畜包括猪、狗、马、牛、羊等，而以鹿科动物作为最主要的狩猎对象补充肉食资源。以最小个体数为例，总量为 246 个，其中猪 163 个、狗 18 个、水鹿 23 个、斑鹿 12 个、小麂 14 个、黑熊 2 个、马 2 个、牛 2 个、羊 2 个、藏酋猴 5 个，其他动物的最小个体数均为 1 个，猪所占比例为 66.26%，狗占 7.32%，鹿科动物占 19.92%，马、牛、羊 3 种家畜各占 2.44%，藏酋猴占 2.03%。骨角器的种类有骨锥、角锥[③]。

---

① 江章华：《成都十二桥遗址的文化性质及分期研究》，《四川大学考古专业创建三十五周年纪念文集》，四川大学出版社，1998 年。

② 何锟宇：《十二桥遗址出土动物骨骼及其相关问题研究》，《四川文物》2007 年第 4 期。

③ 成都文物考古研究所：《成都市十二桥遗址新一村地点动物骨骼报告》，《成都考古发现（2012）》，科学出版社，2014 年。

成都金河路古遗址位于成都市金河路 59 号，发掘区内的主体遗存为春秋战国及唐、宋时期两个阶段，其中先秦时期的地层单位包括第 5 ~ 8 层，第 6 ~ 8 层的年代与新一村遗址相近，或较新一村遗址年代略晚，即上限当晚于西周时期，第 5 层出土有鼎足，断代年代下限约当战国时期①。先秦时期的主要动物种类有狗、鹿类（水鹿、梅花鹿、小麂）、马、牛、龟鳖类等。遗址的动物骨骼鉴定报告对其出土的动物骨骼采取分层统计的方法，单独计算每层的 NISP（可鉴定标本数）和 MNI（最小个体数）。其中第 8 层 NISP 共 85 件，其中野生动物 43 件，家畜 42 件；MNI 则野生动物 7 个，家畜 8 个。第 7 层 NISP 共 251 件，其中野生动物 125 件，家畜 126 件；MNI 则野生动物 16 个，家畜 22 个。第 6 层 NISP 共 207 件，其中野生动物 100 件，家畜 107 件；MNI 则野生动物 15 个，家畜 12 个。第 5 层 NISP 共 29 件，其中野生动物 6 件，家畜 23 件；MNI 则野生动物 2 个，家畜 6 个。在遗址第 6 ~ 8 层，野生动物、家畜基本各占一半，而到第 5 层则家畜明显占据主导地位②。

在十二桥遗址附近还发现了多处同时期的遗址，也出土了大量的文化遗物和动物骨骼。如在方池街遗址出土有猪、犬、羊、水牛、黄牛、马、鸡等③，可惜该遗址第 5 层为洪积再生层，包含了从新石器时代到商周的文化遗物④。又记在方池街和岷山饭店两个遗址中发现了 25 种脊椎动物，哺乳动物有短尾鼩、猕猴、中华竹鼠、家鼠、黑熊、猪獾、灵猫、虎、犀牛、小麂、赤麂、梅花鹿、水鹿；鱼有草鱼、鲤鱼；爬行动物有乌龟、黄缘闭壳龟及中国鳖；鸟类有家鸡⑤。指挥街周代遗址出土了大量动物骨骼，其中哺乳纲 10 种、鸟纲 1 种、爬行纲 3 种和鱼纲 1 种，研究者认为家畜和家禽有家猪、狗、马、黄牛和家鸡 5 种，另有在本地早已绝迹的爬行类陆龟甲壳和白唇鹿角等野生动物标本⑥。可惜指挥街遗址第 6、5 层可能是受洪水冲刷的次生堆积，且动物骨骼鉴定报告中的骨骼标本未按地层单位分别报告，制约了这批动物标本资料应有的作用。成都市青羊区小南街古遗址的先秦时期地层 6 ~ 8 层中出土了不少的动物骨骼，动物种类有鹿、麂、猪、鸡、猴、马、狗等，另有卜甲和骨簪等，先秦地层出土遗物可分为 A、B、C 三组，A 组为西周前期，B 组为春秋晚期至战国早中期，C 组为战国中晚期⑦。先秦地层明显受晚期洪水的冲刷有早晚混合的现象，但出土动物骨骼种类、卜甲等与十二桥遗址群出土的动物遗存接近。

值得关注的是，十二桥遗址中 38 个探方均在第 12 层下揭露出木结构建筑的遗迹，揭露面积

① 成都文物考古研究院：《成都金河路古遗址发掘报告》，《成都考古发现（2015）》，科学出版社，2017 年。
② 成都文物考古研究院：《成都"金河路 59 号"春秋战国—唐、宋时期遗址出土动物骨骼鉴定报告》，《成都考古发现（2015）》，科学出版社，2017 年。
③ 宋治民：《蜀文化与巴文化》，四川大学出版社，1998 年，第 125 页。
④ 成都市博物馆考古队、成都市文物考古研究所：《成都方池街古遗址发掘报告》，《考古学报》2003 年第 2 期。
⑤ 徐鹏章：《从近年考古材料看古蜀史》，《成都大学学报（社会科学版）》1988 年第 1 期。
⑥ 四川大学博物馆、成都市博物馆：《成都指挥街周代遗址发掘报告》，《南方民族考古（第一辑）》，四川大学出版社，1987 年。
⑦ 成都文物考古研究所：《成都市青羊区小南街古遗址发掘简报》，《成都考古发现（2013）》，科学出版社，2015 年。

约1390平方米，占十二桥遗址商代木结构建筑遗迹面积的13%左右。发掘者依据残存的木地梁、木桩、圆木、方木、木板、竹片、竹篾等构件以及茅草遗迹复原了F1和F2，推测F1为小型干栏式木结构建筑，F2为大型地梁建筑，但从具有对应关系的Ⅰ号地梁和Ⅲ号地梁之间的距离仅2米左右来看，地梁遗迹很有可能是宫殿建筑的庑廊部分的基础①。除复原的F1、F2之外，其他大量未找出规律复原的建筑遗迹和未揭露区域的建筑形态并不清楚。新一村遗址西距十二桥遗址Ⅰ发掘区约100米，东靠西郊河，1995年遗址发掘区的第9层为青灰色砂土层，结构松散，出土遗物很少，只在T101东部和北部发现几根大小不等的圆木②。2010年12月始，为配合成都市内环线道路工程的建设，在紧邻1995年发掘区的南面布方发掘，发掘面积1900平方米，发现商周时期的木构建筑1座③。这两处遗址的木结构建筑除少数可复原外，大量的因洪水破坏杂乱无章。从少量有规律的木结构的排列状况来看，有些类似干栏式建筑，有些开间明显很窄，不像人居建筑。笔者认为有些建筑是否为牲畜栏舍是可以考虑的，原因如下：一是因为十二桥、新一村遗址均出土了大量的动物骨骼，种类以猪、鹿类为主，有些骨骼保存相当完整，与金沙遗址祭祀区出土大量猪牙、鹿角吻合。二是出土了较多的骨器和卜甲，当有骨器作坊的存在，也与金沙遗址祭祀区出土较多卜甲、骨器相近。三是十二桥遗址群从地理位置来看处于金沙遗址的东南方，均位于当时河道的北侧，一衣带水，十二桥遗址群地处金沙遗址下游，不会污染生活水源，适合作为古蜀王国的动物资源"储备库"，为金沙遗址祭祀区提供献祭牺牲。

通过对十二桥遗址等多处商周时期遗址出土动物骨骼遗存，我们认为商代至春秋时期成都平原野生动物资源和家畜种群丰富并且稳定发展。成都平原当时除了分布有数量众多的各种鹿科动物，少量的黑熊、藏酋猴等林栖动物以外，还有在平原内现早已绝迹的亚洲象和犀牛，另有丰富的淡水资源动物、龟鳖和鸟类，说明当时成都平原温暖湿润，植被茂盛，为先民提供了舒适的栖居之地和丰富的食物资源。而且，由于农业发达，家畜及家禽的驯化也发展很快，中国传统上的"六畜"在这一时期的成都平原也已经基本驯化成功，成为先民日常生活主要的稳定的肉食来源。另外，虽然处于青铜时代，但先民也利用一些大型哺乳动物的动物骨骼来加工一些日常生产、生活的特殊工具。

## （三）成都平原先秦时期的动物资源与环境

成都平原宝墩文化时期以新津宝墩为代表的诸遗址出土的动物骨骼较少，但大邑高山古城遗址出土了数量较为丰富的动物骨骼遗存。大邑高山古城遗址2015年收集发掘出土的动物骨骼379件，其中可鉴定标本数（NISP）139件；2016年收集的动物骨骼79件，其中可鉴定标本数

---

① 四川省文物考古研究院、成都文物考古研究所：《成都十二桥》，文物出版社，2009年，第19~37页。
② 成都市文物考古研究所：《成都十二桥遗址新一村发掘简报》，《成都考古发现（2002）》，科学出版社，2003年。
③ 周志清、邱艳、左志强等：《成都市十二桥遗址新一村新石器至隋唐时期遗址》，《中国考古学年鉴·2012》，文物出版社，2013年。

（NISP）22 件。两个年度出土动物骨骼总计 458 件，可鉴定标本数 161 件，代表最小个体数（MNI）37 个，种类以家猪为主，另有少量狗、大中型鹿、兔子和鸟。2015 年的动物骨骼出自 22 个遗迹单位和 12 个地层单位，2016 年的动物骨骼出自 2 个遗迹单位。地层单位出土骨骼十分零星，墓葬中不见随葬动物骨骼。高山古城遗址出土可以肯定为家畜的仅有家猪和狗。从出土动物骨骼的 NISP、MNI 统计来看，家猪的比重均占绝对优势，NISP 占比达 93.78%，MNI 占比为 86.49%；家猪上、下第三臼齿的长度、宽度较小，均处于家猪第三臼齿的长、宽参数范围内；从猪的年龄结构来看，以月龄 10~20 个月为主，也与一般农耕聚落家猪的宰杀年龄结构相符。鉴于以上三个方面的观察，可以推断高山古城先民饲养家猪的技术比较成熟且稳定，饲养家猪也是先民肉食资源最主要的获取途径。而狗所占的比重不高，NISP、MNI 的占比分别为 3.76% 和 5.41%，可能多用作狩猎伴侣或其他[①]。通过对大邑县高山古城遗址 2015、2016 年出土动物骨骼遗存的鉴定、测量、统计和分析，结果表明宝墩文化时期的高山古城先民以饲养家猪作为获取肉食资源的主要途径，当时的家畜饲养技术比较成熟稳定，而稻—粟混作的农业体系无疑为家畜的饲养奠定了坚实的基础。

三星堆文化时期，考古发现的动物遗存相对较少，见诸报道的主要来自三星堆遗址的两个祭祀坑。三星堆一号祭祀坑内出土骨器残片 10 件，象牙 13 根，还出土较完整的海贝 62 枚以及约 3 立方米的烧骨碎渣[②]。据发掘报告介绍，象牙主要在坑中部，略呈一线分布，象的臼齿混杂于烧骨渣中，较为集中地分布于坑的南角。象牙可能是与骨渣混在一起倒入坑中的。骨渣由坑南、东南向北、西北呈斜坡状堆积，东南面及南角堆积厚达 0.6~0.8 米，而西北和北面靠近坑边一线仅 0.05 米厚。骨渣均经过火烧，大多泛白，少数呈蓝黑色。骨渣中夹有少量的细灰烬，可识别的有竹木。从坑本身不见烟熏和火烧的痕迹分析，这些骨渣是在入坑前被火烧的。初步鉴定有猪、羊、山羊、牛、水牛的肢骨和头骨，有象的门齿、臼齿等，另有少量的骨渣怀疑是人的头骨和四肢骨。坑内器物均粘有火烧过的骨渣，大多数器物有明显的火烧痕迹，如完整的象牙一端或一侧被火烧焦发黑[③]。二号祭祀坑出土有象牙器残片 4 件，象牙珠 120 颗，虎牙 3 枚，象牙 67 根，海贝约 4600 枚[④]。三星堆遗址既有的动植物考古成果表明夏商时期成都平原农业发达，为三星堆文化的形成、发展打下了坚实的经济基础。

此前国内在夏商时期的考古发掘中有少量象牙和象的骨骼出土，1935 年在河南安阳殷墟王陵区东区的 M1400 大墓附近发现两座埋象的祭祀坑，一座坑内埋大象一匹和象奴一人，另一座埋小象一匹[⑤]。1978 年在殷墟王陵区西区大墓 M1550 附近的 M35 中发现一象一猪，象为侧卧状，背脊

① 何锟宇、刘祥宇、陈剑等：《四川大邑县高山古城遗址出土新石器时代动物骨骼遗存》，《四川文物》2020 年第 1 期。
② 四川省文物考古研究所：《三星堆祭祀坑》，文物出版社，1994 年，第 19 页。
③ 本乡一美：《三星堆一号祭祀坑出土动物骨骼的初步观察》，《三星堆祭祀坑》，文物出版社，1994 年，第 522 页。
④ 四川省文物考古研究所：《三星堆祭祀坑》，文物出版社，1994 年，第 158 页。
⑤ 高去寻：《安阳殷代王室墓地》，《殷都学刊》1988 年第 4 期。

处有一铜铃①。关于 1935 年殷墟发现的亚洲象，杨钟健等认为是人工饲养的②；后来王宇信、杨宝成先生也认为在殷商时期，中原地区包括安阳殷墟周围乃是产象之地，商代劳动人民已掌握了猎象和"服象"的技术③。《吕氏春秋·古乐篇》"商人服象，为虐于东夷"，说明在殷商时期的黄河流域应该确有亚洲象分布。另外，1976 年，在河北省阳原县丁家堡水库施工过程中，从桑干河河床底部全新统的地层里发现一批动物化石，计软体动物 5 种：厚美带蚌、巴氏丽蚌、杜氏珠蚌、黄蚬、圆旋螺；脊椎动物 7 种：白鹳、貉、亚洲象、野马、披毛犀、赤鹿、原始牛。其中亚洲象是我国已知亚洲象分布最北的纪录，年代为距今三四千年前的夏、商时代④。竺可桢先生认为公元前 3000 ~ 前 1000 年间，黄河下游和长江下游各地的月平均温度及年平均温度是：正月份的平均温度比现在高 3℃ ~ 5℃，年平均温度比现在高 2℃⑤。上述情况充分说明了在华北地区的年平均气温比现在高很多，处于"气候最适宜时期"，同时期的成都平原则更适合亚洲象的生存，金沙遗址祭祀区的古环境研究结论也支持这一判断⑥。从考古材料来看，十二桥遗址出土的亚洲象顶骨，金沙遗址出土的大批量门齿、少量臼齿和骨骼，都说明当时成都平原有亚洲象生存，后世文献也多有记载。西汉扬雄《蜀都赋》记"蜀都之地，古曰梁州。……于远则有银铅锡碧，马犀象僰……"西晋左思《蜀都赋》记载蜀地"孔翠群翔，犀象竞驰""拔象齿，戾犀角"。东晋常璩《华阳国志·蜀志》记载蜀地"其宝则有璧玉、金、银、珠、碧、铜、铁、铅、锡……犀、象……桑、漆、麻、纻之饶"。另外，十二桥遗址犀牛趾骨和金沙遗址犀牛臼齿的发现，同样印证了古文献关于蜀地有犀牛分布的记载。根据文献记载，到公元前 9 世纪发生的一两个世纪的寒冷期，中国的亚洲象从黄河流域迁移到长江流域活动；一直到战国时期或更晚一些，长江流域一带还有亚洲象和犀（印度犀）生存⑦。关于象的驯化前人已经有较多的论述，且《吕氏春秋·古乐篇》"商人服象，为虐于东夷"，象在商周短时期在中国被驯化是有可能的，只是这些仅是根据古文献做出的推测，并没有骨骼、牙齿等生物形态方面的直接证据。总之，商周时期成都平原有适合亚洲象栖息的良好生境，至于是否曾经被驯化还有待进一步的研究。

战国时期，以成都金河路 59 号地点、小南街遗址、商业街船棺葬等出土的动物骨骼遗存说明成都平原野生动物资源颇为丰富，与夏商至春秋时期变化不大，家畜的饲养状况则说明当时农业生产发达，家禽和家畜也应颇具规模，为人们日常生活提供了稳定的肉食来源。这一时期，墓葬随葬动物肉食的种类和数量增多，特别是成都商业街船棺葬出土的动物骨骼非常有特点，随葬动

① 中国社会科学院考古研究所安阳工作队：《安阳武官村北地商代祭祀坑的发掘》，《考古》1987 年第 12 期。
② 德日进、杨钟健：《安阳殷墟之哺乳动物群》，《中国古生物志》丙种第 12 号第 1 册，1936 年。
③ 王宇信、杨宝成：《殷墟象坑和"殷人服象"的再探讨》，《甲骨探史录》，生活·读书·新知三联书店，1982 年。
④ 贾兰坡、卫奇：《桑干河阳原县丁家堡水库全新世中的动物化石》，《古脊椎动物与古人类》第 18 卷第 4 期，1980 年。
⑤ 竺可桢：《中国近五千年来气候变迁的初步研究》，《考古学报》1972 年第 1 期。
⑥ 傅顺、王成善、江章华等：《成都金沙遗址区古环境初步研究》，《江汉考古》2006 年第 1 期。
⑦ 周明镇、张玉萍：《中国的象化石》，科学出版社，1974 年，第 65 页。

物主要分置于墓葬中的三个方位，一是棺室内用双耳瓮或竹筐装置，二是棺之间的填土中用双耳瓮装置，三是在填土间用完整的公鸡和鹿后肢举行祭祀活动。用双耳瓮或竹筐等盛肉食的与植物果品随葬和周边地区的随葬肉食现象相近，肉食种类的不同反映了各地饮食习惯的差异。用三只鹿后腿和三只公鸡祭祀的现象目前在其他地区还未找到对比材料，我们推测可能为祭祀地祇的一种方式，可能代表蜀国贵族阶级丧葬礼仪的一种定制①。商业街船棺葬、星河路西延线战国墓中用鹿肢骨随葬（或为祭肉）的习俗当是金沙遗址祭祀区用鹿类骨角遗存祭祀的延续。

## （四）小结

通过对金沙遗址祭祀区动物遗存的观察，可知献祭牺牲主要以亚洲象门齿、野猪下犬齿及水鹿、赤麂、小鹿等鹿类的犄角为主，另有少量虎、犀牛、熊、野猪的头部骨骼和牙齿，此类牺牲组合无疑是为了彰显这些野生动物特别是雄性的力量，因此我们推测这类动物遗存或与战前祭祀有关。与金沙遗址同时期的十二桥遗址群出土了大量的动物骨骼为成都平原其他商周时期聚落所未见，虽然以家猪为主，但基本涵盖了祭祀区所有的动物种类，特别是鹿类骨骼、龟甲丰富，具备为金沙遗址祭祀区提供献祭牺牲的条件。而且十二桥遗址、新一村遗址发现了大量的木结构建筑构件，虽有疑似宫殿的大型地梁结构建筑，也有小型干栏式建筑，还有一些似乎不宜人居的建筑，尤其后者是否有可能为牲畜围栏等简易建筑是可以考虑的。从金沙遗址祭祀区出土的大量祭祀用器来看，古蜀政权当时国力强盛，社会稳定，而奠定这一基础的正是成都平原自宝墩文化、三星堆文化以来一脉相承的以稻—粟混作和家畜饲养为主体的农耕文明。

（原载《成都文物》2020 年第 2 期）

---

① 何锟宇、颜劲松、陈云洪：《成都市商业街船棺墓葬出土动物骨骼研究》，《四川文物》2006 年第 6 期。

# 附录五　金沙遗址祭祀区植物大遗存浮选结果报告及分析

姜铭[1]　　闫雪[1]　　周志清[1]　　朱章义[2]　　张擎[3]　　王占魁[1]　　赵志军[4]

(1. 成都文物考古研究院　2. 成都金沙遗址博物馆　3. 成都市文化广电旅游局　4. 中国社会科学院考古研究所)

## (一) 引言

金沙遗址因为发现了大量晚商至春秋时期的玉器和象牙器、较多的青铜器和金器等礼仪性器物以及一些礼仪性堆积，从而被认为是古蜀国时期的都邑遗址，其中，集中发现这些礼仪性器物的梅苑等处被认为是祭祀区。

根据目前的资料整理，发掘报告的编写者认为金沙遗址祭祀区可分为如下的六期十五段 (表一，据发掘报告整理)[①]:

表一　金沙遗址祭祀区分期表

| 期别 | 段别 | 期段代码 | 年代范围 (距今) | 时代 |
|---|---|---|---|---|
| 第一期 | 早段 | 1.1 | 4000~3900 年 | 新石器时期 |
| | 中段 | 1.2 | | |
| | 晚段 | 1.3 | | |
| 第二期 | 第一段 | 2.1 | 3600~3400 年 | 商周时期 |
| | 第二段 | 2.2 | | |
| | 第三段 | 2.3 | | |
| | 第四段 | 2.4 | | |
| 第三期 | 早段 | 3.1 | 3400~3100 年 | |
| | 中段 | 3.2 | | |
| | 晚段 | 3.3 | | |
| 第四期 | 早段 | 4.1 | 3100~2900 年 | |
| | 晚段 | 4.2 | | |
| 第五期 | 早段 | 5.1 | 2900~2550 年 | |
| | 中段 | 5.2 | | |
| | 晚段 | 5.3 | | |
| 第六期 | | 6 | 2500 年左右 | |

---

① 见本书第五章。

## （二）采样及浮选情况

在金沙遗址祭祀区的发掘过程中，虽然当时并不清楚土样可做何种科学分析，但是现场工作人员意识到将来可能会从中获得更多的信息，因此，在发掘过程中有意识地采集了土样，积累了较多样品。

因为当时对植物浮选这一科技手段缺乏了解，工作中难免会留下一些缺憾：绝大部分的样品来自地层；样品采集没有覆盖大部分灰坑，仅采集了包含物丰富的几个灰坑；部分单位的土量大大超过平均值，总体上略显失衡。

虽然采集到的样品分装在数百个袋子里，但是在数据分析的时候，我们把属于同一探方同一地层或者属于同一单位的多袋样品仅视为同一份样品，按照这样的统计方法，祭祀区共采集到新石器时代晚期到商周时期的样品 78 份，土量 989 升，平均约 13 升/份（表二）。

**表二　金沙遗址祭祀区土样分布情况**

| 期段 | 地层 | 礼仪性堆积 | 灰坑 | 灰沟 | 份数小计 | 土量（L） | 炭屑（g） |
|---|---|---|---|---|---|---|---|
| 第一期中段 | 7 | | | | 7 | 339 | 133.122 |
| 第一期晚段 | 1 | | | | 1 | 26 | 0.132 |
| 第二期第一段 | | | | 1 | 1 | 67.5 | 0.747 |
| 第二期第三段 | 6 | 1 | | | 7 | 252.5 | 97.857 |
| 第二期第四段 | 8 | 1 | | | 9 | 70.5 | 4.074 |
| 第三期早段 | 3 | 1 | | | 4 | 73 | 0.457 |
| 第三期中段 | 12 | 1 | | | 13 | 20 | 14.597 |
| 第三期晚段 | 1 | | | | 1 | 3 | 0.013 |
| 第四期早段 | 4 | 1 | | | 5 | 12 | 0.165 |
| 第四期晚段 | 5 | 1 | | | 6 | 15.5 | 1.249 |
| 第五期早段 | 9 | | | | 9 | 34 | 5.765 |
| 第五期中段 | 12 | | | | 12 | 74 | 2.654 |
| 第五期晚段 | 3 | | | | 3 | 2 | 0 |
| 总计 | 71 | 5 | 1 | 1 | 78 | 989 | 260.832 |

浮选工作分两次进行，前后两次使用的工具各不相同：第一次是 2008 年夏季，浮选工具使用的是水波浮选仪器；第二次是 2015 年冬天，改用小水桶进行浮选。浮选地点都在本单位的北湖整理基地的库房内，附近无杂物，室外为人工草坪，所用水源为自来水，水质清亮，可排除近现代杂物的后期混入。收集浮选结果的筛网最小孔径为 0.2 毫米。

2008 年度浮选的结果于 2009 年在中国社会科学院考古研究所植物考古实验室进行鉴定。2015 年度浮选的结果在成都文物考古研究所植物考古实验室进行鉴定，于 2016 年把其中暂时无法识别的果核/种子带至中国社会科学院考古研究所植物考古实验室进行复核。实验室中挑选种子时，使用了孔径分别为 1 毫米、0.5 毫米两层分样筛分离样品，收集了大于 1 毫米的炭屑和大于 0.5 毫米的种子，小于 0.5 毫米的种子因太过细碎而没有进行提取。

在整理浮选简报的过程中，我们发现这些种子很多并没有炭化，有的炭化并不彻底，而完全炭化的种子约占半数。完全炭化及部分炭化的种子可能和祭祀行为有关，但未炭化种子和祭祀活动可能并无关联，应当分别对待，因此，在浮选简报①发表后，我们把所有鉴定过的种子重新进行了分拣，细分为炭化、未完全炭化和未炭化三部分。

在重新分拣种子的过程中，我们对鉴定过的种子进行了复核，纠正了简报中一些科属种的鉴定错误，从而使得简报中的一些科属种不再出现在本报告中，且新增了一些科属种，进而引起了部分科属种在数量上的变化。

在发掘报告的编写过程中，遗迹单位和地层的期段归属经过了全面梳理，与浮选简报发表时相比，一些遗迹单位和地层的期段归属已经被调整，导致本浮选报告中部分期段的数据与浮选简报中的数据相比发生了较大变化。

浮选简报中的数据与本报告不一致的地方，以本报告为准。

## （三）浮选结果

两次浮选获得了大量的炭化木屑、植物种子及较多的果核。

炭化木屑中含有较多大尺寸的残块，可进行材质鉴定，该部分炭化木屑已交由专门的人员进行分析，本次分析仅对从孔径大于 1 毫米分样筛中分离出来的炭屑进行称重处理。

种子/果核有相当大一部分是炭化过的，小部分没有明显的炭化痕迹，还有约半数没有任何炭化迹象，但是可排除发掘之后混入的情形，三者所占比例分别约为 42%、7% 和 51%。考虑到未炭化植物遗存与用火行为无关，但可能与人类的其他行为相关，比如农作物去皮前去掉杂草种子、果实食用后就地掩埋果核，都会留下未炭化的种子或果核，甚至对我们理解祭祀区的微环境也有很大帮助，因此，在鉴定过程中也被一并纳入了统计范围。

根据最可能的利用方式，我们把浮选出的种子及果核分为农作物、水果、树木、杂草及其他，因为树木类种子/果实种类丰富、数量非常多，很多为首次发现，为了突出这些特点，我们把树木类再细分为乔木、灌木和藤本，可识别的种子/果实最终分成以上 6 大类。有些能够鉴定到种，有些能鉴定到属，少量仅能鉴定到科，鉴定出 24 科、2 亚科、35 属、37 种，分布在 48 科 2 亚科 69

---

① 姜铭、闫雪、周志清等：《金沙遗址祭祀区植物大遗存浮选结果及分析》，《成都考古发现（2015）》，科学出版社，2017 年。

属 37 种上，共 6000 余粒。在鉴定时，我们把稻谷按照残存尺寸分为完整稻谷、≥1/2 稻谷和 <1/2 稻谷三个部分，残破且失去鉴定特征的种子归入碎种，较完整且暂时识别不了的种子归入未知。对于尺寸 <1/2 的稻谷，可能多粒碎稻来自同一粒稻谷，也可能每粒碎稻都来自不同的稻谷，它们究竟代表了多少粒完整稻谷，我们无从得知，因此在正文中统计种子数量时暂时舍弃该部分的数据，仅列于附表中。同理，正文中统计百分比和出土概率时，碎种也不纳入种子数量的总计中。按照这种统计方法，金沙遗址祭祀区发现的种子/果实数量为 8538 粒，另有碎种 5060粒。对常见种子，如稻谷、粟、黍等，本文仅罗列数据，而对树木类和杂草及其他类种子，因为其中有些可能会与祭祀活动有关，有些反映了祭祀区的微环境，将对其中部分种子做简要介绍。

已经鉴定出来的种类如下（表格中，除了农作物和水果按数量降序外，其余的每个大类下，按照先科后属最后种的顺序进行排列，同一层级内部按种子数量降序排列，详细清单见附表一、附表二和附表三）。

## 1. 农作物

农作物 503 粒，占种子总数的 5.9%，识别出 6 种，分别为稻谷（*Oryza sativa*）、粟（*Setaria italica*）、大麻（*Cannabis sativa*）、黍（*Panicum miliaceum*）、葫芦（*Lagenaria siceraria*）和疑似绿豆（*Vigna radiata*），绝大部分已炭化（表三）。其中，大麻和葫芦是首次发现于成都平原先秦时期遗址中。

### 表三　各期段农作物种子出土概况

| 期段<br>种子 | 1.2 | 1.3 | 2.1 | 2.3 | 2.4 | 3.1 | 3.2 | 4.2 | 5.1 | 5.2 | 数量百分比<br>（$n=8538$） | 出土概率<br>（$n=78$） | 炭化/<br>部分炭化<br>/未炭化 | 彩版 |
|---|---|---|---|---|---|---|---|---|---|---|---|---|---|---|
| 稻谷* | 221 | 1 | 1 | 63 | 105 | | 8 | 4 | 2 | 2 | 4.8% | 23.1% | 407/ –/ – | 彩版四四七，3 |
| 粟 | 34 | | | 26 | 2 | 1 | 8 | | | | 0.8% | 11.5% | 71/ –/ – | 彩版四四七，5 |
| 大麻 | 1 | | | 10 | | | | | | | 0.1% | 2.6% | 6/5/ – | 彩版四四七，6 |
| 黍 | 5 | 1 | | 1 | 1 | | 2 | 1 | | | 0.1% | 10.3% | 11/ –/ – | 彩版四四七，7 |
| 葫芦 | 2 | | | | | | | | | | 0.0% | 2.6% | –/ –/2 | 彩版四四八，1 |
| 绿豆(?) | 1 | | | | | | | | | | 0.0% | 1.3% | 1/ –/ – | 彩版四四八，2 |

＊稻谷仅统计了完整及≥1/2 的部分。

对稻谷进行鉴定时，按残存长度区分为完整稻谷、≥1/2 稻谷和 <1/2 稻谷。因 <1/2 稻谷（856 粒）无法确定代表了多少粒完整稻谷，在统计种子总数时作舍弃处理，完整稻谷和 ≥1/2 稻谷共 407 粒，占种子总数的 4.8%，全部为炭化种子。另有稻谷基盘 21000 余粒（彩版四四七，4），稻胚 73 粒。

长江中下游地区是先秦时期葫芦遗存的集中发现地，迄今为止，在浙江河姆渡遗址[①]、田螺

---

[①]　浙江省文物考古研究所：《河姆渡——新石器时代遗址考古发掘报告》，文物出版社，2003 年，第 373 页。

山遗址①、水田畈遗址②及湖南城头山③等处发现有葫芦的果实或种子。农史学家游修龄认为距今7000年的河姆渡文化时期就已经驯化和利用葫芦④，田螺山遗址也发现了距今6900～6600年驯化的葫芦⑤；上海广富林遗址也发现了早至良渚文化时期的葫芦，且果皮厚度表明周代时的葫芦已经是完全驯化的种类，从葫芦种子尺寸推测该遗址发现的葫芦从良渚文化时期开始可能就已经是栽培驯化类型⑥。金沙遗址祭祀区发现的葫芦种子距今约4000～3900年，与长江中下游地区的驯化葫芦相比，年代晚了数千年，推测可能已是驯化种。

大麻属于桑科（Moraceae）大麻属（Cannabis），茎皮纤维长而坚韧，可用以织麻布或纺线，制绳索，编织渔网和造纸；种子榨油，可供做油漆涂料等，油渣可作饲料。果实中医称"火麻仁"或"大麻仁"入药，性平，味甘，可润肠，主治大便燥结。花称"麻勃"，主治恶风，经闭，健忘；果壳和苞片称"麻蕡"，有毒，治劳伤，破积、散脓，多服令人发狂；叶含麻醉性树脂可以配制麻醉剂⑦。我国古代文献中提到的麻通常指大麻，麻子和麻布遗存大都发现于北方地区，南方地区的衣被原料主要来自种桑养蚕⑧。大麻的利用除了食用和提取纤维原料之外，有学者认为在其早期阶段多与宗教行为有关⑨。

### 2. 水果

发现水果种子447粒，占种子总数的5.2%，识别出3属3种，分别为葡萄属（Vitis）、李属（Prunus）、疑似樱属（Cerasus）、猕猴桃（Actinidia chinensis）、梅/桃（Armeniaca mume/Amygdalus persica）和甜瓜（Cucumis melo），近半数为炭化种子（表四），其中，甜瓜是首次发现于成都平原先秦时期遗址中。

葡萄属有60余种，分布于世界温带或亚热带。我国约38种，其中葡萄 V. vinifera L. 是著名的水果和酿酒原料，世界各地栽培历史悠久。野生的葡萄集中分布在3个中心：①东亚分布中心，②北美—中美分布中心，③欧洲—中亚分布中心。东亚分布中心主要集中分布于我国。本属若干

---

① 傅稻镰、秦岭、赵志军等：《田螺山遗址的植物考古分析》，《田螺山遗址自然遗存综合研究》，文物出版社，2011年。
② 浙江省文物管理委员会：《杭州水田畈遗址发掘报告》，《考古学报》1960年第2期。
③ 刘长江、顾海滨：《城头山遗址的植物遗存》，《澧县城头山——中日合作澧阳平原环境考古与有关综合研究》，文物出版社，2007年。
④ 游修龄：《葫芦的家世——从河姆渡出土的葫芦种子谈起》，《文物》1977年第8期。
⑤ 傅稻镰、秦岭、赵志军等：《田螺山遗址的植物考古分析》，《田螺山遗址自然遗存综合研究》，文物出版社，2011年。
⑥ 王海玉、翟杨、陈杰等：《广富林遗址（2008年）浸水植物遗存分析》，《南方文物》2013年第2期。
⑦ 中国科学院中国植物志编辑委员会：《中国植物志》第二十三卷第一分册，科学出版社，1998年，第223～224页。
⑧ 刘兴林：《先秦两汉农作物分布组合的考古学研究》，《考古学报》2016年第4期。
⑨ 孙永刚：《大麻栽培起源与利用方式的考古学探索》，《农业考古》2016年第1期。

表四　各期段水果种子出土情况

| 期段<br>种子 | 1.2 | 2.1 | 2.3 | 2.4 | 3.1 | 3.2 | 数量百分比<br>($n=8538$) | 出土概率<br>($n=78$) | 炭化/部分<br>炭化/未炭化 | 彩版 |
|---|---|---|---|---|---|---|---|---|---|---|
| 葡萄属 | 352 | 10 | 34 | 1 | 15 | 1 | 4.8% | 15.4% | 137/84/192 | 彩版四四八，3 |
| 李属 | | | 15 | | | | 0.2% | 1.3% | –/–/15 | 彩版四四八，4 |
| 猕猴桃 | 10 | | | | | | 0.1% | 1.3% | 10/–/– | 彩版四四八，6 |
| 梅/桃 | | | 1 | 5 | | | 0.1% | 2.6% | 5/–/1 | 彩版四四八，7 |
| 甜瓜 | 2 | | | | | | 0.0% | 2.6% | –/–/2 | 彩版四四八，8 |
| 樱属（？） | | | 1 | | | | 0.0% | 1.3% | –/–/1 | 彩版四四八，5 |

野生种类根、茎、叶或果可作药用，果可食或酿酒，种子可榨油①。

喙部的长短可作为区分葡萄与同属其他种子的一个重要标志②。这些葡萄属种子的喙部大都较短，但考虑到炭化、埋藏等环节都有可能磨损导致喙部变短，不可据此就贸然认定它们都不是葡萄种子。若仔细观察，仍可发现有部分葡萄属种子喙的根部较粗壮，不似其他葡萄属种子那般纤细，这部分葡萄属种子似可认定为葡萄种子。

国内已有多处先秦时期的遗址发现有葡萄属种子的报道，最早的可早至距今 9000~8000 年的河南舞阳贾湖遗址③，稍晚的有湖南澧县八十垱，浙江庄桥坟、下家山、尖山弯和钱山漾 4 处地点，出土了近百粒距今 5000~3500 年的葡萄种子，推测良渚文化时期可能已经栽培驯化了葡萄④。

猕猴桃属于猕猴桃科（Actinidiaceae）猕猴桃属（Actinidia），本种果实是本属中最大的一种，有中华猕猴桃、硬毛猕猴桃和刺毛猕猴桃 3 个变种，是本属中经济意义最大的一种。中华猕猴桃（原变种）产陕西（南端）、湖北、湖南、河南、安徽、江苏、浙江、江西、福建、广东（北部）和广西（北部）等省区。生于海拔 200~600 米低山区的山林中，一般多出现于高草灌丛、灌木林或次生疏林中，喜欢腐殖质丰富、排水良好的土壤；分布于较北的地区者喜生于温暖湿润、背风向阳环境⑤。早在公元 770 年，我国人民已在院子里搭棚架栽植猕猴桃，并有酿酒加工工艺。我国古代主要利用猕猴桃果实等治病，用其藤蔓浸出液作为造纸和建筑方面的黏着剂，用其枝叶美化庭园环境等等⑥。中国是猕猴桃的原产地，现今四川猕猴桃资源主要集中在四川盆地周边的中低山区的环形地带，分布的海拔高度在 400~3200 米，但主要集中分布在海拔 600~1500 米的范围，

---

① 中国科学院中国植物志编辑委员会：《中国植物志》第四十八卷第二分册，科学出版社，1998 年，第 136 页。
② 湖南省文物考古研究所：《彭头山与八十垱》，科学出版社，2006 年，第 537 页。
③ 赵志军、张居中：《贾湖遗址 2001 年度浮选结果分析报告》，《考古》2009 年第 8 期。
④ 郑云飞、游修龄：《新石器时代遗址出土葡萄种子引起的思考》，《农业考古》2006 年第 1 期。
⑤ 中国科学院中国植物志编辑委员会：《中国植物志》第四十九卷第二分册，科学出版社，1984 年，第 260~261 页。
⑥ 黎晔：《猕猴桃小考》，《农业考古》1983 年第 2 期。

盆地底部和西部高山区基本没有猕猴桃的分布①。成都先秦时期的猕猴桃有零星发现，如三官堂遗址②、波罗村遗址③。

甜瓜属于葫芦科（Cucurbitaceae）黄瓜属（Cucumis）。在长江下游的考古遗址中常发现甜瓜种子，如河姆渡文化时期的田螺山，良渚文化时期的姚家山、卞家山、塔地以及马桥文化时期的钱山漾等遗址。通过对这些遗址甜瓜种子的形态、尺寸比较，郑云飞等认为甜瓜属植物的出现有6500年以上的历史，长江下游新石器时代不仅有甜瓜和甜瓜的野生种，而且从利用到栽培驯化的轨迹相当清晰，距今4500年左右的良渚文化晚期是甜瓜栽培驯化的重要时期④。而广富林遗址从良渚文化晚期就开始对甜瓜进行栽培食用。田螺山遗址发现的甜瓜种子被认为是栽培品种甜瓜和菜瓜的野生祖本 Cucumis melo susp. agrestis⑤。

### 3. 乔木

2000余粒，约占种子总数的24%，识别出6科1亚科4属13种。分别是五加科（Araliaceae）、樟科（Lauraceae）、蔷薇科（Rosaceae）、木犀科（Oleaceae）、疑似五味子科（Schisandraceae）、大戟科（Euphorbiaceae）、疑似苹果亚科（Maloideae）、冬青属（Llex）、榕属（Ficus）、柃木属（Eurya）、朴属（Celtis）、榉树（Zelkova serrata）、构树（Broussonetia papyrifera）、女贞（Ligustrum lucidum）、桑树（Morus alba）、灯台树（Bothrocaryum controversum）、吴茱萸（Evodia rutaecarpa）、樟树（Cinnamomum camphora）、榕树（Ficus microcarpa）、八角枫（Alangium chinense）、花椒（Zanthoxylum bungeanum）、疑似山茱萸（Cornus officinalis）、南酸枣（Choerospondias axillaris）和疑似盐肤木（Rhus chinensis）（表五），绝大部分是首次发现于成都平原先秦时期遗址中。

榉树属于榆科（Ulmaceae）榉属（Zelkova），乔木，高达30米，胸径达1米；产自辽宁（大连）、陕西（秦岭）、甘肃（秦岭）、山东、江苏、安徽、浙江、江西、福建、台湾、河南、湖北、湖南和广东。生于河谷、溪边疏林中，海拔500～1900米。在华东地区常有栽培，在湿润肥沃土壤长势良好。榉树皮和叶供药用⑥。

女贞属于木犀科（Oleaceae）女贞属（Ligustrum），灌木或乔木，高可达25米，产于长江以

① 丁建：《四川猕猴桃种质资源研究》，四川农业大学博士学位论文，2006年。

② 姜铭、黄伟、刘雨茂等：《双流县三官堂遗址2009～2010年度植物大遗存浮选结果及其初步研究》，《成都考古发现（2013）》，科学出版社，2015年。

③ 姜铭、刘雨茂、杨占风：《郫县菠萝村遗址"宽锦"地点2011年浮选结果及分析》，《成都考古发现（2012）》，科学出版社，2014年。

④ 郑云飞、陈旭高：《甜瓜起源的考古学研究——从长江下游出土的甜瓜属（Cucumis）种子谈起》，《浙江省文物考古研究所学刊（第八辑）——纪念良渚遗址发现70周年学术研讨会文集》，科学出版社，2006年。

⑤ 傅稻镰、秦岭、赵志军等：《田螺山遗址的植物考古分析——野生植物资源采集与水稻栽培、驯化的形态学观察》，《田螺山遗址自然遗存综合研究》，文物出版社，2011年。

⑥ 中国科学院中国植物志编辑委员会：《中国植物志》第二十二卷，科学出版社，1998年，第383～384页。

### 表五　各期段乔木种子出土情况

| 种子 ＼ 期段 | 1.2 | 1.3 | 2.1 | 2.3 | 2.4 | 3.1 | 3.2 | 4.1 | 数量百分比（n＝8538） | 出土概率（n＝78） | 炭化/部分炭化/未炭化 | 彩版 |
|---|---|---|---|---|---|---|---|---|---|---|---|---|
| 五加科 | 5 | | | 57 | | 60 | | | 1.4% | 3.8% | 10/50/62 | 彩版四四九，1 |
| 樟科 | | | | 77 | | | | | 0.9% | 1.3% | 57/ -/20 | 彩版四四九，2 |
| 蔷薇科 | 14 | | | 27 | 17 | 9 | | 5 | 0.8% | 11.5% | 43/1/28 | 彩版四四九，3 |
| 木犀科 | 40 | | | | | | | | 0.5% | 5.1% | 23/ -/17 | 彩版四四九，4、5 |
| 五味子科（？） | | | | 2 | | | | | 0.0% | 1.3% | 1/ -/1 | 彩版四四九，6 |
| 大戟科 | | | | 1 | | | | | 0.0% | 1.3% | 1/ -/ - | 彩版四四九，7 |
| 苹果亚科（？） | | 1 | | | | | | | 0.0% | 1.3% | -/ -/1 | |
| 冬青属 | 421 | | | 26 | | 59 | | | 5.9% | 9.0% | 6/ -/500 | 彩版四四九，8 |
| 榕属 | 53 | | 6 | | | | | | 0.7% | 3.8% | -/ -/59 | 彩版四五〇，1 |
| 枰木属 | 3 | | | | | 14 | | | 0.2% | 3.8% | 13/ -/4 | 彩版四五〇，2 |
| 朴属 | | | | 2 | | | | | 0.0% | 1.3% | -/2/ - | 彩版四五〇，3 |
| 榉树 | 122 | | | 132 | 1 | 162 | | | 4.9% | 11.5% | 138/9/270 | 彩版四五〇，4 |
| 构树 | 118 | | | 58 | 1 | 13 | | | 2.2% | 11.5% | 8/3/179 | 彩版四五〇，5 |
| 女贞 | 38 | | | 14 | 3 | 106 | | | 1.9% | 10.3% | 108/3/50 | 彩版四五〇，6 |
| 桑树 | 77 | | | 18 | 10 | | | | 1.2% | 7.7% | -/ -/105 | 彩版四五一，1 |
| 灯台树 | 83 | | | 3 | 1 | | | | 1.0% | 9.0% | -/1/86 | 彩版四五一，2 |
| 吴茱萸 | 9 | | | 56 | | | | | 0.8% | 5.1% | 65/ -/ - | 彩版四五一，3、4 |
| 樟树 | | | | 64 | | | | | 0.7% | 1.3% | 3/61/ - | |
| 榕树 | 28 | | | 6 | | | | | 0.4% | 3.8% | -/ -/34 | 彩版四五一，5 |
| 八角枫 | 9 | | 1 | 9 | | | 1 | | 0.2% | 9.0% | 6/ -/15 | 彩版四五一，6 |
| 花椒 | | | 1 | | | 4 | | | 0.1% | 2.6% | 4/ -/1 | 彩版四五一，7 |
| 山茱萸（？） | | | | | | 2 | | | 0.0% | 1.3% | 2/ -/ - | 彩版四五一，8 |
| 南酸枣 | 1 | | | | | | | | 0.0% | 1.3% | 1/ -/ - | 彩版四五一，9 |
| 盐肤木（？） | 1 | | | | | | | | 0.0% | 1.3% | 1/ -/ - | 彩版四五一，10 |

南至华南、西南各省区，向西北分布至陕西、甘肃。生在海拔 2900 米以下疏、密林中①。

灯台树属于山茱萸科（Cornaceae）灯台树属（*Bothrocaryum*），落叶乔木，高 6～15 米，稀达 20 米，产自辽宁、河北、陕西、甘肃、山东、安徽、台湾、河南、广东、广西以及长江以南各省

① 中国科学院中国植物志编辑委员会：《中国植物志》第六十一卷，科学出版社，1992 年，第 153～154 页。

区。生于海拔 250～2600 米的常绿阔叶林或针阔叶混交林中①。

吴茱萸属于芸香科（Rutaceae）吴茱萸属（*Evodia*），小乔木或灌木，高 3～5 米，产自秦岭以南各地，但海南未见有自然分布，曾引进栽培，均生长不良。生于平地至海拔 1500 米山地疏林或灌木丛中，多见于向阳坡地。分布广，适应性强，其器官形态变异颇大②。

樟树属于樟科（Lauraceae）樟属（*Cinnamomum*），常绿大乔木，高可达 30 米，直径可达 3 米，枝、叶及木材均有樟脑气味。产自南方及西南各省区。常生于山坡或沟谷中，但常有栽培的。木材及根、枝、叶可提取樟脑和樟油，樟脑和樟油供医药及香料工业用③。

八角枫属于八角枫科（Alangiaceae）八角枫属（*Alangium*），落叶乔木或灌木，高 3～5 米，稀达 15 米，产自河南、陕西、甘肃、江苏、浙江、安徽、福建、台湾、江西、湖北、湖南、四川、贵州、云南、广东、广西和西藏南部；生于海拔 1800 米以下的山地或疏林中。本种药用，根名白龙须，茎名白龙条，治风湿、跌打损伤、外伤止血等。树皮纤维可编绳索。木材可作家具及天花板。亚种伏毛八角枫产自陕西南部、四川东部、湖北西部、贵州、云南、湖南、江西、安徽和江苏；生于海拔 900～1200 米的山坡疏林中；亚种稀花八角枫产自河南、陕西、甘肃、湖北、湖南、四川、贵州及云南等省，生于海拔 1100～2500 米山坡丛林中；亚种深裂八角枫产自陕西、甘肃、安徽、湖北、湖南、四川、贵州和云南等省，生于海拔 1000～2500 米的丛林中或林边④。

花椒属于芸香科（Rutaceae）花椒属（*Zanthoxylum*），产地北起东北南部，南至五岭北坡，东南至江苏、浙江沿海地带，西南至西藏东南部；台湾、海南及广东不产。见于平原至海拔较高的山地，在青海，海拔 2500 米的坡地上也有栽种。耐旱，喜阳光，各地多栽种。花椒用作中药，有温中行气、逐寒、止痛、杀虫等功效。治胃腹冷痛、呕吐、泄泻、血吸虫、蛔虫等症。又作表皮麻醉剂。气香而味辛辣，可作食用调料或工业用油。花椒又是一种芳香防腐剂，汉墓中常有以花椒的果填垫内棺，很可能是利用它的高效防虫防腐作用⑤。

山茱萸属于山茱萸科（Cornaceae）山茱萸属（*Cornus*），落叶乔木或灌木，高 4～10 米，产自山西、陕西、甘肃、山东、江苏、浙江、安徽、江西、河南、湖南等省。生于海拔 400～1500 米，稀达 2100 米的林缘或森林中。在四川有引种栽培。本种（包括川鄂山茱萸）的果实称"萸肉"，俗名"枣皮"，供药用，味酸涩，性微温，为收敛性强壮药，有补肝肾止汗的功效⑥。

南酸枣属于漆树科（Anacardiaceae）南酸枣属（*Choerospondias*），是一种大乔木，树高 8～20 米，产自西藏、云南、贵州、广西、广东、湖南、湖北、江西、福建、浙江、安徽，生于海拔

①　中国科学院中国植物志编辑委员会：《中国植物志》第五十六卷，科学出版社，1990 年，第 38～39 页。
②　中国科学院中国植物志编辑委员会：《中国植物志》第四十三卷第二分册，科学出版社，1997 年，第 65～66 页。
③　中国科学院中国植物志编辑委员会：《中国植物志》第三十一卷，科学出版社，1982 年，第 183～184 页。
④　中国科学院中国植物志编辑委员会：《中国植物志》第五十二卷第二分册，科学出版社，1983 年，第 164～166 页。
⑤　中国科学院中国植物志编辑委员会：《中国植物志》第四十三卷第二分册，科学出版社，1997 年，第 44～45 页。
⑥　中国科学院中国植物志编辑委员会：《中国植物志》第五十六卷，科学出版社，1990 年，第 84 页。

300~2000米的山坡、丘陵或沟谷林中。变种之一毛脉南酸枣产自四川、贵州东部、湖南西部、湖北西部、甘肃东南部；生于海拔400~1000米的疏林中。生长快、适应性强，为较好的速生造林树种。树皮和叶可提栲胶。果可生食或酿酒。果核可作活性炭原料。茎皮纤维可作绳索。树皮和果入药，有消炎解毒、止血止痛之效，外用治大面积水火烧烫伤[1]。

盐肤木属于漆树科（Anacardiacea）盐肤木属（Rhus），落叶小乔木或灌木，高2~10米，我国除东北、内蒙古和新疆外，其余省区均有，生于海拔170~2700米的向阳山坡、沟谷、溪边的疏林或灌丛中。本种为五倍子蚜虫寄主植物，在幼枝和叶上形成虫瘿，即五倍子，可供鞣革、医药、塑料和墨水等工业上用。幼枝和叶可作土农药。果泡水代醋用，生食酸咸止渴。种子可榨油。根、叶、花及果均可供药用[2]。

### 4. 灌木

783粒，占种子总数的9.2%，识别出3科6属2种。分别是紫金牛科（Myrsinaceae）、疑似忍冬科（Caprifoliaceae）、小檗科（Berberidaceae）、悬钩子属（Rubus）、五加属（Acanthopanax）、忍冬属（Lonicera）、荚蒾属（Viburnum）、虎刺属（Damnacanthus）、胡颓子属（Elaeagnus）、接骨木（Sambucus williamsii）和朱砂根（Ardisia crenata）（表六），绝大部分是首次发现于成都平原先秦时期遗址中。

表六　各期段灌木种子出土情况

| 种子＼期段 | 1.2 | 2.1 | 2.3 | 2.4 | 3.1 | 3.2 | 4.1 | 4.2 | 5.1 | 5.2 | 数量百分比（n=8538） | 出土概率（n=78） | 炭化/部分炭化/未炭化 | 彩版 |
|---|---|---|---|---|---|---|---|---|---|---|---|---|---|---|
| 紫金牛科 | | | 5 | | | | | | | | 0.1% | 1.3% | 5/-/- | 彩版四五二，1 |
| 忍冬科（？） | | | 4 | | | | | | | | 0.0% | 1.3% | -/-/4 | 彩版四五二，2 |
| 小檗科 | 1 | | | | | | | | | | 0.0% | 1.3% | -/1/- | 彩版四五二，3 |
| 悬钩子属 | 291 | 15 | 74 | 1 | 33 | | 1 | | | 1 | 4.9% | 16.7% | -/74/342 | 彩版四五二，4 |
| 五加属 | 21 | 3 | 2 | 1 | 1 | 14 | | 1 | | | 0.5% | 12.8% | 4/15/24 | 彩版四五二，5 |
| 忍冬属 | 23 | | 1 | | 3 | | | | | | 0.3% | 6.4% | 4/-/23 | 彩版四五二，6 |
| 荚蒾属 | 7 | | | | | | | | | | 0.1% | 2.6% | 4/-/3 | 彩版四五二，7 |
| 虎刺属 | 4 | | | | | | | | | | 0.0% | 1.3% | -/-/4 | 彩版四五二，8 |
| 胡颓子属 | 2 | | | | | | | | | | 0.0% | 2.6% | -/-/2 | 彩版四五三，1 |
| 接骨木 | | 2 | 38 | 18 | 66 | 1 | 4 | 8 | 7 | 16 | 1.9% | 28.2% | 4/3/153 | 彩版四五三，2 |
| 朱砂根 | | | 114 | | | | | | | | 1.3% | 1.3% | 114/-/- | 彩版四五三，3 |

---

① 中国科学院中国植物志编辑委员会：《中国植物志》第四十五卷第一分册，科学出版社，1980年，第86~87页。
② 中国科学院中国植物志编辑委员会：《中国植物志》第四十五卷第一分册，科学出版社，1980年，第100~101页。

悬钩子属隶属于蔷薇科（Rosaceae），为匍匐灌木，高可达 5 ~ 6 米，产自甘肃、陕西、湖北、四川、云南、贵州、广西、广东、江西、福建、浙江等省区。多生在山坡、路旁、草地或灌丛中，海拔 500 ~ 1300 米①。

接骨木属于忍冬科（Caprifoliaceae）接骨木属（Sambucus），落叶灌木或小乔木，高 5 ~ 6 米。产自黑龙江、吉林、辽宁、河北、山西、陕西、甘肃、山东、江苏、安徽、浙江、福建、河南、湖北、湖南、广东、广西、四川、贵州及云南等省区。生于海拔 540 ~ 1600 米的山坡、灌丛、沟边、路旁、宅边等地②。接骨木的根、根皮、茎叶、花朵均可供药用，主要用于治疗跌打肿痛、活血止痛及创伤出血③。

朱砂根属于紫金牛科（Myrsinaceae）紫金牛属（Ardisia），高 1 ~ 2 米，稀达 3 米，产于我国西藏东南部至台湾、湖北至海南岛等地区，海拔 90 ~ 2400 米的疏、密林下荫湿的灌木丛中。为民间常用的中草药之一，根、叶可祛风除湿，散瘀止痛，通经活络，用于跌打风湿、消化不良、咽喉炎及月经不调等症。果可食，亦可榨油，土榨出油率 20% ~ 25%，油可供制肥皂。亦为观赏植物，可用于园艺方面的品种很多④。

### 5. 藤本

332 粒，占种子总数的 3.9%，识别出 2 科 2 种，分别为葫芦科（Cucurbitaceae）、葡萄科（Vitaceae）、乌蔹莓（Cayratia japonica）和防己（Aristolochia fangchi）（表七）。

表七　各期段藤本种子出土情况

| 期段<br>种子 | 1. 2 | 2. 3 | 2. 4 | 3. 1 | 3. 2 | 数量百分比<br>（n = 8538） | 出土概率<br>（n = 78） | 炭化/部分<br>炭化/未炭化 | 彩版 |
|---|---|---|---|---|---|---|---|---|---|
| 葫芦科 | 215 | 27 | 1 | 6 | 2 | 2.9% | 14.1% | –/6/245 | 彩版四五三，4、6 |
| 葡萄科 | 5 | | | | | 0.1% | 2.6% | –/–/5 | 彩版四五三，5 |
| 乌蔹莓 | 69 | 2 | | 3 | | 0.9% | 10.3% | 5/–/69 | 彩版四五三，7 |
| 防己 | 2 | | | | | 0.0% | 1.3% | –/–/2 | 彩版四五三，8 |

乌蔹莓隶属于葡萄科（Vitaceae）乌蔹莓属（Cayratia），草质藤本。产自陕西、河南、山东、安徽、江苏、浙江、湖北、湖南、福建、台湾、广东、广西、海南、四川、贵州、云南。生于山谷林中或山坡灌丛，海拔 300 ~ 2500 米。全草入药，有凉血解毒、利尿消肿之功效⑤。

---

① 中国科学院中国植物志编辑委员会：《中国植物志》第三十七卷，科学出版社，1985 年，第 10 ~ 11 页。
② 中国科学院中国植物志编辑委员会：《中国植物志》第七十二卷，科学出版社，1988 年，第 8 ~ 10 页。
③ 韩华、闫雪莹、匡海学等：《接骨木的研究进展》，《中医药信息》2008 年第 25 卷第 6 期。
④ 中国科学院中国植物志编辑委员会：《中国植物志》第五十八卷，科学出版社，1979 年，第 68 ~ 70 页。
⑤ 中国科学院中国植物志编辑委员会：《中国植物志》第四十八卷第二分册，科学出版社，1998 年，第 78 ~ 79 页。

防己属于马兜铃科（Aristolochiacea）马兜铃属（Aristolochia），木质藤本，长达4米。产于广东（封开、高要）、广西（容县、玉林、大瑶山）、贵州（独山、长顺）和云南（富宁、西双版纳）。生于海拔500~1000米山坡密林或灌木丛中。块根药用，性寒、味苦涩，有祛风、行水之功效，主治小便不利、关节肿痛、高血压、蛇咬伤等[①]。

### 6. 杂草及其他

杂草是能够在人类试图维持某种植被状态的生境中不断自然延续其种族，并影响到这种人工植被状态维持的一类植物。简而言之，杂草是能够在人工生境中自然繁衍其种族的植物[②]。虽然杂草是伴随人工生境的产生而出现的，但出现在人工生境中的非农作物草本并不全都属于杂草。某种草本到底属于杂草还是野生植物，抑或是人工栽培物，会随着人工生境的不同而发生变化，不可一概而论。鉴于杂草的判别较为复杂，本报告把农作物之外的草本植物种子统称为"杂草及其他"类。

本类约2500粒，占种子总数的29.6%，识别出16科2亚科20属18种，分别为旋花科（Convolvulaceae）、伞形科（Umbelliferae）、早熟禾亚科（Pooideae）、菊科（Compositae）、禾本科（Gramineae）、黍亚科（Panicoideae）、藜科（Chenopodiaceae）、茄科（Solanaceae）、马齿苋科（Portulacaceae）、疑似荨麻科（Urticaceae）、唇形科（Labiatae）、莎草科（Cyperaceae）、苋科（Amaranthaceae）、豆科（Leguminosae）、睡莲科（Nymphaeaceae）、蓼科（Polygonaceae）、疑似十字花科（Cruciferae）、蝶形花科（Fabaceae）、莎草属（Cyperu）、毛茛属（Ranunculus）、藨草属（Scirpus）、蛇莓属（Duchesnea）、疑似豨莶属（Siegesbeckia）、卷耳属（Cerastium）、狗尾草属（Setaria）、眼子菜属（Potamogeton）、豇豆属（Vigna）、稗属（Echinochloa）、马唐属（Digitaria）、疑似蒿属（Artemisia）、蓼属（Polygonum）、酸模属（Rumex）、黍属（Panicum）、疑似委陵菜属（Potentilla）、大豆属（Glycine）、疑似高粱属（Sorghum）、狼尾草属（Pennisetum）、薹草属（Carex）、野燕麦（Avena fatua）、马鞭草（Verbena officinalis）、酢浆草（Oxalis corniculata）、疑似马㼎儿（Zehneria indica）、铁苋菜（Acalypha australis）、紫苏（Perilla frutescens）、叶下珠（Phyllanthus urinaria）、其中眼子菜（Potamogeton distinctus）、牛毛毡（Heleocharis yokoscensis）、疑似泽兰（Eupatorium japonicum）、金鱼藻（Ceratophyllum demersum）、细风轮菜（Clinopodium gracile）、博落回（Macleaya cordata）、疑似盒子草（Actinostemma tenerum）、红蓼（Polygonum orientale）、疑似牻牛儿苗（Erodium stephanianum）、蛇莓（Duchesnea indica）和疑似水毛花（Scirpus triangulatus）（表八）。

---

①　中国科学院中国植物志编辑委员会：《中国植物志》第二十四卷，科学出版社，1988年，第220~222页。

②　强胜主编：《杂草学》（第二版），中国农业出版社，2009年，第2页。

表八　各期段杂草及其他类种子出土情况

| 期段\种子 | 1.2 | 1.3 | 2.1 | 2.3 | 2.4 | 3.1 | 3.2 | 4.1 | 4.2 | 5.1 | 5.2 | 数量百分比（n=8538） | 出土概率（n=78） | 炭化/部分炭化/未炭化 | 彩版 |
|---|---|---|---|---|---|---|---|---|---|---|---|---|---|---|---|
| 旋花科 | 2 | | | 76 | 1 | | | | | | | 0.9% | 3.8% | 2/1/76 | 彩版四五四，1 |
| 伞形科 | 53 | | | 15 | | 1 | 2 | | | | | 0.8% | 12.8% | -/4/67 | 彩版四五四，2 |
| 早熟禾亚科 | 54 | | | 3 | | | | | | | | 0.7% | 6.4% | 56/-/1 | 彩版四五四，3 |
| 菊科 | 17 | | | 27 | | 2 | | | | | | 0.5% | 10.3% | 7/1/38 | 彩版四五四，4 |
| 禾本科 | 13 | 6 | | 3 | | | | 1 | | | 4 | 0.3% | 11.5% | 17/-/10 | 彩版四五四，5 |
| 黍亚科 | 3 | 1 | | 1 | 6 | | 3 | | 5 | | | 0.2% | 7.7% | 15/-/4 | 彩版四五四，6 |
| 藜科 | 11 | | | 5 | | | | | | | | 0.2% | 3.8% | 16/-/- | 彩版四五四，7 |
| 茄科 | 12 | | | 1 | | 3 | | | | | | 0.2% | 9.0% | 2/-/14 | 彩版四五四，8 |
| 马齿苋科 | 8 | | | 2 | | | | | | | | 0.1% | 5.1% | 10/-/- | 彩版四五四，9 |
| 荨麻科（?） | | | | 10 | | | | | | | | 0.1% | 1.3% | -/-/10 | 彩版四五五，1 |
| 唇形科 | 5 | | | 2 | | | | | | | | 0.1% | 3.8% | 1/3/3 | |
| 莎草科 | 3 | | | 4 | | | | | | | | 0.1% | 5.1% | 2/-/5 | 彩版四五五，2 |
| 苋科 | 4 | | | 1 | | | | | 1 | | | 0.1% | 3.8% | 5/-/1 | 彩版四五五，3 |
| 豆科 | 1 | | | | | | 1 | | 2 | 1 | | 0.1% | 5.1% | 5/-/- | 彩版四五五，4 |
| 睡莲科 | 4 | | | | | | | | | | | 0.0% | 1.3% | 4/-/- | 彩版四五五，5 |
| 蓼科 | 2 | | | 1 | | | | | | | | 0.0% | 3.8% | 1/-/2 | 彩版四五五，6 |
| 十字花科（?） | 1 | | | 1 | | | | | | | | 0.0% | 2.6% | -/-/2 | 彩版四五五，7 |
| 蝶形花科 | 1 | | | | | | | | | | | 0.0% | 1.3% | 1/-/- | 彩版四五五，8 |
| 莎草属 | 226 | | | 153 | 20 | 11 | 162 | 5 | | 2 | 1 | 6.8% | 21.8% | 1/23/556 | 彩版四五五，9 |
| 毛茛属 | 503 | | 4 | 42 | | 6 | | | | | | 6.5% | 12.8% | 9/32/514 | 彩版四五六，1 |
| 蘑草属 | 163 | | | 67 | 2 | 7 | 15 | | | | 8 | 3.1% | 16.7% | 11/52/199 | 彩版四五六，2 |
| 蛇莓属 | 113 | | | 4 | 3 | 3 | 2 | 2 | | | | 1.5% | 14.1% | -/1/126 | 彩版四五六，3 |
| 豨莶属（?） | 1 | | | 46 | 1 | | | | | | | 0.6% | 3.8% | 2/46/- | 彩版四五六，5 |
| 卷耳属 | 2 | | | 24 | 1 | 1 | | | | | | 0.3% | 6.4% | 2/1/25 | 彩版四五六，4 |
| 狗尾草属 | 15 | | | 3 | 1 | | | | 3 | | | 0.3% | 6.4% | 22/-/- | 彩版四五六，6 |
| 眼子菜属 | 16 | | | | | 3 | | | | | | 0.2% | 7.7% | -/-/19 | 彩版四五七，1 |
| 豇豆属 | 15 | | | 1 | | | | | | | | 0.2% | 3.8% | 16/-/- | 彩版四五六，7 |
| 稗属 | 7 | | | 3 | | | | 1 | 3 | | 1 | | 7.7% | 14/-/1 | 彩版四五七，2 |
| 马唐属 | 6 | | | 4 | 1 | | 1 | | 1 | 1 | | 0.2% | 9.0% | 6/-/8 | 彩版四五七，3 |

续表八

| 期段＼种子 | 1.2 | 1.3 | 2.1 | 2.3 | 2.4 | 3.1 | 3.2 | 4.1 | 4.2 | 5.1 | 5.2 | 数量百分比（n=8538） | 出土概率（n=78） | 炭化/部分炭化/未炭化 | 彩版 |
|---|---|---|---|---|---|---|---|---|---|---|---|---|---|---|---|
| 蒿属（?） | 6 | | | 4 | | | | | | | | 0.1% | 2.6% | -/-/10 | 彩版四五七,4 |
| 蓼属 | 7 | | | 2 | | | | | | | | 0.1% | 7.7% | 5/-/4 | 彩版四五七,5 |
| 酸模属 | 5 | | | 2 | 1 | | | | | | | 0.1% | 6.4% | 2/-/6 | 彩版四五七,6 |
| 黍属 | 1 | | | | | | | | 1 | | | 0.0% | 2.6% | 2/-/- | |
| 委陵菜属（?） | | | | 2 | | | | | | | | 0.0% | 1.3% | -/-/2 | 彩版四五七,7 |
| 大豆属 | 1 | | | | | | | | | | | 0.0% | 1.3% | 1/-/- | 彩版四五六,8 |
| 高粱属（?） | 1 | | | | | | | | | | | 0.0% | 1.3% | 1/-/- | 彩版四五七,8 |
| 狼尾草属 | | | | | 1 | | | | | | | 0.0% | 1.3% | 1/-/- | 彩版四五七,9 |
| 薹草属 | | | | 1 | | | | | | | | 0.0% | 1.3% | 1/-/- | 彩版四五七,10 |
| 野燕麦 | 188 | | 1 | 1 | | | | | | | | 2.2% | 5.1% | 190/-/- | 彩版四五八,1 |
| 马鞭草 | 24 | | | 58 | | 1 | | | 1 | | | 1.0% | 9.0% | 7/-/77 | 彩版四五八,2 |
| 酢浆草 | 11 | | | 45 | | | | 1 | | 1 | 1 | 0.7% | 9.0% | 39/-/20 | 彩版四五八,3 |
| 马㼎儿（?） | 19 | | | 1 | | | | | | | | 0.2% | 5.1% | -/-/20 | 彩版四五八,4 |
| 铁苋菜 | | | | 18 | | 1 | | | | | | 0.2% | 2.6% | 9/-/10 | 彩版四五八,5 |
| 紫苏 | 2 | | | 11 | 2 | | | | | | | 0.2% | 6.4% | 1/10/4 | 彩版四五八,6 |
| 叶下珠 | 8 | | | | | | | | | | | 0.1% | 3.8% | 3/-/5 | 彩版四五八,7 |
| 眼子菜 | 5 | | | | | | | | | | | 0.1% | 3.8% | 1/3/1 | |
| 牛毛毡 | 2 | | | 1 | | | | | | | | 0.0% | 3.8% | -/-/3 | 彩版四五九,1 |
| 泽兰（?） | | | | 2 | 1 | | | | | | | 0.0% | 2.6% | 1/-/2 | 彩版四五九,2 |
| 金鱼藻 | 2 | | | | | | | | | | | 0.0% | 2.6% | -/2/- | 彩版四五九,3 |
| 细风轮菜 | | | | 2 | | | | | | | | 0.0% | 1.3% | -/-/2 | 彩版四五九,4 |
| 博落回 | 1 | | | | | | | | | | | 0.0% | 1.3% | 1/-/- | 彩版四五九,5 |
| 盒子草（?） | 1 | | | | | | | | | | | 0.0% | 1.3% | -/-/1 | 彩版四五九,6 |
| 红蓼 | | | | 1 | | | | | | | | 0.0% | 1.3% | 1/-/- | 彩版四五九,7 |
| 牻牛儿苗（?） | | | | | 1 | | | | | | | 0.0% | 1.3% | 1/-/- | 彩版四五九,8 |
| 蛇莓 | 1 | | | | | | | | | | | 0.0% | 1.3% | -/1/- | |
| 水毛花（?） | | | | 1 | | | | | | | | 0.0% | 1.3% | 1/-/- | 彩版四五九,9 |

眼子菜属隶属于眼子菜科（Potamogetonaceae），多年生或一年生水生草本，本属约100种，分布全球，尤以北半球温带地区分布较多。我国约有28种，4变种，南北各省区均有分布①。其中眼子菜为多年生水生草本，广布于我国南北大多数省区。生于池塘、水田和水沟等静水中，水体多呈微酸性至中性。本种为常见的稻田杂草，有时是恶性杂草②。

酢浆草属于酢浆草科（Oxalidaceae）酢浆草属（*Oxalis*），全国广布。生于山坡草池、河谷沿岸、路边、田边、荒地或林下阴湿处等。亚洲温带和亚热带、欧洲、地中海和北美皆有分布。全草入药，能解热利尿，消肿散淤；茎叶含草酸，可用以磨镜或擦铜器，使其具光泽。牛羊食其过多可中毒致死③。

马㼎儿属于葫芦科（Cucurbitaceae）马㼎儿属（*Zehneria*），攀缘或平卧草本，分布于四川、湖北、安徽、江苏、浙江、福建、江西、湖南、广东、广西、贵州和云南。常生于海拔500～1600米的林中阴湿处以及路旁、田边及灌丛中。全草药用，有清热、利尿、消肿之效④。

泽兰属于菊科（Compositae）泽兰属（*Eupatorium*），多年生草本。产于黑龙江、吉林、辽宁、山东、山西、陕西、河南、江苏、浙江、湖北、湖南、安徽、江西、广东、四川、云南、贵州等地。生于山坡草地、密疏林下、灌丛中、水湿地及河岸水旁⑤。

金鱼藻属于金鱼藻科（Ceratophyllaceae）金鱼藻属（*Ceratophyllum*），多年生沉水草本；茎长40～150厘米，平滑，具分枝。全国广泛分布。生在池塘、河沟。全世界分布。为鱼类饲料，又可喂猪；全草药用，治内伤吐血⑥。

蛇莓属于蔷薇科（Rosaceae）蛇莓属（*Duchesnea*），多年生草本，产自辽宁以南各省区。生于山坡、河岸、草地、潮湿的地方，海拔1800米以下。全草药用，能散瘀消肿、收敛止血、清热解毒。茎叶捣敷治疗疮有特效，亦可敷蛇咬伤、烫伤、烧伤。果实煎服能治支气管炎。全草水浸液可防治农业害虫、杀蛆、孑孓等⑦。

水毛花属于莎草科（Cyperaceae）藨草属（*Scirpus*），根状茎粗短，无匍匐根状茎，具细长须根。我国除新疆、西藏外，广布于全国各地；生于水塘边、沼泽地、溪边牧草地、湖边等，常和慈姑莲花同生，海拔500～1500米⑧。

另有未知种子1898粒，占种子总数的22.2%；碎种5060粒。

各期段发现的植物种子/果实的分布情况如表九。

---

① 中国科学院中国植物志编辑委员会：《中国植物志》第八卷，科学出版社，1992年，第40～41页。
② 中国科学院中国植物志编辑委员会：《中国植物志》第八卷，科学出版社，1992年，第68～70页。
③ 中国科学院中国植物志编辑委员会：《中国植物志》第四十三卷第一分册，科学出版社，1998年，第11页。
④ 中国科学院中国植物志编辑委员会：《中国植物志》第七十三卷第一分册，科学出版社，1986年，第170～172页。
⑤ 中国科学院中国植物志编辑委员会：《中国植物志》第七十四卷，科学出版社，1985年，第60～61页。
⑥ 中国科学院中国植物志编辑委员会：《中国植物志》第二十七卷，科学出版社，1979年，第16～17页。
⑦ 中国科学院中国植物志编辑委员会：《中国植物志》第三十七卷，科学出版社，1985年，第358页。
⑧ 中国科学院中国植物志编辑委员会：《中国植物志》第十一卷，科学出版社，1961年，第21页。

### 表九　金沙遗址祭祀区各期段植物种类分布情况

| 期段 | 植物种类 |
|---|---|
| 第一期早段 | 无样品 |
| 第一期中段 | **农作物：** 稻谷、粟、黍、大麻、葫芦、绿豆（？）<br>**水果：** 葡萄属、猕猴桃、甜瓜<br>**乔木：** 木犀科、蔷薇科、五加科、冬青属、榕属、枪木属、榉树、构树、灯台树、桑树、女贞、榕树、吴茱萸、八角枫、南酸枣、盐肤木（？）<br>**灌木：** 小檗科、悬钩子属、忍冬属、五加属、荚蒾属、虎刺属、胡颓子属<br>**藤本：** 葫芦科、葡萄属、乌蔹莓、防己<br>**杂草及其他：** 早熟禾亚科、伞形科、菊科、禾本科、茄科、藜科、马齿苋科、唇形科、睡莲科、苋科、莎草科、黍亚科、旋花科、蓼科、豆科、十字花科（？）、蝶形花科、毛茛属、莎草属、薹草属、蛇莓属、眼子菜属、狗尾草属、豇豆属、稗属、蓼属、马唐属、酸模属、卷耳属、豨莶属（？）、黍属、大豆属、高粱属（？）、野燕麦、马鞭草、马咬儿（？）、酢浆草、叶下珠、蒿属（？）、眼子菜、牛毛毡、金鱼藻、紫苏、蛇莓、博落回、盒子草（？） |
| 第一期晚段 | **农作物：** 稻谷、黍<br>**乔木：** 苹果亚科（？）<br>**杂草及其他：** 禾本科、黍亚科 |
| 第二期第一段 | **农作物：** 稻谷<br>**水果：** 葡萄属<br>**乔木：** 榕属、八角枫、花椒<br>**灌木：** 悬钩子属、五加属、接骨木<br>**杂草及其他：** 毛茛属、野燕麦 |
| 第二期第二段 | 无样品 |
| 第二期第三段 | **农作物：** 稻谷、粟、大麻、黍<br>**水果：** 葡萄属、李属、樱属（？）、梅/桃<br>**乔木：** 樟科、五加科、蔷薇科、五味子科（？）、大戟科、冬青属、朴属、榉树、樟树、构树、吴茱萸、桑树、女贞、八角枫、榕树、灯台树<br>**灌木：** 紫金牛科、忍冬科（？）、悬钩子属、五加属、忍冬属、朱砂根、接骨木<br>**藤本：** 葫芦科、乌蔹莓<br>**杂草及其他：** 旋花科、菊科、伞形科、荨麻科（？）、藜科、莎草科、早熟禾亚科、禾本科、马齿苋科、唇形科、黍亚科、茄科、苋科、蓼科、十字花科（？）、莎草属、薹草属、豨莶属（？）、毛茛属、卷耳属、蛇莓属、马唐属、蒿属（？）、狗尾草属、稗属、蓼属、酸模属、委陵菜属（？）、豇豆属、薹草属、马鞭草、酢浆草、铁苋菜、紫苏、泽兰（？）、细风轮菜、野燕麦、马咬儿（？）、牛毛毡、红蓼、水毛花（？） |
| 第二期第四段 | **农作物：** 稻谷、粟、黍<br>**水果：** 葡萄属、梅/桃<br>**乔木：** 蔷薇科、榉树、女贞、构树、桑树、灯台树、八角枫<br>**灌木：** 悬钩子属、五加属、接骨木<br>**藤本：** 葫芦科<br>**杂草及其他：** 黍亚科、旋花科、莎草属、蛇莓属、薹草属、卷耳属、豨莶属（？）、狗尾草属、马唐属、狼尾草属、紫苏、泽兰（？）、牻牛儿苗（？） |

| 期段 | 植物种类 |
|---|---|
| 第三期早段 | **水果**：葡萄属<br>**乔木**：五加科、蔷薇科、冬青属、枪木属、榉树、女贞、构树、花椒、山茱萸（？）<br>**灌木**：悬钩子属、忍冬属、五加属、接骨木<br>**藤本**：葫芦科、乌蔹莓<br>**杂草及其他**：茄科、菊科、伞形科、莎草属、藨草属、毛茛属、蛇莓属、眼子菜属、卷耳属、酸模属、马鞭草、铁苋菜 |
| 第三期中段 | **农作物**：稻谷、粟、黍<br>**乔木**：八角枫<br>**灌木**：五加属、接骨木<br>**藤本**：葫芦科<br>**杂草及其他**：黍亚科、伞形科、豆科、莎草属、藨草属、蛇莓属、马唐属 |
| 第三期晚段 | 无种子 |
| 第四期早段 | **乔木**：蔷薇科<br>**灌木**：悬钩子属、接骨木<br>**杂草及其他**：莎草属、蛇莓属、稗属、酢浆草 |
| 第四期晚段 | **农作物**：稻谷、黍<br>**灌木**：接骨木<br>**杂草及其他**：黍亚科、豆科、禾本科、狗尾草属、稗属、马唐属、黍属、马鞭草 |
| 第五期早段 | **农作物**：稻谷<br>**灌木**：五加属、接骨木<br>**杂草及其他**：豆科、苋科、莎草属、马唐属、酢浆草 |
| 第五期中段 | **农作物**：稻谷<br>**灌木**：悬钩子属、接骨木<br>**杂草及其他**：禾本科、藨草属、莎草属、稗属、酢浆草 |
| 第五期晚段 | 无种子 |
| 第六期 | 无样品 |

# （四）分析讨论

总体而言，这批样品的浮选结果种子/果实数量非常多，种类十分丰富，并且很多种类在成都平原同时期的其他地点难得一见，凸显了它的特殊之处。

在金沙遗址祭祀区的发掘报告中，商周时期之后的时段没有进一步细分，且该时段偏晚，种子种类贫乏、数量很少，缺乏可对比之处，所以本文仅在文字中有所提及，但不展开讨论，而是把重点放在新石器晚期—商周时期的这 78 份样品上。而第一期早段、第二期第二段和第六期的样品缺失，无法分析。因此，以下的分析实际仅把第一期中段到第五期晚段（不含第二期第二段）纳入讨论范围。

## 1. 农业概貌

从已经发现的作物来看，可大致分为谷物类和瓜果食材类两大类。

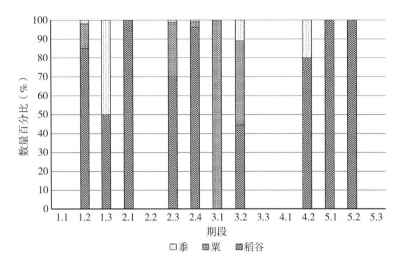

图一　金沙遗址祭祀区各时段农作物数量百分比

可归入谷物类的有稻谷、粟和黍三种。

从数量百分比来看（图一），稻谷在三者中的比重绝大多数时段都是在50%以上，最多的时候能达到100%，显示出它的优势地位，而粟和黍的比重较低，且在多数时段中都是缺失的。相比较而言，在两者同出的时段，粟的比重明显高于黍。

总体而言，金沙遗址祭祀区地点从新石器晚期到商末周初时，其谷物结构是以稻谷为主，兼种粟和黍。这和成都平原其他地点同时期的谷物结构特征是一致的。

需要指出的是，虽然该地点的谷物结构与成都平原同时期的其他地点高度一致，但是，由于该地点是祭祀区，人类活动与祭祀行为密切相关，性质比较特殊，这种一致可能只是一种巧合，这批材料究竟能在多大程度上反映该区域的农业形态，还需要谨慎对待。

新石器时代晚期时，金沙遗址祭祀区的瓜果食材类有葡萄属、猕猴桃和甜瓜，种子数量相对较多；到了商周时的第二、三期，瓜果食材类仍较丰富，葡萄属在这两期的各时段基本都有发现，新出现了李属、樱属（？）及梅/桃，其余的已不见。绿豆（？）是成都平原首次发现。葫芦仅出现在新石器时代晚期，数量也很少。金沙遗址祭祀区新石器时代晚期已经发现有较多的瓜果食材类植物，不排除有部分已经被驯化栽培，如绿豆、葫芦和甜瓜。

### 2. 炭化遗存反映的祭祀活动

根据出土器物的分析，发掘报告作者认为祭祀区地点作为一个特定的祭祀场所是从第二期第三段开始的，这个时段祭祀活动频繁，祭祀方式以"瘗埋"为主；第三期中段可能出现了"燎祭"这一新的祭祀方式；从第五期中段开始，祭祀区作为古蜀先民信仰系统的圣地开始衰落；第五期晚段时，祭祀区祭祀活动加速衰落。

从植物遗存的角度来看，发掘报告中的很多观点是可以得到印证的，但是和从器物角度观察所得到的一些观点有所出入。

炭屑含量可以反映某地点用火行为的频繁程度或用火规模：若炭屑含量高，我们可以认为该地点存在着大规模的用火行为，或是用火行为频繁。而炭屑含量的高低是一个相对值，无法通过一个具体的数值或数值范围来衡量，应当通过遗址内部不同时段或者通过当地同一时段不同地点的炭屑含量进行对比之后方可得知。

炭屑在祭祀区地点各时段都有发现，总的平均炭屑含量为 2.64 克/10 升，其中，超过平均值的为第一期中段、第二期第三段和第三期中段，其数据分别为 3.93 克/10 升、3.88 克/10 升和 7.30 克/10 升，第三期中段的炭屑含量异常丰富，远超其他阶段（图二）。

成都平原其他地点商代末期—西周时期的炭屑含量情况为：金沙遗址 5 号 C 地点为 0.84 克/10 升[1]，双流县三官堂地点为 0.99 克/10 升[2]，郫县波罗村遗址·宽锦地点为 1.17 克/10 升[3]，都低于 2 克/10 升。

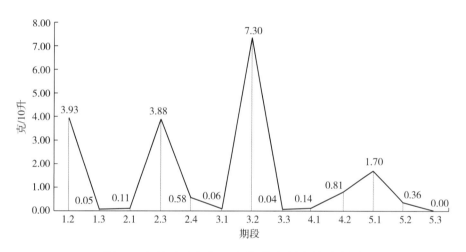

图二 金沙遗址祭祀区各期段炭屑含量示意图

与成都平原同时期的其他地点相比，金沙遗址祭祀区地点的炭屑含量非常高，特别是第三期中段，其炭屑含量之丰富，尤其令人瞩目。

那么，如此高的炭屑含量是如何形成的呢？它反映了哪些人类行为呢？

在方式繁多的祭祀活动中，有一种称为"燎祭"的祭祀方式，通过燔柴燎牲以祭天，需要用到大量的薪柴。我们认为祭祀区大部分的炭屑，在很大程度上和祭祀活动密切相关。特别是第三期中段，从器物的角度分析，报告作者推测该期可能已经出现了"燎祭"活动，与之相吻合的是，

① 姜铭、赵德云、黄伟等：《四川成都城乡一体化工程金牛区 5 号 C 地点考古出土植物遗存分析报告》，《南方文物》2011 年第 3 期。
② 中国科学院中国植物志编辑委员会：《中国植物志》第十一卷，科学出版社，1961 年，第 21 页。
③ 姜铭、刘雨茂、杨占风：《郫县波萝村遗址"宽锦"地点 2011 年浮选结果及分析》，《成都考古发现（2012）》，科学出版社，2014 年。

该时段的炭屑含量是各时段最高的，达到了惊人的 7.30 克/10 升，且分布于多个探方的不同地层中，而该地点的平均值仅为 2.64 克/10 升，同时期的其他地点更是远低于该值。需要特别指出的是，普通遗址的炭屑一般来自灰坑、窑址之类的遗迹单位，地层中一般只有零星发现，但金沙遗址祭祀区该时段的炭屑来源却是另一番模样：虽然礼仪性堆积也发现了不少炭屑，但是，大量的炭屑来自众多地层，若非存在频繁的用火行为，则无法解释在地层中也发现大量炭屑这一反常现象，而这种频繁的用火行为，应当和此地的祭祀活动密切相关。

在炭化种子中，我们发现了种类众多的树木种子，其中，乔木近 20 个科/属/种，灌木也有数科/属/种。而成都平原同时期的其他地点，浮选的样品中几乎没有发现树木的种子，即使在国内，大都仅发现有农作物、杂草种子，发现树木种子的遗址也是屈指可数，这更加显示出金沙遗址祭祀区地点的与众不同，如果把种类众多的树木种子归结于祭祀活动的燔柴行为，则可以得到比较完美的解释。

《吕氏春秋·季冬》高诱注："燎者，积聚柴薪，置璧与牲于上而燎之，升其烟气。"《公羊传·僖公三十一年》何休注："燎者，取俎上七体与其珪宝，在辨中，置于柴上烧之。"《礼记·祭法》孔颖达疏："燔柴于泰坛者，谓积薪于坛上，而取玉及牲置柴上燔之，使气达于天也。"可见，燎祭时需要"积聚柴薪"，则大量的木柴是必不可少的。而商周时期的祭祀活动，更是被提升到"国之大事"的高度，不仅场面隆重，而且频繁举行，若祭祀过程中存在燔烧行为，经过天长日久的累积后，必然会留下大量的炭屑，而留下树木种子的概率，则会比普通遗址更高。

但是，祭祀区发现的树木种类是如此之多，可能在举行燎祭时，并没有刻意选择特定的树种，而是把常见的木柴用于燔烧，这也反映出燎祭所用的薪柴很可能是就近砍伐的。

另外，燎祭需要"升其烟气"，以达于天。为了追求烟气效果，发烟之物不可少，除了杂烧各类木柴之外，大量的枯草也可能是烟源之一，所以，树木种子的种类和杂草及其他种子的种类的数量在金沙遗址祭祀区第二期第三段都达到了峰值，呈现出一定的同步关系（图三），可能正是这种需求的外在表现。

花椒作为调味品或药用是现代人所熟知的用途，但它在先秦时仍处于野生状态，迟至东晋之后才开始有了人工栽培①，在两汉之前这些并不是它的主要用途，此时的它主要用于：（1）敬神与祭祀；（2）避邪与养生；（3）熏香与清洁②。燎祭的精意在于使烟气和香气上达于天，除了在视觉上要有烟气之外，在嗅觉上还追求芳香之气，会有意加入那些能产生特殊气味的香木、香草进行燔烧。《楚辞·离骚》："杂申椒与菌桂兮，岂维纫夫蕙茝？"王逸注："椒，香木也。"五臣云："椒、菌桂皆香木。"③花椒因其富有芳香，可成为燎祭时的选用木材。金沙遗址祭祀区发现的花椒数量较少，仅发现了 5 粒炭化种子，除了野生花椒产量可能不高的因素外，另一种可能的情

---

① 林鸿荣：《椒史初探》，《中国农史》1985 年第 2 期。
② 姚智远、徐婵非：《先秦两汉花椒的用途及文化意义》，《农业考古》2008 年第 1 期。
③ （宋）洪兴祖撰，白化文等点校：《楚辞补注》，中华书局，1983 年，第 7 页。

形是：作为一种能产生香气的香木，在燎祭时燃烧得比较彻底，导致遗留下来的种子偏少。

另外，樟树枝、叶及木材均有樟脑气味，木材及根、枝、叶可提取樟脑和樟油，可用于香料工业；木樨科中有部分是香料植物，这些能产生特殊香气的树种，可能在燎祭过程中也会被用到。

虽然发掘报告的作者从器物的角度判断"燎祭"活动在第三期中段才出现，但是，在第二期第三段时，炭屑迎来了一个高峰值，且树木和杂草及其他的种类数量达到了最高值，若从这一角度来看的话，"燎祭"活动可能在第二期第三段时已经出现。或许此时的祭祀活动比较侧重于借助烟气来沟通神灵，所以我们没有在这一时段发现较贵重的礼仪用品。

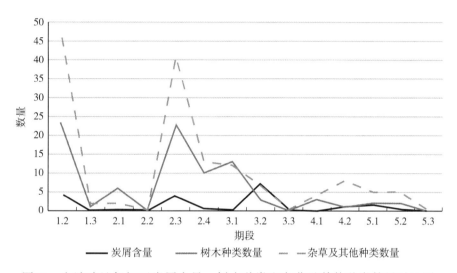

图三　金沙遗址祭祀区炭屑含量、树木种类和杂草及其他种类数量对比图

另外，考虑到第二期第三段的炭屑和果实/种子集中来自于 L58，其他遗迹单位的贡献很少，应当视为某次或有限的几次燎祭时大量焚烧薪柴导致的结果。

炭屑含量远高于其他时段或者同时期的其他地点，且大部分炭屑来自于地层，以及大量树木类、杂草及其他类种子在部分期段的出现有一定的同步现象，使我们相信金沙遗址至少在第二期第三段和第三期中段时存在过"燎祭"活动。虽然属于新石器时期的第一期第一段也呈现出这样的特征，但是根据器物组合及遗迹特征，发掘报告编写者认为金沙遗址祭祀区地点的新石器时期堆积很可能不是原生堆积，因此，根据植物遗存难以做出该时期是否也存在"燎祭"活动的判断。

### 3. 微环境探讨

与成都平原同时期其他遗址相比，金沙遗址祭祀区植物遗存一个十分引人注目的现象是发现了大量树木类种子，不仅数量众多，而且种类也十分丰富，乔木、灌木及藤本共计 11 科 1 亚科 13 属 20 种（含水果类），3600 余粒，约占种子数的一半，这一现象是其他遗址从未出现过的。

在这些树木中，有很多适宜生长在低海拔的林地中，例如：灯台树生于海拔 250～2600 米的常绿阔叶林或针阔叶混交林中；吴茱萸生于平地至海拔 1500 米山地疏林或灌木丛中，多见于向阳坡地；八角枫生于海拔 1800 米以下的山地或疏林中；山茱萸生于海拔 400～1500 米、稀达 2100 米的林缘或森林中；南酸枣生于海拔 300～2000 米的山坡、丘陵或沟谷林中；盐肤木生于海拔 170～2700 米的向阳山坡、沟谷、溪边的疏林或灌丛中；女贞生于海拔 2900 米以下疏、密林中；榉树适宜生长的海拔在 500～1900 米。由此可见，金沙遗址附近是存在着林地的。而花椒耐旱，喜阳光，见于平原至海拔较高的山地，在青海，海拔 2500 米的坡地也有栽种；八角枫也多生长于近千米高的林地中。成都平原中心部位没有山地，海拔在 400～750 米，仅在龙门山和邛崃山的山脊线达 4000 米以上，龙泉山的山脊线海拔 600～1000 米①，花椒和八角枫可能来自龙门山、邛崃山或龙泉山的山脉中。

在众多的杂草及其他类种子中，有数种为水生杂草或常见于近水环境中，如：毛茛属有部分为水生种；眼子菜为多年生或一年生水生草本，广布于我国南北大多数省区，生于池塘、水田和水沟等静水中；泽兰生于山坡草地、密疏林下、灌丛中、水湿地及河岸水旁；金鱼藻为多年生沉水草本，生在池塘、河沟；水毛花生于水塘边、沼泽地、溪边牧草地、湖边等，常和慈姑莲花同生。可见金沙遗址附近或内部存在着湖沼湿地类的水环境，而祭祀区内部发现的古河道更加印证了这一推测。

祭祀区各时段的种子，有超过半数是未炭化的，这个现象存在于农作物之外的其他所有类别。未炭化种子数量之多、范围之广，是成都平原同时期的其他遗址中所不见的。

全是未炭化种子的有：水果类的李属、樱属（？）、甜瓜，树木类的苹果亚科（？）、榕属、桑树、榕树、忍冬科（？）、虎刺属、胡颓子属，藤本类的葡萄科、防己，杂草及其他类的荨麻科（？）、十字花科（？）、眼子菜属、蒿属（？）、委陵菜属（？）、马瓟儿（？）、牛毛毡、细风轮菜、盒子草（？）。

其他超过一半是未炭化种子的有：树木类的五加科、五味子科（？）、冬青属、榉树、构树、灯台树、八角枫、悬钩子属、五加属、忍冬属、接骨木，藤本类的葫芦科、乌蔹莓，杂草类的旋花科、伞形科、菊科、茄科、莎草科、蓼科、莎草属、毛茛属、薰草属、蛇莓属、卷耳属、马唐属、酸模属、马鞭草、铁苋菜、叶下珠、泽兰（？）。

大量未炭化种子的存在，意味着埋入时很可能处于饱水的环境。而这些未炭化种子的生境差别较大，有的属于林地植物，如大多数的树木；有的适宜生长于潮湿的环境，如毛茛属、莎草属等。这些种类原本难以共存于同一地，但它们同出于祭祀区内，可见经过了搬运。因为它们很可能在埋入时就处于饱水环境中，这种搬运，因人们的采伐收集行为导致的可能性较小，很可能是种子掉入河中或植株被河流裹挟，然后被搬运到此地囤积下来的。

## （五）结语

金沙遗址祭祀区浮选出的种子/果实种类丰富、数量较多，从目前已经掌握的资料分析，我们

---

① 成都市地方志编纂委员会：《成都市志·地理志》，成都出版社，1993 年，第 63～64 页。

认为金沙遗址祭祀区在谷物结构上虽然与成都平原同时期的其他地点一样，都是以稻谷为主，兼种粟和黍。绿豆（?）、葫芦和甜瓜最早出现在新石器时代晚期，不排除它们已经被驯化的可能。但因为该地点长期作为祭祀区存在，与日常生活区的性质不同，这批材料究竟能在多大程度上反映该区域的农业形态，还需要谨慎对待。

金沙遗址祭祀区的炭屑含量非常高，其平均值远高于成都平原同时期的其他地点，且大部分炭屑来自于地层，表明其用火十分频繁，可能反映了该地点在商周时期祭祀活动比较频繁。其中，在第二期第三段和第三期中段出现了炭屑含量的高峰值，且第二期第三段中树木类和杂草及其他类种子的种类和数量存在一定的同步现象，显示这两个时段可能存在着"燎祭"活动，这些燎祭活动可能更偏重于烟气的生发而非祭品的燎烧。

金沙遗址祭祀区存在大量树木类种子遗存，是成都平原同时期其他遗址中从未有过的现象，令人瞩目，表明附近可能存在较多林地。多种水生杂草和大量未炭化林木和杂草及其他类种子的存在，反映了当时存在多水的环境，与古河道可能存在一定关联。

**附记：** 中国社会科学院考古研究所的杨金刚先生鉴定并复核了部分样品，成都文物考古研究院陈雪梅、宋杨参与了样品的鉴定工作，在此表示感谢。

附表一　金沙遗址祭祀区种子鉴定表（炭化部分）

| 时代 | 期段 | 出土单位 | 体积（L） | >1mm 炭化物重量（g） | 稻谷（整） | ≥1/2 稻谷 | <1/2 稻谷 | 稻谷基盘 | 稻胚 | 粟 | 大麻 | 黍 | 绿豆（?） | 葡萄属 | 猕猴桃 | 梅/桃 |
|---|---|---|---|---|---|---|---|---|---|---|---|---|---|---|---|---|
| 新石器 | 1.2 | ⅠT6909㉟ | 20 | 4.487 | 1 | 2 | 28 | 62 | | 1 | | | | | | |
| | | ⅠT6909㉟c | 39.5 | 1.611 | | 1 | 1 | 2 | | | | | | 15 | | |
| | | ⅠT6909㊵ | 73.5 | 87.216 | 115 | 58 | 203 | 15659 | 6 | 21 | 1 | 2 | | 30 | 10 | |
| | | ⅠT7007～7008㊴ | 2.5 | 9.121 | | | 4 | 2 | 4 | | | | | | | |
| | | ⅠT7007㊵ | 4.5 | 4.388 | | 2 | 15 | 140 | 2 | | | | | | | |
| | | ⅠT7008㊴ | 45 | 0.822 | | | 3 | 22 | | | | | | | | |
| | | ⅠT7009㊵ | 154 | 25.477 | 12 | 30 | 109 | 1472 | 3 | 12 | | 3 | 1 | 70 | | |
| | 1.3 | ⅠT6612㉖ | 26 | 0.132 | | 1 | 2 | 11 | | | | 1 | | | | |
| | 2.1 | H2313 | 67.5 | 0.747 | | 1 | | 23 | | | | | | 3 | | |
| 商周 | 2.3 | L58 | 223.5 | 92.52 | 9 | 16 | 31 | 1236 | 12 | 7 | 5 | | | 19 | | |
| | | ⅠT7108㉔ | 8 | 0.282 | | | | | | | | | | | | |
| | | ⅠT7108㉙ | 6 | 0 | | | | | | | | | | | | |
| | | ⅠT7209㉑ | 13 | 5.04 | 7 | 31 | 74 | 404 | 4 | 19 | | 1 | | | | |
| | | ⅠT7304㉔ | 1 | 0 | | | | | | | | | | | | |
| | | ⅠT7306㉒ | 0.5 | 0.005 | | | | | | | | | | | | |
| | | ⅠT7306㉔ | 0.5 | 0.01 | | | | | | | | | | | | |
| | | L24 | 4 | 3.549 | 40 | 65 | 276 | 1782 | 33 | | | | | | | 5 |
| | 2.4 | ⅠT7208㉒ | 31 | 0.259 | | | | 1 | | | | 1 | | | | |
| | | ⅠT7209⑲ | 21 | 0.257 | | | 3 | 160 | 2 | 2 | | | | | | |
| | | ⅠT7304㉒ | 1 | 0 | | | | | | | | | | | | |
| | | ⅠT7306⑲ | 0.5 | 0 | | | | | | | | | | | | |
| | | ⅠT7306㉑ | 0.5 | 0 | | | | | | | | | | | | |
| | | ⅠT8205⑪ | 2 | 0 | | | | | | | | | | | | |
| | | ⅠT8205⑫ | 4 | 0 | | | | | | | | | | | | |
| | 3.1 | ⅠT8305⑫ | 6.5 | 0.009 | | | | 20 | 1 | | | | | | | |
| | | H2312② | 35 | 0.428 | | | 3 | 10 | | 1 | | | | | | |
| | | ⅠT7213⑱b | 35 | 0.029 | | | | | | | | | | | | |
| | | ⅠT7306⑱ | 0.5 | 0 | | | 1 | | | | | | | | | |
| | | ⅠT8205⑩ | 2.5 | 0 | | | | | | | | | | | | |
| | 3.2 | L13 | 5.5 | 4.312 | | | | 3 | | | | | | | | |
| | | ⅠT7211⑰ | 0.5 | 6.427 | | | | | | | | | | | | |
| | | ⅠT7213⑯ | 4 | 1.22 | | | | | | | | | | | | |
| | | ⅠT7213⑰ | 1 | 0.015 | | | 1 | | | | | | | | | |
| | | ⅠT7306⑰ | 0.5 | 0 | | | | | | 1 | | | | | | |
| | | ⅠT7307⑩ | 1 | 0.005 | | | | | | | | | | | | |
| | | ⅠT7307⑫ | 1 | 0.018 | | | | | | | | | | | | |
| | | ⅠT7307⑭ | 1 | 0 | | | | | | | | | | | | |
| | | ⅠT7307⑮ | 1.5 | 0.116 | | 1 | 31 | 80 | | | | | | | | |

续附表一

| 时代 | 期段 | 出土单位 | 体积(L) | >1mm炭化物重量(g) | 农作物 稻谷(整) | ≥1/2稻谷 | <1/2稻谷 | 稻谷基盘 | 稻胚 | 粟 | 大麻 | 黍 | 绿豆(?) | 水果 葡萄属 | 猕猴桃 | 梅/桃 |
|---|---|---|---|---|---|---|---|---|---|---|---|---|---|---|---|---|
| 商周 | 3.2 | ⅠT7307⑥ | 1 | 0.009 | | | | | | | | | | | | |
| | | ⅠT7309⑩ | 2 | 1.146 | | 5 | 41 | 169 | 4 | 7 | | 1 | | | | |
| | | ⅠT7309① | 0.5 | 0.014 | | 1 | | | | | | | | | | |
| | | ⅠT8007⑧b | 0.5 | 1.315 | | | | | | | | 1 | | | | |
| | 3.3 | ⅠT8205⑧ * | 3 | 0.013 | | | | | | | | | | | | |
| | | L18 | 5.5 | 0.061 | | | | | | | | | | | | |
| | 4.1 | ⅠT6815⑭ | 0.5 | 0 | | | | | | | | | | | | |
| | | ⅠT6815⑮ | 1 | 0.104 | | | 1 | 1 | | | | | 1 | | | |
| | | ⅠT7213⑤ | 4 | 0 | | | | | | | | | | | | |
| | | ⅠT7308⑨ | 1 | 0 | | | | | | | | | | | | |
| | 4.2 | L6 | 3 | 0.006 | | | | | | | | | | | | |
| | | ⅠT6713-6714⑬ | 0.5 | 0.025 | | | | | | | | | | | | |
| | | ⅠT6815③ | 0.5 | 0 | | | | | | | | | | | | |
| | | ⅠT7111③ | 9 | 1.218 | 2 | 1 | 13 | 33 | 2 | | | 1 | | | | |
| | | ⅠT7213③ | 0.5 | 0 | | | | | | | | | | | | |
| | | ⅠT8106⑦ | 2 | 0 | | 1 | 1 | | | | | | | | | |
| | 5.1 | ⅠT6611⑩ | 0.5 | 1.233 | | | | | | | | | | | | |
| | | ⅠT6616① | 1 | 0.006 | | | | | | | | | | | | |
| | | ⅠT6616② | 0.5 | 0.052 | | | 1 | | | | | | | | | |
| | | ⅠT6815⑩ | 1.5 | 0.034 | | | | | | | | | | | | |
| | | ⅠT6815① | 0.5 | 0 | | | | | | | | | | | | |
| | | ⅠT6815⑫ | 0.5 | 1.225 | | | | | | | | | | | | |
| | | ⅠT7213⑩ | 26.5 | 3.215 | | 2 | 3 | 13 | | | | | | | | |
| | | ⅠT7213⑫ | 0.5 | 0 | | | 1 | | | | | | | | | |
| | | ⅠT8105⑥ | 2.5 | 0 | | | | | | | | | | | | |
| | 5.2 | ⅠT6612⑥ | 0.5 | 0.778 | | 1 | 1 | 15 | | | | | | | | |
| | | ⅠT6616⑥ | 0.5 | 0.031 | | | | | | | | | | | | |
| | | ⅠT6616⑧ | 1 | 0.03 | | | 2 | | | | | | | | | |
| | | ⅠT6815⑥ | 0.5 | 0.008 | | | | | | | | | | | | |
| | | ⅠT6815⑨ | 0.5 | 0.164 | | | | | | | | | | | | |
| | | ⅠT7008⑨ | 6 | 0.043 | | | | | | | | | | | | |
| | | ⅠT7209⑧ | 24 | 0.956 | | 1 | 1 | 2 | | | | | | | | |
| | | ⅠT7210⑨ | 22 | 0.629 | | | 7 | 2 | | | | | | | | |
| | | ⅠT7213⑥ | 1 | 0 | | | | | | | | | | | | |
| | 5.3 | ⅠT7308⑥ | 1 | 0 | | | | | | | | | | | | |
| | | ⅠT7308⑦ | 1 | 0.015 | | | | | | | | | | | | |
| | | ⅠT6616⑤ | 1 | 0 | | | | | | | | | | | | |
| | | ⅠT6815⑤ | 0.5 | 0 | | | | | | | | | | | | |
| | | ⅠT7213⑤ | 0.5 | 0 | | | | | | | | | | | | |
| 小计 | | | 973 | 260.832 | 187 | 220 | 856 | 21324 | 73 | 71 | 6 | 11 | 1 | 137 | 10 | 5 |

\* 种子鉴定表中的单位号誊抄自土样浮选时的原始标签。ⅠT8205⑧在划分亚层时，没有及时同步更新此前已采集土样的标签，导致该地层的土样缺失亚层号。数据整理阶段，按就晚不就早的原则，把ⅠT8205⑧的土样视为ⅠT8205⑧a层出土，亚层号缺失的现状予以保留。

续附表一

| 时代 | 期段 | 出土单位 | 五加科 | 樟科 | 蔷薇科 | 木犀科 | 五味子科（?） | 大戟科 | 冬青属 | 桤木属 | 桦树 | 构树 | 女贞 | 吴茱萸 | 樟树 | 八角枫 | 花椒 | 山茱萸（?） | 南酸枣 | 盐肤木（?） |
|---|---|---|---|---|---|---|---|---|---|---|---|---|---|---|---|---|---|---|---|---|
| | | | | | | | | | | | | | 乔木 | | | | | | | |
| 新石器 | 1.2 | ⅠT6909㊴ | | | 2 | 9 | | | | | 1 | | | 1 | | 2 | | | | |
| | | ⅠT6909㊴c | | | | | | | | | | | | | | | | | | |
| | | ⅠT6909㊵ | | | | 1 | | | | 1 | 8 | | | 3 | | 1 | | | 1 | 1 |
| | | ⅠT17007～7008㊴ | | | | | | | | | | | | | | | | | | |
| | | ⅠT17007㊵ | | | 1 | | | | | | | | | | | | | | | |
| | | ⅠT17008㊴ | | | | | | | | | | | | | | | | | | |
| | | ⅠT17009㊵ | | | 3 | 13 | | | 1 | | 5 | | 2 | 5 | | 3 | | | | |
| | 1.3 | ⅠT6612㊱ | | | | | | | | | | | | | | | | | | |
| | 2.1 | H2313 | | | | | | | | | | | | | | | | | | |
| | | L58 | | 57 | 11 | | 1 | 1 | | | 115 | | | 56 | 3 | | | | | |
| | 2.3 | ⅠT17108㉔ | | | | | | | | | | | | | | | | | | |
| | | ⅠT17108㉙ | | | | | | | | | | | | | | | | | | |
| | | ⅠT17209㉑ | | | | | | | | | | | | | | | | | | |
| | | ⅠT17304㉔ | | | | | | | | | | | | | | | | | | |
| | | ⅠT17306㉓ | | | | | | | | | | | | | | | | | | |
| | | ⅠT17306㉔ | | | | | | | | | | | | | | | | | | |
| 商周 | 2.4 | L24 | | | 17 | | | | | | | | | | | | | | | |
| | | ⅠT17208⑳ | | | | | | | | | | | | | | | | | | |
| | | ⅠT17209⑲ | | | | | | | | | | | | | | | | | | |
| | | ⅠT17304㉒ | | | | | | | | | | | | | | | | | | |
| | | ⅠT17306⑲ | | | | | | | | | | | | | | | | | | |
| | | ⅠT17306㉑ | | | | | | | | | | | | | | | | | | |
| | | ⅠT18205⑪ | | | | | | | | | | | | | | | | | | |
| | | ⅠT18205⑫ | | | | | | | | | | | | | | | | | | |
| | | ⅠT18305⑫ | | | | | | | | | | | | | | | | | | |
| | 3.1 | H2312② | 10 | | 9 | | | | 5 | 12 | 9 | 8 | 106 | | | | 4 | 2 | | |
| | | ⅠT17213⑬b | | | | | | | | | | | | | | | | | | |
| | | ⅠT17306⑱ | | | | | | | | | | | | | | | | | | |
| | | ⅠT18205⑩ | | | | | | | | | | | | | | | | | | |
| | 3.2 | L13 | | | | | | | | | | | | | | | | | | |
| | | ⅠT17211⑰ | | | | | | | | | | | | | | | | | | |
| | | ⅠT17213⑯ | | | | | | | | | | | | | | | | | | |
| | | ⅠT17213⑰ | | | | | | | | | | | | | | | | | | |
| | | ⅠT17306⑰ | | | | | | | | | | | | | | | | | | |
| | | ⅠT17307⑩ | | | | | | | | | | | | | | | | | | |
| | | ⅠT17307⑫ | | | | | | | | | | | | | | | | | | |
| | | ⅠT17307⑭ | | | | | | | | | | | | | | | | | | |
| | | ⅠT17307⑮ | | | | | | | | | | | | | | | | | | |
| | | ⅠT17307⑯ | | | | | | | | | | | | | | | | | | |
| | | ⅠT17309⑩ | | | | | | | | | | | | | | | | | | |

续附表一

| 时代 | 期段 | 出土单位 | 乔木 | | | | | | | | | | | | | | | | | |
|---|---|---|---|---|---|---|---|---|---|---|---|---|---|---|---|---|---|---|---|---|
| | | | 五加科 | 樟科 | 蔷薇科 | 木犀科 | 五味子科(?) | 大戟科 | 冬青属 | 枸木属 | 梓树 | 构树 | 女贞 | 吴茱萸 | 樟树 | 八角枫 | 花椒 | 山茱萸(?) | 南酸枣 | 盐肤木(?) |
| 商周 | 3.2 | ⅠT7309① | | | | | | | | | | | | | | | | | | |
| | 3.3 | ⅠT8007⑧b | | | | | | | | | | | | | | | | | | |
| | | ⅠT8205⑧ | | | | | | | | | | | | | | | | | | |
| | | L18 | | | | | | | | | | | | | | | | | | |
| | 4.1 | ⅠT6815⑭ | | | | | | | | | | | | | | | | | | |
| | | ⅠT6815⑮ | | | | | | | | | | | | | | | | | | |
| | | ⅠT7213⑮ | | | | | | | | | | | | | | | | | | |
| | | ⅠT7308⑨ | | | | | | | | | | | | | | | | | | |
| | | L6 | | | | | | | | | | | | | | | | | | |
| | 4.2 | ⅠT6713-6714⑬ | | | | | | | | | | | | | | | | | | |
| | | ⅠT6815⑬ | | | | | | | | | | | | | | | | | | |
| | | ⅠT7111⑬ | | | | | | | | | | | | | | | | | | |
| | | ⅠT7213⑬ | | | | | | | | | | | | | | | | | | |
| | | ⅠT8106⑦ | | | | | | | | | | | | | | | | | | |
| | 5.1 | ⅠT6611⑩ | | | | | | | | | | | | | | | | | | |
| | | ⅠT6616⑪ | | | | | | | | | | | | | | | | | | |
| | | ⅠT6616⑫ | | | | | | | | | | | | | | | | | | |
| | | ⅠT6815⑩ | | | | | | | | | | | | | | | | | | |
| | | ⅠT6815⑪ | | | | | | | | | | | | | | | | | | |
| | | ⅠT6815⑫ | | | | | | | | | | | | | | | | | | |
| | | ⅠT7213⑩ | | | | | | | | | | | | | | | | | | |
| | | ⅠT7213⑫ | | | | | | | | | | | | | | | | | | |
| | | ⅠT8105⑥ | | | | | | | | | | | | | | | | | | |
| | 5.2 | ⅠT6612⑥ | | | | | | | | | | | | | | | | | | |
| | | ⅠT6616⑥ | | | | | | | | | | | | | | | | | | |
| | | ⅠT6616⑧ | | | | | | | | | | | | | | | | | | |
| | | ⅠT6815⑥ | | | | | | | | | | | | | | | | | | |
| | | ⅠT6815⑨ | | | | | | | | | | | | | | | | | | |
| | | ⅠT7008⑨ | | | | | | | | | | | | | | | | | | |
| | | ⅠT7209⑧ | | | | | | | | | | | | | | | | | | |
| | | ⅠT7210⑨ | | | | | | | | | | | | | | | | | | |
| | | ⅠT7213⑥ | | | | | | | | | | | | | | | | | | |
| | | ⅠT7308⑥ | | | | | | | | | | | | | | | | | | |
| | | ⅠT7308⑦ | | | | | | | | | | | | | | | | | | |
| | 5.3 | ⅠT6616⑤ | | | | | | | | | | | | | | | | | | |
| | | ⅠT6815⑤ | | | | | | | | | | | | | | | | | | |
| | | ⅠT7213⑤ | | | | | | | | | | | | | | | | | | |
| | | 小计 | 10 | 57 | 43 | 23 | 1 | 1 | 6 | 13 | 138 | 8 | 108 | 65 | 3 | 6 | 4 | 2 | 1 | 1 |

续附表一

| 时代 | 期段 | 出土单位 | 灌木 | | | | | 藤本 | | 杂草及其他 | | | | | | | | |
|---|---|---|---|---|---|---|---|---|---|---|---|---|---|---|---|---|---|---|
| | | | 紫金牛科 | 五加属 | 忍冬属 | 荚蒾属 | 接骨木 | 朱砂根 | 乌蔹莓 | 旋花科 | 早熟禾亚科 | 菊科 | 禾本科 | 黍亚科 | 藜科 | 茄科 | 马齿苋科 | 唇形科 |
| 新石器 | 1.2 | ⅠT6909③ | | | 1 | | | | | | 1 | | | | | | | |
| | | ⅠT6909③c | | | | | | | | | | | | | | | | |
| | | ⅠT6909④ | | | | | | | 2 | | 33 | | 6 | | 10 | | 5 | 1 |
| | | ⅠT7007-7008㊴ | | | | | | | 2 | | | | | | | | | |
| | | ⅠT7007④ | | | | | | | | | 1 | | 3 | | 1 | | 1 | |
| | | ⅠT7008㊴ | | | | | | | | | | | | | | | | |
| | | ⅠT7009④ | | 3 | | 4 | | | | 2 | 19 | 1 | 4 | 3 | | 2 | 2 | |
| | | ⅠT6612㊱ | | | | | | | | | | | | 1 | | | | |
| | 1.3 | H2313 | | | | | | | | | | | | | | | | |
| 商周 | 2.1 | L58 | 5 | 1 | | | | 114 | 1 | | 2 | 6 | 1 | 1 | 5 | | 2 | |
| | | ⅠT7108㉔ | | | | | | | | | | | | | | | | |
| | | ⅠT7108㉙ | | | | | | | | | | | | | | | | |
| | 2.3 | ⅠT7209㉑ | | | | | | | | | | | 2 | | | | | |
| | | ⅠT7304㉔ | | | | | | | | | | | | | | | | |
| | | ⅠT7306㉓ | | | | | | | | | | | | | | | | |
| | | ⅠT7306㉔ | | | | | | | | | | | | | | | | |
| | 2.4 | L24 | | | | | | | | | | | | | | | | |
| | | ⅠT7208⑳ | | | | | | | | | | | | | | | | |
| | | ⅠT7209⑲ | | | | | | | | | | | | | | | | |
| | | ⅠT7304㉒ | | | | | | | | | | | | 2 | | | | |
| | | ⅠT7306⑲ | | | | | | | | | | | | | | | | |
| | | ⅠT7306㉑ | | | | | | | | | | | | | | | | |
| | | ⅠT8205㉑ | | | | | | | | | | | | | | | | |
| | | ⅠT8205㉒ | | | | | | | | | | | | | | | | |
| | | ⅠT8305㉒ | | | | | | | | | | | | | | | | |
| | 3.1 | H2312② | | | | | | | | | | | | | | | | |
| | | ⅠT7213⑱b | | | 3 | | | | | | | | | | | | | |
| | | ⅠT7306⑱ | | | | | | | | | | | | | | | | |
| | | ⅠT8205⑳ | | | | | | | | | | | | | | | | |
| | | L13 | | | | | 4 | | | | | | | | | | | |
| | 3.2 | ⅠT7211⑰ | | | | | | | | | | | | | | | | |
| | | ⅠT7213⑯ | | | | | | | | | | | | | | | | |
| | | ⅠT7213⑰ | | | | | | | | | | | | | | | | |
| | | ⅠT7306⑰ | | | | | | | | | | | | | | | | |
| | | ⅠT7307⑩ | | | | | | | | | | | | 3 | | | | |
| | | ⅠT7307⑫ | | | | | | | | | | | | | | | | |
| | | ⅠT7307⑭ | | | | | | | | | | | | | | | | |
| | | ⅠT7307⑮ | | | | | | | | | | | | | | | | |
| | | ⅠT7307⑯ | | | | | | | | | | | | | | | | |
| | | ⅠT7309⑩ | | | | | | | | | | | | | | | | |

续附表一

| 时代 | 期段 | 出土单位 | 灌木 | | | | | | 藤本 | | 杂草及其他 | | | | | | | | |
|---|---|---|---|---|---|---|---|---|---|---|---|---|---|---|---|---|---|---|---|
| | | | 紫金牛科 | 五加属 | 忍冬属 | 荚蒾属 | 接骨木 | 朱砂根 | 乌蔹莓 | 旋花科 | 早熟禾亚科 | 菊科 | 禾本科 | 桑亚科 | 黎科 | 茄科 | 马齿苋科 | 唇形科 |
| | 3.2 | I T7309① | | | | | | | | | | | | | | | | |
| | 3.3 | I T8007⑧b | | | | | | | | | | | | | | | | |
| | | I T8205⑧ | | | | | | | | | | | | | | | | |
| | 4.1 | L18 | | | | | | | | | | | | | | | | |
| | | I T6815⑭ | | | | | | | | | | | | | | | | |
| | | I T6815⑮ | | | | | | | | | | | | | | | | |
| | | I T7213⑮ | | | | | | | | | | | | | | | | |
| | | I T7308⑨ | | | | | | | | | | | | | | | | |
| | 4.2 | L6 | | | | | | | | | | | | | | | | |
| | | I T6713-6714⑬ | | | | | | | | | | | | | | | | |
| | | I T6815⑬ | | | | | | | | | | | | | | | | |
| | | I T7111⑬ | | | | | | | | | | | | 5 | | | | |
| | | I T7213⑬ | | | | | | | | | | | | | | | | |
| | | I T8106⑦ | | | | | | | | | | | | | | | | |
| 商周 | 5.1 | I T6611⑩ | | | | | | | | | | | | | | | | |
| | | I T6616⑪ | | | | | | | | | | | | | | | | |
| | | I T6616⑫ | | | | | | | | | | | | | | | | |
| | | I T6815⑩ | | | | | | | | | | | | | | | | |
| | | I T6815⑪ | | | | | | | | | | | | | | | | |
| | | I T6815⑫ | | | | | | | | | | | | | | | | |
| | | I T7213⑩ | | | | | | | | | | | | | | | | |
| | | I T7213⑫ | | | | | | | | | | | | | | | | |
| | | I T8105⑥ | | | | | | | | | | | | | | | | |
| | | I T6612⑥ | | | | | | | | | | | | | | | | |
| | | I T6616⑥ | | | | | | | | | | | | | | | | |
| | | I T6616⑧ | | | | | | | | | | | | | | | | |
| | | I T6815⑥ | | | | | | | | | | | | | | | | |
| | | I T6815⑨ | | | | | | | | | | | | | | | | |
| | 5.2 | I T7008⑨ | | | | | | | | | | | | | | | | |
| | | I T7209⑧ | | | | | | | | | | | 1 | | | | | |
| | | I T7210⑨ | | | | | | | | | | | | | | | | |
| | | I T7213⑥ | | | | | | | | | | | | | | | | |
| | | I T7308⑥ | | | | | | | | | | | | | | | | |
| | | I T7308⑦ | | | | | | | | | | | | | | | | |
| | 5.3 | I T6616⑤ | | | | | | | | | | | | | | | | |
| | | I T6815⑤ | | | | | | | | | | | | | | | | |
| | | I T7213⑤ | | | | | | | | | | | | | | | | |
| | 小计 | | 5 | 4 | 4 | 4 | 4 | 114 | 5 | 2 | 56 | 7 | 17 | 15 | 16 | 2 | 10 | 1 |

续附表一

| 时代 | 期段 | 出土单位 | 莎草科 | 宽科 | 豆科 | 睡莲科 | 蓼科 | 蝶形花科 | 莎草属 | 毛茛属 | 藨草属 | 稀益属(?) | 卷耳属 | 狗尾草属 | 大豆属 | 稗属 | 马唐属 | 蓼属 | 酸模属 | 黍属 | 豇豆属 | 高粱属(?) |
|---|---|---|---|---|---|---|---|---|---|---|---|---|---|---|---|---|---|---|---|---|---|---|
| 新石器 | 1.2 | I T6909㊴ | | | | | | | | | | | | | | | | 1 | | | | |
| | | I T6909㊴c | | | | | | | | | | | | | | | | | | | | |
| | | I T6909㊵ | | 4 | | | | | | 2 | | | | 11 | 2 | 2 | 3 | | | 1 | 13 | 1 |
| | | I T7007 - 7008㊴㊴ | | | | | | 1 | | | | | | | | | | | | | | |
| | | I T7007㊵ | 1 | | | | 1 | | | 2 | | | | | | | | 2 | | | | |
| | | I T7008㊴ | | | | | | | | | | | | | | | | | | | | |
| | | I T7009㊵ | | | 1 | 4 | | | | | | 1 | | 4 | 1 | 5 | 3 | 1 | 1 | | | |
| | | I T6612㊱ | | | | | | | | | | | | | | | | | | | 2 | |
| | 1.3 | H2313 | | | | | | | | | | | | | | | | | | | | |
| | 2.1 | I58 | 1 | 1 | | | | | | | | | | | | | | | | | | |
| | 2.3 | I T7108㉔ | | | | | | | | 1 | | | | 3 | 2 | 2 | | 1 | | | | |
| | | I T7108㉗ | | | | | | | | | | | 1 | | | | | | | | | |
| | | I T7209㉑ | | | | | | | | | | | | | | | | | | | | |
| | | I T7304㉔ | | | | | | | | | | | | | | | | | | | | |
| | | I T7306㉓ | | | | | | | | | | | | | | | | | | | | |
| | | I T7306㉔ | | | | | | | | | | | | | | | | | | | | |
| 商周 | 2.4 | I24 | | | | | | | | | | | 1 | | | | | | | | | |
| | | I T7208⑳ | | | | | | | | | 1 | 1 | | | | | | | | | | |
| | | I T7209⑲ | | | | | | | 1 | | 1 | 1 | | 1 | | | | | | | | |
| | | I T7304㉒ | | | | | | | | | | | | | | | | | | | 1 | |
| | | I T7306⑲ | | | | | | | | | | | | | | | | | | | | |
| | | I T7306㉑ | | | | | | | | | | | | | | | | | | | | |
| | | I T8205⑪ | | | | | | | | | | | | | | | | | | | | |
| | | I T8205⑫ | | | | | | | | | | | | | | | | | | | | |
| | | I T8305⑫ | | | | | | | | | | | | | | | | | | | | |
| | 3.1 | H2312② | | | | | | | | 6 | 7 | | | | | | | | | | | |
| | | I T7213⑱b | | | | | | | | | | | | | | | | | | | | |
| | | I T7306⑱ | | | | | | | | | | | | | | | | | | | | |
| | | I T8205⑩ | | | | | | | | | | | | | | | | 1 | | | | |
| | | L13 | | | | | | | | | | | | | | | | | | | | |
| | 3.2 | I T7211⑰ | | | | | | | | | | | | | | | | | | | | |
| | | I T7213⑯ | | | | | | | | | | | | | | | | | | | | |
| | | I T7213⑰ | | | | | | | | | | | | | | | | | | | | |
| | | I T7306⑰ | | | | | | | | | | | | | | | | | | | | |
| | | I T7307⑩ | | | | | | | | | | | | | | | | | | | | |
| | | I T7307⑫ | | | | | | | | | | | | | | | | | | | | |
| | | I T7307⑭ | | | | | | | | | | | | | | | | | | | | |
| | | I T7307⑮ | | | | | | | | | | | | | | | | | | | | |
| | | I T7307⑯ | | | | | | | | | | | | | | | | | | | | |
| | | I T7309⑩ | | | 1 | | | | | | | | | | | | | | | | | |

续附表一

| 时代 | 期段 | 出土单位 | 莎草科 | 苋科 | 豆科 | 睡莲科 | 蓼科 | 蝶形花科 | 杂草及其他 |||||||||||||||
|---|---|---|---|---|---|---|---|---|---|---|---|---|---|---|---|---|---|---|---|---|---|---|---|
| | | | | | | | | | 莎草属 | 毛茛属 | 藨草属 | 稀莶属（？） | 卷耳属 | 狗尾草属 | 豇豆属 | 稗属 | 马唐属 | 蓼属 | 酸模属 | 黍属 | 大豆属 | 高粱属（？） |
| 商周 | 3.2 | ⅠT7309① | | | | | | | | | | | | | | | | | | | | |
| | 3.3 | ⅠT8007⑧b | | | | | | | | | | | | | | | | | | | | |
| | 3.3 | ⅠT8205⑧ | | | | | | | | | | | | | | | | | | | | |
| | 3.3 | L18 | | | | | | | | | | | | | | | | | | | | |
| | 4.1 | ⅠT6815⑭ | | | | | | | | | | | | | | | | | | | | |
| | 4.1 | ⅠT6815⑮ | | | | | | | | | | | | | 1 | | | | | | | |
| | 4.1 | ⅠT7213⑮ | | | | | | | | | | | | | | | | | | | | |
| | 4.1 | ⅠT7308⑨ | | | | | | | | | | | | | | | | | | | | |
| | 4.2 | ⅠT6713-6714⑬ | | | | | | | | | | | | | | | | | | | | |
| | 4.2 | ⅠT6815⑬ | | | | | | | | | | | | | | | | | | | | |
| | 4.2 | ⅠT7111⑬ | | | 2 | | | | | | | | | 3 | | 3 | | | | 1 | | |
| | 4.2 | ⅠT7213⑬ | | | | | | | | | | | | | | | | | | | | |
| | 5.1 | ⅠT8106⑦ | | | | | | | | | | | | | | | | | | | | |
| | 5.1 | ⅠT6611⑩ | | | | | | | | | | | | | | | | | | | | |
| | 5.1 | ⅠT6616⑪ | | | | | | | | | | | | | | | | | | | | |
| | 5.1 | ⅠT6616⑫ | | | | | | | | | | | | | | | | | | | | |
| | 5.1 | ⅠT6815⑩ | | | | | | | | | | | | | | | | | | | | |
| | 5.1 | ⅠT6815⑪ | | | | | | | | | | | | | | | | | | | | |
| | 5.1 | ⅠT6815⑫ | | | | | | | | | | | | | | | | | | | | |
| | 5.1 | ⅠT7213⑩ | | | 1 | | | | | | | | | | | | | | | | | |
| | 5.1 | ⅠT7213⑫ | | | | | | | | | | | | | | | | | | | | |
| | 5.2 | ⅠT8105⑥ | | | | | | | | | | | | | | | | | | | | |
| | 5.2 | ⅠT6612⑥ | | | | | | | | | | | | | | | | | | | | |
| | 5.2 | ⅠT6616⑥ | | | | | | | | | | | | | | | | | | | | |
| | 5.2 | ⅠT6616⑧ | | | | | | | | | | | | | | | | | | | | |
| | 5.2 | ⅠT6815⑥ | | | | | | | | | | | | | | | | | | | | |
| | 5.2 | ⅠT6815⑨ | | | | | | | | | | | | | | | | | | | | |
| | 5.2 | ⅠT7008⑨ | | | | | | | | | | | | | | | | | | | | |
| | 5.2 | ⅠT7209⑧ | | | | | | | | | | | | | | | | | | | | |
| | 5.2 | ⅠT7210⑨ | | | | | | | | | | | | | 1 | | | | | | | |
| | 5.2 | ⅠT7213⑥ | | | | | | | | | | | | | | | | | | | | |
| | 5.2 | ⅠT7308⑥ | | | | | | | | | | | | | | | | | | | | |
| | 5.2 | ⅠT7308⑦ | | | | | | | | | | | | | | | | | | | | |
| | 5.3 | ⅠT6616⑤ | | | | | | | | | | | | | | | | | | | | |
| | 5.3 | ⅠT6815⑤ | | | | | | | | | | | | | | | | | | | | |
| | 5.3 | ⅠT7213⑤ | | | | | | | | | | | | | | | | | | | | |
| | 小计 | | 2 | 5 | 5 | 4 | 1 | 1 | 1 | 9 | 11 | 2 | 2 | 22 | 16 | 14 | 6 | 5 | 2 | 2 | 1 | 1 |

续附表一

| 时代 | 期段 | 出土单位 | 杂草及其他 | | | | | | | | | | | | | | 碎种及未知 | |
|---|---|---|---|---|---|---|---|---|---|---|---|---|---|---|---|---|---|---|
| | | | 狼尾草属 | 薹草属 | 野燕麦 | 马鞭草 | 酢浆草 | 铁苋菜 | 紫苏 | 叶下珠 | 眼子菜 | 泽兰（?） | 博落回 | 红蓼 | 魁牛儿苗（?） | 水毛花（?） | 碎种 | 未知 |
| 新石器 | 1.2 | ⅠT6909③⑨ | | | | | | | | | | | | | | | | |
| | | ⅠT6909③⑨c | | | | | | | | | | | | | | | | 30 |
| | | ⅠT6909④⑩ | | | 179 | | | | | 1 | | | | | | | 11 | 10 |
| | | ⅠT7007－7008③⑨ | | | | | | | | | | | | | | | | |
| | | ⅠT7007④⑩ | | | | 1 | | | | | | | | | | | | |
| | | ⅠT7008③⑨ | | | | | | | | | | | | | | | | |
| | | ⅠT7009④⑩ | | | 9 | 5 | 1 | | | 2 | 1 | | | | | | 500 | 18 |
| | 1.3 | ⅠT6612㉖ | | | | | | | | | | | | | | | 46 | |
| | | H2313 | | | 1 | | | | | | | | | | | | | 56 |
| 商周 | 2.1 | L58 | | 1 | | | 38 | 8 | | | | | | 1 | | 1 | 236 | 329 |
| | 2.3 | ⅠT7108㉔ | | | | | | | | | | | | | | | 8 | |
| | | ⅠT7108㉙ | | | | | | | | | | | | | | | | |
| | | ⅠT7209㉑ | | | 1 | | | | 1 | | | | | | | | 160 | |
| | | ⅠT7304㉔ | | | | | | | | | | | | | | | | 1 |
| | | ⅠT7306㉒ | | | | | | | | | | | 1 | | | | 2 | |
| | | ⅠT7306㉔ | | | | | | 1 | | | | | | | | | | |
| | 2.4 | L24 | | | | | | | | | | 1 | | | | | 602 | 1 |
| | | ⅠT7208⑳ | | | | | | | | | | | | | | | 38 | 1 |
| | | ⅠT7209⑲ | 1 | | | | | | | | | | | | 1 | | | |
| | | ⅠT7304㉒ | | | | | | | | | | | | | | | 106 | |
| | | ⅠT7306⑲ | | | | | | | | | | | | | | | | |
| | | ⅠT7306㉑ | | | | | | | | | | | | | | | | |
| | | ⅠT8205⑪ | | | | | | | | | | | | | | | | |
| | | ⅠT8205⑫ | | | | | | | | | | | | | | | | |
| | | ⅠT8305⑫ | | | | | | | | | | | | | | | | |
| | 3.1 | H2312② | | | | | | | | | | | | | | | 1 | |
| | | ⅠT7213⑱b | | | | | | | | | | | | | | | 1 | 16 |
| | | ⅠT7306⑱ | | | | | | | | | | | | | | | | |
| | | ⅠT8205⑩ | | | | | | | | | | | | | | | | |
| | 3.2 | L13 | | | | | | | | | | | | | | | 4 | |
| | | ⅠT7211⑰ | | | | | | | | | | | | | | | 20 | |
| | | ⅠT7213⑯ | | | | | | | | | | | | | | | | |
| | | ⅠT7213⑰ | | | | | | | | | | | | | | | | |
| | | ⅠT7306⑰ | | | | | | | | | | | | | | | 3 | |
| | | ⅠT7307⑩ | | | | | | | | | | | | | | | | |
| | | ⅠT7307⑫ | | | | | | | | | | | | | | | | |
| | | ⅠT7307⑭ | | | | | | | | | | | | | | | | |
| | | ⅠT7307⑮ | | | | | | | | | | | | | | | 2 | |
| | | ⅠT7307⑯ | | | | | | | | | | | | | | | 85 | 1 |
| | | ⅠT7309⑩ | | | | | | | | | | | | | | | | 753 |

续附表一

| 时代 | 期段 | 出土单位 | 杂草及其他 | | | | | | | | | | | | | | 碎种 | 未知 |
|---|---|---|---|---|---|---|---|---|---|---|---|---|---|---|---|---|---|---|
| | | | 狼尾草属 | 薹草属 | 野燕麦 | 马鞭草 | 酢浆草 | 铁苋菜 | 紫苏 | 叶下珠 | 眼子菜 | 泽兰(?) | 博落回 | 红蓼 | 槐牛儿苗(?) | 水毛花(?) | | |
| 商周 | 3.2 | ⅠT7309① | | | | | | | | | | | | | | | 3 | |
| | 3.3 | ⅠT8007⑧b | | | | | | | | | | | | | | | | |
| | | ⅠT8205⑧ | | | | | | | | | | | | | | | | 1 |
| | 4.1 | L18 | | | | | | | | | | | | | | | | |
| | | ⅠT6815⑭ | | | | | | | | | | | | | | | | |
| | | ⅠT6815⑮ | | | | | | | | | | | | | | | | |
| | | ⅠT7213⑮ | | | | | | | | | | | | | | | | 2 |
| | | ⅠT7308⑨ | | | | | | | | | | | | | | | | 2 |
| | 4.2 | L6 | | | | | | | | | | | | | | | | |
| | | ⅠT6713-6714⑬ | | | | | | | | | | | | | | | | |
| | | ⅠT6815⑬ | | | | | | | | | | | | | | | 137 | 4 |
| | | ⅠT7111⑬ | | | | 1 | | | | | | | | | | | | |
| | | ⅠT7213⑬ | | | | | | | | | | | | | | | 1 | |
| | | ⅠT8106⑦ | | | | | | | | | | | | | | | 21 | 1 |
| | 5.1 | ⅠT6611⑩ | | | | | | | | | | | | | | | | |
| | | ⅠT6616⑪ | | | | | | | | | | | | | | | | |
| | | ⅠT6616⑫ | | | | | | | | | | | | | | | 2 | |
| | | ⅠT6815⑩ | | | | | | | | | | | | | | | | |
| | | ⅠT6815⑪ | | | | | | | | | | | | | | | | |
| | | ⅠT6815⑫ | | | | | | | | | | | | | | | | 2 |
| | | ⅠT7213⑩ | | | | | | | | | | | | | | | 124 | |
| | | ⅠT7213⑫ | | | | | | | | | | | | | | | 26 | |
| | 5.2 | ⅠT8105⑥ | | | | | | | | | | | | | | | 36 | |
| | | ⅠT6612⑥ | | | | | | | | | | | | | | | | |
| | | ⅠT6616⑥ | | | | | | | | | | | | | | | | |
| | | ⅠT6616⑧ | | | | | | | | | | | | | | | 1 | |
| | | ⅠT6815⑥ | | | | | | | | | | | | | | | | |
| | | ⅠT6815⑨ | | | | | | | | | | | | | | | | |
| | | ⅠT7008⑨ | | | | | | | | | | | | | | | 5 | |
| | | ⅠT7209⑧ | | | | | | | | | | | | | | | 24 | |
| | | ⅠT7210⑨ | | | | | | | | | | | | | | | 41 | |
| | | ⅠT7213⑥ | | | | | | | | | | | | | | | | |
| | 5.3 | ⅠT7308⑥ | | | | | | | | | | | | | | | 1 | |
| | | ⅠT7308⑦ | | | | | | | | | | | | | | | 2 | |
| | | ⅠT6616⑤ | | | | | | | | | | | | | | | | |
| | | ⅠT6815⑤ | | | | | | | | | | | | | | | | |
| | | ⅠT7213⑤ | | | | | | | | | | | | | | | | |
| 小计 | | | 1 | 1 | 190 | 7 | 39 | 9 | 1 | 3 | 1 | 1 | 1 | 1 | 1 | 1 | 2249 | 1228 |

## 附表二　金沙遗址祭祀区种子鉴定表（未完全炭化部分）

| 时代 | 期段 | 出土单位 | 体积(L) | >1mm炭化物重量(g) | 农作物 | 水果 | 五加科 | 蔷薇科 | 朴属 | 乔木 | | | | | 小檗科 | 灌木 | | |
|---|---|---|---|---|---|---|---|---|---|---|---|---|---|---|---|---|---|---|
| | | | | | 大麻 | 葡萄属 | | | | 椎树 | 构树 | 女贞 | 灯台树 | 樟树 | | 悬钩子属 | 五加属 | 接骨木 |
| 新石器 | 1.2 | ⅠT6909㉟ | 20 | 4.487 | | | | | | | | | | | | | | |
| | | ⅠT6909㉟c | 39.5 | 1.611 | | | | | | | | | | | | | | |
| | | ⅠT6909㊵ | 73.5 | 87.216 | | 3 | | | | | 3 | | | | | 72 | | |
| | | ⅠT7007～7008㊴ | 2.5 | 9.121 | | 6 | | | | | | | | | | | | |
| | | ⅠT7007㊶ | 4.5 | 4.388 | | | | | | | | | | | | | | |
| | | ⅠT7008㊴ | 45 | 0.822 | | | | | | | | | | | | | | |
| | | ⅠT7009㊵ | 154 | 25.477 | | 65 | | 1 | | 8 | | | | | 1 | | | |
| | 1.3 | ⅠT6612㊱ | 26 | 0.132 | | | | | | | | | | | | | | |
| 商周 | 2.1 | H2313 | 67.5 | 0.747 | | 6 | | | | | | | | | | | | |
| | | L58 | 223.5 | 92.52 | 5 | 1 | | | 2 | | | | | 61 | | 2 | | |
| | | ⅠT7108㉔ | 8 | 0.282 | | | | | | | | | | | | | | |
| | | ⅠT7108㉙ | 6 | 0 | | | | | | | | | | | | | | |
| | 2.3 | ⅠT7209㉑ | 13 | 5.04 | | | | | | | | | | | | | | |
| | | ⅠT7304㉔ | 1 | 0 | | | | | | | | | | | | | | |
| | | ⅠT7306㉓ | 0.5 | 0.005 | | 1 | | | | | | | | | | | | |
| | | ⅠT7306㉔ | 0.5 | 0.01 | | | | | | | | | | | | | | |
| | | I24 | 4 | 3.549 | | | | | | 1 | | 3 | | | | | 1 | 3 |
| | | ⅠT7208⑳ | 31 | 0.259 | | | | | | | | | | | | | | |
| | | ⅠT7209⑲ | 21 | 0.257 | | | | | | | | | 1 | | | | | |
| | 2.4 | ⅠT7304㉒ | 1 | 0 | | 1 | | | | | | | | | | | | |
| | | ⅠT7306⑲ | 0.5 | 0 | | | | | | | | | | | | | | |
| | | ⅠT7306㉑ | 0.5 | 0 | | | | | | | | | | | | | | |
| | | ⅠT8205⑪ | 2 | 0 | | | | | | | | | | | | | | |
| | | ⅠT8205⑫ | 4 | 0 | | | | | | | | | | | | | | |
| | | ⅠT8305⑫ | 6.5 | 0.009 | | | | | | | | | | | | | | |
| | 3.1 | H2312② | 35 | 0.428 | | | 50 | | | | | | | | | | | |
| | | ⅠT7213⑬b | 35 | 0.029 | | | | | | | | | | | | | | |
| | | ⅠT7306⑱ | 0.5 | 0 | | | | | | | | | | | | | | |
| | | ⅠT8205⑩ | 2.5 | 0 | | | | | | | | | | | | | | |
| | | L13 | 5.5 | 4.312 | | | | | | | | | | | | | | |
| | 3.2 | ⅠT7211⑰ | 0.5 | 6.427 | | | | | | | | | | | | | | |
| | | ⅠT7213⑯ | 4 | 1.22 | | 1 | | | | | | | | | | | | |
| | | ⅠT7213⑰ | 1 | 0.015 | | | | | | | | | | | | | | |
| | | ⅠT7306⑰ | 0.5 | 0 | | | | | | | | | | | | | 14 | |
| | | ⅠT7307⑩ | 1 | 0.005 | | | | | | | | | | | | | | |
| | | ⅠT7307⑫ | 1 | 0.018 | | | | | | | | | | | | | | |
| | | ⅠT7307⑭ | 1 | 0 | | | | | | | | | | | | | | |
| | | ⅠT7307⑮ | 1.5 | 0.116 | | | | | | | | | | | | | | |

续附表二

| 时代 | 期段 | 出土单位 | 体积(L) | >1mm 炭化物重量(g) | 农作物 | 水果 | 乔木 | | | | | | | | | 灌木 | | |
|---|---|---|---|---|---|---|---|---|---|---|---|---|---|---|---|---|---|---|
| | | | | | 大麻 | 葡萄属 | 五加科 | 蔷薇科 | 朴属 | 桦树 | 构树 | 女贞 | 灯台树 | 樟树 | 小檗科 | 悬钩子属 | 五加属 | 接骨木 |
| 商周 | 3.2 | ⅠT7307⑯ | 1 | 0.009 | | | | | | | | | | | | | | |
| | | ⅠT7309⑩ | 2 | 1.146 | | | | | | | | | | | | | | |
| | | ⅠT7309⑪ | 0.5 | 0.014 | | | | | | | | | | | | | | |
| | | ⅠT8007⑧b | 0.5 | 1.315 | | | | | | | | | | | | | | |
| | 3.3 | ⅠT8205⑧ | 3 | 0.013 | | | | | | | | | | | | | | |
| | | L18 | 5.5 | 0.061 | | | | | | | | | | | | | | |
| | 4.1 | ⅠT6815⑭ | 0.5 | 0 | | | | | | | | | | | | | | |
| | | ⅠT6815⑮ | 1 | 0.104 | | | | | | | | | | | | | | |
| | | ⅠT7213⑮ | 4 | 0 | | | | | | | | | | | | | | |
| | | ⅠT7308⑨ | 1 | 0 | | | | | | | | | | | | | | |
| | 4.2 | L6 | 3 | 0.006 | | | | | | | | | | | | | | |
| | | ⅠT6713-6714⑬ | 0.5 | 0.025 | | | | | | | | | | | | | | |
| | | ⅠT6815⑬ | 0.5 | 0 | | | | | | | | | | | | | | |
| | | ⅠT7111⑬ | 9 | 1.218 | | | | | | | | | | | | | | |
| | | ⅠT7213⑬ | 0.5 | 0 | | | | | | | | | | | | | | |
| | | ⅠT8106⑦ | 2 | 0 | | | | | | | | | | | | | | |
| | 5.1 | ⅠT6611⑩ | 0.5 | 1.233 | | | | | | | | | | | | | | |
| | | ⅠT6616⑪ | 1 | 0.006 | | | | | | | | | | | | | | |
| | | ⅠT6616⑫ | 0.5 | 0.052 | | | | | | | | | | | | | | |
| | | ⅠT6815⑩ | 1.5 | 0.034 | | | | | | | | | | | | | | |
| | | ⅠT6815⑪ | 0.5 | 0 | | | | | | | | | | | | | | |
| | | ⅠT6815⑫ | 0.5 | 1.225 | | | | | | | | | | | | | | |
| | | ⅠT7213⑩ | 26.5 | 3.215 | | | | | | | | | | | | | | |
| | | ⅠT7213⑫ | 0.5 | 0 | | | | | | | | | | | | | | |
| | | ⅠT8105⑥ | 2.5 | 0 | | | | | | | | | | | | | | |
| | 5.2 | ⅠT6612⑥ | 0.5 | 0.778 | | | | | | | | | | | | | | |
| | | ⅠT6616⑥ | 0.5 | 0.031 | | | | | | | | | | | | | | |
| | | ⅠT6616⑧ | 1 | 0.03 | | | | | | | | | | | | | | |
| | | ⅠT6815⑥ | 0.5 | 0.008 | | | | | | | | | | | | | | |
| | | ⅠT6815⑨ | 0.5 | 0.164 | | | | | | | | | | | | | | |
| | | ⅠT7008⑨ | 6 | 0.043 | | | | | | | | | | | | | | |
| | | ⅠT7209⑧ | 24 | 0.956 | | | | | | | | | | | | | | |
| | | ⅠT7210⑨ | 22 | 0.629 | | | | | | | | | | | | | | |
| | | ⅠT7213⑥ | 1 | 0 | | | | | | | | | | | | | | |
| | | ⅠT7308⑥ | 1 | 0 | | | | | | | | | | | | | | |
| | | ⅠT7308⑦ | 1 | 0.015 | | | | | | | | | | | | | | |
| | 5.3 | ⅠT6616⑤ | 1 | 0 | | | | | | | | | | | | | | |
| | | ⅠT6815⑤ | 0.5 | 0 | | | | | | | | | | | | | | |
| | | ⅠT7213⑤ | 0.5 | 0 | | | | | | | | | | | | | | |
| 小计 | | | 973 | 260.832 | 5 | 84 | 50 | 1 | 2 | 9 | 3 | 3 | 1 | 61 | 1 | 74 | 15 | 3 |

续附表二

| 时代 | 期段 | 出土单位 | 藤本 | | 杂草及其他 | | | | | | | | | | | | | 碎种及未知 | |
|---|---|---|---|---|---|---|---|---|---|---|---|---|---|---|---|---|---|---|---|
| | | | 葫芦科 | 旋花科 | 伞形科 | 菊科 | 唇形科 | 莎草属 | 毛茛属 | 蘸草属 | 蛇莓属 | 稀荟属(?) | 苍耳属 | 紫苏 | 眼子菜 | 金鱼藻 | 蛇莓 | 碎种 | 未知 |
| 新石器 | 1.2 | ⅠT6909⑨ | | | | | | | | | | | | | | | | | |
| | | ⅠT6909⑨c | 6 | | 4 | | | | 32 | | | | | | 1 | | | 3 | 3 |
| | | ⅠT6909④ | | | | | | | | | | | | | | 1 | | | 1 |
| | | ⅠT7007-7008⑨ | | | | | | | | | | | | | | | | 23 | |
| | | ⅠT7007④ | | | | | | | | | | | | | | | | | |
| | | ⅠT7008③ | | | | | | | | | | | | | | | | | |
| | | ⅠT7009④ | | | | | 1 | | | 38 | | | | | 2 | 1 | | | 7 |
| | | ⅠT6612⑥ | | | | | | | | | | | | | | | 1 | | |
| | 1.3 | H2313 | | | | | | | | | | | | | | | | | |
| | 2.1 | L58 | | 1 | | 1 | 2 | 5 | | | | 46 | | 8 | | | | 31 | 90 |
| | 2.3 | ⅠT7108㉔ | | | | | | | | | | | | | | | | | |
| | | ⅠT7108㉙ | | | | | | | | | | | | | | | | | |
| | | ⅠT7209㉑ | | | | | | | | | | | | | | | | | |
| | | ⅠT7304㉔ | | | | | | | | | | | | | | | | | |
| | | ⅠT7306㉓ | | | | | | | | | | | | | | | | | |
| | | ⅠT7306㉔ | | | | | | | | | | | | | | | | 3 | |
| | 2.4 | L24 | | | | | | 18 | | | 1 | | | 2 | | | | 72 | 18 |
| | | ⅠT7208⑳ | | | | | | | | | | | | | | | | | |
| | | ⅠT7209⑲ | | | | | | | | | | | | | | | | | |
| | | ⅠT7304㉒ | | | | | | | | | | | | | | | | | |
| | | ⅠT7306⑲ | | | | | | | | | | | | | | | | | |
| | | ⅠT7306㉑ | | | | | | | | | | | | | | | | | |
| | | ⅠT8205⑪ | | | | | | | | | | | | | | | | | |
| | | ⅠT8205⑫ | | | | | | | | | | | | | | | | | |
| | | ⅠT8305⑫ | | | | | | | | | | | | | | | | | |
| 商周 | 3.1 | H2312② | | | | | | | | | | | | | | | | | |
| | | ⅠT7213⑱b | | | | | | | | | | | 1 | | | | | | |
| | | ⅠT7306⑱ | | | | | | | | | | | | | | | | 81 | |
| | | ⅠT8205⑩ | | | | | | | | | | | | | | | | | 37 |
| | 3.2 | L13 | | | | | | | | | | | | | | | | | |
| | | ⅠT7211⑰ | | | | | | | | | | | | | | | | | |
| | | ⅠT7213⑯ | | | | | | | | 14 | | | | | | | | | |
| | | ⅠT7213⑰ | | | | | | | | | | | | | | | | | |
| | | ⅠT7306⑰ | | | | | | | | | | | | | | | | | |
| | | ⅠT7307⑩ | | | | | | | | | | | | | | | | | 85 |
| | | ⅠT7307⑫ | | | | | | | | | | | | | | | | | |
| | | ⅠT7307⑭ | | | | | | | | | | | | | | | | | |
| | | ⅠT7307⑮ | | | | | | | | | | | | | | | | | |
| | | ⅠT7307⑯ | | | | | | | | | | | | | | | | | |
| | | ⅠT7309② | | | | | | | | | | | | | | | | | |
| | | ⅠT7309⑩ | | | | | | | | | | | | | | | | | |

续附表二

| 时代 | 期段 | 出土单位 | 藤本 葫芦科 | 旋花科 | 伞形科 | 菊科 | 唇形科 | 莎草属 | 毛茛属 | 藨草属 | 蛇莓属 | 稀签属（?） | 卷耳属 | 紫苏 | 眼子菜 | 金鱼藻 | 蛇莓 | 碎种 | 未知 |
|---|---|---|---|---|---|---|---|---|---|---|---|---|---|---|---|---|---|---|---|
| 商周 | 3.2 | ⅠT7309① | | | | | | | | | | | | | | | | | |
| | 3.3 | ⅠT8007⑧b | | | | | | | | | | | | | | | | | |
| | | ⅠT8205⑧ | | | | | | | | | | | | | | | | | |
| | | L18 | | | | | | | | | | | | | | | | | |
| | 4.1 | ⅠT68150④ | | | | | | | | | | | | | | | | | |
| | | ⅠT68150⑤ | | | | | | | | | | | | | | | | 5 | |
| | | ⅠT72130⑤ | | | | | | | | | | | | | | | | | |
| | | ⅠT7308⑨ | | | | | | | | | | | | | | | | | |
| | | L6 | | | | | | | | | | | | | | | | | |
| | 4.2 | ⅠT6713-6714③ | | | | | | | | | | | | | | | | | |
| | | ⅠT68150③ | | | | | | | | | | | | | | | | | |
| | | ⅠT71110③ | | | | | | | | | | | | | | | | | |
| | | ⅠT72130③ | | | | | | | | | | | | | | | | | |
| | | ⅠT8106⑦ | | | | | | | | | | | | | | | | | |
| | 5.1 | ⅠT66110⑩ | | | | | | | | | | | | | | | | | |
| | | ⅠT66160① | | | | | | | | | | | | | | | | | |
| | | ⅠT66160② | | | | | | | | | | | | | | | | | |
| | | ⅠT68150⑩ | | | | | | | | | | | | | | | | | |
| | | ⅠT68150① | | | | | | | | | | | | | | | | | |
| | | ⅠT68150② | | | | | | | | | | | | | | | | | |
| | | ⅠT72130⑩ | | | | | | | | | | | | | | | | | |
| | | ⅠT72130② | | | | | | | | | | | | | | | | | |
| | | ⅠT8105⑥ | | | | | | | | | | | | | | | | | |
| | 5.2 | ⅠT6612⑥ | | | | | | | | | | | | | | | | | |
| | | ⅠT6616⑥ | | | | | | | | | | | | | | | | | |
| | | ⅠT6616⑧ | | | | | | | | | | | | | | | | | |
| | | ⅠT68150⑥ | | | | | | | | | | | | | | | | | |
| | | ⅠT68150⑨ | | | | | | | | | | | | | | | | | |
| | | ⅠT7008⑨ | | | | | | | | | | | | | | | | | |
| | | ⅠT7209⑧ | | | | | | | | | | | | | | | | | |
| | | ⅠT7210⑨ | | | | | | | | | | | | | | | | | |
| | | ⅠT7213⑥ | | | | | | | | | | | | | | | | | |
| | | ⅠT7308⑥ | | | | | | | | | | | | | | | | | |
| | | ⅠT7308⑦ | | | | | | | | | | | | | | | | | |
| | 5.3 | ⅠT6616⑤ | | | | | | | | | | | | | | | | | |
| | | ⅠT68150⑤ | | | | | | | | | | | | | | | | | |
| | | ⅠT72130⑤ | | | | | | | | | | | | | | | | | |
| | 小计 | | 6 | 1 | 4 | 1 | 3 | 23 | 32 | 52 | 1 | 46 | 1 | 10 | 3 | 2 | 1 | 215 | 241 |

## 附表三　金沙遗址祭祀区种子鉴定表（未炭化部分）

| 时代 | 期段 | 出土单位 | 体积(L) | >1mm炭化物重量(g) | 农作物—葫芦 | 农作物—葡萄属 | 水果—李属 | 水果—樱属(?) | 水果—梅/桃 | 水果—甜瓜 | 五加科 | 樟科 | 蔷薇科 | 木犀科 | 乔木—五味子科(?) | 乔木—苹果亚科(?) | 乔木—冬青属 | 乔木—榕属 | 乔木—栒木属 |
|---|---|---|---|---|---|---|---|---|---|---|---|---|---|---|---|---|---|---|---|
| 新石器 | 1.2 | ⅠT6909③ | 20 | 4.487 | | 55 | | | | | 5 | | 2 | 6 | | | 206 | | |
| | | ⅠT6909③c | 39.5 | 1.611 | | | | | | | | | | | | | | 30 | |
| | | ⅠT6909④ | 73.5 | 87.216 | 1 | 28 | | | | 1 | | | 2 | 2 | | | 71 | | |
| | | ⅠT7007-7008③ | 2.5 | 9.121 | | | | | | | | | | | | | | | |
| | | ⅠT7007④ | 4.5 | 4.388 | 1 | 14 | | | | 1 | | | 2 | | | | 23 | | |
| | | ⅠT7008③ | 45 | 0.822 | | 13 | | | | | | | 1 | | | | 61 | | 2 |
| | | ⅠT7009④ | 154 | 25.477 | | 53 | | | | | | | | 9 | | | 59 | 23 | |
| | 1.3 | ⅠT6612③ | 26 | 0.132 | | | | | | | | | | | | 1 | | | |
| 商周 | 2.1 | H2313 | 67.5 | 0.747 | | 1 | | | | | | | | | | | | | |
| | | I58 | 223.5 | 92.52 | | 13 | 15 | 1 | 1 | | 57 | 20 | 16 | | 1 | | 26 | | |
| | 2.3 | ⅠT7108㉑ | 8 | 0.282 | | | | | | | | | | | | | | | |
| | | ⅠT7108㉙ | 6 | 0 | | | | | | | | | | | | | | | |
| | | ⅠT7209㉑ | 13 | 5.04 | | | | | | | | | | | | | | | |
| | | ⅠT7304㉔ | 1 | 0 | | | | | | | | | | | | | | | |
| | | ⅠT7306㉒ | 0.5 | 0.005 | | | | | | | | | | | | | | | |
| | | ⅠT7306㉔ | 0.5 | 0.01 | | | | | | | | | | | | | | | |
| | 2.4 | I24 | 4 | 3.549 | | | | | | | | | | | | | | | |
| | | ⅠT7208㉑ | 31 | 0.259 | | | | | | | | | | | | | | | |
| | | ⅠT7209⑲ | 21 | 0.257 | | | | | | | | | | | | | | | |
| | | ⅠT7304㉒ | 1 | 0 | | | | | | | | | | | | | | | |
| | | ⅠT7306⑲ | 0.5 | 0 | | | | | | | | | | | | | | | |
| | | ⅠT7306㉑ | 0.5 | 0 | | | | | | | | | | | | | | | |
| | | ⅠT8205⑪ | 2 | 0 | | | | | | | | | | | | | | | |
| | | ⅠT8205⑫ | 4 | 0 | | | | | | | | | | | | | | | |
| | 3.1 | ⅠT8305⑫ | 6.5 | 0.009 | | 15 | | | | | | | | | | | | | |
| | | H2312② | 35 | 0.428 | | | | | | | | | | | | | 54 | | 2 |
| | | ⅠT7213⑬b | 35 | 0.029 | | | | | | | | | | | | | | | |
| | | ⅠT7306⑱ | 0.5 | 0 | | | | | | | | | | | | | | | |
| | | ⅠT8205⑩ | 2.5 | 0 | | | | | | | | | | | | | | | |
| | 3.2 | L13 | 5.5 | 4.312 | | | | | | | | | | | | | | | |
| | | ⅠT7211⑰ | 0.5 | 6.427 | | | | | | | | | | | | | | | |
| | | ⅠT7213⑯ | 4 | 1.22 | | | | | | | | | | | | | | | |
| | | ⅠT7213⑰ | 1 | 0.015 | | | | | | | | | | | | | | | |
| | | ⅠT7306⑰ | 0.5 | 0 | | | | | | | | | | | | | | | |
| | | ⅠT7307⑩ | 1 | 0.005 | | | | | | | | | | | | | | | |
| | | ⅠT7307⑫ | 1 | 0.018 | | | | | | | | | | | | | | | |
| | | ⅠT7307⑭ | 1 | 0 | | | | | | | | | | | | | | | |
| | | ⅠT7307⑮ | 1.5 | 0.116 | | | | | | | | | | | | | | | |

续附表三

| 时代 | 期段 | 出土单位 | 体积（L） | 炭化物重量（g）>1mm | 农作物<br>葫芦 | 水果<br>葡萄属 | 李属 | 樱属（?） | 梅/桃 | 甜瓜 | 五加科 | 楝科 | 蔷薇科 | 木犀科 | 乔木<br>五味子科（?） | 苹果亚科（?） | 冬青属 | 栲属 | 柃木属 |
|---|---|---|---|---|---|---|---|---|---|---|---|---|---|---|---|---|---|---|---|
| 商周 | 3.2 | I T7307⑯ | 1 | 0.009 | | | | | | | | | | | | | | | |
| | | I T7309⑩ | 2 | 1.146 | | | | | | | | | | | | | | | |
| | | I T7309⑪ | 0.5 | 0.014 | | | | | | | | | | | | | | | |
| | | I T8007⑧b | 0.5 | 1.315 | | | | | | | | | | | | | | | |
| | 3.3 | I T8205⑧ | 3 | 0.013 | | | | | | | | | | | | | | | |
| | | L18 | 5.5 | 0.061 | | | | | | | | | | | | | | | |
| | | I T6815⑭ | 0.5 | 0 | | | | | | | | | | | | | | | |
| | 4.1 | I T6815⑮ | 1 | 0.104 | | | | | | | | | 5 | | | | | | |
| | | I T7213⑮ | 4 | 0 | | | | | | | | | | | | | | | |
| | | I T7308⑨ | 1 | 0 | | | | | | | | | | | | | | | |
| | 4.2 | L6 | 3 | 0.006 | | | | | | | | | | | | | | | |
| | | I T6713-6714⑬ | 0.5 | 0.025 | | | | | | | | | | | | | | | |
| | | I T6815⑬ | 0.5 | 0 | | | | | | | | | | | | | | | |
| | | I T7111⑬ | 9 | 1.218 | | | | | | | | | | | | | | | |
| | | I T7213⑬ | 0.5 | 0 | | | | | | | | | | | | | | | |
| | | I T8106⑦ | 2 | 0 | | | | | | | | | | | | | | | |
| | 5.1 | I T6611⑩ | 0.5 | 1.233 | | | | | | | | | | | | | | | |
| | | I T6616⑪ | 1 | 0.006 | | | | | | | | | | | | | | | |
| | | I T6616⑫ | 0.5 | 0.052 | | | | | | | | | | | | | | | |
| | | I T6815⑩ | 1.5 | 0.034 | | | | | | | | | | | | | | | |
| | | I T6815⑪ | 0.5 | 0 | | | | | | | | | | | | | | | |
| | | I T6815⑫ | 0.5 | 1.225 | | | | | | | | | | | | | | | |
| | | I T7213⑩ | 26.5 | 3.215 | | | | | | | | | | | | | | | |
| | | I T7213⑫ | 0.5 | 0 | | | | | | | | | | | | | | | |
| | | I T8105⑥ | 2.5 | 0 | | | | | | | | | | | | | | | |
| | 5.2 | I T6612⑥ | 0.5 | 0.778 | | | | | | | | | | | | | | | |
| | | I T6616⑥ | 0.5 | 0.031 | | | | | | | | | | | | | | | |
| | | I T6616⑧ | 1 | 0.03 | | | | | | | | | | | | | | | |
| | | I T6812⑥ | 16 | 0 | | | | | | | | | | | | | | | |
| | | I T6815⑥ | 0.5 | 0.008 | | | | | | | | | | | | | | | |
| | | I T6815⑨ | 0.5 | 0.164 | | | | | | | | | | | | | | | |
| | | I T7008⑨ | 6 | 0.043 | | | | | | | | | | | | | | | |
| | | I T7209⑧ | 24 | 0.956 | | | | | | | | | | | | | | | |
| | | I T7210⑨ | 22 | 0.629 | | | | | | | | | | | | | | | |
| | | I T7213⑥ | 1 | 0 | | | | | | | | | | | | | | | |
| | | I T7308⑥ | 1 | 0 | | | | | | | | | | | | | | | |
| | | I T7308⑦ | 1 | 0.015 | | | | | | | | | | | | | | | |
| | 5.3 | I T6616⑤ | 1 | 0 | | | | | | | | | | | | | | | |
| | | I T6815⑤ | 0.5 | 0 | | | | | | | | | | | | | | | |
| | | I T7213⑤ | 0.5 | 0 | | | | | | | | | | | | | | | |
| | 小计 | | 989 | 260.832 | 2 | 192 | 15 | 1 | 1 | 2 | 62 | 20 | 28 | 17 | 1 | 1 | 500 | 59 | 4 |

续附表三

| 时代 | 期段 | 出土单位 | 乔木 | | | | | | | | | 灌木 | | | | | | |
|---|---|---|---|---|---|---|---|---|---|---|---|---|---|---|---|---|---|---|
| | | | 栲树 | 构树 | 女贞 | 桑树 | 灯台树 | 榕树 | 八角枫 | 花椒 | 忍冬科(?) | 悬钩子属 | 五加属 | 忍冬属 | 荚蒾属 | 虎刺属 | 胡颓子属 | 接骨木 |
| 新石器 | 1.2 | ⅠT6909㊴ | 36 | 28 | 7 | 12 | 31 | | | | | 35 | 7 | 3 | | | 1 | |
| | | ⅠT6909㊴c | | | | | | | | | | | | | | | | 2 |
| | | ⅠT6909㊵ | 36 | 61 | 2 | 38 | 24 | 26 | | | | 58 | 9 | 13 | 3 | | | 33 |
| | | ⅠT7007-7008㊴ | | | | | | | | | | 1 | | | | | | 1 |
| | | ⅠT7007㊶ | 19 | 14 | 7 | 16 | 20 | | | | | 19 | 2 | 6 | | | | |
| | | ⅠT7008㊵ | 9 | 6 | 20 | | 6 | | | | | 21 | | | | | 1 | |
| | | ⅠT7009㊶ | | 6 | | 11 | 2 | 2 | | | | 85 | | | | | | |
| | 1.3 | ⅠT6612㊱ | | | | | | | 3 | | | | | | | 4 | | |
| 商周 | 2.1 | H2313 | | | 14 | 18 | 3 | 6 | 1 | | | 15 | 3 | | | | | 2 |
| | | L58 | 17 | 58 | | | | | 9 | 1 | 4 | 72 | 1 | 1 | | | | 33 |
| | 2.3 | ⅠT7108㊳ | | | | | | | | | | | | | | | | 1 |
| | | ⅠT7108㊴ | | | | | | | | | | | | | | | | |
| | | ⅠT7209㊴ | | | | | | | | | | | | | | | | |
| | | ⅠT7304㊴ | | | | | | | | | | | | | | | | |
| | | ⅠT7306㊳ | | | | | | | | | | | | | | | | 4 |
| | | ⅠT7306㊴ | | | | | | | | | | | | | | | | |
| | 2.4 | L24 | | 1 | | | | | | | | 1 | | | | | | 1 |
| | | ⅠT7208㊴ | | | | | | | | | | | | | | | | 1 |
| | | ⅠT7209㊴ | | | | | | | | | | | | | | | | 9 |
| | | ⅠT7304㊵ | | | | | | | | | | | | | | | | |
| | | ⅠT7306⑲ | | | | | | | | | | | | | | | | |
| | | ⅠT7306㊴ | | | | | | | | | | | | | | | | |
| | 3.1 | ⅠT8205⑪ | | | | | | | | | | | | | | | | |
| | | ⅠT8205⑫ | | | | | | | | | | | | | | | | |
| | | ⅠT8305⑫ | | | | | | | | | | | | | | | | |
| | | H2312② | 153 | 5 | 20 | 10 | | | 1 | | | 33 | 1 | | | | | 4 |
| | | ⅠT7213⑱b | | | | | | | | | | | | | | | | 17 |
| | | ⅠT7306⑱ | | | | | | | | | | | | | | | | 43 |
| | | ⅠT8205⑩ | | | | | | | | | | | | | | | | 2 |
| | 3.2 | L13 | | | | | | | | | | | | | | | | |
| | | ⅠT7211⑰ | | | | | | | 1 | | | | | | | | | |
| | | ⅠT7213⑯ | | | | | | | | | | | | | | | | |
| | | ⅠT7213⑰ | | | | | | | | | | | | | | | | |
| | | ⅠT7306⑰ | | | | | | | | | | | | | | | | |
| | | ⅠT7307⑩ | | | | | | | | | | | | | | | | |
| | | ⅠT7307⑫ | | | | | | | | | | | | | | | | |
| | | ⅠT7307⑭ | | | | | | | | | | | | | | | | |
| | | ⅠT7307⑮ | | | | | | | | | | | | | | | | |
| | | ⅠT7307⑯ | | | | | | | | | | | | | | | | |
| | | ⅠT7309⑩ | | | | | | | | | | | | | | | | 1 |

续附表三

| 时代 | 期段 | 出土单位 | 乔木 | | | | | | | | 忍冬科(?) | 悬钩子属 | 五加属 | 灌木 | | | | 接骨木 |
| --- | --- | --- | --- | --- | --- | --- | --- | --- | --- | --- | --- | --- | --- | --- | --- | --- | --- | --- |
| | | | 榉树 | 构树 | 女贞 | 桑树 | 灯台树 | 榕树 | 八角枫 | 花椒 | | | | 忍冬属 | 荚蒾属 | 虎刺属 | 胡颓子属 | |
| 商周 | 3.2 | ⅠT7309① | | | | | | | | | | | | | | | | |
| | | ⅠT8007⑧b | | | | | | | | | | | | | | | | |
| | 3.3 | ⅠT8205⑧ | | | | | | | | | | | | | | | | 3 |
| | | L18 | | | | | | | | | | | | | | | | |
| | 4.1 | ⅠT6815⑭ | | | | | | | | | | | | | | | | |
| | | ⅠT6815⑮ | | | | | | | | | | | | | | | | |
| | | ⅠT7213⑮ | | | | | | | | | | | | | | | | 1 |
| | | ⅠT7308⑨ | | | | | | | | | | 1 | | | | | | |
| | | L6 | | | | | | | | | | | | | | | | 1 |
| | 4.2 | ⅠT6713-6714⑬ | | | | | | | | | | | | | | | | |
| | | ⅠT6815⑬ | | | | | | | | | | | | | | | | |
| | | ⅠT7111⑬ | | | | | | | | | | | | | | | | 7 |
| | | ⅠT7213⑬ | | | | | | | | | | | | | | | | |
| | | ⅠT8106⑦ | | | | | | | | | | | | | | | | |
| | 5.1 | ⅠT6611⑩ | | | | | | | | | | | | | | | | |
| | | ⅠT6616⑪ | | | | | | | | | | | 1 | | | | | 3 |
| | | ⅠT6616⑫ | | | | | | | | | | | | | | | | |
| | | ⅠT6815⑩ | | | | | | | | | | | | | | | | |
| | | ⅠT6815⑪ | | | | | | | | | | | | | | | | |
| | | ⅠT6815⑫ | | | | | | | | | | | | | | | | |
| | | ⅠT7213⑩ | | | | | | | | | | | | | | | | |
| | | ⅠT7213⑫ | | | | | | | | | | | | | | | | |
| | | ⅠT8105⑥ | | | | | | | | | | | | | | | | 4 |
| | 5.2 | ⅠT6612⑥ | | | | | | | | | | | | | | | | |
| | | ⅠT6616⑥ | | | | | | | | | | | | | | | | 2 |
| | | ⅠT6616⑧ | | | | | | | | | | | | | | | | |
| | | ⅠT6812⑥ | | | | | | | | | | | | | | | | |
| | | ⅠT6815⑥ | | | | | | | | | | | | | | | | |
| | | ⅠT6815⑨ | | | | | | | | | | | | | | | | |
| | | ⅠT7008⑨ | | | | | | | | | | | | | | | | 5 |
| | | ⅠT7209⑧ | | | | | | | | | | 1 | | | | | | |
| | | ⅠT7210⑨ | | | | | | | | | | | | | | | | 1 |
| | | ⅠT7213⑥ | | | | | | | | | | | | | | | | 8 |
| | | ⅠT7308⑥ | | | | | | | | | | | | | | | | |
| | 5.3 | ⅠT7308⑦ | | | | | | | | | | | | | | | | |
| | | ⅠT6616⑤ | | | | | | | | | | | | | | | | |
| | | ⅠT6815⑤ | | | | | | | | | | | | | | | | |
| | | ⅠT7213⑤ | | | | | | | | | | | | | | | | |
| | 小计 | | 270 | 179 | 50 | 105 | 86 | 34 | 15 | 1 | 4 | 342 | 24 | 23 | 3 | 4 | 2 | 153 |

**续附表三**

| 时代 | 期段 | 出土单位 | 藤本 | | | | 杂草及其他 | | | | | | | | | | |
|---|---|---|---|---|---|---|---|---|---|---|---|---|---|---|---|---|---|
| | | | 葫芦科 | 葡萄科 | 乌蔹莓 | 防己 | 旋花科 | 伞形科 | 早熟禾亚科 | 菊科 | 禾本科 | 黍亚科 | 藜科 | 茄科 | 荨麻科（?） | 唇形科 | 莎草科 |
| 新石器 | 1.2 | ⅠT6909㊴ | 38 | | 12 | | | 1 | | 1 | | | | 5 | | | 2 |
| | | ⅠT6909㊴c | | | | | | | | | | | | | | | |
| | | ⅠT6909㊵ | 89 | 2 | 12 | 2 | | 14 | | 1 | | | | 2 | | 3 | |
| | | ⅠT7007-7008㊴ | | | | | | 5 | | 2 | | | | | | | |
| | | ⅠT7007㊵ | 63 | | 2 | | | 15 | | 1 | | | | 1 | | | |
| | | ⅠT7008㊴ | 5 | | 9 | | | 10 | | 5 | | | | 1 | | | |
| | | ⅠT7009㊵ | 14 | 3 | 30 | | | 4 | | 6 | | | | 1 | | | |
| | 1.3 | ⅠT6612㊱ | | | | | | | | | 6 | | | | | | |
| 商周 | 2.1 | H2313 | | | | | | | | | | | | | | | |
| | | L58 | 27 | | 1 | | 75 | 15 | 1 | 20 | | | | 1 | 10 | | 2 |
| | 2.3 | ⅠT7108㉔ | | | | | | | | | | | | | | | |
| | | ⅠT7108㉒ | | | | | | | | | | | | | | | |
| | | ⅠT7209㉑ | | | | | | | | | | | | | | | |
| | | ⅠT7304㉔ | | | | | | | | | | | | | | | |
| | | ⅠT7306㉓ | | | | | | | | | | | | | | | 1 |
| | | ⅠT7306㉔ | | | | | | | | | | | | | | | |
| | 2.4 | L24 | 1 | | | | 1 | 1 | | | | | | | | | |
| | | ⅠT7208㉒ | | | | | | | | | | | | | | | |
| | | ⅠT7209⑲ | | | | | | | | | | 4 | | | | | |
| | | ⅠT7304㉒ | | | | | | | | | | | | | | | |
| | | ⅠT7306⑲ | | | | | | | | | | | | | | | |
| | | ⅠT7306㉑ | | | | | | | | | | | | | | | |
| | | ⅠT8205⑪ | | | | | | | | | | | | | | | |
| | | ⅠT8205⑫ | | | | | | | | | | | | | | | |
| | | ⅠT8305⑫ | | | | | | | | | | | | | | | |
| | 3.1 | H2312(2) | 6 | | 3 | | | | | 2 | | | | 3 | | | |
| | | ⅠT7213⑬b | | | | | | | | | | | | | | | |
| | | ⅠT7306⑱ | | | | | | | | | | | | | | | |
| | | ⅠT8205⑩ | | | | | | | | | | | | | | | |
| | 3.2 | L13 | | | | | | | | | | | | | | | |
| | | ⅠT7211⑰ | 2 | | | | | | | | | | | | | | |
| | | ⅠT7213⑯ | | | | | | 2 | | | | | | | | | |
| | | ⅠT7213⑰ | | | | | | | | | | | | | | | |
| | | ⅠT7306⑰ | | | | | | | | | | | | | | | |
| | | ⅠT7307⑫ | | | | | | | | | | | | | | | |
| | | ⅠT7307⑭ | | | | | | | | | | | | | | | |
| | | ⅠT7307⑮ | | | | | | | | | | | | | | | |
| | | ⅠT7307⑯ | | | | | | | | | | | | | | | |
| | | ⅠT7309⑩ | | | | | | | | | | | | | | | |

续附表三

| 时代 | 期段 | 出土单位 | 藤木 | | | | | 杂草及其他 | | | | | | | | | |
|---|---|---|---|---|---|---|---|---|---|---|---|---|---|---|---|---|---|
| | | | 葫芦科 | 葡萄科 | 乌敛莓 | 防己 | 旋花科 | 伞形科 | 早熟禾亚科 | 菊科 | 禾本科 | 黍亚科 | 藜科 | 茄科 | 等麻科（?） | 唇形科 | 莎草科 |
| 商周 | 3.2 | I T7309① | | | | | | | | | | | | | | | |
| | | I T8007⑧b | | | | | | | | | | | | | | | |
| | 3.3 | I T8205⑧ | | | | | | | | | | | | | | | |
| | | L18 | | | | | | | | | | | | | | | |
| | 4.1 | I T6815⑭ | | | | | | | | | | | | | | | |
| | | I T6815⑮ | | | | | | | | | | | | | | | |
| | | I T7213⑮ | | | | | | | | | | | | | | | |
| | | I T7308⑨ | | | | | | | | | | | | | | | |
| | | L6 | | | | | | | | | | | | | | | |
| | 4.2 | I T6713 - 6714⑬ | | | | | | | | | 1 | | | | | | |
| | | I T6815⑬ | | | | | | | | | | | | | | | |
| | | I T7111⑬ | | | | | | | | | | | | | | | |
| | | I T7213⑬ | | | | | | | | | | | | | | | |
| | | I T8106⑦ | | | | | | | | | | | | | | | |
| | 5.1 | I T6611⑩ | | | | | | | | | | | | | | | |
| | | I T6616⑪ | | | | | | | | | | | | | | | |
| | | I T6616⑫ | | | | | | | | | | | | | | | |
| | | I T6815⑩ | | | | | | | | | | | | | | | |
| | | I T6815⑫ | | | | | | | | | | | | | | | |
| | | I T7213⑩ | | | | | | | | | | | | | | | |
| | | I T7213⑫ | | | | | | | | | | | | | | | |
| | | I T8105⑥ | | | | | | | | | | | | | | | |
| | 5.2 | I T6612⑥ | | | | | | | | | | | | | | | |
| | | I T6616⑥ | | | | | | | | | | | | | | | |
| | | I T6616⑧ | | | | | | | | | | | | | | | |
| | | I T6812⑥ | | | | | | | | | | | | | | | |
| | | I T6815⑥ | | | | | | | | | | | | | | | |
| | | I T6815⑨ | | | | | | | | | 2 | | | | | | |
| | | I T7008⑨ | | | | | | | | | | | | | | | |
| | | I T7209⑧ | | | | | | | | | 1 | | | | | | |
| | | I T7210⑨ | | | | | | | | | | | | | | | |
| | | I T7213⑥ | | | | | | | | | | | | | | | |
| | | I T7308⑥ | | | | | | | | | | | | | | | |
| | | I T7308⑦ | | | | | | | | | | | | | | | |
| | 5.3 | I T6616⑤ | | | | | | | | | | | | | | | |
| | | I T6815⑤ | | | | | | | | | | | | | | | |
| | | I T7213⑤ | | | | | | | | | | | | | | | |
| 小计 | | | 245 | 5 | 69 | 2 | 76 | 67 | 1 | 38 | 10 | 4 | 0 | 14 | 10 | 3 | 5 |

续附表三

| 时代 | 期段 | 出土单位 | 苋科 | 蓼科 | 十字花科（?） | 莎草属 | 毛茛属 | 藨草属 | 蛇莓属 | 卷耳属 | 眼子菜属 | 稗属 | 马唐属 | 蒿属（?） | 蓼属 | 酸模属 | 委陵菜属（?） |
|---|---|---|---|---|---|---|---|---|---|---|---|---|---|---|---|---|---|
| 新石器 | 1.2 | ⅠT6909③ | | | | 32 | 69 | 15 | 34 | | 1 | | | | | 2 | |
| | | ⅠT6909③c | | | | | | | | | | | | | | | |
| | | ⅠT6909④ | | 1 | | 24 | 131 | 32 | 44 | 1 | 3 | | | 6 | | 1 | |
| | | ⅠT7007-7008③ | | | | 55 | 1 | | | | | | | | | | |
| | | ⅠT7007④ | | | 1 | 42 | 35 | 40 | 23 | 1 | 7 | | | | 1 | | |
| | | ⅠT7008③ | | | | 24 | 24 | 36 | | | 3 | | | | 2 | | |
| | | ⅠT7009④ | | | | 49 | 209 | | 12 | 1 | 2 | | | | | 1 | |
| | 1.3 | H2313 | | | | | 4 | | | | | | | | | | |
| | 2.1 | L58 | | 1 | 1 | 148 | 41 | 67 | 4 | 23 | | 1 | 4 | 4 | 1 | 2 | 2 |
| | 2.3 | ⅠT7108②④ | | | | | | | | | | | | | | | |
| | | ⅠT7108②⑨ | | | | | | | | | | | | | | | |
| | | ⅠT7209②① | | | | | | | | | | | | | | | |
| | | ⅠT7304②④ | | | | | | | | | | | | | | | |
| | | ⅠT7306②③ | | | | | | | | | | | | | | | |
| | | ⅠT7306②④ | | | | | | | | | | | | | | | |
| 商周 | 2.4 | L24 | | | | | | | | | | | | | | | |
| | | ⅠT7208②⑩ | | | | | | | 1 | | | | | | | | |
| | | ⅠT7209①⑩ | | | | | | | 1 | | | | 1 | | | | |
| | | ⅠT7304②② | | | | 1 | | | | | | | | | | | |
| | | ⅠT7306①⑨ | | | | | | | | | | | | | | | |
| | | ⅠT7306② | | | | | | | | | | | | | | | |
| | | ⅠT8205①① | | | | | | | | | | | | | | | |
| | | ⅠT8205①② | | | | | | | | | | | | | | | |
| | | ⅠT8305①② | | | | | | | | | | | | | | | |
| | 3.1 | H2312② | | | | 11 | | | 3 | | | | | | | | |
| | | ⅠT7213①③b | | | | | | | | | 3 | | | | | | |
| | | ⅠT7306①⑧ | | | | | | | | | | | | | | | |
| | | ⅠT8205①⑩ | | | | | | | | | | | | | | | |
| | 3.2 | L13 | | | | | | | | | | | | | | | |
| | | ⅠT7211①⑦ | | | | 16 | 1 | | | | | | | | | | |
| | | ⅠT7213①⑥ | | | | 146 | | | 2 | | | | | | | | |
| | | ⅠT7213①⑦ | | | | | | | | | | | | | | | |
| | | ⅠT7306①⑦ | | | | | | | | | | | | | | | |
| | | ⅠT7307①⑩ | | | | | | | | | | | | | | | |
| | | ⅠT7307①② | | | | | | | | | | | | | | | |
| | | ⅠT7307①④ | | | | | | | | | | | 1 | | | | |
| | | ⅠT7307①⑤ | | | | | | | | | | | | | | | |
| | | ⅠT7307①⑥ | | | | | | | | | | | | | | | |
| | | ⅠT7309①⑩ | | | | | | | | | | | | | | | |

（杂草及其他）

续附表三

| 时代 | 期段 | 出土单位 | 宽科 | 蓼科 | 十字花科(?) | 莎草属 | 毛茛属 | 藨草属 | 蛇莓属 | 卷耳属 | 眼子菜属 | 稗属 | 马唐属 | 蒿属(?) | 蓼属 | 酸模属 | 委陵菜属(?) |
|---|---|---|---|---|---|---|---|---|---|---|---|---|---|---|---|---|---|
| 商周 | 3.2 | 1T7309① | | | | | | | | | | | | | | | |
| | | 1T8007⑧b | | | | | | | | | | | | | | | |
| | 3.3 | 1T8205⑧ | | | | | | | | | | | | | | | |
| | | L18 | | | | | | | | | | | | | | | |
| | 4.1 | 1T6815⑭ | | | | 3 | | | | | | | | | | | |
| | | 1T6815⑮ | | | | 2 | | | 2 | | | | | | | | |
| | | 1T7213⑮ | | | | | | | | | | | | | | | |
| | | 1T7308⑨ | | | | | | | | | | | | | | | |
| | | L6 | | | | | | | | | | | | | | | |
| | | 1T6713-6714⑬ | | | | | | | | | | | | | | | |
| | 4.2 | 1T6815⑬ | | | | | | | | | | | | | | | |
| | | 1T7111⑬ | | | | | | | | | | | 1 | | | | |
| | | 1T7213⑬ | | | | | | | | | | | | | | | |
| | | 1T8106⑦ | | | | | | | | | | | | | | | |
| | | 1T6611⑩ | | | | 2 | | | | | | | | | | | |
| | | 1T6616⑪ | | | | | | | | | | | | | | | |
| | | 1T6616⑫ | | | | | | | | | | | | | | | |
| | | 1T6815⑩ | | | | | | | | | | | | | | | |
| | | 1T6815⑪ | | | | | | | | | | | | | | | |
| | | 1T6815⑫ | | | | | | | | | | | | | | | |
| | | 1T7213⑩ | | | | | | | | | | | | | | | |
| | 5.1 | 1T8105⑥ | 1 | | | | | | | | | | 1 | | | | |
| | | 1T7213⑫ | | | | | | | | | | | | | | | |
| | | 1T6612⑥ | | | | | | | | | | | | | | | |
| | | 1T6616⑥ | | | | | | | | | | | | | | | |
| | | 1T6616⑧ | | | | | | | | | | | | | | | |
| | | 1T6812⑥ | | | | | | | | | | | | | | | |
| | | 1T6815⑥ | | | | | | | | | | | | | | | |
| | | 1T6815⑨ | | | | | | | | | | | | | | | |
| | 5.2 | 1T7008⑨ | | | | | | | | | | | | | | | |
| | | 1T7209⑧ | | | | 1 | | 8 | | | | | | | | | |
| | | 1T7210⑨ | | | | | | | | | | | | | | | |
| | | 1T7213⑥ | | | | | | | | | | | | | | | |
| | | 1T7308⑥ | | | | | | | | | | | | | | | |
| | 5.3 | 1T7308⑦ | | | | | | | | | | | | | | | |
| | | 1T6616⑤ | | | | | | | | | | | | | | | |
| | | 1T6815⑤ | | | | | | | | | | | | | | | |
| | | 1T7213⑤ | | | | | | | | | | | | | | | |
| | 小计 | | 1 | 2 | 2 | 556 | 514 | 199 | 126 | 25 | 19 | 1 | 8 | 10 | 4 | 6 | 2 |

续附表三

| 时代 | 期段 | 出土单位 | 杂草及其他 | | | | | | | | | | | 碎种及未知 | |
|---|---|---|---|---|---|---|---|---|---|---|---|---|---|---|---|
| | | | 马鞭草 | 酢浆草 | 马鲛儿(?) | 铁苋菜 | 紫苏 | 叶下珠 | 眼子菜 | 牛毛毡 | 泽兰(?) | 细风轮菜 | 盒子草(?) | 碎种 | 未知 |
| 新石器 | 1.2 | I T6909㊴ | | | 1 | | | 2 | | | | | | 119 | 23 |
| | | I T6909㊴c | | | | | | | | | | | | | |
| | | I T6909㊵ | 12 | 9 | 12 | | 1 | 3 | 1 | | | | 1 | 500 | 38 |
| | | I T7007－7008㊴㊳ | | | | | | | | | | | | | 141 |
| | | I T7007㊶ | 6 | | 6 | | 1 | | | | | | | 550 | 13 |
| | | I T7008㊴ | | 1 | | | | | | 1 | | | | 405 | 14 |
| | | I T7009㊵ | | | | | | | | 1 | | | | | 77 |
| | 1.3 | I T6612㊱ | | | | | | | | | | | | | |
| | | H2313 | | | | | | | | | | | | | 5 |
| | 2.1 | L58 | 58 | 7 | 1 | 10 | 2 | | | 1 | 2 | 2 | | 983 | 114 |
| 商周 | 2.3 | I T7108㉔ | | | | | | | | | | | | | |
| | | I T7108㉙ | | | | | | | | | | | | | |
| | | I T7209㉑ | | | | | | | | | | | | | |
| | | I T7304㉔ | | | | | | | | | | | | | |
| | | I T7306㉓ | | | | | | | | | | | | | |
| | | I T7306㉔ | | | | | | | | | 2 | 2 | | 2 | |
| | 2.4 | L24 | | | | | | | | | | | | | |
| | | I T7208㉒ | | | | | | | | | | | | | |
| | | I T7209⑲ | | | | | | | | | | | | | |
| | | I T7304㉒ | | | | | | | | | | | | | |
| | | I T7306⑲ | | | | | | | | | | | | | |
| | | I T7306㉑ | | | | | | | | | | | | | |
| | 3.1 | I T8205⑪ | | | | | | | | | | | | | |
| | | I T8205⑫ | | | | | | | | | | | | | |
| | | I T8305⑫ | | | | | | | | | | | | | |
| | | H2312② | 1 | | | | | | | | | | | | 1 |
| | | I T7213⑱b | | | | | | | | | | | | | |
| | 3.2 | I T7306⑱ | | | | | | | | | | | | | |
| | | I T8205⑩ | | | | | | | | | | | | | |
| | | L13 | | | | | | | | | | | | | |
| | | I T7211⑰ | | | | | | | | | | | | | |
| | | I T7213⑯ | | | | | | | | | | | | | |
| | | I T7213⑰ | | | | | | | | | | | | | |
| | | I T7306⑰ | | | | | | | | | | | | | |
| | | I T7307⑩ | | | | | | | | | | | | | |
| | | I T7307⑫ | | | | | | | | | | | | 36 | |
| | | I T7307⑭ | | | | | | | | | | | | | |
| | | I T7307⑮ | | | | | | | | | | | | | |
| | | I T7307⑯ | | | | | | | | | | | | | 1 |
| | | I T7309⑩ | | | | | | | | | | | | | |

续附表三

| 时代 | 期段 | 出土单位 | 杂草及其他 | | | | | | | | | | | 碎种及未知 | |
| | | | 马鞭草 | 酢浆草 | 马胶儿(?) | 铁苋菜 | 紫苏 | 叶下珠 | 眼子菜 | 牛毛毡 | 泽兰(?) | 细风轮菜 | 盒子草(?) | 碎种 | 未知 |
|---|---|---|---|---|---|---|---|---|---|---|---|---|---|---|---|
| 商周 | 3.2 | I T7309① | | | | | | | | | | | | | |
| | | I T8007⑧b | | | | | | | | | | | | | |
| | | I T8205⑧ | | | | | | | | | | | | | |
| | 3.3 | L18 | | | | | | | | | | | | 1 | |
| | 4.1 | I T6815⑭ | | | | | | | | | | | | | |
| | | I T6815⑮ | | | | | | | | | | | | | |
| | | I T7213⑤ | | 1 | | | | | | | | | | | |
| | | I T7308⑨ | | | | | | | | | | | | | |
| | 4.2 | L6 | | | | | | | | | | | | | |
| | | I T6713～6714⑬ | | | | | | | | | | | | | |
| | | I T6815⑬ | | | | | | | | | | | | | |
| | | I T7111⑬ | | | | | | | | | | | | | |
| | | I T7213⑬ | | | | | | | | | | | | | |
| | | I T8106⑦ | | | | | | | | | | | | | |
| | 5.1 | I T6611⑩ | | | | | | | | | | | | | |
| | | I T6616⑪ | | | | | | | | | | | | | |
| | | I T6616⑫ | | | | | | | | | | | | | |
| | | I T6815⑩ | | | | | | | | | | | | | |
| | | I T6815⑪ | | | | | | | | | | | | | |
| | | I T6815⑫ | | | | | | | | | | | | | |
| | | I T7213⑩ | | 1 | | | | | | | | | | | 2 |
| | | I T7213⑫ | | | | | | | | | | | | | |
| | | I T8105⑥ | | | | | | | | | | | | | |
| | 5.2 | I T6612⑥ | | | | | | | | | | | | | |
| | | I T6616⑥ | | | | | | | | | | | | | |
| | | I T6616⑧ | | | | | | | | | | | | | |
| | | I T6812⑥ | | | | | | | | | | | | | |
| | | I T6815⑥ | | | | | | | | | | | | | |
| | | I T6815⑨ | | | | | | | | | | | | | |
| | | I T7008⑨ | | | | | | | | | | | | | |
| | | I T7209⑧ | | | | | | | | | | | | | |
| | | I T7210⑨ | | 1 | | | | | | | | | | | |
| | | I T7213⑥ | | | | | | | | | | | | | |
| | | I T7308⑥ | | | | | | | | | | | | | |
| | | I T7308⑦ | | | | | | | | | | | | | |
| | 5.3 | I T6616⑤ | | | | | | | | | | | | | |
| | | I T6815⑤ | | | | | | | | | | | | | |
| | | I T7213⑤ | | | | | | | | | | | | | |
| 小计 | | | 77 | 20 | 20 | 10 | 4 | 5 | 1 | 3 | 2 | 2 | 1 | 2596 | 429 |

# 附录六　金沙遗址祭祀区出土树木遗存的鉴定报告

王树芝[1]　闫雪[2]　姜铭[2]　周志清[2]　张擎[2]　王占魁[2]

（1. 中国社会科学院考古研究所　2. 成都文物考古研究院）

2002 年 2 月至 2005 年 3 月，成都市文物考古工作队在发掘金沙遗址祭祀区时发现了一些体积较大的树木遗存，在 I T7015、I T7016、I T7115 和 I T7116 内分布有一处古树遗迹，树干直径约 1 米（彩版四六〇，1），在 L11 附近古河道内堆积了较多树木枝干（彩版四六〇，2）。古树遗迹在发掘结束后被转运至金沙遗址博物馆遗迹馆展览，古河道内的树木枝干则被原址保存在金沙遗址博物馆遗迹馆。

为了解祭祀区出土树木遗存的树种信息，我们采集了 5 个树木遗存的木材样品进行了树种鉴定。采样详情见表一及彩版四六〇，2。

表一　采样详情一览表

| 树木遗存 | 采样位置 | 采集样品数量 |
| --- | --- | --- |
| 古树遗迹 | 树根 | 1 |
| 树木枝干堆积 | S1 号枝干 | 1 |
| | S2 号枝干 | 1 |
| | S3 号枝干 | 1 |
| | S4 号枝干 | 1 |

## （一）研究方法

首先，从采集的木材样品上取 1 厘米见方的小木块，放入沸水中蒸煮，使其软化。然后，用刀片将小木块修成边长为 0.5 厘米左右的正方体，在冷冻切片机上，按照横、径、弦三个方向分别切出厚度 15 ~ 25 微米的切片。再经染色、脱水、封片等步骤，制成永久光学切片。最后，在光学显微镜下观察木材的构造特征，并与《中国木材志》[1] 等相关专业书籍的描述及现代树种的显微照片相互比对，进行识别和鉴定。

## （二）鉴定结果及树种的生态意义

通过观察和鉴定，古树树根样品和 4 个树木枝干样品都是大戟科（Euphorbiaceae）秋枫属或重阳木属（Bischofia）的秋枫（B. javanica）。

秋枫木材显微构造如下：

生长轮不明显；散孔材；宽度不均匀；管孔略少，中等大小；大小略一致，分布略均匀；通常径列；导管横切面为卵圆及椭圆；径列复管孔（通常 2～4 个），单管孔较少，偶见管孔团。侵填体及树胶偶见。轴向薄壁组织阙如或偶见导管旁（彩版四六一，1、2）。小导管螺纹加厚未见。木纤维壁薄，常含树胶，分隔木纤维常见。射线组织异形Ⅱ型及Ⅰ型，射线细胞多含树胶，菱形晶体常见，端壁节状加厚及水平壁纹孔多而明显，射线导管间纹孔式为横列刻痕状，胞间道阙如（彩版四六一，3、4）。木射线非叠生；单列射线较少，高 4～12 细胞。多列射线宽 2～5 细胞，高多数 20～45 细胞，同一射线内常出现 2～3 次多列部分（彩版四六一，5、6）。

秋枫在我国分布广泛，主要产于陕西、江苏、安徽、浙江、福建、台湾、广东、四川和云南等省区，常生于海拔 800 米以下山地潮湿沟谷林中，是常见的河岸树种，其幼树耐荫，喜水湿，在土层深厚、湿润肥沃的砂质壤土中生长良好[2]。

## （三）秋枫树遗存反映的古环境问题

祭祀区的自然地势西高东低，内部有一古河穿流而过。古河道有从早到晚自西南向东北摆动的趋势，发掘者根据古地貌和地层堆积特点，复原了祭祀区形成前古河道的河堤线和祭祀区废弃后古河道的河堤线（图一）。

秋枫古树位于祭祀区西北部，埋藏于祭祀区形成前古河道河堤线东侧静水或缓慢流水环境形成的淤泥中（图一；彩版四六〇，1），两个指示其死亡年代的碳－14 测年数据分别是距今 3600 ± 20 年和距今 3590 ±20 年。秋枫古树的埋藏状态符合平原内树木的生长规律，树干方向和水平面垂直，说明秋枫古树的埋藏地很可能就是其生长地。秋枫古树一般生长于河堤上或河漫滩中地势较高的地方，因此秋枫古树存活期古河道河堤线位置可能在秋枫古树附近。

秋枫古树枝干堆积位于祭祀区东部，埋藏于祭祀区废弃后古河道河堤线东部的河道淤沙中，其长轴方向一致。碳－14 测年结果显示，秋枫树枝干堆积中有 1 个枝干的死亡时间是距今 3535 ± 24 年。成都平原河网密布，受亚热带季风气候影响，夏季暴雨容易引发洪涝灾害，祭祀区古河道

---

[1]　成俊卿、杨家驹、刘鹏：《中国木材志》，中国林业出版社，1992 年。

[2]　中国科学院中国植物志编辑委员会：《中国植物志》第四十四卷第一分册，科学出版社，2010 年，第 187 页。

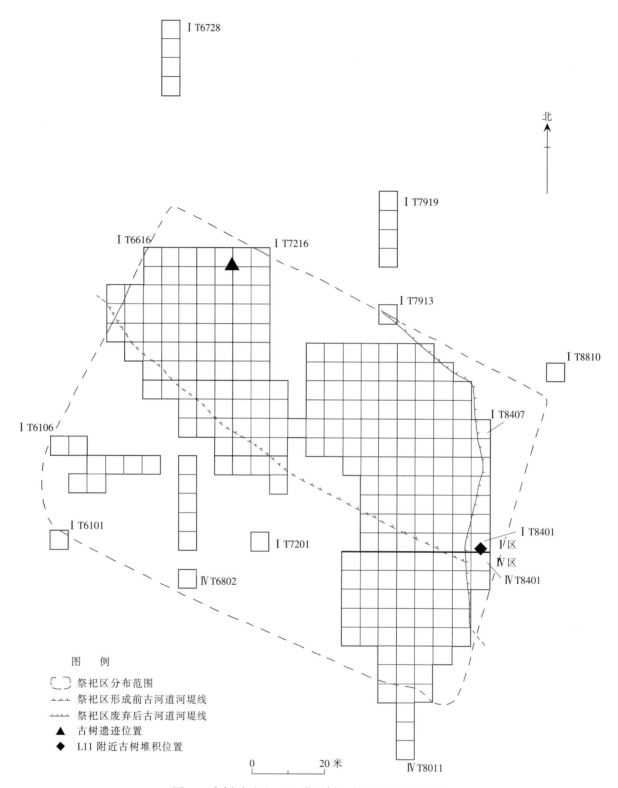

图一　古树遗迹和 L11 附近树木枝干堆积位置图

中就发现了洪水沉积物①。综合秋枫树生态习性、成都平原气候特点和古河道沉积证据，推测秋枫树枝干堆积的形成应该与洪水有关，猜测是古河岸边生长的秋枫树被洪水冲倒落入河中，而后淤积于 L11 附近（见图一；彩版四六〇，2）。

---

① Tianjiao Jia，Chunmei Ma，Cheng Zhu et al.，Depositional evidence of palaeofloods during 4.0 - 3.6ka BP at the Jinsha Site，Chengdu Plain，China，*Quaternary International*，Vol. 440（2017），pp. 78 - 89.

# 附录七　金沙遗址古环境分析

李永昭[1]　李奎[1]　朱章义[2]　张擎[3]　向芳[1]

刘建[1]　陈碧辉[4]　姚轶锋[5]

（1. 成都理工大学　2. 成都金沙遗址博物馆　3. 成都市文化广电旅游局

4. 宜宾学院　5. 中国科学院系统与进化植物学国家重点实验室）

金沙遗址的分布面积，现已探明有 3 平方千米，地处成都市青羊区苏坡乡金沙村和金牛区的黄忠村。这里曾是中房集团成都房地产开发总公司开发的区域，整个区域被划分为蜀风花园的"梅苑"（遗址东北部）和"兰苑"（位于梅苑的西侧，相距约 30 米）、"体育公园"（南邻兰苑，东邻梅苑的北部）和黄忠村的"三和花园"。因此，考古发掘工作也就根据这些定名来划定发掘区域。

目前，金沙遗址共布探方 667 个，发掘面积达 16587 平方米，发掘深度约 1.2～4.5 米。其中，在"梅苑"东北部区域共布探方 145 个，发掘面积 3625 平方米，在文化堆积面积约 8000 平方米的范围内出土了大量珍贵文物，约有近万件金器、铜器、玉器、石器以及 11 种脊椎动物遗骨的残骸。其中在 L65 出土有大量的象牙（见彩版一八八）。

2001 年 4、5、7 月，课题组在金沙遗址进行野外考察，获得了大量的第一手野外资料，采集了大量的土样和脊椎动物标本，共采集土样 63 件，脊椎动物骨骼标本 15 件，在古河道内采集河道砂样品 13 件，陶片、炭化树干样品 8 件；2001 年 8 月，课题组又到广汉三星堆月亮湾进行野外考察，采集土样 12 件，用于比较三星堆古文化遗址同金沙文化遗址的异同之处；2004 年 3～4 月，多次在金沙遗址补充采集脊椎动物的牙齿样品，而且对探方内保存的脊椎动物标本进行进一步鉴定和比较（表一）。

表一　金沙遗址古环境研究野外调查工作量表

| 时间 | 地点 | 任务 | 相关工作 |
|---|---|---|---|
| 2001 年 4、5、7 月 | 成都金沙遗址 | 遗址现场考察<br>地质剖面观察与测量<br>标本样品采集 | 采集土样标本 63 件，脊椎动物标本 15 件，河道砂样 13 件，陶片、炭化树干标本 8 件<br>进行脊椎动物属种初步鉴定 |
| 2001 年 8 月 | 广汉三星堆 | 地质剖面观察与测量<br>标本样品采集 | 采集土样 12 件 |

| 时间 | 地点 | 任务 | 相关工作 |
|---|---|---|---|
| 2002 年 4 ~ 10 月 | 成都、北京 | 标本样品测定、鉴定 | 进行脊椎动物属种的进一步鉴定<br>进行碳 – 14 测定<br>古河道砂的粒度测定 |
| 2003 年 4 ~ 12 月 | 成都、北京 | 标本样品测定、分析 | 进行孢粉分析<br>进行微量元素地球化学分析 |
| 2004 年 5 ~ 12 月 | 成都金沙遗址 | 脊椎动物标本进一步鉴定和比较<br>编写报告 | 补充采集脊椎动物牙齿及其围岩标本 11 件补拍标本照片 |

## （一）金沙遗址地理地貌特征

### 1. 地理位置与环境

金沙遗址位于成都市区西部的二环路与三环路之间，东距市中心仅 5 千米，地处青羊区苏坡乡金沙村和金牛区黄忠村，若要了解金沙遗址的地理位置与环境，本文首先对四川省和成都市的地理位置与环境进行概述。

四川省位于中国的西南，地跨青藏高原东缘及四川盆地，面积 48.5 万平方千米。成都平原位于四川盆地西部，是四川唯一较大的平原。它是由发源于盆地西北山区的岷江、沱江及其支流（如湔江、石亭江、绵远河等）流出山口的冲积扇连接而成。平原西北面为川西高原东缘的山地，东南面有东北至西南走向的龙泉山脉将其与川中丘陵地区相分隔，西北的邛崃山、茶坪山脉与东南的龙泉山脉的余脉在平原的东北和西南交合，使成都平原成为四川盆地中相对独立的自然地理单元。平原呈南北长 170 千米、东西宽 60 ~ 70 千米的扇形，面积约 9500 平方千米。整个平原海拔400 ~ 750 米，地势西北高而东南低，位于平原西北扇形顶部的都江堰海拔约 750 米，扇形东南部的成都一带海拔降至 500 米，在不到 50 千米的距离内高程就下降了近 200 米，坡降达 3 ‰ ~ 4 ‰。较大的高差给整个平原农业的灌溉提供了方便，再加上成都平原的气候属亚热带季风气候，温暖而湿润，适于农作物生长，因而成都平原地区很早就有人类在此栖息和生活，留下了许多古老的传说和丰富的文化遗存。通过数千年的开发，特别是著名的都江堰水利枢纽工程兴建以后，成都平原成为"水旱从人"的天府之国，成都平原的中心——成都也就成为西南地区政治、经济和文化的中心①。

成都市区坐落于成都平原的东南部，以三环路为界，约东西长 17 千米、南北宽 14 千米，面

---

① 成都市文物考古研究所、北京大学考古文博院：《金沙淘珍——成都市金沙村遗址出土文物》，文物出版社，2002 年。

积约 200 平方千米。市区地势平坦，除了在成都市区东南面 20 千米处有属于中山的龙泉山脉，以及在成都市北有低矮的凤凰山外，市区范围内没有大的高低起伏。成都市区及其周围的地势是西北郊略高而东南略低，河流自然走向的总趋势是由西北流向东南。市区内河网密布，均呈西北—东南流向，由东向西有沙河、府河、摸底河、清水河—南河；郫江故道介于府河与摸底河之间。至迟在战国时期，在当时的成都城区就有两条可以行船的较大河渠。《史记·河渠书》记秦国的"蜀守冰凿离碓，辟沫水之害，穿二江成都之中。此渠皆可行舟，有余则用溉浸，百姓飨其利"。流经成都的这两条河流，秦汉时期统称之为"两江"，传为西汉时期扬雄所作《蜀都赋》就有"两江珥其市，九桥带其流"的诗句。两江的具体情况，晋人常璩《华阳国志·蜀志》说"周灭后，秦孝文王以李冰为蜀守……冰乃壅江作堋，穿郫江、检江，别支流双过郡下，以行舟船。"现在流经市区的三条河流，均为走马河的分支，它们从东北向西南面复接纳了西北面的摸底河水，沿外南人民路、城边路、滨江路东流，在青莲街附近与府河相汇，逐渐南转流出市区。金沙遗址就在市区西部偏北的摸底河畔。

金沙遗址位于成都市区西部的二环路与三环路之间，东距市中心仅 5 千米；地处青羊区苏坡乡金沙村和金牛区黄忠村。现已探明的分布面积约 3 平方千米，北达羊西线，东临同和路和青羊大道，西至三环路，南接清江中路和西路。处于成都平原的腹心地带，分布范围内地势平坦，相对高差不过 5 米。遗址内及周围河流较多，遗址的南面 1.5 千米处是清水河，遗址的北侧是郫江故道，摸底河由西向东蜿蜒曲折地横穿遗址中部，把金沙遗址分为南北两半，北为黄忠村，南为金沙村。经考古发掘证实，在遗址内至少有四条古河道由西北流向东南。摸底河、故郫江流出金沙遗址后，向东南流经成都市区西部，在青羊宫附近汇入清水河成为南河；南河再向东南，经成都市区南部，在九眼桥附近注入府河；府河再向南流出成都市区。在成都市区西部、南部的故郫江及今南河沿河地带，历年已发现了很多商周时期的遗址，由西向东有抚琴小区、十二桥、方池街、君平街、指挥街、盐道街、岷山饭店、岷江小区等遗址，绵延十多千米，其中以十二桥遗址发掘面积大，出土器物多，最具典型性，因此学术界将上述遗址统称为十二桥遗址群。金沙遗址东南距最近的抚琴小区遗址约 3 千米，距最远的岷江小区遗址约 9 千米，距 1954 年发现的羊子山土台遗址约 8 千米，而著名的三星堆遗址距金沙遗址的直线距离也不过 38 千米①。

## 2. 地貌特征

金沙遗址除表面为一层厚约 1～2 米的近代扰乱土外，都是一套松散的第四纪全新世河流冲击物。因金沙遗址位于成都平原东南部，现将成都平原地貌特征概述如下。成都平原在成都地堑的基础上发育，由多个冲积扇组成。自北而南依次是绵远河、石江亭、湔江、岷江、西河、斜河和

---

① 成都市文物考古研究所、北京大学考古文博院：《金沙淘珍——成都市金沙村遗址出土文物》，文物出版社，2002 年。

南河冲积扇，共同组成了微倾斜的复合冲积扇平原。在各个冲积扇之间及其边沿，有扇间河和扇缘河分布，水系构式十分复杂。

成都平原地势具有西北高东南低的特点，出自龙门山及其西北高原的岷江、沱江等多条河流的散流水系形成了宽广的成都平原。平原内部一般仅存Ⅰ、Ⅱ级阶地，Ⅲ、Ⅳ、Ⅴ级阶地主要分布在东西两侧边缘地带，形成高地或台地。Ⅰ级阶地在平原区的拔河高度一般为2～3米，两侧为4～6米，根据碳－14年代测定为距今6700～2500年，显然属全新世。Ⅱ级阶地拔河高度8～10米，主要地层为成都黏土及广汉层，覆盖成都平原的主要为成都黏土，碳－14测年为距今2.5万～1.2万年，为晚更新世晚期。广汉层主要分布于成都平原东侧。Ⅲ级阶地拔河高度25～30米，称雅安黏土或雅安砾石层，碳－14测年为距今4万～3万年，属晚更新世。Ⅳ级阶地拔河高度70米左右，热释光测年为距今7.2～5.6万年。Ⅴ级阶地拔河高度达90～110米，热释光测年为距今12万～10.5万年，属中更新世末期。分布于平原周边的Ⅲ级以上阶地都以基座阶地的形式出现，反映盆地周边的相对抬升。盆地内部早于Ⅱ级阶地的沉积物由于沉降作用被埋于地下。

年龄测定结果表明，成都平原的阶地堆积全部是中更新世晚期以来的产物。成都平原的第四纪沉积无论沉积相或厚度均有很大差异，加之缺乏年代资料，因而学界对其成因类型有不同的看法，主要有冰水沉积和冲洪积两类。钱洪、唐荣昌根据岷江、沱江上游阶地年龄与成都平原阶地年龄的对比，结合成都平原中更新世晚期以来的沉积结构、物质成分和沉积环境的分析，倾向于成都平原的阶地沉积是岷江、沱江等主要水系进入成都平原后的河流相沉积[①]。

## （二）金沙遗址地层特征

我们在ⅠT7908和ⅠT8305测量了两条剖面，并进行了系统取样，按由上而下的顺序将剖面的地层特征描述如下。

**ⅠT7908：**

ⅠT7908位于"梅苑"东北部发掘区的西南部，于2001年7月5日测量剖面和取样（表二）。

1) ⅠT7908-1　浅灰黑色黏土，为耕作层（A0层），见新鲜的植物根系。距地表深0～18厘米，在6厘米处取样。

2) ⅠT7908-2　棕黄色黏土，为淋滤层，见0.1厘米大小的小孔。距地表深18～27厘米，厚约9厘米，较薄，在18厘米处取样。

3) ⅠT7908-3　棕黄色黏土，为A1层，见淡黄色铁质条带。距地表深27～44厘米，厚约17厘米，在29厘米处取样。

4) ⅠT7908-4　浅灰黑色黏土，见0.1～0.2厘米的空管状纵横交错结构，有少量铁质填充。距地表深44～59厘米，厚约15厘米，在59厘米处取样。

---

① 钱洪、唐荣昌：《成都平原的形成与演化》，《四川地震》1997年第3期。

5）ⅠT7908 - 5 浅灰黑色黏土，充填有铁质结核，大小约0.5厘米，有碎陶片出现。距地表深59~78厘米，厚约19厘米，在65厘米处取样。

6）ⅠT7908 - 6 深棕黄色亚黏土，可见纵横交错管状结构，为淀积层，见褐色铁质结核。距地表深78~154厘米，厚约76厘米，在120厘米处取样。

7）ⅠT7908 - 7 浅棕黄色粉砂质黏土，上部粒度渐细，泥质粉砂砂粒中含软云母片。此层为腐殖层（C层），新鲜面为棕黄色。距地表深154~180厘米，厚约26厘米，在164厘米处取样。

8）ⅠT7908 - 8 黄褐色黏土，为古土壤层，新鲜面为浅褐色，虫孔发育，固结紧实，虫孔壁覆深灰色泥膜，虫孔直径0.05~0.2厘米。距地表深180~215厘米，厚约35厘米，在190厘米处取样。

9）ⅠT7908 - 9 灰黄色古土壤，含许多直径约0.1~0.2厘米的椭圆形铁锈色铁质新生体，在215厘米处取样。

10）ⅠT7908 - 10 灰黄色粉砂质黏土，在245厘米处取样。

11）ⅠT7908 - 11 灰黄色砂—粉砂质黏土，中间以砂粉质黏土透镜分隔，在255厘米处取样。

12）ⅠT7908 - 12 灰黄色砂—粉砂质黏土，在270厘米处取样。

13）ⅠT7908 - 13 深灰黑色砂质黏土，在280厘米处取样。

14）ⅠT7908 - 14 灰黄色粉砂质黏土，在292厘米处取样。

表二 金沙遗址ⅠT7908剖面柱状描述 （单位：厘米）

| 层序 | 深度 | 岩性柱 | 岩 性 描 述 | 文物埋藏状况 |
|---|---|---|---|---|
| 1 | 0 / -18 | | 灰色亚黏土，富含有机质，为耕作层 | |
| 2 | -27 | | | |
| 3 | -44 | | 黄灰色亚黏土，见铁质结核，为淋溶层 | |
| 4 | -59 | | 黄灰色亚黏土，见铁质结核，为淀积层 | |
| 5 | -78 | | 浅棕黄色亚黏土，见铁质结核 | -59 见陶片 -79 |
| 6 | | | 棕黄色亚黏土，略显网纹，见铁质结核 | -135 见陶片 |
| 7 | -140 / -175 | | 棕黄色亚黏土，见铁质结核 | -150 -165 |
| 8 | -200 | | 棕黄色亚黏土，见铁质结核 | |
| 9 | -225 | | 黄棕色亚黏土，见铁质结核，为古土壤 | 见哺乳动物骨骼化石 |
| 10 | -240 | | 黄棕色砂—粉砂质亚黏土 | -242 |
| 11 | -258 | | | |
| 12 | -270 | | | |
| 13 | | | 黄棕色粉砂质亚黏土 | |
| 14 | -283 / -294 | | | |
| 15 | -308 | | 灰色粉砂质亚黏土 | -290 |
| 16 | -325 | | 砾石层，其成分主要是石英岩、花岗岩，由砂质亚黏土和粗砂填充 | |
| 17 | | | | |

注：×表示取样点。

15）ⅠT7908－15 深黄色含粉砂黏土，在305厘米处取样。

16）ⅠT7908－16 灰绿色黏土含黄棕色斑块，在318厘米处取样。

17）ⅠT7908－17 砾石层，其成分主要是石英岩、花岗岩，由砂质亚黏土和粗砂填充。

**ⅠT8305：**

ⅠT8305位于"梅苑"东北部发掘区的东部，于2001年7月20日测量剖面和取样。

1）ⅠT8305－1 灰色黏土，局部可见片状结构，虫孔发育且粗大，约0.3～0.5厘米，锈斑少，约2%。距地表深0.5～7厘米。

2）ⅠT8305－2 黄灰色黏土，耕孔明显，约占5%，少量虫迹，约0.1～0.2厘米，锈斑发育，约占15%，有棱块结构。距地表深7～15厘米。

3）ⅠT8305－3 黄灰色黏土，耕孔发育，有细小虫孔，直径约0.05～0.1厘米，个别虫孔较粗大，直径约1厘米，有褐色锈斑，约占2%，有细棱块结构。距地表深15～33厘米。

4）ⅠT8305－4A 黄灰色黏土，耕孔发育，近于垂直，有少量虫孔，直径约0.1～0.2厘米，锈斑分布不均匀，局部较发育，有细棱块结构。距地表深33～50厘米。

5）ⅠT8305－4B 灰黄色亚黏土，细耕孔较发育，很多为横向，有少量虫孔，少见锈斑，结构不明显。距地表深50～70厘米。

6）ⅠT8305－5 黄灰色亚黏土，有少量耕孔和虫孔，结构不明显，锈斑很发育，有机质局部富集。距地表深70～105厘米。

7）ⅠT8305－6 黄灰色黏土，耕孔和虫孔较少，耕孔附近被有机质充填，锈斑发育。距地表深105～120厘米。

8）ⅠT8305－7 灰黄色亚黏土，含少量粉砂，耕孔不发育，有少量虫孔，褐色锈斑发育。距地表深120～135厘米。

9）ⅠT8305－8 灰黄色亚黏土，有虫孔，虫孔中有黑色虫孔泥，褐色锈斑发育，可见陶片，有机质较多。距地表深135～150厘米。

10）ⅠT8305－9 灰黄色亚黏土，粉砂增多，有较多虫孔，虫孔壁有较多泥膜，锈斑发育。距地表深150～165厘米。

11）ⅠT8305－10 灰黄色亚黏土，含有粉砂，有少量虫孔，虫孔壁有黑色泥膜，褐色锈斑发育，见哺乳动物遗骸。距地表深165～242厘米。

12）ⅠT8305－11 棕黄色细砂—粉砂，可见石英砂粒，局部是灰色砂，局部锈斑发育。出露8层象牙，象牙近东西水平堆放，个别近南北走向。距地表深242～290厘米。

13）ⅠT8305－12 深灰色粉砂，炭屑物较多。距地表深290～338厘米。

14）ⅠT8305－13 灰黑色粉砂—细砂，可见炭屑物。距地表深338～378厘米。

15）ⅠT8305－14 深灰色中砂，可见石英砂粒，见砂纹层理。距地表深378～416厘米，未到底。

# （三）金沙遗址的地质年代

## 1. 碳－14 测定

自 1949 年阿诺与利贝（Arnold & Libby）利用已知年代的考古物证明碳－14 定年的可行性以来，碳－14 定年法在定年方面的实用性及优越性早已为学者所肯定，尤其考古遗址与第四纪的地层研究和碳－14 定年法更是分不开。

自然界的碳有三种同位素：$^{12}C$、$^{13}C$、$^{14}C$，其中 $^{12}C$、$^{13}C$ 是稳定同位素，$^{14}C$ 是放射性同位素。由于宇宙辐射作用，在地球大气层上部将形成热（慢）中子，后者轰击空气中的 $^{14}N$ 原子核，便形成放射性同位素 $^{14}C$。因自然界的天然循环、交换作用，使所有生物、空气、水、碳酸盐类及含碳物质中均含有放射性同位素 $^{14}C$，而且大体处于平衡状态，在以万年计的相当长的时期内，地球大气层中的 $^{14}C$ 丰度值是近于恒定的。若某一含碳物质一旦停止与外界发生碳同位素交换，例如有机体（动物、植物）死亡，碳酸钙沉淀后与大气及水中的二氧化碳不再发生交换等，这时，有机体和碳酸盐中的 $^{14}C$ 得不到新的补充，最初的放射性 $^{14}C$ 将按指数规律减少。因此，只要测得样品中碳放射性比度（或现代碳与样品碳放射性之比），即可按有关公式算得样品年龄[①]。

为确定金沙遗址所处的绝对年代，共采集具有代表性的 $^{14}C$ 样品两块。对在古河道内采集的炭化树干进行常规碳－14 标本年代测定，$^{14}C$ 年代是距今 2265 ± 85 年；对探坑中发现的一枚亚洲象的臼齿进行了加速器质谱（AMS）碳－14 测试，$^{14}C$ 年代是距今 2930 ± 70 年（表三）。

样品中的炭化树干为古河道中采样，揭示的地质年代应为金沙遗址的较新年龄，所取的亚洲

**表三　金沙遗址碳－14 标本年代测定报告单**

| 实验室编号（BA） | 原编号 | 样品物质 | $^{14}C$ 年代（BP） | 测试方法 | 测定单位 | 备注 |
|---|---|---|---|---|---|---|
| BK200171 | JH001 | 炭化树干 | 2265 ± 85 年 | 常规碳－14 测定 | 北京大学考古文博学院<br>科技考古与文物保护实验室 | ① |
| BA01205 | TH002 | 亚洲象臼齿 | 2930 ± 70 年 | 加速器质谱（AMS）碳－14 测定 | 北京大学<br>加速器质谱实验室<br>第四纪年代测定实验室 | ② |

注：① BP 为距 1950 年的碳－14 年代，碳－14 年龄计算所用半衰期为 5568 年；
　　② 测量采用中国糖碳标准，其中碳的碳－14 放射性比度为现代碳标准的 1.362 ± 0.002 倍；计算年代采用的 $^{14}C$ 半衰期为 5568 年；距今年代（BP）以公元 1950 年为起点；所给误差系多次测量平均值的标准偏差；年代数据未做树轮年代校正。

① 闵茂中、白南静：《地质测试样品采集及送测指南》，科学出版社，1990 年。

象臼齿样品揭示的地质年代应为金沙遗址的较老时代。

因此，我们由以上数据可以断定金沙遗址的绝对地质年代为距今 $2930 \pm 70 \sim 2265 \pm 85$ 年。

### 2. 文物断代分析

金沙遗址清理和发掘的重要文物共 2000 余件，包括金器 40 余件、铜器 700 余件、玉器 900 余件、石器近 300 件、象牙骨器 40 余件等，此外还出土了数以万计的陶器、陶片等。

从目前金沙遗址发掘的遗迹、遗物来看，金沙遗址是跨越时间较长的一个古蜀遗址。就其中的玉器而言，其时代早的可到商代中早期，如许多出土的玉璋、玉戈等器形都与三星堆一、二号祭祀坑出土的玉戈、玉璋相似，同时也与殷墟出土的玉戈相同[1]。另一方面，在金沙遗址中出土的玉琮又与良渚文化有相似之处。但是我们从所有的出土文物中，特别是与三星堆出土文物同类型的器物相比较，也能看出比这些器物年代更晚的东西。三星堆遗址一、二号祭祀坑出土文物的时代在商代的中晚期，而金沙遗址出土的器物中除了有与三星堆遗址出土的器物同一时代外，还有许多器物的时代相对晚于三星堆遗址出土的器物。三星堆遗址出土的器物与金沙村遗址出土的器物相比较的不同之处，实际上就是这些器物在不同的时代中发展变化或某些器形衰落的表现。由此而来我们可以通过这些现象了解其大致的时代情况。

（1）"梅苑"东北部发掘区第 7 层出土的尖底杯、尖底盏、圈足罐、高颈罐、瓮、高柄杯形器座、喇叭口罐等，这些文物的时代相当于西周早期；第 6 层出土遗物较少，总体与第 7 层时代大致相同。第 5 层出土的喇叭口罐、直口尖底盏等时代约为春秋前期。该区域出土的金器、铜器、玉石器的时代为商代晚期至西周早期。由此看来该区域的文化堆积延续时间较长，约从商代晚期至春秋前期。

（2）"兰苑"文化堆积的时代较"梅苑"文化堆积的时代略早。

因此，根据成都市文物考古所发现的金器、玉器、青铜器、陶器等文物，并结合先前的勘探和发掘资料，我们初步认为金沙遗址的年代上限当在商代晚期，下限可至春秋时期，主体文化遗存的时代当在商代晚期至西周早期，属十二桥文化偏早阶段。

## （四）　金沙遗址的脊椎动物

### 1. 脊椎动物的埋藏状况

因金沙遗址发现的脊椎动物与人类遗物共生，故可以从它们的组合特点上来进一步了解古蜀文化，以及距今 3000～2000 多年成都平原的气候环境。

---

[1]　谢辉：《对金沙遗址出土部分玉器的几点认识》，《四川文物》2003 年第 3 期；成都市文物考古研究所、北京大学考古文博院：《金沙淘珍——成都市金沙村遗址出土文物》，文物出版社，2002 年。

　　金沙遗址发现的脊椎动物主要位于"梅苑"东北部发掘区的南部，该区域为古蜀人的祭祀区域。从机械开挖的断面观察，该分布区的面积在 300 平方米以上。从已清理的情况看，上述遗物堆积较为零乱，似无规律，但仔细观察，野猪犬齿多在鹿角之上。野猪犬齿经过初步鉴定全系野猪下犬齿，说明这些遗物是经过专门挑选的，不是随意所为。

　　在 L2 位于ⅠT7710、ⅠT7711 部分中发现大量水鹿角，且无方向性，其中出露有两枚亚洲象的门齿，其中一门齿无前端。最大一枚门齿长 147 厘米，远端宽度 15 厘米。还发现有大量的野猪下犬齿、马的门牙及臼齿各一颗、牛的臼齿一颗等。在这两个探坑中还分布大量的玉凿、玉矛等玉器，以及少量陶器和花岗岩卵石（见彩版二八九至二九二）。

　　在 L2 位于ⅠT7909 部分中，发现大量陶器、鹿角以及约 400 枚野猪的犬齿、一较完整的犀牛下颌骨，还有许多具有观赏价值的奇石。

　　在 L2 位于ⅠT7809 部分中，野猪犬齿居多，还发现有鹿角、麂角、光滑卵石和陶器。

　　在 L2 位于ⅠT7811 部分中，发现的物品较少，多为陶器和少量麂角。

　　在 L2 位于ⅠT7810 部分中仅有少量陶器和麂角。

　　巨型象牙堆积坑 L65 位于发掘区的东部。该坑在机械施工中已遭到严重破坏，位于ⅠT8304 的西南部。填土中有规律地平行放置了大量的亚洲象门齿，其中最长者近 185 厘米，象牙经过鉴定系亚洲象。从断面观察象牙共分 8 层，在坑内还有大量的玉器和铜器（见彩版一八八）。

　　金沙遗址出土的象牙、野猪犬齿、鹿角众多，证明当时在重大祭祀活动中至少使用了 500 头大象、1000 只鹿、1500 头野猪，而这些动物绝大多数来自周围地区，这对研究当时的地理气候环境提供了重要资料。

### 2. 脊椎动物组合

　　脊椎动物发现地点的地质剖面，除表面为一层厚约 1～2 米的近代扰乱土外，都是一套松散的第四纪全新世河流冲积物。

　　在金沙遗址中，脊椎动物大多发现于距地表 1.6～4.5 米的黄灰色黏土中；平面上，几乎整个发掘区内都有发现，但分布不均，以ⅠT7710、ⅠT7711、ⅠT7809、ⅠT7811、ⅠT7810 较为丰富。

　　标本材料与商代晚期至西周文化层大量文物共生，如陶器、玉器、石器等。标本材料与大量文物为祭祀用品，原地埋藏，无明显的搬运标志。

　　标本材料以哺乳动物牙齿和鹿角、麂角为主，有少量残破的下颌骨和肢骨，无完整的动物骨架。

　　大部分标本未完全石化，与现生动物材料比较，颜色深暗，比重较大。

　　所有脊椎动物标本材料埋藏在第四纪全新世河流冲积层中，与人类文化遗物共生。综合脊椎动物骨骼保存状况与共生文物的分析，它们大部分是人类活动的遗物，主要为原地堆积。

　　经过初步鉴定，有以下几种：

　　哺乳动物　Ma alia（11 species）

食肉目　Carnivora

虎　*Panthera tigris* Linnaeus，1758

猪獾　*Arctonyx collaris* Cuvier，1825

黑熊　*Ursus thibetanus* Cuvier，1823

长鼻目　Proboscidea

亚洲象　*Elephas maximus* Linnáus，1758

奇蹄目　Perissodactyla

马　*Equus caballus* Linnaeus，1758

犀牛　*Rhinoceros* sp.

偶蹄目　Artiodactyla

野猪　*Sus scrofa* Linnaeus，1758

水鹿　*Rusa unicolor* Kerr，1792

赤麂　*Muntiacus muntiak* Ziermann，1780

小麂　*Muntiacus reevesi* Ogilby，1838

牛　*Bos taurus* Linnaeus，1758

### 3. 脊椎动物标本描述

金沙遗址发现的脊椎动物材料，共包含 11 种脊椎动物，均为哺乳动物。考虑到脊椎动物遗骸与人类文化遗物共生，并注意到动物与人类活动的关系，通过对脊椎动物的数量统计、层位分布、共生关系及保存状况等方面进行分析研究，鉴定结果，将它们分为饲养动物和野生动物两组。

（1）饲养动物

马　*Equus caballus* Linnaeus，1758

材料：

Ⅰ T7711，一枚门齿和一颗臼齿（彩版四六二，1、2）。

标本描述：

门齿较小，珐琅质光滑，表面呈现氧化的黄褐色斑点。

讨论：

上述标本与现生家马比较，形态一致。

从马类的发展历史分析，我国南方第四纪地质中野马化石的材料不多；现生野马仅局限于西北部的新疆、内蒙古地区[①]。

家马的驯化具有悠久的历史，早在 4000 多年前，我国广大地区均已普遍驯养这类动物作为运

---

① 邓涛：《根据普氏野马的存在讨论若干晚更新世动物群的时代》，《地层学杂志》1999 年第 23 卷第 1 期。

载工具。

成都不仅在金沙遗址发现有马类，在十二桥文化遗址、广汉三星堆遗址等同时代遗址中，均有此类标本与人类文化遗物共生。显然，它们与人类活动密切相关。

这些材料的发现，说明至少在距今二三千年前，成都地区已有人类饲养的家马分布。

**牛** *Bos taurus* Linnaeus，1758

材料：

ⅠT7710，一枚臼齿（彩版四六二，3、4）。

标本描述：

珐琅质光滑，覆有白垩质，臼齿较瘦弱，臼齿齿柱发达，原、次尖经磨蚀后呈橄榄形，外叶新月形脊在前后方向被压扁。长81、宽38、高26毫米（图一）。

图一　牛 *Bos taurus* Linnaeus（ⅠT7710）
左图：臼齿，内侧视；右图：臼齿，顶视

（2）野生动物

**食肉目** Carnivora Bowdich，1821

　**猫科** Felidae Gray，1821

　　**虎** *Panthera tigris* Linnaeus，1758

材料：

ⅠT7910，发现两枚犬齿和一下颌骨（彩版四六三）。

标本描述：

犬齿粗大且较直，后缘刃部锋利。$c_1$长95、宽29毫米，另一$c_1$长81、宽25毫米。下颌骨下缘较平直，$m^1$引长，切割式，具一小的内尖和三个外尖（图二）。

图二　虎 *Panthera tigris* Linnaeus
（ⅠT7910）
犬齿，内侧视

　　**鼬科** Mustelidae Swainson，1835

　　　**猪獾** *Arctonyx collaris* Cuvier，1825

材料：

ⅠT7711，一具较完整的下颌骨（彩版四六二，5、6）。

标本描述：

下颌骨水平枝细长，上下边缘平行；垂直枝宽大，咬肌窝深且宽，冠状突高而侧扁；关节突发达，横向扩展；次角突位置接近关节突。

齿式：3·1·4·2；前臼齿非常细小，齿尖尖锐，下裂齿（$m_1$）窄而长，跟座宽大。

下颌骨长89毫米；$m_1$前缘下颌高28毫米；$p_3$长12毫米，$p_1$

图三　猪獾 *Arctonyx collaris* Cuvier
（ⅠT7711）
左下颌骨，外侧视

长 7 毫米（图三）。

**熊科**　Ursus Gray，1825

**黑熊**　*Ursus thibetanus* Cuvier，1823

材料：

ⅠT7710，一枚左下臼齿（彩版四六四，1、2）。

标本描述：

此臼齿较小，长方形，咀嚼面具疣状齿突。长

22、宽 11 毫米（图四）。

**长鼻目**　Proboscidea

**真象科**　Elephantidae Gray，1821

**亚洲象**　*Elephas maximus* Linnáus，1758

图四　黑熊 *Ursus thibetanus* Cuvier（ⅠT7710）
左图：臼齿，侧视；右图：臼齿，顶视

材料：

臼齿；ⅠT7910、ⅠT7911，门齿两枚；ⅠT8105，门齿数枚，出露一下颌骨边缘；ⅠT7308，一残缺的上颌骨和一较完整的下颌骨，以及一些被人为切割成宽度一致的柱状门齿（彩版四六五）。

标本描述：

象臼齿：齿冠窄，齿冠高大于其宽度的 50% ~ 150%。齿脊薄，紧密靠近，齿脊频率为 5 ~ 9。珐琅质厚 2.5 ~ 3.0 毫米，褶皱很粗且强烈，无中间突。臼齿齿冠高 15 厘米，齿脊 4 个。最大门齿长 185 厘米，远端宽度 18 厘米。ⅠT7910、ⅠT7911，两颗门齿残缺。还发现一残缺的门齿尖部，上面有明显的人工作用痕迹。

在ⅠT8105 的第 15 层，发现象门齿数枚，且被人为地切割成柱状，平均长度在 11.5 ~ 12.5 厘米。出露一下颌骨边缘，由于没有挖掘出来，所以不做描述（彩版四六四，3）。

出露最大的象牙堆积坑 L65。象牙分八层平行排放在坑中，约有 200 余枚。其中最大的一根长 185 厘米，象牙上布有紫红色斑点，象牙下面放着金器和铜器。在象牙堆积坑的旁边就是一古河道。

在ⅠT7308 的第 22 层，发现一残缺的亚洲象的上颌骨和一较完整的下颌骨。左下颌骨边长 66 厘米，下颌骨前后端高 60 厘米，右下颌骨完整臼齿长 21、宽 7.8 厘米，齿冠高 3.8 厘米，齿脊数为 12（彩版四六四，4、5）。在探坑内还发现一些人工切割成柱状的门齿以及一些用象牙制成的类似项链之类的饰物。

上颌骨残缺头盖骨，已经风化。左上臼齿，$M_2$ 长 38、宽 8 厘米，$M_1$ 长 10.5、宽 7 厘米。右上臼齿，齿冠高 21.5 厘米，齿脊数为 26。

**奇蹄目**　Perissodactyla

**犀牛科**　Rhinocerotidae Owen，1845

### 犀牛　*Rhinoceros* sp.

材料：

Ⅰ T7809，较完整的左下颌骨（彩版四六六，1~3）。

标本描述：

门齿缺失；颊齿齿冠较高，$M_1$前叶"V"形，后叶新月形，外壁珐琅质具皱纹，下颌保存长410毫米，下颌齿高220毫米；$m_1$外下颌厚68.5毫米。$m_1$长50、宽38毫米，$m_2$长46、宽34毫米；$m_3$长45.6、宽29毫米。

讨论：

上述标本的齿式及臼齿特点与犀牛属（*Rhinoceros*）一致。与更新世的披毛犀（*Coelodonta antiguitatis*）化石有明显的差异，后者下臼齿前叶近方形，后叶近新月形。

至于与我国南方更新世地层中广泛分布的中国犀（*Rhinoceros sinensis*）以及现生的热带犀类之间的关系，由于材料有限，无法进行比较。但是可以说明在几千年前的四川盆地有犀牛存在。

在地质时代和历史时期，犀牛科动物曾广泛分布于中国各地。在地质时代，我国内蒙古、宁夏、新疆、云南、陕西、黑龙江、山西、北京、四川、湖北等地生长着一种中国犀（*Rhinoceros sinensis*）和披毛犀（*Coelodonta antiquitatis*）。以四川盆地为例，更新统时四川盆地及周围山区便广泛生长着中国犀，上更新统时川西北阿坝州一带便生长着披毛犀。在历史时期的新旧石器时代，我国四川、河南、浙江、广西等地均发现有犀牛骨，证明犀牛在我国古代是一种活动区域十分广的动物[①]。

### 偶蹄目　Artiodactyla

#### 猪科　Suidae Gray，1821

##### 野猪　*Sus scrofa* Linnaeus，1758

材料：

Ⅰ T7711、Ⅰ T7710、Ⅰ T7810、Ⅰ T7811、Ⅰ T7910，犬齿数枚，残缺的左下颌骨两块，完整的下颌骨一块，残缺肩胛骨一块（彩版四六六，4、5；彩版四六七、四六八）。

标本描述：

犬齿大，向两侧伸出，微向后弯。

门齿细长，珐琅质光滑，长55、宽6毫米。

下颌骨较细小，体部前侧变窄，舌面凹陷，颊面隆凸，水平枝较强厚。牙齿较粗大。前臼齿构造简单呈切割状。臼齿有四个低矮圆锥状的尖和许多附属的瘤状小尖（图五、六）。

在Ⅰ T7710中最小的犬齿直量72毫米，弯量86毫米，最大的犬齿直量140毫米，弯量176毫米。在Ⅰ T7909中有一较大的野猪犬齿，宽29.5毫米，弯曲弧度的直径是132毫米（彩版四六六，6）。

---

① 蓝勇：《野生印度犀牛在中国西南的灭绝》，《四川师范学院学报（自然科学版）》1992年第13卷第2期。

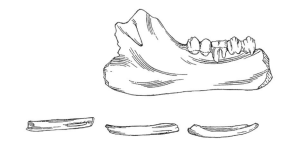

图五　野猪 *Sus scrofa* Linnaeus（ⅠT7711）
上图：左下颌骨，内侧视；下左图：门齿，内侧视；
下中图：门齿，外侧视；下右图：门齿，左侧视

图六　野猪 *Sus scrofa* Linnaeus
左图：左下犬齿，内侧视（ⅠT7910）；中图：臼齿，内侧视；
右图：臼齿，顶视（ⅠT7811）

**鹿科**　Cervidae Gray，1821

**水鹿**　*Rusa unicolor* Kerr，1792

材料：

ⅠT7710、ⅠT7711、ⅠT7810、ⅠT7811。犄角数件（彩版四六九，1）。

标本描述：

角粗壮，表面粗糙，具纵沟，横面圆形，角分三叉；眉枝长，与主枝成锐角相交；角末端分叉的前外枝与主枝连续；角柄较短。

**赤麂**　*Muntiacus muntiak* Zimmermann，1780

材料：

ⅠT7710、ⅠT7711、ⅠT7809、ⅠT7810，赤麂角数枝（彩版四六九，2、3）。

标本描述：

角短而粗壮，断面为椭圆形，眉枝短小或粗壮，主枝弯曲，角面具纵沟；角柄长。

**小麂**　*Muntiacus reevesi* Ogilby，1838

材料：

ⅠT7711、ⅠT7910、ⅠT7810，麂角数枝，较完整下颌骨一件（彩版四六九，4~9）。

标本描述：

角细小，角柄侧扁，切面椭圆形；角冠比角柄长；眉枝短小，突起状；主枝尖端向内向下弯

图七　小麂 *Muntiacus reevesi* Ogilby（ⅠT7910）
上图：下颌骨，内侧视；下图：下颌骨，外侧视

曲，角面具不规则细纹。

下颌骨上只有 $p_2$、$m_1$、$m_2$ 存在。下颌骨长 75、宽 21 毫米，$P_2$ 长 8、宽 5 毫米，$m_1$ 长 10、宽 7 毫米，$m_2$ 长 11、宽 8 毫米（图七）。

### 4. 脊椎动物的生存环境

成都金沙遗址中的脊椎动物包括 11 种，分别隶属于哺乳动物纲 4 目 6 科 11 种，其中以亚洲象门齿、鹿角、麂角、野猪下犬齿居多。犀牛和亚洲象的发现，又一次说明我国历史时期，四川盆地有犀牛和亚洲象存在；也说明在距今 3000～2000 年，中国境内仍然有犀牛分布。

最先发现象牙堆积坑的层位比较低，在金沙遗址地层的第 15、16、17 层，碳－14 测定年代为 2265±85 年。在最后发现的ⅠT7710、ⅠT7711 等探方中发现的脊椎动物遗骸属于金沙遗址晚期的祭祀活动物品，在ⅠT7710、ⅠT7711 中仅有两枚不完整的亚洲象门齿存在，因此我们推测在金沙遗址古蜀人生存前期，亚洲象广泛存活在四川境内，且数量繁多，但到了后期，随着金沙遗址的气候变化，犀牛和亚洲象的数量大量减少。

根据所发现的脊椎动物的属性，可以得出结论，距今 3000～2000 年，成都的自然面貌与现在相似，但是森林广布，野生动物繁盛。人们在这样的条件下从事农业、家畜饲养、狩猎等活动。

但是由于上述脊椎动物遗骸是在古蜀人的祭祀坑中所发现，是由古蜀人经过挑选，作为祭祀用品而放至祭祀坑中，且发现的多为动物牙齿和鹿角，这些标本种类少且有很大的人为挑选的痕迹，故不能够完全反映当时的气候特征。因此我们要进一步从多方面了解当时的环境及气候特征。

## （五）金沙遗址的古环境

### 1. 孢粉分析与古气候研究

（1）孢粉分析

植物是古人类广泛利用且与古代人类长期共存的环境因素之一，和人类的关系十分密切。植物对气候变化的反映比较灵敏，是古气候变化的良好温度计，被广泛地应用于第四纪古气候、古环境分析①。因此我们利用植物残留在土壤中的孢粉来进行古环境研究。

孢粉学是研究植物孢子和花粉的一门新兴的边缘科学，孢粉分析是孢粉学中最重要的应用研究部分。孢粉分析包括花粉和孢子两方面的研究。植物产生的孢粉仅有很少一部分能完成其最终的繁殖功能，而大多数的孢粉则被搬运到一定的沉积地点堆积并保存成为化石。过去孢粉学研究和解释通常在大的时间尺度上，很少用来解释数百年至几千年的气候变化。随着近代孢粉学的发展及测年精度的提高，在条件合适的地区可达到十年甚至数年的水平②。

孢粉分析作为第四纪古环境研究的一种重要方法，其历史只有一百多年。1952 年我国建立了第一个孢粉实验室，孢粉学才逐渐在国内发展起来。中国的孢粉学研究，在全球变化研究不断深入的时代背景下，经过我国第四纪孢粉学家 50 多年来的艰苦奋斗，取得了长足的发展。随着环境考古工作的深入开展，孢粉分析越来越受到考古界的重视，考古学与孢粉学的合作越来越密切。

考古学是对古代先民在生产生活中保存下来的物质证据，如古墓葬、建筑物遗存、石器及陶器等进行系统的修复与研究，揭示古代先民的政治、经济、文化等方面的形态。通常考古遗址中取得的孢粉组合资料，往往包含区域性的植被成分，反映较广地理范围内的植被特征，而在考古遗址中与石器、陶器、骨器等伴存的木材、果实、种子、叶、植物组织碎片以及植物硅酸体，往往反映较小地理范围内的植被特征，二者的结合可能较客观地反映当时当地的环境。考古遗址中发现的石器、陶器、骨器、建筑物、墓葬等遗存则是恢复当时环境的间接或直接证据。近年来，环境考古学研究展示了应用历史植被恢复环境的良好开端。在此，我们将孢粉学和考古学有机地结合起来，从考古学的角度研究古代人类的生存环境，研究环境与人类文化发展之间的关系，为人类文化的发展提供生存自然环境上的解释③。

①孢粉分析应用情况

1897 年，丹麦考古学家萨勒佑（G. Saraun）运用孢粉分析研究了哥本哈根附近冰后期的泥炭层；1925 年，陀克杜洛夫斯基（Поктуровскии）应用孢粉分析确定出里亚洛夫新石器时代聚落的年代；1938 年，德国学者约纳斯（Fr. Jonas）发表了将孢粉分析应用于考古研究的《德国西北部

---

①　Scott，AC、胡益成：《古植物学和孢粉学在煤地质学中的应用》，《国外煤田地质》1992 年第 2 期；童国榜、张俊牌、范淑贤：《中国第四纪孢粉植物群的分布》，《海洋地质与第四纪地质》1992 年第 12 卷第 3 期；童国榜、陈云、吴锡浩等：《中国更新世环境巨变的孢粉植物群记录》，《地质力学学报》1999 年第 5 卷第 4 期；袁宝印、朱日祥、田文来等：《泥河湾组的时代、地层划分和对比问题》，《中国科学：D 辑》1996 年第 26 卷第 1 期；王立新、王仪华、童国榜：《孢粉数据的回归分析方法》，《数理统计与管理》1995 年第 14 卷第 4 期；范淑贤、童国榜、郑宏瑞：《山西大同地区 0.8Ma 以来植物群及古气候演化》，《地质力学学报》1998 年第 4 卷第 4 期；唐领余、沈才明：《青藏高原全新世花粉记录》，《微体古生物学报》1996 年第 13 卷第 4 期。

②　Green D G，Dolman G S，Fine resolution pollen analysis，*Journal of Biogeography*. 1988，15：685 – 701.

③　张芸：《长江流域全新世以来环境考古研究——以长江三峡和长江三角洲地区为例》，南京大学博士学位论文，2002 年。

的灌木荒原、森林及文化》一文；1952 年，约纳斯又出版了《现代与化石花粉及孢子图鉴》一书，其中许多花粉是在石器时代、青铜时代考古遗址中发现的。孢粉分析作为恢复考古遗址古生态环境的一门重要技术被广泛运用并得到较大发展是在 20 世纪 80 年代以后。目前，国际上许多国家如德国、丹麦、瑞典、美国、墨西哥、日本等在考古研究中注重了孢粉分析的应用，尤其是日本，该工作不仅遍及全国，而且分析了新石器时代各期的植被演替状况，详细研究了各遗址古人类活动与自然环境的相互关系。我国一些著名的考古遗址也都进行了孢粉分析，如陕西西安半坡遗址、临潼姜寨遗址，内蒙古大义发泉村遗址，浙江河姆渡遗址，上海青浦崧泽遗址、寺前村遗址、福泉山遗址、果园村遗址及金山亭林遗址，江苏常州圩墩遗址等。

②孢粉分析在环境考古中的应用

根据孢粉分析来恢复古生态环境在考古研究中已成为特别重要的方法，主要包括以下四个方面。

a. 确定考古遗址各文化层的年代

1882 ~ 1910 年，根据斯堪的纳维亚地区泥炭层的孢粉分析结果，布列特（A. Blytt）和色尔南德尔（R. Sernander）把全新世自老至新划分为前北方期、北方期、大西洋期、亚北方期和亚大西洋期 5 个时期，因 1 万年以来的孢粉分析研究极为详细，故每个期都有相应的孢粉带；20 世纪 50 年代，根据碳 - 14 年龄测定的资料获得了各期的具体年代。孢粉学家得出结论：在一定时期，一定范围内的孢粉组合是相似的；如在年代不详的遗址文化层发现了另一已知年代遗址文化层的孢粉组合，根据孢粉组合的特征，即可确定此遗址文化层和已知的文化层时代相当。

b. 推断古人类生活的自然环境，了解人类社会发展与其周围自然环境的关系

史前人类及社会的形成和发展，与其所处的自然环境有着密切关系，因此，分析古人类文化层的孢粉，对于环境考古研究是十分重要的。约纳斯研究德国西北部古代部落居留区域的孢粉后，证实当时人类活动的环境是灌木荒原、森林景观。

c. 了解古人类活动对自然环境的影响

许多遗址区的孢粉组合显示，陆地上的森林系统自有人类活动以来一直受到人类活动的影响。1941 年埃沃森（Iversen）通过孢粉分析发现，丹麦新石器时代先人曾经大量砍伐森林用以烧火取暖、建房避寒，开垦土地用以放牧和耕作；而人类活动消失之后，森林又重新出现。

（2）样品的采集和分析

①样品采集

我们对金沙遗址的两个探方ⅠT7908 和ⅠT8305 的剖面进行了土样采集。在剖面中采集孢粉样品 31 块（表四），分属于两个探方。

探方为ⅠT7908 的样品 16 块；

探方为ⅠT8305 的样品 15 块。

我们将样品送至中国科学院植物研究所系统与进化植物学国家重点实验室，对其进行孢粉分析和古气候研究。

表四　金沙遗址孢粉分析样品送样清单

| 序号 | 样品编号 | 探方号 | 层号 | 数量 | 地点 | 备注（采集深度，米） |
|------|---------|--------|------|------|------|---------------------|
| 1 | ⅠT7908 – 1 | ⅠT7908 | 第1层 | 1 | 金沙遗址 | 0.06 |
| 2 | ⅠT7908 – 2 | ⅠT7908 | 第2层 | 1 | 金沙遗址 | 0.18 |
| 3 | ⅠT7908 – 3 | ⅠT7908 | 第3层 | 1 | 金沙遗址 | 0.29 |
| 4 | ⅠT7908 – 4 | ⅠT7908 | 第4层 | 1 | 金沙遗址 | 0.59 |
| 5 | ⅠT7908 – 5 | ⅠT7908 | 第5层 | 1 | 金沙遗址 | 0.65 |
| 6 | ⅠT7908 – 6 | ⅠT7908 | 第6层 | 1 | 金沙遗址 | 1.20 |
| 7 | ⅠT7908 – 7 | ⅠT7908 | 第7层 | 1 | 金沙遗址 | 1.64 |
| 8 | ⅠT7908 – 8 | ⅠT7908 | 第8层 | 1 | 金沙遗址 | 1.90 |
| 9 | ⅠT7908 – 9 | ⅠT7908 | 第9层 | 1 | 金沙遗址 | 2.15 |
| 10 | ⅠT7908 – 10 | ⅠT7908 | 第10层 | 1 | 金沙遗址 | 2.45 |
| 11 | ⅠT7908 – 11 | ⅠT7908 | 第11层 | 1 | 金沙遗址 | 2.55 |
| 12 | ⅠT7908 – 12 | ⅠT7908 | 第12层 | 1 | 金沙遗址 | 2.72 |
| 13 | ⅠT7908 – 13 | ⅠT7908 | 第13层 | 1 | 金沙遗址 | 2.80 |
| 14 | ⅠT7908 – 14 | ⅠT7908 | 第14层 | 1 | 金沙遗址 | 2.92 |
| 15 | ⅠT7908 – 15 | ⅠT7908 | 第15层 | 1 | 金沙遗址 | 3.05 |
| 16 | ⅠT7908 – 16 | ⅠT7908 | 第16层 | 1 | 金沙遗址 | 3.18 |
| 17 | ⅠT8305 – 1 | ⅠT8305 | 第1层 | 1 | 金沙遗址 | 0 ~ 0.07 |
| 18 | ⅠT8305 – 2 | ⅠT8305 | 第2层 | 1 | 金沙遗址 | 0.08 |
| 19 | ⅠT8305 – 3 | ⅠT8305 | 第3层 | 1 | 金沙遗址 | 0.18 |
| 20 | ⅠT8305 – 4A | ⅠT8305 | 第4A层 | 1 | 金沙遗址 | 0.33 |
| 21 | ⅠT8305 – 4B | ⅠT8305 | 第4B层 | 1 | 金沙遗址 | 0.50 |
| 22 | ⅠT8305 – 5 | ⅠT8305 | 第5层 | 1 | 金沙遗址 | 0.70 |
| 23 | ⅠT8305 – 6 | ⅠT8305 | 第6层 | 1 | 金沙遗址 | 1.05 |
| 24 | ⅠT8305 – 7 | ⅠT8305 | 第7层 | 1 | 金沙遗址 | 1.28 |
| 25 | ⅠT8305 – 8 | ⅠT8305 | 第8层 | 1 | 金沙遗址 | 1.35 |
| 26 | ⅠT8305 – 9 | ⅠT8305 | 第9层 | 1 | 金沙遗址 | 1.50 |
| 27 | ⅠT8305 – 10 | ⅠT8305 | 第10层 | 1 | 金沙遗址 | 1.90 |
| 28 | ⅠT8305 – 11 | ⅠT8305 | 第11层 | 1 | 金沙遗址 | 2.50 |
| 29 | ⅠT8305 – 12 | ⅠT8305 | 第12层 | 1 | 金沙遗址 | 3.10 |
| 30 | ⅠT8305 – 13 | ⅠT8305 | 第13层 | 1 | 金沙遗址 | 3.50 |
| 31 | ⅠT8305 – 14 | ⅠT8305 | 第14层 | 1 | 金沙遗址 | 3.80 |

②分析结果

经实验室分析处理，ⅠT7908 的 16 块样品中有 5 块观察到孢粉，总共 399 粒；ⅠT8305 的 15

### 表五　金沙遗址孢粉样品统计表

| 样品编号 | 孢粉粒数 | 孢粉类型 |
| --- | --- | --- |
| Ⅰ T7908 - 1 | 266 | 马桑科、菊科、木犀科、木兰科、锦葵科、裸子蕨科、里白科、卷柏、双星藻 |
| Ⅰ T7908 - 2 | 100 | 榆属、野牡丹、藜科、桑寄生科、膜蕨科、蹄盖蕨科、石松、碗蕨科、水龙骨科、凤尾蕨、卷柏 |
| Ⅰ T7908 - 5 | 24 | 藜科、锦葵科、凤尾蕨、蹄盖蕨科、碗蕨科、水龙骨科 |
| Ⅰ T7908 - 10 | 1 | 葎草属 |
| Ⅰ T7908 - 13 | 8 | 蒿属、藜科、禾本科 |
| Ⅰ T8305 - 1 | 334 | 野牡丹、木兰科、裸子蕨科、蹄盖蕨科、膜蕨科、里白科、石松、凤尾蕨、碗蕨科、中国蕨、双星藻 |
| Ⅰ T8305 - 2 | 156 | 鸭草科、木犀科、野牡丹、瑞香科、锦葵科、雪松、中国蕨、凤尾蕨、碗蕨科、蹄盖蕨科、膜蕨科、双星藻 |
| Ⅰ T8305 - 3 | 28 | 锦葵科、藜科、野牡丹、水蕨科、膜蕨科、蹄盖蕨科、凤尾蕨、碗蕨科 |
| Ⅰ T8305 - 5 | 6 | 鸭草科、藜科、菊科、松、蹄盖蕨科 |
| Ⅰ T8305 - 6 | 12 | 藜科、凤尾蕨、膜蕨科、蹄盖蕨科、水龙骨科 |
| Ⅰ T8305 - 7 | 42 | 凤尾蕨、蹄盖蕨科、碗蕨科、裸子蕨科 |
| Ⅰ T8305 - 8 | 23 | 凤尾蕨、蹄盖蕨科、碗蕨科、膜蕨科、水龙骨科、双星藻 |
| Ⅰ T8305 - 9 | 6 | 蹄盖蕨科 |
| Ⅰ T8305 - 11 | 3 | 菊科、松、蹄盖蕨科 |
| Ⅰ T8305 - 12 | 370 | 胡桃科、苦苣苔科、锥栗属、禾本科、瑞香科、松、冷杉、铁杉、水龙骨科、膜蕨科、水蕨科、蹄盖蕨科、凤尾蕨、碗蕨科、双星藻 |
| Ⅰ T8305 - 13 | 378 | 蒿属、藜科、木兰科、忍冬科、锥栗属、木犀科、桦木属、松、冷杉、铁杉、麻黄、凤尾蕨、蹄盖蕨科、水龙骨科、碗蕨科、里白科、紫萁科、水蕨科、膜蕨科、海金沙科、石竹科 |
| Ⅰ T8305 - 14 | 132 | 榆属、栎属、杜鹃花科、柳属、禾本科、唐松草、桦木属、毒鼠子科、木兰科、鸭草科、龙胆科、松、铁杉、锥栗属、凤尾蕨、蹄盖蕨科、碗蕨科、膜蕨科、海金沙科、紫萁科、水蕨科、水龙骨科 |

块样品中有 12 块观察到孢粉，总共 1490 粒。两个探方共有 17 块样品观察到孢粉，共 1889 粒（表五）。

经过鉴定，两个探方中共观察到了 45 个孢粉类型，其中被子植物 26 个类型，裸子植物 5 个类型，蕨类植物 13 个类型，藻类植物 1 个类型（表六）。

根据所获得的孢粉类型，经进一步确认它们的地理分布区域（表七），以此为依据进行古植被和古气候的分析。

表六 金沙遗址孢粉类型统计表

| 类别 | 孢粉类型 |
|---|---|
| 藻类植物 | 双星藻 |
| 蕨类植物 | 裸子蕨科、蹄盖蕨科、碗蕨科、膜蕨科、里白科、卷柏、水龙骨科、石松、凤尾蕨、中国蕨、水蕨科、紫萁科、海金沙科 |
| 裸子植物 | 松、雪松、冷杉、铁杉、麻黄 |
| 被子植物 | 马桑科、野牡丹科、菊科、桑寄生科、木犀科、木兰科、锦葵科、榆属、藜科、葎草属、蒿属、禾本科、鸭草科、龙胆科、瑞香科、胡桃科、苦苣苔科、锥栗属、栎属、桦木属、杜鹃花科、柳属、毒鼠子科、忍冬科、唐松草、石竹科 |

表七 孢粉类型及其分布

| 孢粉类型 | 分布区域 | 孢粉类型 | 分布区域 |
|---|---|---|---|
| 菊科 | 温带 | 禾本科 | 全世界 |
| 蒿属 | 温带 | 杜鹃花科 | 南非和我国西部 |
| 藜科 | 温带草原 | 麻黄 | 干旱、荒漠 |
| 石竹科 | 温带和寒带为主 | 毒鼠子科 | 热带 |
| 忍冬科 | 温带 | 苦苣苔科 | 热带、亚热带 |
| 龙胆科 | 北温带和寒温带 | 裸子蕨科 | 热带和亚热带，少数分布达于北半球温带和亚热带 |
| 葎草属 | 北温带 | 蹄盖蕨科 | 全世界，以热带和亚热带为主 |
| 榆属 | 热带和温带 | 碗蕨科 | 热带和亚热带 |
| 胡桃科 | 北半球热带到温带为主 | 水蕨科 | 热带和亚热带 |
| 桦木属 | 北温带为主 | 膜蕨科 | 分布中心为热带 |
| 木犀科 | 广布于温带和热带 | 里白科 | 热带为主 |
| 木兰科 | 北美洲和南美洲南回归线以北、亚洲东南部和南部的热带、亚热带至温带 | 海金沙科 | 热带、亚热带 |
| 锦葵科 | 广布于温带和热带 | 紫萁科 | 北半球的温带和热带 |
| 瑞香科 | 热带和温带地区，以非洲最多 | 中国蕨 | 我国西南及华北 |
| 锥栗属 | 北半球的温带和亚热带为主 | 石松属 | 全世界除干旱沙漠或石灰岩山区以外均有分布 |
| 柳属 | 寒温带、温带和亚热带 | 卷柏属 | 全世界 |
| 栎属 | 北温带和热带高山上 | 水龙骨科 | 全世界，主要分布于热带地区，温带地区分布较少 |
| 桑寄生科 | 欧洲和亚洲的温带和亚热带 | 凤尾蕨 | 热带和亚热带，以热带美洲为主 |

对所获得孢粉类型中重要成分进行彩色照相（彩版四七〇至四七三）。

根据孢粉分析的结果，在ⅠT7908中，草本植物花粉占61.40%，主要以野牡丹为主，其他还有菊科、藜科、蒿属、禾本科、葎草属；蕨类植物占33.08%，主要以裸子蕨科、蹄盖蕨科、膜蕨科为主，其他还有石松、卷柏、里白科、碗蕨科、水龙骨科、凤尾蕨；木本植物占5.01%，包括木犀科、木兰科、马桑科、桑寄生科、锦葵科、榆属；水生植物相对较少，只占0.51%，包括双星藻。

在ⅠT8305中，蕨类植物占59.40%，其中蹄盖蕨科、水龙骨科、凤尾蕨居多，此外还包括碗蕨科、膜蕨科、石松、裸子蕨科、里白科、中国蕨、水蕨科、紫萁科和海金沙科；草本植物占28.26%，主要以野牡丹为主，还包括菊科、藜科、蒿属、禾本科、石竹科、苦苣苔科、杜鹃花科和龙胆科；木本植物占11.60%，主要以松和桦树为主，其他还有木犀科、木兰科、锦葵科、毒鼠子科、榆属、瑞香科、忍冬科、胡桃科、锥栗属、柳属、栎属、雪松、冷杉、铁杉和麻黄；水生植物只占0.74%，包括双星藻和鸭草科。

（3）古植被与古气候分析

川东盆地底部丘陵低山植被地区的气候受到盆地地形影响很大。尽管冬季受西伯利亚或蒙古寒潮侵袭的影响相对较弱，夏季南来的暖流越过贵州高原而下达盆地内，造成盆地气候总的特点是冬暖、春旱、夏热、秋雨。该地区年均温16℃以上。1月平均温5℃～8℃，7月平均温26℃～29℃，极端最低温不低于－3℃，极端最高温达40℃左右。全年霜雪少见，无霜期300天左右，年降水量1000毫米，常有暴雨出现，冬季雨量亦多在15毫米以上，年平均相对湿度80%～85%。即使是在冬季，天气也呈多云雾的状态，气温较高。这种气候条件有利于亚热带偏湿性的常绿阔叶林的发展。

该地区典型植被为常绿阔叶林，植被组成以刺果米槠、栲树为主，另有木荷、四川大头茶、薯豆、虎皮楠等，均属于典型的亚热带偏湿性常绿阔叶树种。根据山地地势的变化，植被面貌发生变化：在海拔500～1000米的酸性黄壤上主要为常绿阔叶林，亚热带针叶林和次生性的亚热带草丛；在海拔500～1000米的石灰岩或紫色岩层地区多为柏木林或其混交林，砍伐后为灌林；在海拔300～500米地区主要为栽培植被；在河谷地段有热带和亚热带经济林木，如甜橙、红橘、龙眼、荔枝、印度胶树以及多种桉树；在温湿的沟谷有桫椤、小羽桫椤、中华莲座蕨、乌毛蕨，更新较好；栽培作物以水稻、玉米、红苕、小麦为主。

根据地貌、气候与植被组合不同，本地区可分为五个植被地区：长江上游低山丘陵植被小区、川东平行岭谷植被小区、川中方山丘陵植被小区、川西平原植被小区和川北深丘植被小区。

成都属于川西平原植被小区，该植被小区位于四川盆地底部植被地区西部，主要为岷江、沱江两大流域冲积和洪积形成的菱形冲积扇平原，地形平坦，河网密布。气候温暖潮湿，年均温16℃～17℃，年降水量1000毫米左右，但降雨分配不均，具有冬干、春旱、夏洪、秋雨的特点。尽管春迟、夏长、冬早，农作物四季均能生长。经过人类的活动，该地区自然植被保存极少，只有公园和名胜古迹等地还保留有少量的以桢楠和樟为主的风景林。

在这两个剖面当中，草本植物和蕨类植物占绝对优势（ⅠT7908：草本61.40%，蕨类33.08%；ⅠT8305：蕨类59.40%，草本28.26%），草本植物中以分布于热带、亚热带的野牡丹为主，其他的热带、亚热带分子还包括苦苣苔科，此外包括一些温带分子，如菊科、蒿属、藜科、石竹科、龙胆科；蕨类植物中是以分布于热带、亚热带的裸子蕨科、蹄盖蕨科、膜蕨科、水龙骨科和凤尾蕨为主，其他的热带、亚热带分子还包括碗蕨科、水蕨科、里白科、海金沙科等，这些蕨类植物一般分布于阴暗潮湿的地方。木本植物在两个剖面中所占的比例较少（ⅠT7908：5.01%；ⅠT8305：11.60%），其中有温带分子桦木科；热带分子毒鼠子科、麻黄；温带和热带分子榆属、胡桃科、木犀科、木兰科、锦葵科、瑞香科、栎属；温带和亚热带分子榆属、锥栗属。水生植物在两个剖面中所占的比例极少（ⅠT7908：0.51%；ⅠT8305：0.74%）。

ⅠT7908-5样品是在文化层中采集的，因此特将其孢粉类型和气候总结如下（表八）。

**表八　ⅠT7908-5中的孢粉类型及气候特征**

| 孢粉类型 | 植物类型 | 气候特征 |
| --- | --- | --- |
| 藜科 | 被子植物 | 温带草原 |
| 锦葵科 | 被子植物 | 广布于温带和热带 |
| 凤尾蕨 | 蕨类植物 | 热带和亚热带 |
| 蹄盖蕨科 | 蕨类植物 | 以热带和亚热带为主 |
| 碗蕨科 | 蕨类植物 | 热带和亚热带 |
| 水龙骨科 | 蕨类植物 | 主要分布于热带地区，温带地区分布较少 |

由表八可以看出，此文化层反映的是一个热带和亚热带的温暖湿润气候。

ⅠT8305-8样品取自发现陶片的文化层，故也将其孢粉类型和气候总结如下（表九）。

**表九　ⅠT8305-8中的孢粉类型及气候特征**

| 孢粉类型 | 植物类型 | 气候特征 |
| --- | --- | --- |
| 凤尾蕨 | 蕨类植物 | 热带和亚热带 |
| 蹄盖蕨科 | 蕨类植物 | 以热带和亚热带为主 |
| 碗蕨科 | 蕨类植物 | 热带和亚热带 |
| 膜蕨科 | 蕨类植物 | 分布中心为热带 |
| 水龙骨科 | 蕨类植物 | 主要分布于热带地区，温带地区分布较少 |
| 双星藻 | 藻类植物 | 热带和亚热带 |

在样品ⅠT8305-11中，出现了反映干旱气候的菊科和石松的孢粉，说明这时气候有变干的趋势。

反映干冷气候事件的孢粉组合，主要成分因地而异。东北以藜、蒿为主，事件晚期时有麻黄；华北及泥河湾以蒿、禾本科为主，有时有麻黄（Ephdera）；西北地区花粉贫乏，出现荒漠植被，有时以藜为主，其次有麻黄及蒿；长江中下游地区以禾本科（Gramineae）、蒿为主；在台湾及云南昆明以松、云杉及草本植物增多为标志。孢粉组合的上述特点均反映气候变冷变干①。

分析结果表明，当时成都地区平原植被以草本植物占优势，局部地区为低洼的湿地，生长着

---

① 童国榜、陈云：《中国更新世环境巨变的孢粉植物群记录》，《地质力学学报》1999年第5卷第4期。

大量喜湿的蕨类植物，在丘陵上生长着乔木。总体气候属于热带和亚热带的温暖湿润气候，存在着温暖湿润和温暖干旱的气候交替的现象。

## 2. 地球化学环境分析

土体作为一个较稳定的地理因素，是过去地质轮回的产物，它必然能反映过去的环境，因而作为古气候信息载体，人们可以通过研究土体中元素迁移、富集等表生地球化学行为来揭示它与环境之间的内在联系[①]。成都平原主要的第四纪晚更新世广汉层地层层序已有较多研究[②]，但广汉亚黏土层元素的地球化学行为研究尚少。成都金沙遗址揭露出的广汉层剖面层序较为齐全，且古蜀文化遗迹多发现在广汉层上部及以上土层中，这为研究广汉层元素的地球化学行为，以及金沙遗址早期人类活动与古环境提供机会[③]。

（1）样品的采集和分析

研究的样品取自金沙遗址ⅠT7908剖面，岩石柱状图和岩性描述详见表二。从表二看出，自下而上（第17~5层），由含砂砾层渐变为粉砂质亚黏土的韵律现象非常明显，为晚更新世广汉层。第1~4层为全新世沉积，出现很多根孔，为受人类耕作活动影响的土层。在广汉层顶部发掘出大量古蜀文明的文物，主要有玉器、青铜器、金器、陶器和象牙等，其中部分文物可以与广汉三星堆对比。

（2）微量元素和稀土元素地球化学特征

稀土元素以其独特的地球化学特征，被广泛应用于岩石、矿物的成因、起源及演化方面的研究。岩石或其他地质体的稀土元素（REE）配分模式经风化或成土作用后有一定的继承性，因而比较不同物质的REE配分模式，可判别彼此之间可能存在的亲缘关系。刘东生等利用稀土元素探讨黄土的物质来源、成因及其有关地质问题，取得了理想结果。

成都金沙遗址广汉层稀土元素的配分型式（图八）都是呈负斜率型，La-Sm曲线较陡，Gd-Lu曲线较平缓，轻稀土相对富集，且轻、重稀土分馏明显。各地层采集的样品，其稀土配分型式非常相似，LREE/HREE、$(La/Sm)_n$、$(La/Lu)_n$、$(Gd/Yb)_n$等比值（表一〇）接近，充分说明它们物质来源的同一性和稳定性，基本上反映了同源区成分的稀土组成特征。该剖面稀土元素含量略高于地壳平均值（$\sum_{REE}=166$）[④]，是其源区物质的反映。剖面中$\delta Ce=1.01~1.21$，为弱的正异常；$\delta Eu=0.75~0.86$，为弱的负异常。稀土配分曲线反映了源区物质总成分具有以酸性为主的特征。

---

① 刘东生、文启忠、安芷生等：《黄土与环境》，科学出版社，1985年；文启忠、刁桂仪、贾蓉芬等：《黄土剖面中古气候变化的地球化学记录》，《第四纪研究》1995年第3期。
② 刘兴诗：《四川盆地的第四系》，四川科学技术出版社，1983年。
③ 陈碧辉、李巨初、李奎等：《成都金沙古人类遗址亚粘土层的元素特征及其环境意义》，《成都理工大学学报（自然科学版）》2003年第30卷第6期。
④ Taylor S. R., McLennan S. M., The composition and evolution of the continental crust: Rare earth element evidence from sedimentary rocks. *Philosophical Transactions of the Royal Society of London. Series A*, 1981(301),381-399.

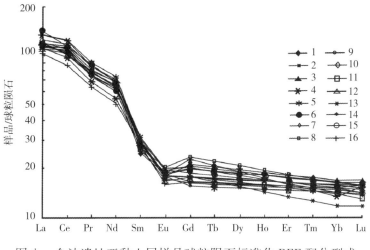

图八　金沙遗址亚黏土层样品球粒陨石标准化 REE 配分型式

表一○　金沙遗址亚黏土层样品稀土元素地球化学参数

| 层位 | LREE | HREE | $\Sigma_{REE}$ | δEu | δCe | (La/Lu)$_n$ | (La/Sm)$_n$ | (Gd/Yb)$_n$ | LREE/HREE |
|---|---|---|---|---|---|---|---|---|---|
| 1 | 174.4673 | 21.7437 | 196.211 | 0.8204 | 1.2166 | 6.9017 | 4.337 | 1.2053 | 8.0238 |
| 2 | 181.4327 | 21.6849 | 203.1175 | 0.8191 | 1.178 | 6.9343 | 4.3951 | 1.2222 | 8.3668 |
| 3 | 177.1702 | 22.6912 | 199.8614 | 0.7627 | 1.1887 | 6.5503 | 4.1381 | 1.2591 | 7.8079 |
| 4 | 161.5708 | 21.4828 | 183.0536 | 0.7462 | 1.1016 | 7.2261 | 4.0808 | 1.7028 | 7.521 |
| 5 | 202.4698 | 20.244 | 222.7138 | 0.8169 | 1.1578 | 8.485 | 4.2985 | 1.2282 | 10.0015 |
| 6 | 197.0454 | 21.9011 | 218.9465 | 0.7724 | 1.0128 | 9.0534 | 4.6394 | 1.2722 | 8.9971 |
| 7 | 181.9154 | 20.5714 | 202.4868 | 0.8599 | 1.1264 | 8.6501 | 4.4626 | 1.4213 | 8.8431 |
| 8 | 177.526 | 23.6574 | 201.1834 | 0.7703 | 1.0414 | 7.4857 | 3.9901 | 1.4497 | 7.504 |
| 9 | 172.2341 | 18.9075 | 191.1416 | 0.8302 | 1.068 | 8.4171 | 4.1285 | 1.0949 | 9.1093 |
| 10 | 194.9319 | 18.4339 | 213.3658 | 0.799 | 1.1329 | 8.7997 | 4.3313 | 1.0937 | 10.5746 |
| 11 | 187.7251 | 18.8115 | 206.5366 | 0.8067 | 1.1507 | 9.1694 | 4.1944 | 1.2747 | 9.9792 |
| 12 | 170.9147 | 19.8658 | 190.7805 | 0.7703 | 1.1329 | 6.9017 | 4.0353 | 1.1051 | 8.6035 |
| 13 | 206.5143 | 17.5361 | 224.0503 | 0.7848 | 1.1396 | 11.4423 | 4.6362 | 1.5189 | 11.7765 |
| 14 | 176.8731 | 17.723 | 194.5961 | 0.855 | 1.1019 | 8.5173 | 4.1408 | 1.0874 | 9.9799 |
| 15 | 176.3698 | 19.9459 | 196.3157 | 0.7846 | 1.1454 | 7.5426 | 3.8271 | 1.1337 | 8.8424 |
| 16 | 147.8155 | 18.7296 | 166.5451 | 0.7474 | 1.0736 | 6.9233 | 3.7054 | 1.0861 | 7.8921 |

（3）剖面元素分布特征

元素在剖面上的分布见图九。在第 1～4 层中，Zn、U 和 Sr 表现为富集，Zr 和 Th 表现为亏损。元素 U 具有相对活泼性，易于流失或被有机物质和黏土吸附，因而在土层中特别是第 1～4 层下部略有富集。在第 5～8 层中，As 和 Th 表现为富集，但总的来说，元素含量变化小，这是由于在成土过程中源区物质的分解，导致成分相对均一化。对古土壤层（第 9 层）而言，元素 Co、Ba、Th 和 Sc 等含量表现为增加或异常，Zn 含量降低，Rb 表现为风化残余富集。在第 10～16 层中，Zr、Th 和 Na 等元素含量增加，Cs、Rb 和 Zn 等元素含量降低。对第 9 层和第 16 层而言，Th 含量高且相对于 U、Hf 和 Ta 变化大，这说明了在风化成壤过程中，相对于 Hf 和 Ta，Th 部分迁移；相对于 U、Th 则保留原地。可见，元素含量在剖面上部、中部和下部呈规律性变化。与成都平原西部岷江冲积扇土壤（As $7.335 \times 10^{-3}$‰，Th $8.772 \times 10^{-3}$‰，Zn $81.471 \times 10^{-3}$‰，K 2.374%，Na 1.261%，Fe 5.385%）相比，金沙遗址中 Th 含量略偏高；Fe、K 和 Na 含量略偏低；Zn 富集趋势明显（在全新世沉积层中富集可达 4 倍）；As 含量在广汉层上部（第 5~10 层）中明显偏高（偏高 1.5~2 倍），甚至超过全国土壤背景含量（As $10 \times 10^{-3}$‰）。

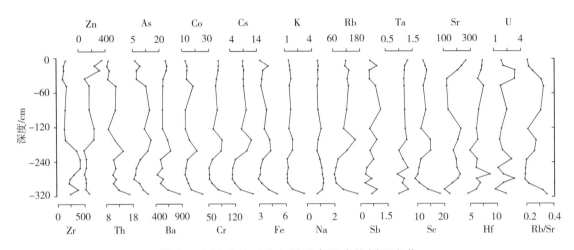

图九　金沙遗址亚黏土层元素组成的剖面变化

Fe、Na、K 含量为%；其余元素含量为‰

（4）讨论

①讨论

金沙遗址中相当于三星堆文明的地层层序为第 5~16 层，第 4 层以上为春秋以后文明。说明当时人们最先生活的层位是在第 5 层上，而第 4 层以上是后期形成的，这与元素含量在剖面上部、中部和下部呈规律性变化是一致的，因而第 1~4 层更多地反映了人类活动的背景。

Rb 和 Sr 元素在表生环境下具有独特的地球化学性质。已有的研究显示，Rb 在成壤过程中为稳定元素，表现为残留富集特点。Sr 为活动元素，其含量随风化成壤作用强度的增强而降低。Rb/Sr 值变化取决于 Sr 的丢失程度，并且反映了物质在成壤过程中的淋失程度，而成壤过程中的淋失程度与降雨量有关。因而利用 Rb/Sr 值可揭示气候波动信息。从图一○可以看出，从第 16 到第 10 层 Rb/Sr 值是逐渐降低的，从第 10 到第 7 层和第 7 到第 1 层 Rb/Sr 值逐渐升高到逐渐降低，峰值对应层位分别为第 8 和第 5 层，但二者的峰值仍然低于第 15 和第 16 层的 Rb/Sr 值。Rb/Sr 值变化总趋势以及元素特征揭示了广汉层形成的环境是干旱潮湿气候间或发生。在金沙遗址古蜀人最先生活的层位（第 5 层）以上，自下而上，Rb/Sr 值是逐渐减小的，说明当时气候可能有变干的趋势。

遗址中出现两条古河道，所研究的 I T7908 探方是在更古老河床的二级阶地上，可能由于气候变干，地下水位下降导致黏土层中 Na 和 K 含量偏低。与生命有关的元素 As 和 Zn 含量明显偏高，对人类生理健康有无影响，尚有待进一步的研究。广汉黏土层作为古蜀文明人类生活的背景，其元素地球化学表明它是在变干趋势的环境中形成的。

②结论

a. 广汉黏土层的形成具有同源成分特征。元素含量在剖面上部、中部和下部呈规律性变化，其中 Th、U、Ta、Hf、Rb、Zn、As、K、Na 和 Sr 等元素含量变化是源区物质分解和沉积环境共同影响造成的。广汉亚黏土层的元素地球化学行为表明它是在变干趋势的环境中形成的。

b. 一些与生活有关的元素，如 Zn 和 K 在广汉层及全新世沉积（第 1~4 层）分别表现为富集和亏损，As 则在广汉层上部富集。全新世沉积（第 1~4 层）具有一致性，Zn 和 U 等元素相对富集，是现代气候环境和表生作用的反映。

### 3. 古河道砂的粒度分析

粒度大小是受流水作用营力强度控制的，与沉积物形成的环境关系极为密切。因此，粒度作为古环境的判别指标被广泛应用[1]。湖水物理能量是控制沉积物粒度分布的主要因素，粗粒和细粒沉积物分别代表了湖水水动力的强和弱，也就是分别代表湖泊的高水位期及低水位时期[2]。湖泊沉积物颗粒粒度粗细变化能指示与湖泊高水位相对应的湿润气候及与湖泊低水位相对应的干旱气候：细颗粒指示湿润时期，较粗颗粒指示干旱时期[3]。

在金沙遗址发现一条古河道，由于古河流受搬运营力、搬运距离和沉积环境的水动力等多种因素控制，因而可以从多方面考虑其环境指示意义。

（1）古河道砂的采集

金沙遗址发现的古河道大约分为六层，描述如下。

第 1 层：灰黑色淤泥为主，下部为灰黑色粗砂层，含许多螺类；向上为灰黑色淤泥层，再向上为灰色细砂层，最上部为灰黑色淤泥层，不见层理，有树干出现。取 3 个样品，底部见树叶、树皮。

第 2 层：深灰色中—细砂，具大型的斜层理。

第 3 层：灰—灰黄色砂，下部以灰色为主，夹黄色条带粗砂，有直径为 20~30 厘米的树干；向上以黄色细砂—粉砂为主，夹有黄灰色中砂层，见垂直状分布的管状物，管状物部分为黄色。见陶片、骨片。有黄色砂圈围绕树干。粗砂层见水平层理，细砂—中砂层中见小—中型板状交错层理及大型交错层理。

① R. P. Glaister，Nelson H W. Grain – size distributions an aid in facies identification. *Bull Can. Petro. Geol.* 1975. 22（3），pp. 203 – 240；Xiao J L，Porter S C，An Z S，et al，Grain size of quartz as an indicator of winter monsoon strength on the Loess Plateau of Central China during the last 130,000 Yr，*Quaternary Research*，1995. 43.

② Lerman A. *Lakes Chemistry*，*Geology*，*Physics*. Berlin：Springer 1978.

③ Lerman A. *Lakes Chemistry*，*Geology*，*Physics*. Berlin：Springer 1978；王苏民、冯敏：《内蒙古岱海湖泊环境变化与东南季风强弱的关系》，《中国科学（B辑）》1991 年第 21 卷第 7 期。

第4层：灰—灰白色，下部含砾—砾质砂层，夹黑色细砂—粉砂质条带2条，向上为中砂—细砂，见大型的斜层理。见1~2厘米的陶片（比第3层的小），在渐灭处（与第5层接触处）为含砾粗砂。

第5层：从不规则冲刷面与第4层接触，为棕黄色砂层，见大量植物碎片，大型交错层理。

第6层：为一槽状交错层理，底部见一透镜体，灰—灰白色中砂。底部为黄棕色含砾粗砂，向上为灰黄色—灰色中砂，夹黄棕色细层、大型槽状交错层理，层理出现粗—中—细砂层的韵律。

（2）古河道砂的分析

粒度分析的数据，可以通过筛析法、薄片法、水力法等方法获得。所得的大量测量数据，需用数理统计的方法加以处理，以便用来推断可能的总体性质。

常用的粒度分析图解有直方图（或称柱状图）、频率曲线图以及累计曲线图、概率曲线图。直方图是广泛使用的一种粒度分布的图解形式，它是以横坐标表示颗粒的大小（用毫米或Φ标定），纵坐标表示粒级的百分含量，而做出的并排的高低不平的矩形。如果把每个矩形顶边中点连接成一平滑的曲线，即成频率曲线图。直方图和频率曲线图有很多优点，可以一目了然地了解该样品粒度分布的重要特征。我们根据所采集的13个河道砂的样品分析，得出了粒度分布百分频率直方图（图一〇）。

河型分类的研究已有300余年历史，提出了10余种方案，大多着眼于河床及其动态或静态的平面特征。目前最为流行的分类方案是将其分为辫状河、曲流河、网状河和顺直河①。

辫状河：一种高能量河流，河道坡降大，可达1米/千米，搬运能量比较大，并以底负载的搬运形式为主，是一种低弯曲度多河道系统，河道频繁分叉汇聚，一般面宽流浅，发育河道砂坝，河道不固定，多为粗粒沉积，形成大面积连片砂砾体。

曲流河：一种较低能量河流，河道坡降较小，介于辫状河和网状河之间，流量稳定，以混合负载或悬浮负载为主，是一种高弯度的单河道系统，河道比较稳定，宽深比值低，侧向迁移明显，发育点砂坝，常发生截弯取直作用，沉积物以砂、粉砂、泥为主。

网状河：一种低能量河流，河道坡降小，一般几或十几千米坡降1米，比辫状河、蛇曲河都小，沉积物搬运以悬浮负载为主，是一种低弯曲度、多河道系统，网状河道之间常被半永久性的冲积岛和泛滥平原或湿地分开，这些分隔物多由细粒物质和泥岩组成，其位置和大小比较稳定，占据河网的60%~90%面积，其河道砂体呈狭带状分布，两侧被天然堤所限。

顺直河：通常仅出现于大型河流某一河段的较短距离内或属小型河流，并逐渐向蛇曲发展。

通过以上直方图分析，可以看出河道砂多以细—微砂为主，砂粒较细，总体反映水动力强度不太强，应为曲流河。根据粒度分析结果可知其为河砂沉积、砂体的侧向加积特征，证实其为曲流河（边滩）沉积。砂体中见植物叶片、树干等也证实其为河流相沉积，可见反映水动力条件和单向水流的构造，如冲刷面、大型槽状交错层理、大型板状交错层理、平行层理等。砂体中氧化

---

① 许炯心：《中国不同自然带的河流过程》，科学出版社，1996年。

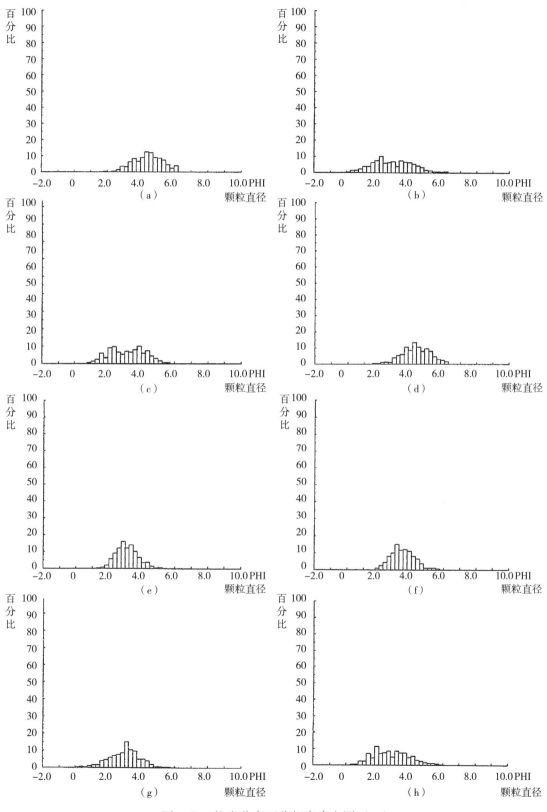

图一○　粒度分布百分频率直方图（一）

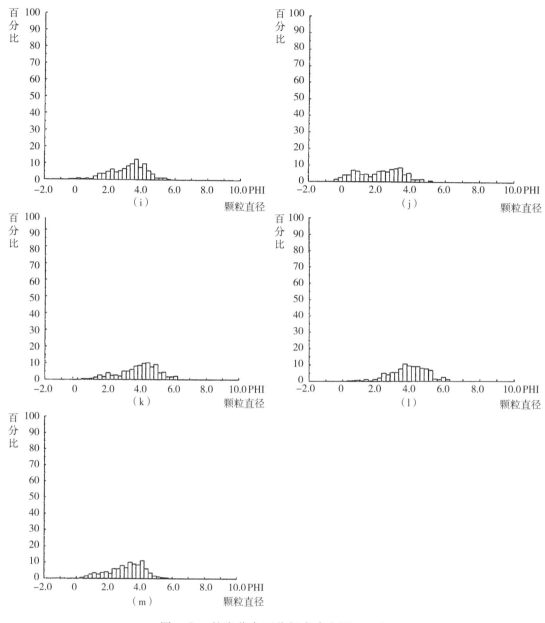

图一〇　粒度分布百分频率直方图（二）

铁的出现，说明其是在氧化环境中形成的。

粒度变化范围较大，但主要由砂构成，含有粉砂可能是大型河流的边滩沉积（细边滩沉积），其概率累计曲线主要由跳跃总体组成，悬移总体和滚动总体不发育。跳跃总体具有中—较高的斜率，分选中等—较好；悬移总体具低斜率，分选差，为较典型的边滩相沉积特征。

粒度特征最好作为与其他指标如孢粉分析、微量元素分析的结果相印证的辅助指标。由于古河道砂的砂粒细小，而且河道边出露有最大的象牙堆积坑，说明当时金沙遗址的古蜀人就在河边进行祭祀活动，由此可以推测当时的河水水动力条件较弱。造成水动力条件弱的原因可能是因为当时的雨水较少造成的，这些说明金沙遗址当时的古环境有变干旱的趋势。同样，在微量元素研究中，在金沙遗址古蜀人最先生活的层位（第 5 层）以上，自下而上，Rb/Sr 值是逐渐减小的，也说明当时气候可能有变干的趋势，且黏土层中 Na 和 K 含量偏低，这些都可能是由于气候变干，地下水位下降导致的。这同这条古河流反映出的干旱条件相对应。

（3）金沙遗址古环境综合分析

在以往的资料中，古蜀地区的气候属于热带和亚热带的温暖湿润气候，存在着温暖湿润和温暖干旱的气候交替的现象。据目前所获的科学材料，在亚北方期即全新世期最酷烈的灾变气候期间大多均以极度干燥，伴以各种灾害天气现象为主要特征，表现出大陆气候的某些典型性特征。高山、高纬地区普遍出现冰进，中纬冰川外围的广大地域以持续干旱为主，伴以强烈风灾和突发性洪水，古蜀地区环境亦不能例外，表现为多年性持续干旱并伴以突发性洪水的酷烈气候。据刘兴诗教授实地考察发现，以四川盆地为中心，远及广西红水河、邕江、鄂西宜昌、宜都红花套和清江流域等广大地域内，曾经发生空前规模的大面积干旱①。

## 4. 结论

综合以上分析，可得出如下结论：

（1）在公元前 2200 年之前，成都平原还有亚洲象和犀牛的广泛分布，这种温暖湿润的气候和丰富的生物资源环境，一直延续到商代。在金沙遗址出土的脊椎动物骨骼遗存中，可以确切鉴别出种类的有家马、家牛、虎、猪獾、熊、亚洲象、犀牛、水鹿、赤麂、小鹿、野猪等。这些动物现今有些生活在热带地区，有些生活在热带和亚热带地区，并在自然环境中栖息，而像犀牛、亚洲象这类脊椎动物在今天的成都平原早已绝迹。

脊椎动物组成和保存特点及其反映的自然条件，间接地反映了当时人们的生活状况。人们在森林广布、野生动物繁茂、气候温暖湿润的成都，主要从事农业、家畜饲养和狩猎活动。

（2）通过对金沙遗址碳 – 14 研究，得出金沙遗址的绝对地质年代为：距今 2930 ± 70 ~ 2265 ± 85 年。

（3）通过孢粉分析得出成都地区平原植被以草本植物占优势，局部地区为低洼的湿地，生长着大量喜湿的蕨类植物，在较高的丘陵和山地上生长着乔木。总体气候属于热带和亚热带温暖湿润的气候，存在着温暖湿润和温暖干旱的气候交替的现象。

（4）通过对微量元素和稀土元素的研究，可以得出金沙遗址广汉黏土层的形成具有同源成分特征。元素含量在剖面上部、中部和下部呈规律性变化，其中 Th、U、Ta、Hf、Rb、Zn、As、K、Na 和 Sr 等元素含量变化是源区物质分解和沉积环境共同影响造成的。广汉亚黏土层的元素地球化学行为表明它是在变干趋势的环境中形成的，因此说明金沙遗址的古环境有变干旱的趋势。

---

① 傅顺、王成善、刘兴诗等：《三星堆古文明神秘消失的环境演化研究》，《成都理工大学学报（社会科学版）》2003 年第 11 卷第 1 期。

（5）通过对古河道砂的粒度分析，可以得出当时的古河是一条反映温暖干旱环境的曲流河。

对金沙遗址的脊椎动物以及古环境的研究，大概了解了金沙遗址的古蜀人的生活环境。大约在距今 3000～2200 年期间，金沙遗址所处的成都平原气候温暖湿润，河流星罗棋布，平原上森林广布、野生动物繁盛，生活着大量的亚洲象、犀牛、黑熊、麂子、鹿等，人们主要从事农业生产，此外，还从事家马、家牛等家畜的饲养和狩猎活动。

而在中国同期总体的气候特征则表现出大多为干燥，并伴以各种灾害天气现象。金沙遗址也不例外，也存在着干旱、潮湿气候间或发生的现象，且在金沙遗址古蜀人早期的祭祀坑中发现数以吨计的象牙，而在后期的祭祀坑中却只发现两根残缺的亚洲象门齿。因此，我们推测，在金沙遗址的前期气候温暖湿润，适合亚洲象、犀牛等野生哺乳动物生活，但是到了后期气候逐渐变得干旱，亚洲象和犀牛的生存受到了环境的威胁，因此数量大大减少，但是仍然存在于四川盆地。

我们知道，新石器时代晚期古蜀人就在三星堆建立了自己的王国，在这里他们的统治延续了 2000 年，在 2000 年后的商末周初突然在三星堆中断消失，他们到哪里去了呢？从金沙遗址出土的文物来看，成都可能是继广汉三星堆古蜀王国之后另一个时期的都城，应当说他们把自己的政治、经济中心移到了成都。金沙遗址的发现使我们意识到，成都作为都邑并不始于战国时期蜀开明王朝的第九世君王，它至迟在商代晚期就已经成为成都平原的一大都会。根据金沙遗址的发现可以推测，成都的城市最初是在今市区的西北，由西北向东南逐渐移动和逐渐扩展，到了唐代末期才发展到了两江交汇处。金沙村遗址—蜀开明王朝—秦汉的大、少城—唐末的罗城—现代的成都城，就是成都城市发展的足迹。

**致谢：**

本项目的完成得到了成都文物考古研究院和成都理工大学的大力支持和帮助。

感谢时任成都市文物考古研究所所长王毅先生、副所长江章华先生的大力支持和帮助。感谢成都理工大学科技处和博物馆领导和同事们的支持和帮助。

先后参与野外和室内工作的除项目组主要成员外，还有刘兴诗、李巨初、蔡开基、陈剑、王正新和付顺。标本照相和标本素描工作由陆远和郑薇薇完成。在此一并致以衷心的感谢！

# 后记

  金沙遗址祭祀区的发现与发掘行将过去近20年，由于金沙遗址祭祀区的发现，围绕金沙遗址开展的大规模抢救性考古发掘工作长达10年之久，截至今日金沙遗址周边地区小规模的抢救性发掘工作仍然在紧张进行之中，繁重的考古发掘任务极大地消耗了成都文物考古研究所大量的人力与物力以及时间。尽管如此，成都文物考古研究所仍然克服了诸多不利因素，一直将祭祀区的发掘与整理作为整个金沙遗址考古工作的重心，积极组织人手对祭祀区考古资料进行不间断地整理与分析，及时修复了大量的文物标本和检测诸多质料的文物样品，为金沙遗址的深入认识与分析提供了基础资料。2011年以前研究重心主要是围绕祭祀区考古发现的收获与认识的相关研究，先后发表和出版了《成都金沙遗址的发现与发掘》《成都金沙遗址的发现、发掘与意义》《金沙淘珍——成都市金沙村遗址出土文物》《金沙玉器》等多篇（部）学术论文和图录，对于金沙遗址祭祀区出土遗物进行了初步介绍与研究，引起了极大反响。

  为了深入开展金沙遗址祭祀区文化内涵与时代特征以及拓展其在古蜀文明发展进程中的地位与意义等相关研究，随着"金沙遗址祭祀区考古发掘研究报告"（12&ZD192）入选2012年度国家社会科学基金重大项目（第三批），祭祀区发掘报告的系统整理与研究随即进入快车道。成都文物考古研究院对此进行了全面规划，时任院长王毅作为金沙遗址祭祀区发掘报告项目的首席科学家，由其全面负责祭祀区报告的统筹和学术指导，另外抽调本所业务骨干按照报告相关课题内容设置要求进行合理分工，以便各项工作实施分头并进。2012年年底至2015年10月，张擎负责祭祀区的整理与研究工作，在他和其他同仁的辛劳之下，完成了祭祀区发掘材料的基础整理和相关研究基础数据的收集，为日后的报告出版奠定了坚实的基础。张擎自2001年金沙遗址祭祀区发现伊始，便一直奋战于金沙遗址考古发掘一线，其多年的辛勤工作与努力及付出有目共睹，在金沙遗址的学术研究中有着重要贡献。2015年，张擎因工作需要调离成都文物考古研究所，由周志清接替张擎全面负责祭祀区考古发掘报告整理工作和国家社科基金课题结项工作。项目课题组于2017年7月初步完成"金沙遗址祭祀区考古发掘研究报告"的结项报告和相关论文，并于2018年8月顺利完成了国家社科基金重大项目的结项验收工作，2018年10月完成发掘报告的修订。《金沙遗址——祭祀区发掘报告》的完成只是目前对祭祀区发掘与研究的阶段性认识的总结，于我们而言，对于祭祀区的探秘历程或许才刚刚开始。

　　本报告是金沙遗址近 20 年考古工作成果的集中体现，是对金沙遗址考古工作既往资料和认识与研究的阶段性总结。本报告最终付梓出版，对于系统介绍金沙遗址祭祀区的发掘成果有着重要意义，这是对所有关心和支持金沙遗址考古研究的人们的汇报。它的出版是在大家的帮助之下群策群力的结果，对此我们首先感谢国家文物局、四川省文物局、成都市文化广电旅游局等上级主管部门对金沙遗址多年以来的考古发掘与保护工作以及报告出版的大力支持。金沙遗址的发掘与研究和时任成都文物考古研究院王毅院长有着密切的关系，作为单位负责人和本报告的首席科学家，他在繁重的事务性工作之余，对金沙遗址的考古发掘和保护进行了全面而深远的统筹规划，并对相关学术问题严格把关，打破学科之间的藩篱，加强科技之间合作协同攻关，争取最大化地获取考古信息；与此同时他为报告的整理提供了巨大的人力、物力与财力的支持，使得整理工作得以顺利进行。正因如此，金沙遗址发掘与整理顺利完成是与王毅院长独有的战略眼光和宽广的学术视野是密不可分的。

　　成都文物考古研究院的颜劲松院长对本报告的出版提供了大力支持，在此特别致谢。同时还应感谢的是时任成都文物考古研究院江章华副院长，江院长从发掘至整理提供诸多的学术建议，帮助厘清了一系列学术问题；另外成都文物考古研究院蒋成副院长和金沙遗址博物馆朱章义馆长始终心系金沙遗址祭祀区的整理工作，对祭祀区发掘和整理提供了稳定而充分的后勤保障，免除了整理工作中的后顾之忧，有力支持了祭祀区考古发掘与整理工作的顺利进行。在金沙遗址祭祀区发掘与整理过程中，北京大学孙华教授，中国社会科学院考古研究所王仁湘、施劲松研究员，四川大学宋治民、马继贤、林向等诸位教授多次莅临现场进行指导，及时解决发掘与整理过程之中的困惑。最后要感谢的是整个金沙遗址祭祀区发掘与整理的工作团队，他们是成都文物考古研究院王毅、张擎、周志清、朱章义、王占魁、姜铭、王林、闫雪、杨颖东、陈剑、陈云洪、田剑波、王方、王黎明、冯先成、肖璘、孙杰、白玉龙、曾凡、宋世友、倪林忠、姜世良、徐石、陈西平、何强、陈远福、刘守强、陈贵元、高攀、李平、戴福尧、胡大刚、李继超等；成都理工大学李逴、傅顺、叶青培、王成善、刘建等；由于金沙遗址祭祀区发掘与整理参与人员众多，在此不一一列举，在此向所有参加金沙遗址祭祀区发掘与整理工作的人员以及长期以来支持与关心金沙遗址保护工作的广大公众致以崇高的敬意，正是在他们的默默支持与努力工作及鞭策之下，本报告才得以顺利完成与出版。另外，还要特别致谢参与本报告相关论文研究工作的成都文物考古研究院杨颖东、何锟宇、姜铭、刘祥宇、闫雪、杨弢、白铁勇、白玉龙、孙杰等；中国社会科学院考古研究所王树芝研究员，北京大学考古文博学院崔剑锋研究员，四川大学考古系黎海超教授、原海兵副教授，中国社会科学院考古研究所李志鹏副研究员，武汉大学考古系博士生郝晓晓等，正是他们的无私帮助和相关研究支持，使本报告得以顺利完成。

　　本报告绘图由寇家强、卢引科、李福秀、曾霁、陈睿、李夏廷、孙志辉等完成；文物修复由张希存、张家秀、党国松、唐建芳、李红水、张彩蓉等完成；拓片由戴福尧、严兵、唐建芳完成；文字资料的编号与整理及照片的整理成册工作由任焕莉、朱桃仙、刘建兰完成。现场和文物照片由张擎、刘骏、朱章义、毛弘毅、史宇明、李绪成、王占魁、朱桃仙等拍摄。

《金沙遗址——祭祀区发掘报告》由周志清负责全文统稿，校对由周志清、田剑波、唐建芳完成。报告前言和第一章第四节由周志清、田剑波撰写，第一章第一至第三节由周志清、王占魁、张擎、朱章义、田剑波撰写；第二章至第四章由周志清、王占魁、张擎、田剑波撰写；第五章至第十章由周志清、田剑波撰写。

金沙遗址祭祀区囿于发掘时间较久，加之随着参加发掘与整理的人员先后悉数离场，致使考古资料后期整合困难，相关信息难免有所缺失；再加之撰写者学术水平有限，本报告存在的缺憾与问题毋庸赘言，由此产生的争议由报告撰写者负责。希望本报告的出版能够引起相关研究者共鸣，深入理解金沙遗址发现的意义与地位，直面古蜀文明和成都平原商周地区青铜文化当前研究中存在的问题与所面临的挑战，为进一步探索成都平原青铜文化内涵、文明特质及路径研究提供基础资料，希冀促进成都平原青铜时代文化内涵与外延研究工作的不断深化，拓展古蜀文明研究的广度与深度，为深化中华文明多元一体格局形成研究提供重要考古材料。

特别致谢文物出版社杨新改、乔汉英女士，正是在她们的辛苦编辑和不厌其烦的校对工作之下，使得本报告得以增辉添色。感谢台湾史语所林圭侦女士为本报告所做的英文翻译！

《金沙遗址——祭祀区发掘报告》初稿于 2018 年年底完成，由于体量大，扫描线图任务重，加之为了尽可能发表更多资料，后期补充和完善了大量内容，同时也尽可能补测碳 – 14 数据，尽力弥补祭祀区碳 – 14 测年数据相对较少的缺憾，再加之自 2019 年年底以来新冠疫情影响了制图与校对工作，极大地影响了报告出版进度，为此向所有关心金沙遗址的同仁和公众致以诚挚的歉意！同时谨以此书纪念第一代金沙考古人逝去的青春！

编者

彩版

1. 2004年祭祀区外景

2. 2001年祭祀区所在梅苑地点勘探全景

金沙遗址祭祀区外景

东区发掘全景

1. 东区发掘局部

2. 机挖沟剖面

东区发掘局部及机挖沟

1. 西区发掘全景

2. 西区ⅠT7205～ⅠT7216西壁剖面

西区发掘全景及地层堆积剖面

1. 西区ⅠT6512～ⅠT6912北壁剖面

2. 西区ⅠT6711北壁剖面

3. 东区ⅠT8202、ⅠT8302南壁剖面

地层堆积剖面

1. B型Ⅱ式敞口尊形器（ⅠT6811-6912㊵：201）

2. C型钵（ⅠT6811-6912㊵：200）

4. Ac型尖底杯（ⅠT7211-7212⑯：292）

3. C型钵（ⅠT6511-6512㊳：1）

5. Ba型Ⅰ式尖底盏（H2299：197）

6. Ca型Ⅰ式尖底罐（ⅠT7007-7108⑧：18）

7. Bd型Ⅱ式尖底盏（ⅠT8301古河道：1）

## 新石器时代、商周时期陶器

（1～3为新石器时代，余为商周时期。以下彩版中未注明时代者均为商周时期）

1. Cb型Ⅱ式尖底罐（ⅠT7611⑦：23）

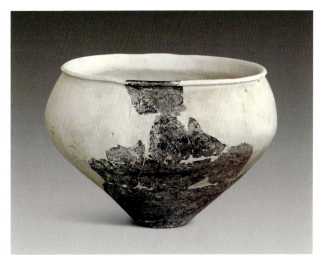

2. Aa型Ⅰ式小平底罐（L58①：104）

3. Ab型Ⅰ式小平底罐（L58②-13：14）

4. Ab型Ⅱ式小平底罐（ⅠT7209-7210⑲：71）

5. Ac型小平底罐（L56：23）

6. Ad型Ⅰ式小平底罐（L58①：1）

商周时期陶器

1. Ba型 I 式小平底罐（H2311：11）

2. Bc型 III 式小平底罐（I T7309⑪：1615）

3. Be型 II 式小平底罐（I T7309⑪：28）

4. Db型敛口罐（I T7009-7110⑭：13）

5. Bc型 I 式束颈罐（H2315：26）

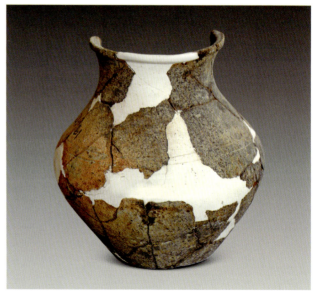

6. D型 I 式长颈罐（L27：61）

商周时期陶器

1. Af 型壶（H2311：6）

2. Ca型壶（H2315：1）

3. Ab型Ⅱ式瓶（L29：6）

4. B型盉（ⅠT7309⑪：19）

商周时期陶器

1. Aa型杯（L58②-8：5）

2. Ba型杯（ⅠT7013-7114⑭：7）

3. 盔形器（L33：13）

4. C型盘（ⅠT8105⑦：334）

5. 圈足豆（ⅠT8007⑨a：1）

6. Ab型器盖（H2299：207）

商周时期陶器

1. Aa型陶器盖（H2299：2）

2. C型陶器盖（ⅠT7207-7208⑯：8）

3. G型陶器盖（ⅠT6513⑩：13）

5. Cd型Ⅱ式陶圈足（ⅠT6611-6712⑩：76）

4. Ab型陶圈足（L32：29）

6. 陶网坠（ⅠT6611-6712⑩：35）

7. B型玉镞（ⅠT8105⑨a：1）

商周时期器物

1. Aa型（C：32）

2. Ab型（L4：8）

3. Ba型（C：683）

4. Bb型（C：46）

5. Ca型（C：168）

6. Cb型（C：53）

商周时期玉戈

1. Cc型戈（C：27）

2. D型戈（C：196）

3. Ea型戈（C：478）

4. Eb型戈（ⅠT7710⑦：10）

5. A型刀（C：165）

6. B型刀（C：118）

商周时期玉器

1. Aa型（C：738）　　　2. Ab型（C：18）　　　3. B型（C：132）

4. Ca型（C：635）　　　　　　5. Cb型（C：672）

商周时期玉矛

1. A型（C：775）

2. B型（C：546）

3. C型（C：7）

商周时期玉钺

1. D型钺（D5：19）

3. F型钺（ⅠT7810⑦：12）

2. E型钺（ⅠT7809⑦：11）

4. Aa型璋（C：71）

商周时期玉器

1.Ab型（C：6）

2.Ac型（C：5）

4.B型（C：123）

5.Ca型（C：82）

3.Ad型（C：141）

商周时期玉璋

1. Cc型璋（C：122）

2. Cb型璋（C：461）

3. D型璋（ⅠT8104⑥：35）

4. Ea型璋（C：479）

5. 肩扛象牙玉璋（L10：16）

6. A型圭（C：507）

商周时期玉器

1. B型圭（C：956）

2. C型圭（ⅠT7306⑥：2）

3. A型斧（C：271）

4. C型斧（C：563）

5. B型斧（C：590）

6. D型斧（C：740）

商周时期玉器

1. B型锛（C：557）　　　2. C型锛（ⅠT8307⑥：5）　　　3. D型锛（L2：18）

4. A型锛（C：200）　　　5. A型锛形器（ⅠT7809⑦：9）　　　6. B型锛形器（ⅠT7906⑦：1）

商周时期玉器

1. C型锛形器（ⅠT8206⑦：8）

2. D型锛形器（L6：179）

3. Aa型凿（L4：5）

4. Ab型凿（L4：11）

5. Ac型凿（L2：10）

6. Ba型凿（ⅠT8104⑥：25）

商周时期玉器

1. Bb型凿（ⅠT7805⑦：3）

2. Ca型凿（ⅠT8206⑦：55）

3. Cb型凿（ⅠT7307⑪：1）

4. D型凿（C：643）

5. Aa型凹刃凿形器（C：42）

6. Ab型凹刃凿形器（C：657）

商周时期玉器

1. Ba型凹刃凿形器（C：10）

2. Bb型凹刃凿形器（C：9）

3. Bc型凹刃凿形器（C：12）

4. Ca型凹刃凿形器（ⅠT8003⑦：5）

5. Cb型凹刃凿形器（ⅠT7909⑦：11）

6. 玉凿半成品（L2：11）

商周时期玉器

1. 锥形器（ⅠT6511-6512⑦：1）

2. 多边形饰件（C：129）

3. 菱形器（ⅠT7710⑦：12）

4. 角形器（ⅠT8301⑥：7）

5. 坠饰（ⅠT8205⑦：51）

商周时期玉器

2.Ab型（C：1）

1.Aa型（C：61）

商周时期玉琮

1. Ba型琮（C：651）

2. C型琮（C：712）

3. D型琮（C：556）

4. Aa型箍形器（C：172）

6. B型箍形器（ⅠT8003⑦：19）

5. Ac型箍形器（C：28）

7. C型箍形器（ⅠT8307⑥：8）

商周时期玉器

1. 玉剑璏形器（ⅠT8102⑥：1）

2. Aa型Ⅱ式璧（ⅠT8104⑥：21）

3. Ae型璧（C：11）

4. Bc型璧（C：609）

5. Ab型环（ⅠT8106⑥：1）

6. B型环（ⅠT6413⑦：7）

商周时期玉器

1. Aa型镯（ⅠT8104⑥：36）

2. Ab型镯（L8④：18）

3. Ba型镯（ⅠT8003⑦：29）

4. C型镯（C：625）

5. D型镯（L8③：66）

6. 玦（C：610）

商周时期玉器

1. 璜（ⅠT7407⑦：1）

2. 椭圆形器（C：19）

3. 圆角镂空玉饰件（C：130）

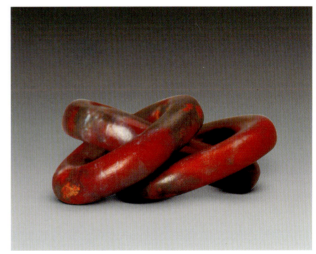

4. 玉掏雕环链（ⅠT8105⑨a：73）

5. 人面像（C：167）

6. 球体形玉器（C：144）

7. 玉海贝佩饰（C：632）

商周时期玉器

1. 蝉纹玉片（L6：174）

2. 美石（C：1332）

4. 特殊玉器（C：20）

3. 磨石（C：539）

5. Aa型石矛（C：624）

商周时期器物

1. Ab型矛（ⅠT8406⑥：3）

3. C型矛（C：579）

4. 钺（C：587）

2. B型矛（C：102）

5. 圭（L3：84）

6. A型璋（C：262）

商周时期石器

1. B型Ⅱ式石琮半成品（L3：51）

2. B型Ⅲ式石琮半成品（ⅠT8106⑨b：14）

3. Aa型斧（C：296）

4. Ba型斧（C：990）

5. Bb型斧（ⅠT8009⑦：7）

6. D型斧（ⅠT8206⑦：31）

商周时期石器

1. Aa型锛（ⅠT7710⑤∶1）

3. Ba型锛（ⅠT8001⑤∶1）

2. Ab型锛（C∶397）

4. A型凿（ⅠT7803⑤∶1）

5. B型凿（ⅠT7809⑦∶10）

商周时期石器

1. Ca型凿（ⅠT8011⑦：2）

2. Cb型凿（ⅠT7810⑦：11）

3. D型凿（ⅠT6513⑦：20）

4. 多璜联璧（ⅠT8004⑦：55）

5. 挂饰（ⅠT7209-7210⑯：2）

6. Aa型璧（C：726）

商周时期石器

1. C型璧（L19：29）

2. B型石璧坯料（C：39）

3. Ba型璧（C：721）

4. Bb型璧（L19：1）

5. A型石蛇（C：719）

商周时期石器

1. A型跪坐人像（C：716）

2. B型跪坐人像（C：212）

3. C型跪坐人像（C：159）

4. 石鳖（C：642）

商周时期石器

1. A型（C：211）

2. B型（C：3）

商周时期石虎

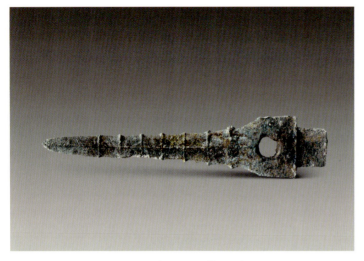

1. Aa型（ⅠT8206⑦：48）

3. Bb型（L6：165）

4. Ca型（ⅠT8005⑥：1）

2. Ba型（C：844）

5. Cb型（ⅠT8206⑦：61）

6. D型（C：646）

商周时期铜戈

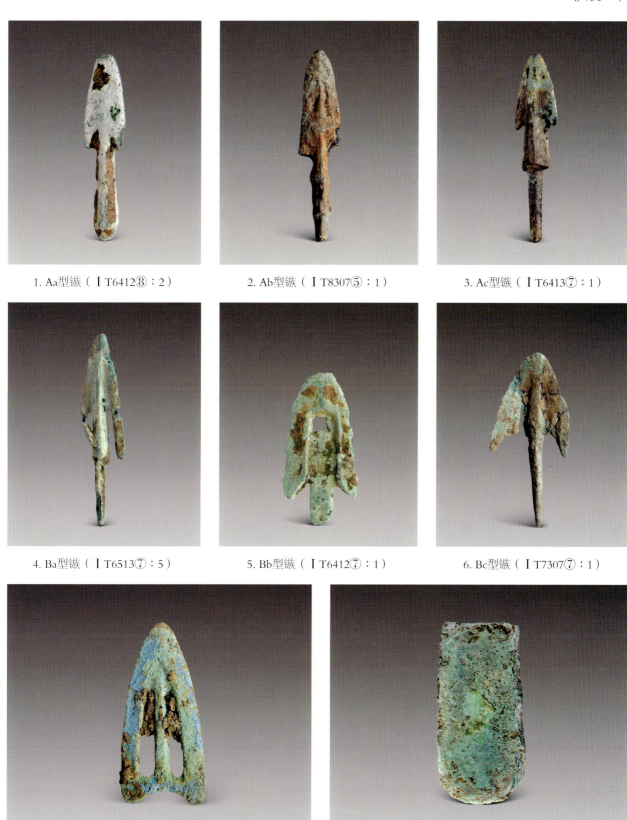

1. Aa型镞（ⅠT6412⑧：2）　　　2. Ab型镞（ⅠT8307⑤：1）　　　3. Ac型镞（ⅠT6413⑦：1）

4. Ba型镞（ⅠT6513⑦：5）　　　5. Bb型镞（ⅠT6412⑦：1）　　　6. Bc型镞（ⅠT7307⑦：1）

7. C型镞（ⅠT8205⑧a：8）　　　　　　8. 斧（ⅣT8105⑨a：2）

商周时期铜器

1. 钺（C：498）　　　2. 璋（C：713）　　　3. B型锥形器（ⅠT8104⑥：9）

4. Aa型锥形器（C：386）　　5. Ab型锥形器（C：707）　　6. Ac型锥形器
（ⅠT8003⑦：37）　　7. C型锥形器
（ⅠT6613-6714⑦：1）

商周时期铜器

1. D型锥形器（L8④：44）

2. 削形器（ⅠT7407⑧：1）

3. Aa型铃（C：44）

4. C型铃（C：497）

5. 铃形饰（L12：13）

商周时期铜器

1. 方形器（ⅠT7809⑦：5）

3. 貘首（ⅠT8406⑥：2）

2. 管形饰（C：41）

4. Ab型璧（C：678）

5. Ac型Ⅰ式璧（ⅠT7904⑧a：1）

商周时期铜器

1.Ac型Ⅱ式璧（ⅠT8003⑥：12）

2. Ba型璧（C：606）

3. Bb型璧（D2：7）

4. Bc型璧（L6：149）

5. A型环形器（ⅠT8003⑥：4）

6. B型环形器（L6：332）

商周时期铜器

1. 箍形器（ⅠT8005⑦：73）

2. A型挂饰（ⅠT8303⑥：1）

3. B型挂饰（ⅠT8105⑦：82）

4. C型挂饰（C：885）

5. C型挂饰（ⅠT8005⑦：79）

6. D型挂饰（ⅠT8405⑩：2）

7. E型挂饰（ⅠT8106⑦：55）

商周时期铜器

1. F型挂饰（ⅠT8106⑦：54）

2. G型挂饰（ⅠT8005⑦：5）

3. H型挂饰（ⅠT8005⑦：11）

4. J型挂饰（ⅠT8004⑦：43）

5. A型圆涡形器（C：543）

6. Aa型Ⅰ式圆角方孔形器（ⅠT8206⑩：7）

商周时期铜器

1. Aa型Ⅱ式圆角方孔形器（ⅠT8206⑦：20）

2. Ab型圆角方孔形器（L6：302）

3. Ac型圆角方孔形器（ⅠT8305⑩：1）

4. B型圆角方孔形器（L6：148）

5. A型桃形板（C：392）

6. 不规则形板（C：752）

商周时期铜器

1. 立人像（C：17）

2. 人面形器（C：317）

3. A型眼泡（C：330）

4. B型眼泡（ⅠT8003⑥：13）

商周时期铜器

1. A型眼睛形器（C：393）

2. Ba型眼睛形器（C：692）

4. 龙形器（C：506）

3. Bb型眼睛形器（C：1272）

商周时期铜器

1. 龙形器纽（ⅠT7009-7110⑫：18）

2. 虎（ⅠT7509⑥：1）

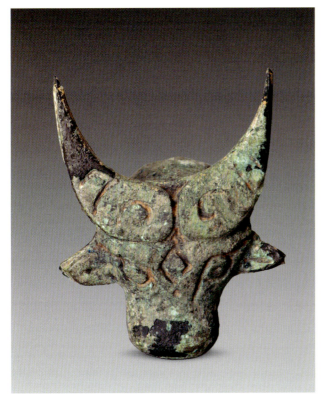

3. 牛首（C：198）

4. B型鱼形器（ⅠT7809⑥：12-2）

商周时期铜器

1. 鸟（C：553）

2. 怪兽（ⅠT8004⑦：37）

商周时期铜器

1. 牌饰（ⅠT7804⑦：1）

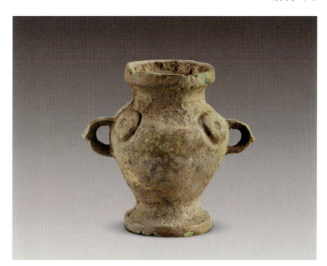

2. 罍（ⅠT7607⑦：1）

3. 冠饰（D5：7）

4. 喇叭形器（C：555）

5. B型圈足残片（D7：2）

商周时期铜器

1. 鱼纹带（C：687-1、C：687-2）（上—下）

2. B型条形饰（L8④：30）

3. A型三角形器（C：834）

商周时期金器

1. 鱼纹带（C：688）

2. 人面形器（L13：1）

3. 人面形器（L8③：26）

商周时期金器

1. "四鸟绕日"金箔饰（C：477）

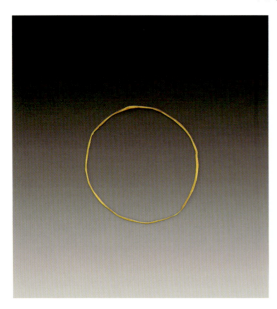

2. 金环（L8③：61）

3. 金盒（C：591）

商周时期金器

1. A型（C∶465）

2. B型（L8④∶58）

商周时期金面具

1. 蛙形饰（C：217）

2. Ab型鱼形金箔饰（L6：337）

3. A型喇叭形器（C：31）

4. B型喇叭形器（C：551）

5. "几"字形器（C：222）

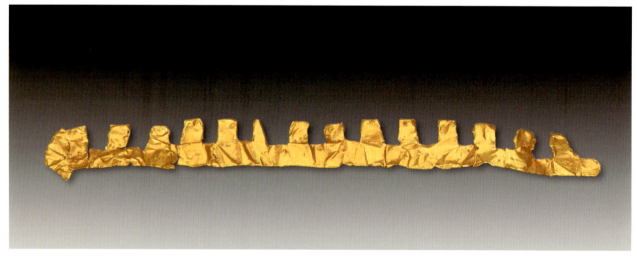

6. 锯齿形饰（L14：81-1）

**商周时期金器**

1. 骨镞（C：1290）

2. 骨锥形器（C：426）

3. 木雕人像（L58①：688）

商周时期器物

1. 木兽面构件（L24：61）

2. 镶嵌蚌片漆器（L58①：82）

3. 木榫卯构件（L24：62）

商周时期漆木器

1. 盔形器（ⅠT7009-7110㉞：1）　　2. 柱形石器（ⅠT7009-7110㉞：19）　　3. B型玉斧（ⅠT7205-7206㉛：1）

4. L50

西区L50及第31、34层出土器物

1. L53

3. Ac型陶小平底罐（L56：23）

2. L56

西区L53、L56及出土器物

1. L57

2. L58①层

西区L57、L58

1. L58①层

2. L58①层局部

西区L58

1. L58①层局部

2. L58①层局部

3. L58①层局部

西区L58

1. L58②层下坑全景

2. L58②层下坑全景

西区L58

1. L58②层下坑局部

2. L58②层下坑局部

西区L58

1. L58②层下坑局部

2. L58②层下坑局部

3. L58②-1

西区L58

1. L58②-2

2. L58②-3

3. L58②-4

西区L58②层堆积

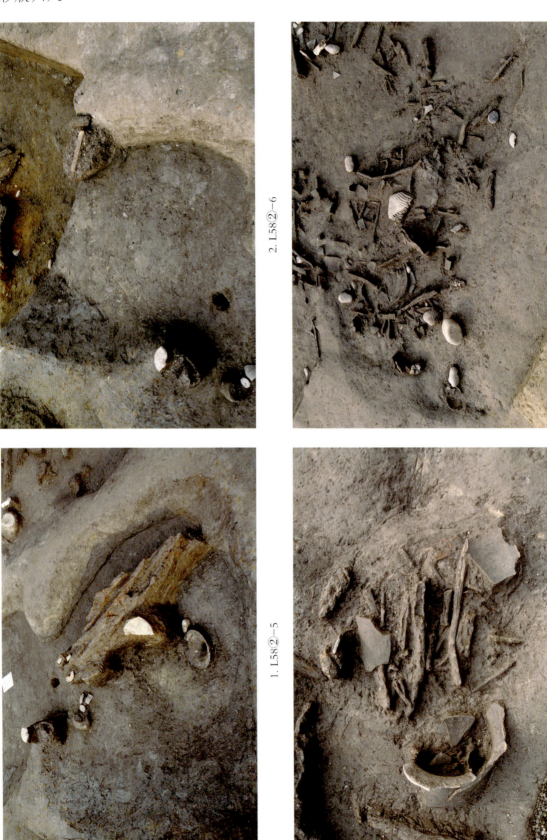

1. L58②−5

2. L58②−6

3. L58②−7

4. L58②−8

西区L58②层堆积

1. L58②-9

2. L58②-11

3. L58②-12

西区L58②层堆积

2. L58②-13编织物

4. L58②-14

1. L58②-13

3. L58②-13竹筐

西区L58②层堆积

1. Aa型Ⅰ式小平底罐（L58①：104）

2. Ab型Ⅰ式小平底罐（L58②-13：14）

3. Ad型Ⅰ式小平底罐（L58①：1）

4. Ad型Ⅰ式小平底罐（L58②-8：9）

5. Aa型杯（L58②-8：5）

6. Bb型圈足（L58①：54）

西区L58出土陶器

1. Ab型石矛（L58①：130）

2. A型石璋半成品（L58①：7）

3. Ba型石璋半成品（L58①：37）

4. C型石璋半成品（L58①：50）

5. Aa型Ⅱ式石琮半成品（L58①：68）

6. Aa型Ⅱ式石琮半成品（L58①：64）

西区L58出土石器

1. A型石璧坯料（L58②-13：10）

2. A型石璧坯料（L58②-9：2）

3. B型石璧半成品（L58①：100）

4. 木雕人像（L58①：688）

5. 木雕人像（L58①：688）

西区L58出土器物

1. 木雕人像（L58①：688）清理

2. 镶嵌蚌片漆器（L58①：82）清理

西区L58漆木器清理

1. L58①：82

2. L58①：82

西区L58出土镶嵌蚌片漆器

L58①：688

西区L58出土木雕人像

2. 弓形漆器（L58②-9：39）

3. 弓形漆器（L58②-9：39）复原图

1. 木雕人像（L58①：688）局部

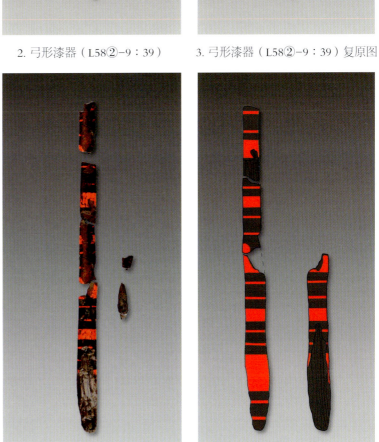

4. 弓形漆器（L58②-9：40）

5. 弓形漆器（L58②-9：40）复原图

西区L58出土器物

1. L52

2. L54

西区L52、L54

1. L55

3. B型石璋（L38：33）

2. L38

4. B型石璧坯料
（ⅠT7007-7108㉓：30-2）

西区L38、L55及第23层、L38出土器物

1. L48①

2. L48①

西区L48

1. L48②

2. L33

3. 陶盔形器（L33：13）

4. Bb型石璋半成品（L33：4）

西区L48、L33及出土器物

1. L34

2. L36

西区L34、L36

1. C型石璋半成品（L36：81）

2. A型石璧坯料（L36：3）

3. A型石璧坯料（L36：19）

4. A型石璧坯料（L36：78）

5. B型石璧坯料（L36：17）

西区L36出土石器

1. L48（左）、L49（右）

2. L49

西区L48、L49

1. L34 ~ L39

2. L35

西区L34 ~ L39

1. L36～L39、L42～L44

2. L36～L39

西区遗迹

1. L37①

2. L37②

西区L37

1. L37②、L39、L43、L47、L49、L51

2. L37③、L50、L53

西区遗迹

1. L46

2. B型石璧坯料（L47：1）

3. L47

西区L46、L47及出土器物

1. L32东部

2. L32西部

西区L32

1. L32中部

3. Ab型陶圈足（L32：29）

2. L32中部

西区L32及出土陶器

1. L39①

2. L39②

西区L39

1. L39③

2. L40、L42～L44

西区L39、L40、L42～L44

1. L40

2. L40局部

西区L40

1. 陶盔形器（L40：28）

2. A型石璧坯料（L40：7）

3. A型石璧坯料（L40：26）

4. B型石璧坯料（L40：22）

5. L42

西区L40、L42及出土器物

1. L42～L44

2. L43

西区L42～L44

1. L43、L48～L52

2. L44

西区L43、L44、L48～L52

1. L45

2. L31

西区L31、L45

1. L31

2. Ba型Ⅰ式陶小平底罐（L31：32）

3. Bb型石璋半成品（L31：37）

西区L31及出土器物

1. Ab型Ⅱ式陶小平底罐（ⅠT7209-7210⑲：71）

2. Ba型Ⅰ式陶小平底罐（ⅠT7007-7108⑲：20）

3. Ba型Ⅰ式陶小平底罐（H2311：11）

4. Af型陶壶（H2311：6）

5. B型玉斧（ⅠT6809-6910⑱a：16）

6. Ba型Ⅰ式陶尖底盏（H2299：197）

西区第18a、19层及H2299、H2311出土器物

1. Af型陶束颈罐（H2299：1）

2. Aa型陶器盖（H2299：2）

3. Ab型陶器盖（H2299：207）

4. H2301

西区H2301及H2299出土器物

1. L51局部

2. L61

西区L51、L61

1. C型陶杯（ⅠT7207-7208⑯：17）

3. C型陶器盖（ⅠT7207-7208⑯：8）

4. 陶帽形器（ⅠT7013-7114⑮：18）

2. 石挂饰（ⅠT7209-7210⑯：2）

5. Bd型陶壶（ⅠT6809-6910⑮：95）

6. Ab型Ⅰ式陶瓶（ⅠT7009-7110⑮：48）

西区第15、16层出土器物

1. H2314

2. H2317

西区H2314、H2317

1. D型Ⅰ式矮领罐（H2314：4）

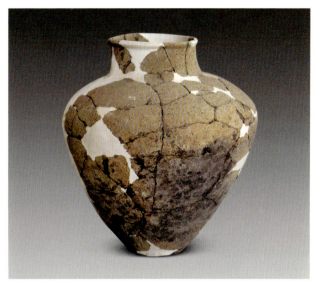

2. D型Ⅰ式矮领罐（H2317：3）

3. D型Ⅰ式矮领罐（H2317：5）

4. D型Ⅰ式矮领罐（H2317：4）

5. Db型敛口罐（ⅠT7009-7110⑭：13）

6. Bb型圈足（H2303：1）

西区H2303、H2314、H2317及第14层出土陶器

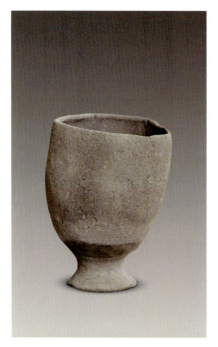

1. Ba型陶杯（ⅠT7013-7114⑭：7）　　2. Ba型陶杯（ⅠT7013-7114⑭：6）　　3. C型石斧（ⅠT7011-7112⑭：5）

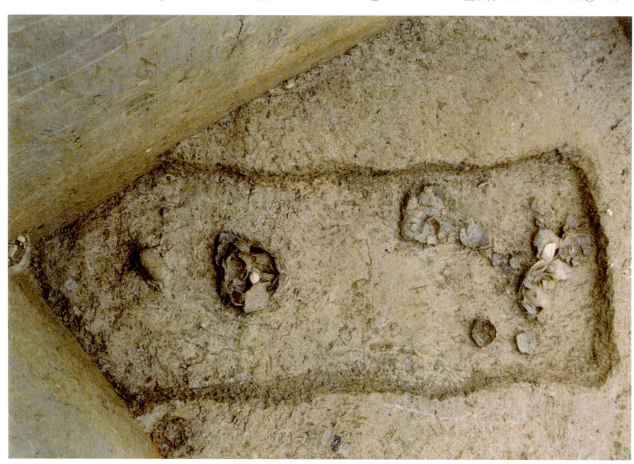

4. H2304

西区H2304及第14层出土器物

1. H2315

2. H2315

西区H2315

1. D型 I 式矮领罐（H2315：23）

2. D型 I 式矮领罐（H2315：20）

3. D型 II 式矮领罐（H2315：75）

4. Bc型 I 式束颈罐（H2315：26）

5. Ca型壶（H2315：1）

西区H2315出土陶器

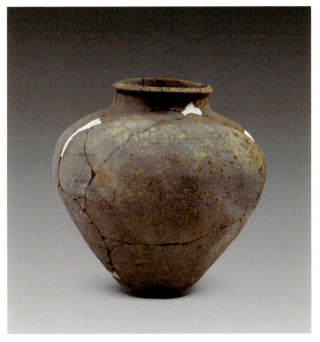 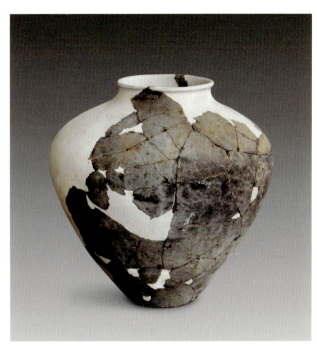

1. A型Ⅱ式陶矮领罐（H2316：7）　　　　2. D型Ⅱ式陶矮领罐（H2316：8）

3. L29

西区L29及H2316出土陶器

1. L29局部

2. L29局部

西区L29

1. Aa型Ⅰ式瓶（L29：2）

2. Aa型Ⅰ式瓶（L29：4）

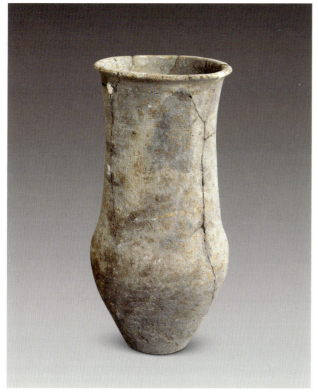

3. Ab型Ⅱ式瓶（L29：6）

4. Ba型Ⅰ式尖底盏（L29：34）

西区L29出土陶器

1. L60

2. L60

西区L60

1. Ba型Ⅱ式尖底杯（L60：16）

4. Ba型Ⅱ式尖底盏（L60：1-2）

2. Ba型Ⅲ式尖底杯（L60：26）

5. Bd型壶（L60：15）

3. Bb型Ⅰ式尖底杯（L60：11）

6. Fc型高领罐（L60：8）

西区L60出土陶器

1. L27

2. L27东北部

西区L27

西区L27

西区L27

1. L27

2. L27

西区L27发掘

1. D型Ⅰ式陶长颈罐（L27：61）

2. Ab型陶杯（ⅠT6613-6714⑫：159）

3. C型玉斧（L27：1911）

4. A型玉锛（L27：39）

5. Ba型陶纺轮（ⅠT7209-7210⑫：102）

西区L27及第12层出土器物

1. ⅠT7009-7110⑫：18

3. ⅠT7009-7110⑫：18　　　　　　　　　　　　　2. ⅠT7009-7110⑫：18

西区第12层出土铜龙形器纽

ⅠT7009~7110⑫：18

西区第12层出土铜龙形器纽

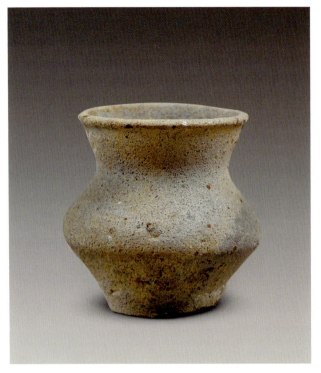

1. Ca型长颈罐（ⅠT6511-6512⑩：5）

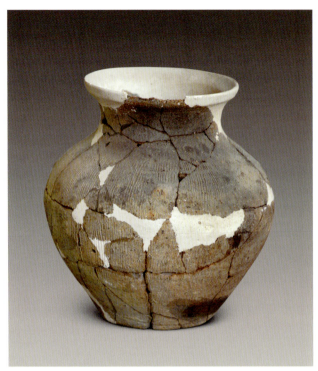

2. A型Ⅱ式盘口罐（ⅠT6413⑩：2）

3. F型陶器盖（ⅠT6611-6712⑩：77）

4. G型陶器盖（ⅠT6511-6512⑩：57）

5. G型陶器盖（ⅠT6513⑩：13）

6. Cd型Ⅱ式圈足（ⅠT6611-6712⑩：76）

西区第10层出土陶器

1. Aa型玉戈（ⅠT6813-6914⑩：2）

2. B型玉斧（ⅠT6813-6914⑩：1）

3. 陶网坠（ⅠT6611-6712⑩：35）

4. 陶网坠（ⅠT6611-6712⑩：36）

5. H2297

6. H2298

西区H2297、H2298及第10层出土器物

西区 L28

1. L28局部

2. Ca型Ⅰ式尖底杯（L28：138）　　3. Cb型Ⅰ式尖底杯（L28：37）　　4. Ea型尖底杯（L28：96）

西区L28及出土陶器

1. Eb型尖底杯（L28：9）

2. B型Ⅱ式尖底罐（L28：67）

3. B型Ⅱ式尖底罐（L28：5）

4. B型Ⅱ式尖底罐（L28：111）

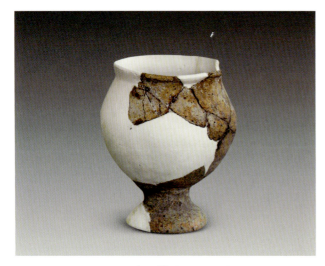

5. Bb型束颈罐（L28：134）

6. D型Ⅰ式长颈罐（L28：19）

西区L28出土陶器

1. L30

2. Ba型石璋半成品
（ⅠT6809-6910⑨：1）

3. H2300

4. A型玉锛（H2300：1）

西区L30、H2300及第9层、H2300出土器物

1.Ca型Ⅰ式陶尖底罐（ⅠT7007-7108⑧：18）

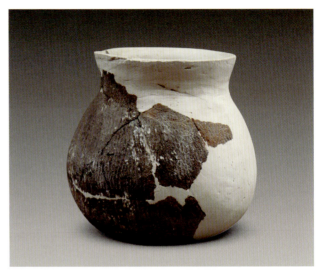

2.A型陶釜（ⅠT7007-7108⑦：5）

3.Aa型石璧（ⅠT6809-6910⑧：1）

4.A型石璧坯料（ⅠT6412⑧：7）

5.Aa型铜镞（ⅠT6412⑧：2）

6.Ba型铜镞（ⅠT6412⑧：1）

7.玉锥形器（ⅠT6511-6512⑦：1）

西区第7、8层出土器物

1. Ba型陶纺轮（ⅠT6413⑦：8）

2. Bb型陶纺轮（ⅠT6513⑦：4）

3. Bb型玉璧（ⅠT6513⑦：3）

4. B型玉环（ⅠT6511-6512⑦：16）

5. D型石凿（ⅠT6513⑦：20）

6. Ba型石斧（ⅠT6611-6712⑦：22）

7. D型石斧（ⅠT6511-6512⑦：44）

西区第7层出土器物

1. Ab型铜镞（ⅠT6513⑦：22）

2. Ac型铜镞（ⅠT6413⑦：1）

3. Bb型铜镞（ⅠT6412⑦：1）

4. Ba型铜镞（ⅠT6513⑦：5）

6. Aa型铜锥形器（ⅠT6611-6712⑦：12）

5. A型石璧坯料（ⅠT6413⑦：22）

7. C型铜锥形器（ⅠT6613-6714⑦：1）

**西区第7层出土器物**

1. 卜甲出土现场

2. 卜甲出土现场

西区L64卜甲出土现场

1. 卜甲出土现场

2. 卜甲出土现场

西区L64卜甲出土现场

1. L64：1

2. L64：3

西区L64出土卜甲

1. Aa型（ⅠT6809-6910⑤：1）

2. Bb型（ⅠT6809-6910⑤：2）

西区第5层出土石璧